Ulrich Krieter

Ja, so war das damals ...

Die St. Bonifatius-Gemeinde in Hamburg-Wilhelmsburg zu Zeiten des Pfarrers Krieter, 35 Zeitzeugen berichten aus den Jahren 1934 bis 1963

disserta
Verlag

Krieter, Ulrich: Ja, so war das damals ...: Die St. Bonifatius-Gemeinde in Hamburg-Wilhelmsburg zu Zeiten des Pfarrers Krieter, 35 Zeitzeugen berichten aus den Jahren 1934 bis 1963, Hamburg, disserta Verlag, 2014

Buch-ISBN: 978-3-95425-700-3
PDF-eBook-ISBN: 978-3-95425-701-0
Druck/Herstellung: disserta Verlag, Hamburg, 2014
Covermotiv: © laurine45 – Fotolia.com

Bibliografische Information der Deutschen Nationalbibliothek:
Die Deutsche Nationalbibliothek verzeichnet diese Publikation in der Deutschen Nationalbibliografie; detaillierte bibliografische Daten sind im Internet über http://dnb.d-nb.de abrufbar.

Das Werk einschließlich aller seiner Teile ist urheberrechtlich geschützt. Jede Verwertung außerhalb der Grenzen des Urheberrechtsgesetzes ist ohne Zustimmung des Verlages unzulässig und strafbar. Dies gilt insbesondere für Vervielfältigungen, Übersetzungen, Mikroverfilmungen und die Einspeicherung und Bearbeitung in elektronischen Systemen.

Die Wiedergabe von Gebrauchsnamen, Handelsnamen, Warenbezeichnungen usw. in diesem Werk berechtigt auch ohne besondere Kennzeichnung nicht zu der Annahme, dass solche Namen im Sinne der Warenzeichen- und Markenschutz-Gesetzgebung als frei zu betrachten wären und daher von jedermann benutzt werden dürften.

Die Informationen in diesem Werk wurden mit Sorgfalt erarbeitet. Dennoch können Fehler nicht vollständig ausgeschlossen werden und die Diplomica Verlag GmbH, die Autoren oder Übersetzer übernehmen keine juristische Verantwortung oder irgendeine Haftung für evtl. verbliebene fehlerhafte Angaben und deren Folgen.

Alle Rechte vorbehalten

© disserta Verlag, Imprint der Diplomica Verlag GmbH
Hermannstal 119k, 22119 Hamburg
http://www.disserta-verlag.de, Hamburg 2014
Printed in Germany

Ja, so war das damals...

35 Zeitzeugen berichten
aus den Jahren 1934 bis 1963

Die Abbildungen auf der Titelseite

Oben rechts: Messdiener im Jahre 1934

Mitte links: Pastor Krieter im Jahre 1935 mit der Marianischen Jungfrauenkongregation im „Höpen"

Mitte rechts: Die St. Bonifatiuskirche im Jahre 1939 nach der Neugestaltung der Wand hinter dem Hauptaltar

Unten links: Die St. Bonifatiuskirche auf einer Postkarte aus dem Jahre 1941

Unten rechts: Fronleichnamprozession im Jahre 1954

Vorwort

„Ja, so war das damals ...", diese Feststellung hörte ich immer wieder, nachdem ich mich im Jahre 2003 entschlossen hatte, meine Recherchen zur Anfertigung einer Biografie des Pfarrers Karl-Andreas Krieter mit der Befragung von Personen zu beginnen, die in den Jahren 1934 bis 1963 in Wilhelmsburg gelebt haben, Mitglieder der Kirchengemeinde St. Bonifatius waren oder einen anderen Bezug zum Pfarrer Krieter hatten. Die Aussagen der Zeitzeugen zur allgemeinen deutschen Zeitgeschichte, zur Ortsgeschichte Wilhelmsburgs und vor allem zum Leben des Pfarrers Krieter und seiner Kirchengemeinde waren so informativ, dass ich mich entschlossen habe, sie als gesondertes Buch zu veröffentlichen.

Abb.6: Karl-Andreas Krieter im Alter von 71 Jahren (1961) während der Trauung eines Brautpaares

Pfarrer Karl-Andreas Krieter galt in Hamburg vielen Menschen seiner Zeit als bedeutende und liebenswerte Persönlichkeit. Am 4. Februar des Jahres 1969 gab der Senat der Freien und Hansestadt Hamburg einer Straße auf der Elbinsel Wilhelmsburg den Namen „Krieterstraße". Die Straße liegt im Bahnhofsviertel und zweigt in nördlicher Richtung von der Neuenfelder Straße ab.

Karl-Andreas Krieter wurde im Jahre 1890 geboren, er starb im Jahre 1963. Der Hintergrund seines Lebens sind also vier Epochen der jüngeren deutschen Geschichte, die nicht nur ihn, sondern auch das Wesen des gegenwärtigen Deutschland geprägt haben. Seine Kindheit verbrachte er in seinem Geburtsort Hilkerode auf dem Eichsfeld, seine Schulzeit in Duderstadt. Dem schlossen sich das Studium der Theologie in Münster und die Zeit im Priesterseminar des Bistums Hildesheim an. Seine Priesterweihe empfing er am 11. Oktober 1914. Den Ersten Weltkrieg, das Ende des Kaiserreiches und die ersten Jahre der Weimarer Republik erlebte Karl-Andreas Krieter als Kaplan in Bremerhaven-Lehe.

Die Jahre von 1923 bis 1934 kann man als seinen zweiten Lebensabschnitt ansehen. In dieser Zeit war Karl-Andreas Krieter Pastor der katholischen Kirchengemeinde St. Franz-Josef in Harburg-Wilstorf. Er durchlebte das Inflationsjahr 1923, die „Goldenen Jahre" der Weimarer Republik, die Weltwirtschaftskrise, die Endzeit der Demokratie und den Beginn der Hitler-Diktatur.

Den nächsten Lebensabschnitt verbrachte Karl-Andreas Krieter in Hamburg-Wilhelmsburg als Pfarrer der St. Bonifatius-Gemeinde. In Wilhelmsburg durchlebte er die weiteren Jahre der Hitler-Diktatur, die Schrecken des Zweiten Weltkriegs und die Jahre des Neubeginns von 1945 bis 1961. Während der Anfangsjahre der Bundesrepublik Deutschland errang Pfarrer Krieter die Erfolge, die ihm außerhalb der Seelsorgearbeit die größte Anerkennung einbrachten: Er ließ die Schäden an der Kirche und am Pfarrhaus der Gemeinde St. Bonifatius beseitigen. Die katholische Schule Wilhelmsburgs - in der Bonifatiusstraße - wurde aufgrund seines engagierten Einsatzes schon 1946 wieder eröffnet. Das im Zweiten Weltkrieg völlig zerstörte Gemeindehaus wurde durch einen Neubau ersetzt. Hamburgs Stadtteil Wilhelmsburg erhielt 1950 durch das Wirken des katholischen Pfarrers ein Krankenhaus, das - heute wie von Anbeginn - nicht nur Katholiken zu Gute kommt. Schon 1956 wurde ein Erweiterungsbau erstellt.
Wegen seiner Verdienste um den Bau und die Erweiterung des Wilhelmsburger Krankenhauses Groß-Sand erhielt Pfarrer Krieter im Jahre 1960 das Bundesverdienstkreuz Erster Klasse.

Seit 1944 war Karl-Andreas Krieter Dechant. Sein Dekanat umfasste die Hamburger Stadtteile Harburg und Wilhelmsburg und darüber hinaus ein Gebiet Niedersachsens, das sich von Dannenberg über Lüneburg und Stade bis nach Cuxhaven und Bremerhaven-Lehe erstreckte. Heinrich-Maria Janssen, der Bischof von Hildesheim, ernannte Karl-Andreas Krieter im Jahre 1959 zu seinem Geistlichen Rat.

Im August 1961 trat Karl-Andreas Krieter aus gesundheitlichen Gründen in den Ruhestand, den er in seinem Heimatdorf Hilkerode verbrachte. Die Zeit der Ruhe war kurz. Schon bald erkrankte er so schwer, dass er zur Behandlung nach Wilhelmsburg in „sein Krankenhaus Groß-Sand" ging. Dort starb er am 24. Februar 1963.
Möge der verdienstvolle Staatsbürger und vorbildliche Geistliche, Karl-Andreas Krieter, nicht in Vergessenheit geraten. Diesem Zweck soll das vorliegende Buch dienen.

Ulrich Krieter im August 2014

Die Zeitzeugen

Adamczyk, Irmtraud	S. 6 - 13
Bergmann, Renate, geborene Deinert	S. 14 - 27
Chowanietz, Walter und Gertrud, geborene Poprawa	S. 29 - 39
Czys, Jürgen und Werner	S. 40 - 50
Diedrich, Rudolf	S. 51 - 54
Ernst, Joachim	S. 55 - 69
Fittkau, Uwe	S. 70 - 77
Greschek, Werner	S. 78 - 80
Gross, Gerhard	S. 81 - 84
Hölsken, Herbert	S. 85 - 102
Jonek, Werner	S. 103 - 113
Kinne, Bernhard	S. 114 - 121
Kränkel, Christa	S. 122 - 131
Kuhnigk, Monika	S. 132 - 138
Liesewicz, Albin	S. 139 - 151
Lota, Franz	S. 152 - 157
Matzat, Gertrud, geborene Grytka und Grytka, Johannes	S. 158 - 167
Matuczak, Ewald und Elke	S. 168 - 173
Mlotek, Hilde, geborene Warzsta	S. 174 - 185
Müller, Marianne, geborene Krieter	S. 186 - 193
Nowacki, Erna	S. 194 - 203
Pachowiak, Karla	S. 204 - 215
Schwalfenberg, Margret, geborene Nolte	S. 216 - 225
Stryakowski, Anton	S. 226 - 232
Swoboda, "Jonny" und Martha, geborene Honisch	S. 233 - 247
Walczak, Peter	S. 248 - 251
Wantoch, Waldemar von	S. 252 - 256
Weichler, Manfred	S. 257 - 267
Wellner, Karl-Heinz	S. 268 - 283
Wesolowski, Gerhard	S. 284 - 286
Wollersen, Hedwig, geborene Krieter	S. 287 - 301
Verzeichnis der Abbildungen	S. 302 - 304

Die Auswahl der Zeitzeugen erhebt keinen Anspruch auf Vollständigkeit. Sie ergab sich nach und nach im Zuge meiner Vorbereitungsarbeiten zur Anfertigung einer Biografie des Pfarrers und Dechanten Karl-Andreas Krieter.
Sie resultiert
a) aus meiner Bekanntschaft mit einigen Persönlichkeiten der Bonifatiusgemeinde,
b) aus Hinweisen auf weitere Zeitzeugen, die ich durch meine Gesprächspartner erhielt,
c) aus der Lektüre historischer Quellen und
d) - vor allem - aus der dankenswerten Bereitschaft der Zeitzeugen, sich befragen zu lassen oder mir zu schreiben.

Ulrich Krieter im August 2014

Adamczyk, Irmtraud, geborene Demus

geboren im Dezember 1924
wohnhaft zur Zeit des Gespräches in Hamburg-Harburg

Gespräch vom 20. 1. 2004

A. = Frau Adamczyk   Kt. = Ulrich Krieter

Die in Klammern geschriebenen Wörter / Texte sind zum besseren Verständnis des Lesers eingefügt. Das Gespräch wurde mittels Diktiergerät aufgezeichnet.

Kt.: Am Anfang bin ich immer ein wenig unhöflich. Ich frage nach dem Geburtsjahr.
A.: (lacht) Das ist überhaupt kein Problem. Ich bin im Dezember 1924 geboren, in Römerstadt, in der Tschechoslowakei.
Kt.: Sind Sie von dort aus direkt nach Wilhelmsburg gekommen?
A.: Nein, nein, ich bin erst ... mein Bruder war (während der letzten Kriegsjahre) in der Luftfahrtsforschungsanstalt (in Braunschweig) tätig, weil er Ingenieur war, und hat da gearbeitet. Er war von der Luftwaffe wegkommandiert worden, weil er bei irgendeinem Gerät - von einem abgestürzten englischen Flugzeug - eine Verbesserung gemacht hatte. Seine Addresse in Braunschweig war unsere einzige Anschrift in Deutschland. Ich kam im November 1945 dahin. Vorher war ich zusammen mit meiner Freundin unterwegs auf einem Lastwagen, der mit Fahrrädern und Lebensmitteln beladen war. Die Tschechen haben uns Deutschen nach Kriegsende alles weggenommen und uns über die Grenze geschafft. Dann habe ich bei Braunschweig meinen Bruder wieder getroffen. Danach habe ich bis 1948 in der Landwirtschaft auf dem Feld arbeiten müssen.
1948, im März, kam ich zur Vorstellung nach Hamburg, zum Herrn Dechant (Krieter). Mit meiner Anstellung als Lehrerin hat es geklappt. Der Dechant hat mit der Schulbehörde verhandelt, und dann bin ich zum 1. April 1948 eingestellt worden. Als ich mich vorgestellt habe, sagte der Dechant: „Und wissen Sie auch, dass das Ideal für eine katholische Lehrerin die Ehelosigkeit ist?" Ich weiß nicht mehr, was ich darauf geantwortet habe. Als ich mich dann später mit meinem Mann (der ebenfalls Lehrer an der Bonifatiusschule war) angefreundet habe, haben wir beiden uns nur abends - in der Dunkelheit - getroffen.

Abb.. 7: Das Lehrerkollegium der Katholischen Schule Wilhelmsburg im Jahre 1951 bei der Verabschiedung von Frl. Rahlfs.

Wir sind an der Trasse der Reichsstraße, die damals im Bau war, spazieren gegangen. Der Dechant sollte zunächst nichts von uns erfahren. Aber irgendwie hat der Dechant es dann aber doch erfahren. Er hat dann wohl Rektor Nolte angesprochen: „Ich glaube, da bahnt sich etwas an." Herr Nolte fand das aber wohl ganz gut und hat nichts zu uns gesagt. (Unser Kollegium), das war ein ganz altes Kollegium, wie Sie es auf dem Bild ja gesehen haben.

Abb. 8: Das Lehrerkollegium der Katholischen Schule Wilhelmsburg im Jahre 1958 bei der Verabschiedung von Frau Braumann, Frl. Kraushaar und Herrn Beirowski

Es gab mehrere alte Kolleginnen, die nach dem Lehrerinnenideal der alten Zeit wirklich unverheiratet geblieben waren. Und da waren wir drei Jüngeren, die haben Sie auch noch gekannt: Frl. Matzen, die kam aus Heide, Frl. Redepenning und ich. Wir drei mussten dann natürlich irgendwie untergebracht werden. Also da, das muss ich sagen, hat sich der Herr Dechant rührend um uns gekümmert. In der „Alten Schule", ganz oben, unterm Dach, waren ein großer Raum und zwei Seitenzimmer. Dort wurden Frl. Matzen und ich untergebracht. Und Maria Redepenning hat irgendwo anders in diesem Haus einen Raum gekriegt. Unseren großen Raum konnte man nur schlecht beheizen. Es gab nur einen alten Ofen. Es war kalt, und dann konnten wir ins Pfarrhaus gehen und konnten uns Torf holen. Also da hat der Dechant schon sehr gut für uns gesorgt. Also wirklich, so uneigennützig! Er ist selbst zu uns raufgestiegen und hat sich angeschaut, ob das alles gut ging.
Ich habe dann auch von irgendwoher eine Matratze gekriegt, und der Dechant hat für einen Tisch gesorgt. Den hat er über Herrn Ciuda, (der in Wilhelmsburg eine Tischlerei hatte) angeschafft. Also der Dechant hat sich rührend um uns gekümmert! Das muss ich sagen! Und so habe ich ihn eigentlich in Erinnerung, so selbstlos und für sich selbst so bescheiden. Also, das sind meine Eindrücke bis heute. Später hatte ich ja mit ihm nicht mehr viel zu tun, höchstens durch den Religionsunterricht, wenn er in die Schule kam. Das wurde dann aber anders, als die Kapläne kamen, und die Kapläne den Unterricht in der Schule übernahmen. Ansonsten war ja immer (der Rektor) Herr Nolte derjenige, der mit Herrn Dechant alles verhandelt hat.

Kt.: Noch einmal zu der „Alten Schule"! Das Gebäude hatte ja schwere Bombenschäden erlitten und war nach Kriegsende nur notdürftig nutzbar gemacht worden. Ganz unten in dem Haus war nach 1945 das Pfarrbüro eingerichtet worden, nicht wahr?
A.: Ja, rechts unten, wenn man reinkam, rechts!
Kt. : Im Pfarrbüro wohnte und arbeitete die Pfarrsekretärin, Frau Spiegel. Zu der haben Sie wohl nur wenig Kontakt gehabt?
A.:Ganz im Gegenteil, viel Kontakt hatten wir! Wir haben damals doch noch unser Gehalt bei ihr abgeholt. Und Frau Spiegel! Also, was die immer so vom Herrn Dechant erzählt hat! Also, „Herr Dechant, Herr Dechant, Herr Dechant!", das waren ihre ständigen Worte. Sagen Sie `mal, lebt die Frau Spiegel noch?
Kt.: Das ist unwahrscheinlich. Ich weiß gar nicht, wo sie geblieben ist. Ich weiß nur, dass Frau Spiegel 1961 in den Ruhestand gegangen ist, im selben Jahr wie Dechant Krieter.
A.: Später war es so, dass wir unser Gehalt überwiesen bekamen, auf unser Postscheckkonto. Aber davor haben alle Lehrkräfte ihr Gehalt bei Frau Spiegel abgeholt. Das hat gut geklappt. Über dem Pfarrbüro wohnte in der „Alten Schule" die Familie Nolte, gegenüber Dr. Heimann vom Krankenhaus „Groß-Sand". Über Noltes haben zuerst zwei Nonnen gewohnt und, als die weg waren, wohnten da Frau Kraushaar und ihre Schwester. 1952 haben wir (Herr Johannes Adamczyk und Frau Adamczyk) geheiratet. Da haben wir die Wohnung über der Wohnung des Dr. Heimann bekommen. Dass mein (Mann) Hans und ich diese Wohnung gekriegt haben, dazu muss ich sagen, das haben wir auch dem Herrn Dechant und Herrn Nolte zu verdanken. Der Dr. Heimann hätte es nämlich gern gesehen, wenn die Wohnung an einen Arzt des Krankenhauses vergeben worden wäre.

Abb. 9: Die „Alte Schule" auf einem Foto aus dem Jahre 1933

Kt.: War Herr Nolte eigentlich schon Rektor, als Sie an der Bonifatiusschule als Lehrerin angefangen haben?
A.: Nein, da war als Rektor noch Herr Rohde da - ein Jahr lang oder etwas länger. Ganz genau weiß ich nicht, wann Herr Nolte gekommen ist.
Kt.: Herr Nolte wurde von Dechant Krieter aus Hamburg geholt ...
A.: Ja, als Herr Nolte da war, hat der Dechant sich selbst nicht mehr so viel um die Schule kümmern müssen. Er hat immer mit Herrn Nolte verhandelt. Und ich glaube, Herr Nolte hat alles im Sinne vom Herrn Dechant gemacht. Damit war Herr Dechant sicher zufrieden, denn Herr Nolte hat ja sehr viel erreicht. Da ging es doch damals um die Lehrergehälter, um die 80 oder 90 Prozent (die von der Schulbehörde Hamburgs bezahlt werden sollten). Herr Nolte war damals der Vorsitzende des (katholischen) Lehrerverbandes und hat sehr viel verhandelt. Ich glaube, da war der Dechant dem Herrn Nolte dankbar, dass der ihm das alles abgenommen hat. Aber die Wiedereröffnung der Katholischen Schule (nach der nationalsozialistischen Zeit), das war ein Verdienst vom Herrn Dechant! Dass die Katholische Schule vor dem Krieg schon bestanden hatte, das habe ich von meiner Kollegin, Frau Kraushaar, erfahren, (die schon vor dem Krieg Lehrerin an der Bonifatiusschule gewesen war).

Abb. 10 : Rektor Wilhelm Rohde

Kt.: Kam der Dechant zum Religionsunterricht in die Schule?
A.: Am Anfang ja, später haben die Kapläne den Religionsunterricht gegeben.
Kt.: Ich habe im Jahre 1952 selbst die Bonifatiusschule besucht. Was mich damals sehr gestört hat, war, dass die Schüler gemeinschaftlich zum Beichten in die Kirche geführt wurden, während der Schulzeit! Das fand ich schrecklich!
A.: Ja, aber wissen Sie, da war Herr Dechant noch von der ganz alten Schule! Und auch die Lehrer noch! Da standen ja Frau Kraushaar und die anderen älteren Kolleginnen und Kollegen hundertprozentig dahinter! Aber das glaube ich, dass Sie das gestört hat.
Kt.: War die Schulmesse eigentlich eine „Zwangsschulmesse"?
A.: Na, „Zwangsschulmesse" würde ich das nicht nennen! Wir haben zweimal pro Woche eine Schulmesse gehabt. Und wir Lehrkräfte haben unsere Schüler immer am Tag vorher auf die Schulmesse aufmerksam gemacht. Die Schulmesse fand immer um viertel nach sieben (Uhr) - vor dem Unterricht - statt, und das war schon ein bisschen früh! Von der Kirche sind wir (Lehrkräfte und die Schulkinder) dann gleich in die Schule gegangen. Der Besuch der Schulmesse war natürlich auch für die Lehrkräfte verpflichtend, denn man kann den Besuch der Schulmesse ja nicht von den Schülern verlangen, wenn man selbst nicht da ist. Ich selbst habe nicht nachgezählt, wer (aus meiner Schulklasse) zur Schulmesse gekommen ist. Es sollen aber einige Lehrkräfte ihre Schüler gezählt haben. Einige Lehrkräfte sollen auch abgefragt haben, wer sonntags in der Messe gewesen war und wer nicht hingegangen war.

Kt.: Ist der Dechant eigentlich bei Feiern des Lehrerkollegiums anwesend gewesen?
A.: Er hat 'mal schnell reingeguckt. Wir haben damals mit Herrn Nolte vom Kollegium aus zum Beispiel Fasching gefeiert. Da hat der Dechant 'mal reingeguckt und ist dann aber bald wieder gegangen. Er ist nie lange geblieben, aber immerhin, er ist da gewesen, doch, doch!
Kt.: Die Fronleichnamsprozessionen wurden sicher auch von der Schule vorbereitet und getragen.
A.: Ja, eigentlich ja! Damals waren die Feierlichkeiten nicht nur auf dem Schulhof. Wir sind noch über die Straße gegangen!
Da war noch das alte zerstörte Gemeindehaus da, in dem der (Hausmeister) Herr Czys mit seiner Familie wohnte. Dahin sind wir mit der Prozession hingezogen, über die Straße! Während der Prozession war auch Polizei da, die den Verkehr absperrte. Seit wann wir die Fronleichnamfeier in der Gemeinde nur noch auf dem Schulhof gefeiert haben, weiß ich nicht. Eine genaue Jahreszahl kann ich Ihnen (in diesem Zusammenhang) nicht sagen. Aber wie die Altäre vorbereitet wurden, und wie mein Mann geholfen hat beim Altaraufbau auf dem Schulhof, daran erinnere ich mich genau, z.B. wie das Zelt (über dem Altar) entworfen wurde und wie das Kreuz aussah. Das weiß ich noch ganz genau.
Kt.: Wie war in der älteren Zeit die Sitzordnung der Kinder und der erwachsenen Gläubigen während des Gottesdienstes?
A.: Na ja, damals hatten wir ja noch nach Jungen und Mädchen getrennte Schulklassen. Die Klasse, die Sie selbst in der Bonifatiusschule besucht haben, war ja auch noch eine reine Jungenklasse! Aber es gab auch schon eine gemischte Klasse, die hatte Frl. Redepenning. In der Kirche waren die Schüler auch getrennt! Die Mädchen saßen links, und die Jungen saßen rechts. Also das war schon so.
Kt.: Gab es bei den Erwachsenen auch eine Trennung?
A.: Das glaube ich nicht. Aber komischerweise setze ich mich - auch heute noch - in der Kirche immer links hin. (Frau A. lacht) Das steckt wohl so drin!
Kt.: Glauben Sie, dass die Organisation des Gottesdienstes durch den Dechanten und seine Pädagogik insgesamt etwas „vom alten Stil" waren?
A.: Das glaube ich! Aber wissen Sie, er war für mich so ein natürlich frommer Mann. Also mich hat das nicht gestört!
Kt.: War Dechant Krieter ein besonders guter Redner?
A.: Also ich hatte an seinen Predigten nichts auszusetzen, wenn ich jetzt so überlege. Er erschien mir da auch „menschlich". Natürlich war er vielleicht ein bisschen „orthodox" oder - wie man das heute nennen will - starr in seinen Ansichten. Aber das ist aus seiner Zeit heraus zu verstehen. Er war ja auch nicht mehr so jung! (Dechant Krieter wurde im Jahre 1890 geboren.) Aber man hat bei ihm immer die „menschliche Seite" gespürt. Auch - glaube ich - wenn er mit Eltern oder Müttern gesprochen hat, merkte man, dass er immer hilfsbereit war, selbstlos!
Kt.: Ein guter Sänger- beim Gottesdienst- war er wohl auch nicht.
A.: Das war er sicher nicht. Wissen Sie, er war ja überhaupt ein stiller Mann. Pathos lag ihm nicht, auch beim Predigen nicht! Aber das ist ja viel besser, natürlich und menschlich zu sein.
Kt.: Wissen Sie, ob der Dechant viel zu Besuch in die Familien gegangen ist?
A.: Wenn Erstkommunion war oder so etwas, dann hat er wohl Besuche in den Familien gemacht, das kann ich mir gut vorstellen; aber immer nur kurze Zeit, denn sonst wäre er ja überhaupt nicht überall hingekommen.

Kt.: Hat der Dechant Sie getraut?
A.: Ja, in der Kapelle des Krankenhauses!
Kt.: Haben Sie da vorher bei ihm den „Brautunterricht" durchlaufen?
A.: Daran erinnere ich mich nicht! Aber da fällt mir eine Sache ein, bei der er mir sehr geholfen hat. Ich musste doch die „Missio" machen, weil ich an der Schule ja auch Religionsunterricht zu erteilen hatte. (Das Erlangen der „Missio" ist eine Ausbildung mit anschließender Prüfung. Die „Missio" vermittelt die kirchliche Erlaubnis, katholischen Religionsunterricht zu erteilen.) Da hat er mir sehr geholfen. Das war zeitlich eine hohe Belastung für mich, neben meiner Unterrichtsarbeit auch noch so oft nach Hamburg zur Ausbildung fahren zu müssen. (Die Ausbildung fand durch Jesuitenpatres statt, die in Hamburg - Schlump - ihren Sitz hatten.) Außerdem kam ich mit dem Dozenten nicht gut aus, was bestimmt nicht meine Schuld war. Mein Mann, der Hans, hat das `mal dem Dechant erzählt. Da hat der Dechant gesagt: „ Schluss! Aus! Sie kommen zu mir! Sie werden bei mir die Ausbildung machen, und Sie kriegen dann von mir die „Missio"!" Also das hat mir sehr geholfen. Ja, ein sehr „menschliches" Verhalten, das war wohl typisch. So habe ich ihn in Erinnerung, immer hilfsbereit.
Kt.: Können Sie noch etwas zu den Vereinen in der Gemeinde sagen?
A.: Ich glaube, das Vereinsleben hat der Dechant sehr unterstützt. Da gab es doch den Verein, bei dem Frau Kraushaar Vorsitzende war.
Kt.: Den Elisabethverein?
A.. Ja, glaube ich, so hieß der. Aber um da Mitglied zu sein, war ich zu jung,. Wenn die Zusammenkünfte der Frauen des Elisabethvereins stattfanden, war der Dechant immer dabei! Das weiß ich von Frau Kraushaar. Und bei Kolping (Gesellenverein) hat er sich sicher auch oft sehen lassen, obwohl da später die Kapläne den Vorsitz übernommen haben.
Kt.: Was wissen Sie vom Kirchenchor?
A.: Zuerst hat der Lehrer Dormeier den Kirchenchor geleitet. Der Herr Dormeier spielte auch die Orgel, und später hat Herr (Lehrer) Proksch die Leitung des Kirchenchores übernommen.

Kt.: Gab es eigentlich zu Ihrer Zeit noch einen polnischen Verein in der Gemeinde?
A.: Nein, aber 1948, als ich nach Wilhelmsburg gekommen bin, da gab es noch die polnische Messe. Da wurde polnisch gesungen und gepredigt. Die Messe fand immer sonntags vor der Kindermesse statt, um 8 Uhr.
Kt.: Es gab noch 1952 einen Geistlichen, der polnisch predigte. Das weiß ich, weil ich für ihn oft Messdiener war. Damals waren auch die Schüler der Bonifatiusschule - am Namen konnte man das sehen - fast alle noch polnischer Abstammung.
A.: Ja, natürlich, das war so.
Kt.: Später hat es dann viele Spanier gegeben. Die hatten auch ihre eigene Messe und einen eigenen Geistlichen. Der spanische Geistliche, Euquerio Bragado, hat einige Zeit lang im Pfarrhaus gewohnt und ist dort verpflegt worden.

Kt.: Wissen Sie etwas über die Anfänge des Wilhelmsburger Krankenhauses „Groß-Sand" ?
A. Ich weiß nur, dass mein Mann die Urkunde geschrieben hat, die bei der Grundsteinlegung eingemauert worden ist. (Die Grundsteinlegung erfolgte am 11. Mai 1949) Und bei der Eröffnung des Krankenhauses haben wir gesungen, meine Schüler und ich.
(Die Einweihungsfeier fand am 15. Januar 1950 statt.)

Abb.11: Das „Wilhelmsburger Krankenhaus Groß-Sand" auf einem Foto aus dem Jahre 1950

Bergmann, Renate, geborene Deinert

geboren 1939
wohnhaft zur Zeit des Gespräches in Toppenstedt

Gespräch am 28. 11. 2006

B. = Frau Bergmann   Kt. = Ulrich Krieter

Die in Klammern geschriebenen Wörter / Texte sind zum besseren Verständnis des Lesers eingefügt. Das Gespräch wurde mittels Diktiergerät aufgezeichnet.

Kt. Zu Beginn des Gespräches frage ich immer nach dem Geburtsjahr.
B.: Ich bin 1939 in Wilhelmsburg geboren.
Kt.: Hatten Sie Geschwister?
B.: Meine Eltern hatten 5 Kinder. Neben mir waren da noch mein ältester Bruder Dieter (1935), mein zweiter Bruder Georg (1937), meine jüngere Schwester Eva-Maria (1944) und noch ein Bruder Michael (1950).
Kt.: Wo haben Ihre Eltern gewohnt?
B.: Bonifatiusstraße 18, das war in der Mitte der Bonifatiusstraße.
Kt.: Wie hießen denn Ihre Eltern und wann sind die geboren?
B.: Meine Mutter, Johanna Deinert, geborene Krosse, ist 1909 geboren. Sie ist von Oberhausen nach Wilhelmsburg gekommen. Mein Vater, Paul Deinert, ist 1908 geboren. Er ist zusammen mit seinem Bruder Willi - eigentlich hieß der Valentin - so um 1918 /1919 - aus Schlesien nach Wilhelmsburg gekommen. Mein Vater hatte 6 Brüder. Früher hieß die Familie meines Vaters Dej. Sie haben den Familiennamen auf Deinert umändern lassen. Sie lebten als Kinder in Schlesien auf einem kleinen Bauernhof. Mein Onkel Willi ist dann als Erster vondort weggegangen, weil er gehört hatte, dass man in Wilhelmsburg Arbeit finden könne. Da war ja die Wollkämmerei, und auch im Hamburger und Harburger Hafen gab es Arbeit.

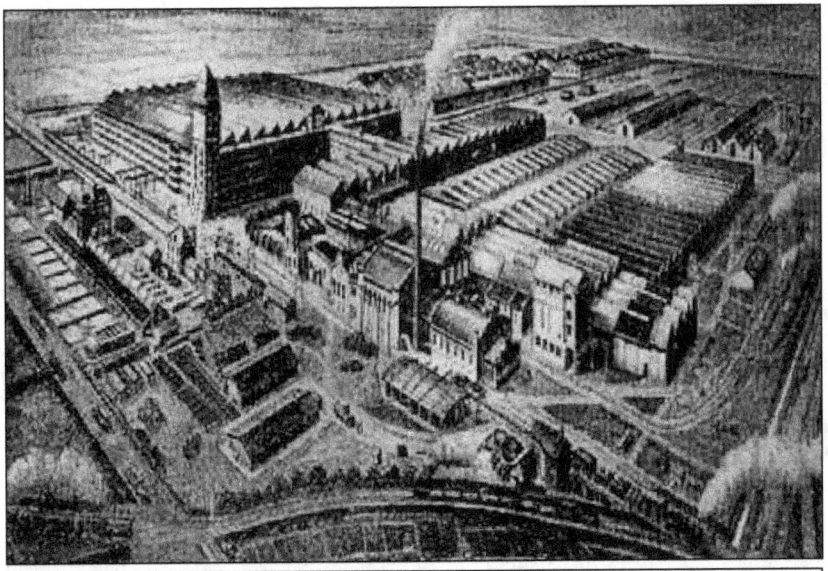

Abb. 12: Die „Norddeutsche Wollkämmerei und Kammgarnspinnerei zu Reiherstieg AG.", eine Abbildung aus den 20er Jahren des 20. Jahrhunderts

Onkel Willi hat dann aber Arbeit in der Mühle der Firma Georg Plange gefunden. Seitdem spielte die Firma Plange im Leben der Deinerts eine ganz große Rolle. Mein ist in dieser Firma Obermüller geworden und hat bis zu seiner pensionierung da gearbeitet. Der Onkel Willi hat es auch möglich gemacht, dass die anderen Geschwister aus Schlesien (Deinert / Geschwister des Vaters) und aus Oberhausen (Krosse / Geschwister der Mutter) ebenfalls nach Wilhelmsburg kommen konnten.

Abb. 13: Die Weizenmühle Georg Plange. Die Postkarte stammt aus dem Jahr 1888.

Onkel Willi hat in den Jahren 1928 bis 1930 das Haus in der Bonifatiusstraße gebaut, in dem unsere Familie gewohnt hat. Er und mein Vater haben zwei Schwestern geheiratet. Onkel Willi hat die ältere Schwester, Maria, geheiratet, und mein Vater die jüngere Schwester, Johanna. Es war ein großes Haus mit zwei Stockwerken. Damals wurde man zwar beim Hausbau vom Staat unterstützt, aber mein Onkel hatte ja eigentlich gar nicht genug Geld, um solch ein Haus zu bauen. Er musste einen großen Kredit aufnehmen. Meine Mutter hat immer geklagt: „Die Zinsen fressen uns auf." 22 Prozent Zinsen waren das! Sie hat mir mehrmals gesagt: „Ich musste wieder zu Pfarrer Krieter gehen und mir das Geld für die Zinsen leihen." Mein Onkel musste sich von der Firma Plange gelegentlich sein Gehalt im Voraus bezahlen lassen, um bei der Zinsenzahlung nicht in Verzug zu geraten. Um die Finanzierung des Hauses zu schaffen, war zunächst fast das ganze Haus vermietet. Meine Eltern haben deswegen ganz oben, auf dem Dachboden, gewohnt, und Onkel Willi und Tante Maria wohnten in einer Dienstwohnung der Firma Plange, in der Trettaustraße 40. Damals gab es in Wilhelmsburg viele Montagearbeiter.

Diese Männer wohnten bei uns „auf Kost und Logis". Das bedeutete, dass meine Mutter für alle diese Leute waschen, putzen und kochen musste. Das war viel Arbeit! Außerdem war es ja auch schwierig, für alle diese Leute die Lebensmittel zu bekommen. Später hat dann mein Onkel Willi zwei weitere Brüder aus Schlesien nach Wilhelmsburg geholt und dazu noch aus Oberhausen seine Schwiegermutter - unsere Oma - und vier Geschwister seiner Frau. Auf diese Weise wurden die Montagearbeiter so nach und nach gegen die „ganze Sippe Deinert-Krosse" ausgewechselt. Als wir Kinder geboren waren, war es im Haus sehr eng, aber alle waren ja verwandt, und die Schwierigkeiten, die es wegen der Enge doch hin und wieder gab, wurden irgendwie behoben.

Kt.: War denn „die ganze Sippe" katholisch?

B.: Ja, ja! Alle waren erzkatholisch - auch die Oberhausener! So wurden auch wir Kinder erzogen. Es gab gar nichts anderes!

Kt.: Das heißt, dass Vater und Onkel von Anfang an Kontakt zur Bonifatiusgemeinde hatten? Wenn sie um 1918 nach Wilhelmsburg gekommen sind, dann haben sie die Pfarrer Algermissen, Dr. Offenstein, Schmidts und Krieter erlebt.

B.: Pfarrer Schmidts hat meine Eltern am 10. 2. 1934 getraut. Meine Eltern waren so eingestellt, besonders meine Mutter, dass das Wort des Geistlichen für sie das Evangelium war, auch in politischen Dingen. Einen besonders guten Kontakt hatten meine Eltern später zum Kaplan Kruse. Der war ja in der Kriegszeit in der Gemeinde, als die schweren Bombenangriffe passierten. Damals wurden viele Dinge aus der Kirche und aus dem Pfarrhaus bei uns zu Hause aufbewahrt. Ich kann mich erinnern, dass bei uns zu Hause Messdienerkleidung gewaschen und genäht wurde. Meine Brüder und ich mussten sie dann zurückbringen, wahrscheinlich ins Pfarrhaus, denn die Sakristei ist ja damals durch einen Bombenabwurf zerstört worden. (Karsamstag, 31. 3. 1945) Das weiß ich noch gut.

Wegen der Bombenangriffe war damals für Kinder auch die so genannte „Frühkommunion" möglich. 1944, als meine Schwester geboren wurde, war ich 5 Jahre alt. In diesem Alter bin ich schon zur Erstkommunion gegangen! Das hat Dechant Krieter damals erlaubt. Mein Bruder, der zwei Jahre älter war, hatte damals bei Dechant Krieter nachmittags Kommunionunterricht im Gemeindehaus. Zu diesem Unterricht bin ich immer mitgegangen. Das war ja auch so nah zu unserem Haus, mir hat es nichts ausgemacht, sondern ich habe das gern getan. Der Dechant hat das beobachtet und hat dann einmal zu mir gesagt: „Du kannst deine Mutter fragen, ob sie einverstanden ist. Wenn du willst und wenn du von zu Hause aus darfst, dann kannst du mit deinem Bruder gleichzeitig zur Erstkommunion gehen." Ich kann mich genau daran erinnern, wie ich mit dieser Nachricht nach Hause gekommen bin. Meine Mutter war in der Waschküche, die unten im Keller war, mit der Wäsche beschäftigt. Ich habe sie dann durch das offene Fenster - die Wäscheschwaden stiegen hoch - gefragt, ob ich, wie mein Bruder, auch zur Erstkommunion gehen dürfe. Na ja, das hat sie dann erlaubt.

Kt.: Dechant Krieter kannte natürlich Ihre Mutter?

B.: Also, die kannte er ganz genau!

Kt.: War er auch häufiger in der Familie zu Besuch?

B.: Nicht so häufig, aber man sah sich und kannte sich. Ich weiß zum Beispiel, dass ich als Kind einmal ins Pfarrhaus gehen musste, um Dechant Krieter zum Geburtstag zu gratulieren. Meine Oma hatte zu diesem Zweck ein Gedicht gemacht. Ich musste ein Geschenk bringen. Wir haben übrigens oft Geschenke gebracht. Mein Onkel hatte durch seine Arbeit bei Plange ja immer Mehl, das so genannte „Potentat". Mehl und Eier haben wir oft ins Pfarrhaus gebracht. Wir hatten nämlich auch Hühner. Diese Geschenke wurden durch uns Kinder gebracht, weil das unauffällig war. Es sollte kein Gerede der Nachbarn entstehen.

Zum Geburtstag des Dechanten zurück! Ich musste also ein Geschenk bringen und das Gedicht meiner Oma aufsagen. Den Schluss erinnere ich noch:
„Er geb` dir Kraft, das schwere Amt
in seinem Weinberg zu verwalten!
Und trifft dich seine Hand auch schwer,
und weh´n die Stürme noch so kalt,
den Humor musst du dir erhalten!"
Den Schlussteil, die Sache mit dem Humor, sollte ich besonders betonen.
Kt.: Wie alt war die Oma zu dieser Zeit?
B.: Ja, ich weiß es nicht genau, die Oma immer eine Oma! Sie konnte nicht gehen; sie war für uns Kinder eigentlich immer alt. Sie hat immer gesessen - dabei zum Beispiel Kartoffeln geschält - aber sie war immer für uns da. Sie war so lieb! Sie hatte immer Zeit für uns. Meine Mutter dagegen war immer beschäftigt. Sie hatte zu viel Arbeit!
Kt.: Die Oma hat also das Gedicht gemacht, um Dechant Krieter zu erfreuen?
B.: Oma hat immer Gedichte gemacht, lustige und bedeutungsschwere. Dieses Gedicht hat sie gemacht, um den Dechanten zu ehren! Meine Oma und ihre Töchter haben die Priester - die „geistlichen Herren" wie man sagte - ja noch sehr geehrt. Die Priester standen für sie jenseits von Gut und Böse. Meine Tante und meine Mutter hatten im Glauben ihren ganzen Halt. Und meine Oma war sicherlich eine ganz tief gläubige Frau, die kaum Zweifel (an ihrem Glauben) hatte. Ich empfand sie gelegentlich zwar auch als eine etwas ängstliche Frau. Sie hatte vor vielen Dingen große Angst, vielleicht hatte sie sogar eine tiefe Lebensangst, aber den Halt gab ihr der Glaube. Meine Tante, meine Mutter und die Oma haben zueinander ein sehr enges Verhältnis gehabt. Ich habe über die Religiosität der drei Frauen später oft nachgedacht, und ihre Art von Frömmigkeit hat mich später dann auch geärgert, fast abgestoßen. Meine Tante hat mir zum Beispiel einmal einen Brief geschrieben, nachdem sie eine Primiz erlebt hatte. Sie schrieb, dass sie es als tiefes Erlebnis empfunden habe, „aus diesen neu geweihten Priesterhänden, die so nahe bei Gott sind", die heilige Kommunion zu empfangen. So etwas mochte ich später nicht mehr hören!
Kt.: Welche Primiz war das, etwa die Primiz von Joachim Ernst?
B.: Nein, ich weiß es nicht genau. Aber die Primizianten aus Wilhelmsburg standen natürlich auch ganz oben, Joachim Ernst, Johannes Rataij, Wolfram Trojok, Karl-Heinz Schulz und allen voran natürlich Heinrich Pachowiak (der spätere Weihbischof) samt seiner Schwester Karla! Die Schwester Karla war mit den Priestern gleich zu stufen! Als Pfarr-Referentin hatte Frl. Pachowiak sozusagen auch die Weihen! Für meine Tante waren alle diese Leute ganz großartig.
Kt.: Haben eigentlich die Männer der Familien Deinert / Krosse die „geistlichen Herrschaften" ebenso verehrt wie die Frauen das getan haben?
B.: Also, mein Vater wollte das eigentlich nicht so mitmachen! Ich weiß auch, dass meine Mutter ihn zur Beichte „gejagt" hat. Mein Onkel Willi wurde von seiner Frau auch immer so gedrängelt. Das hat uns als Kinder manchmal richtig amüsiert. Mein Vater hat sich oft geärgert, dass er in religiösen Dingen nicht mitreden sollte, dass er nicht gefragt wurde, dass er keine eigene Meinung haben sollte. Mein Vater ist bei der Arbeit im Hafen auch mit Kommunisten zusammengekommen. Eine Zeit lang hat er sich - wie meine Mutter sagte - bei den Kommunisten „herumgetrieben". Das war in der Nachkriegszeit, als er aus der Gefangenschaft zurück gekommen war. Er hat bei seiner Arbeit von den Kommunisten wohl allerhand (Kritik an der Kirche) gehört, was er dann gelegentlich auch zu Hause anbringen wollte.

Das lief dann so ab: Mein Vater holte tief Luft, und wollte gerade etwas sagen, da kam meine Mutter ihm schon zuvor: „Paul, sei ruhig! Bist du ruhig!" Er sollte nichts sagen. Was gegen die Kirche gerichtet war, das sollte in der Familie gar nicht erst laut werden!

Abb. 13: Zur Zeit des Pfarrers Krieter wählten fünf junge Männer aus der St. Bonifatiusgemeinde den Priesterberuf. Das Foto wurde angefertigt, als die Geistlichen im Jahr 1958 zur Feier der Primiz von Johannes Rataj in Wilhelmsburg zusammengekommen waren. Von links - aus der Sicht des Betrachters - sind zu sehen: Johannes Rataij (1958); Heinrich Pachowiak (1940); Wolfram Trojok (1957); Karl-Heinz Schulz (1956); Joachim Ernst (1953); Die Jahreszahlen in Klammern geben das Jahr der jeweiligen Primiz an.

Kt.: Wie war die Beziehung Ihrer Mutter zum Dechant Krieter?
B.: Ich erinnere nichts Besonderes. Der Dechant gehörte einfach zur Kirche. Er gehörte so zu der Kirche wie der Kirchbau selbst oder wie die Bäume vor der Kirche. Der blieb! Nur die Kapläne wechselten und brachten gelegentlich etwas Unruhe, auch Trauer, wenn sie sich von der Gemeinde verabschiedeten. - - Der Dechant war einfach da. An dem gab es nichts zu kritisieren. Schwieriger war das mit seiner Schwester; Therese hieß seine Schwester, glaube ich. Jedenfalls hieß eine Schwester seiner beiden Schwestern so. Später war noch eine andere Schwester im Pfarrhaus (Agnes). Die war anders! Wer aber von den Schwestern im Pfarrhaus etwas zu sagen hatte, das war Therese. Wenn man an der Tür des Pfarrhauses klingelte, hat man gedacht: „Hoffentlich kommt nicht Therese an die Tür!" Aber sie kam natürlich! Sie machte die Tür auf, und dann wusste man, dass man ungelegen kam. Man wurde von ihr nicht direkt zum Kaplan oder zum Dechant gelassen, sondern man wurde ins Empfangszimmer (rechts neben der Eingangstür) gebracht.

Wenn alles gut ging, wurde man dann vom Geistlichen in dessen eigenes Zimmer geholt. Man fühlte sich durch Therese kontrolliert. Die Schwester des Dechanten sah das wohl als ihre Aufgabe an. Sie wollte bestimmt den Dechanten schützen.

Kt.: Vor Arbeitsüberlastung?

B.: Das wohl nicht. Ich nehme an, dass sie ihn vor seiner eigenen Gutmütigkeit schützen wollte. Man ist ja früher ganz oft ins Pfarrhaus gegangen und hat dort seine Not und sein Elend geklagt. Es war ein gängiger Weg ins Pfarrhaus, und der Dechant hat den Leuten immer geholfen. Er hat auch unserer Familie geholfen. Zum Beispiel hat er uns zu Frau Pachowiak geschickt (der Mutter von Heinrich und Karla Pachowiak, der Vorsitzenden des Elisabethvereins und Leiterin der Pfarrcaritas). Da bekamen wir Kleidungsstücke. Man konnte mit vielen Nöten zum Pfarrer gehen! Und Therese hatte wohl tatsächlich Angst, dass ihr Bruder zu mildtätig sei.

Ich selbst habe mit Therese ja erst als Jugendliche häufiger zu tun gehabt. Wenn ich als junges Mädchen ins Pfarrhaus kam, hat Therese auf mich den Eindruck gemacht, als habe sie Angst um die Moral der Kapläne. Sie hat bestimmt gedacht, wir als junge Mädchen würden den Kaplänen nachlaufen. Das wollte sie wohl verhindern.

Wenn ich es heute richtig bedenke, könnte es auch sein, dass die Kapläne selbst - durch Bemerkungen oder Handzeichen - ihr das Gefühl gegeben haben, wir Jugendlichen müssten an der Tür abgewimmelt werden. Wie auch immer, wenn man zum Dechant oder zu den Kaplänen wollte, musste man Therese umgehen.

Kt.: Ja, sie war die „Alte Schleuse". (Beide Gesprächspartner lachen, denn „Alte Schleuse" hieß - damals wie heute - eine Straße in der Nachbarschaft des Pfarrhauses.)

B.: Zur Schwester Therese noch eine andere Sache! Bei uns zu Hause gab es immer den Satz: „Die Kapläne bekommen im Pfarrhaus nicht genug zu essen!" In unserem Hause spielte das Essen dagegen immer eine ganz große Rolle, weil eigentlich alle Bewohner schon einmal gehungert hatten. Andererseits ging es uns besser als anderen. Bei uns gab es Hühner und Karnickel, wir hatten Mehl und Eier, wir konnten Kuchen backen. Darum kamen die Kapläne gern, und Mutti hat denen immer etwas zu essen gemacht. Das haben übrigens nicht alle Kapläne uns gedankt. Der Kaplan Hölsken zum Beispiel hat später einmal bei anderen Leuten gesagt: „Zu Deinerts gehe ich nicht mehr, bei denen muss ich immer essen!"

Kt.: Jedenfalls stand die Haushälterin Therese in dem Ruf, den Kaplänen das Essen im Pfarrhaus recht schmal zu gestalten.

B.: So ist es. Sie konnte aber auch ganz nett sein. Ich erinnere mich, dass mein Bruder und ich von ihr die Erlaubnis bekommen haben, im Vorgarten des Pfarrhauses Löwenzahn zu stechen, das Futter für unsere Karnickel.

Kt.: In welchem Vorgarten? In dem Vorgarten, der sich neben der Sakristei der Kirche befand? Da hatte sie zwei Apfelbäume stehen und da baute sie auch Gemüse an.

B.: Nein, da nicht! Da durfte niemand hinein! Wir haben den Löwenzahn im anderen Vorgarten gestochen. Der lag zu der Seite des Nachbarhauses hin, zu dem Haus, in dem damals Dr. Gebauer wohnte (Chefarzt des Krankenhauses Groß-Sand).

Kt.: Nun noch einmal zurück zu Ihrer eigenen Person. Getauft sind Sie also in Wilhelmsburg, von Pfarrer Krieter. Und Pfarrer Krieter hat auch Ihren Kommunionunterricht gehalten, nicht wahr?

B.: Ja, ich weiß auch noch, was er immer zum eucharistischen Brot gesagt hat: „Es sieht aus wie Brot, es schmeckt wie Brot, es fühlt sich an wie Brot, und es ist doch kein Brot!" Das hat er immer wiederholt, und wir haben es im Chor nachgesprochen. „Es sieht aus wie Brot, es schmeckt wie Brot, es fühlt sich an wie Brot und ist doch kein Brot!"

In der Schule - später - als er einmal den Kaplan im Religionsunterricht vertreten hat, hat er sich ans Fenster gestellt, aus dem Fenster geguckt und gesagt: „Sämtliche Reisen des Apostels Paulus begannen in Antiochia. Sämtliche Reisen des Apostels Paulus begannen in Antiochia." Diesen Satz musten wir dann im Chor wiederholen. Das war seine Lehrmethode, bestimmte Lehrsätze richtig einzupauken. So schlecht war das übrigens gar nicht! Die Sätze kenne ich heute immer noch.

Kt.: Wissen Sie sonst noch etwas über seinen Religionsunterricht?

B.: Über den Religionsunterricht eigentlich nicht. Aber ich habe noch eine andere Erinnerung. Mit Dechant Krieter als wichtigsten Geistlichen fand alle Jahre nach Weihnachten - am „Fest der unschuldigen Kinder" - die „Kindersegnung" statt. Ich kenne den Brauch der „Kindersegnung" seit meiner frühesten Kindheit.

Bevor ich aber auf die „Kindersegnung" zu sprechen komme, muss ich noch etwas vorweg erzählen: Meine Brüder - Dieter und Georg - waren Messdiener, und ein Messdiener durfte immer den „Tritt" bereit stellen, wenn über dem Tabernakel die Monstranz aufgestellt werden sollte oder wenn die Monstranz nach der Anbetung aus dem Sakramentshäuschen wieder herunter geholt werden musste. Der Dechant war ja verhältnismäßig klein. Wenn die Monstranz da oben auf dem Hochaltar stand, konnte er die Monstranz gar nicht herunterheben ohne den „Tritt" zu benutzen. Der „Tritt" hatte zwei Stufen. Auf die musste der Dechant steigen, wenn er an die Monstranz heranreichen wollte. Wir als Kinder haben immer ganz gespannt beobachtet, ob wohl alles gut gehen würde; ob der Dechant wohl einmal mitsamt der Monstranz vom „Tritt" herunterfallen würde. Er ist nie gefallen! Aber nun zur „Kindersegnung"! Bei der Kindersegnung war in dem Sakramentshäuschen über dem Tabernakel statt der Monstranz ein rotes Samtkissen ausgelegt. Darauf lag in einem weißen Hemdchen ein „Jesuskind" mit ausgebreiteten Armen. Dieses „Jesuskind" sollte in einer Prozession der Kinder durch die Kirche getragen werden.

Ja, und mein Bruder - diesmal war es Georg - musste nun auf den „Tritt" und dann noch mit einem Knie auf den Altar steigen, um das „Jesuskind" samt Kissen für die Prozession aus dem Sakramentshäuschen herunter zu holen. Das war spannend! Nachdem das gelungen war, setzte sich eine ganz große Prozession in Bewegung. Stellen Sie sich das einmal vor! Die ganze Kirche war gefüllt mit Kindern! Es gab ja so viele Kinder! So viele Kinder gibt es heute gar nicht mehr. Die ganz kleinen Kinder waren natürlich in Begleitung ihrer Mütter da. Aber, wie gesagt, zur Kindersegnung, am 28. Dezember, war die Kirche immer total voller Kinder! Bei der Prozession waren die Prozessionsfahnen dabei, große und kleine, alle Messdiener gingen mit und - das war das Schönste - auch alle Kinder gingen hinter dem „Jesuskind" her. Man musste als Kind nicht in der Bank sitzen bleiben, sondern konnte mitgehen, konnte sich bewegen. Bei der Prozession wurde natürlich auch gesungen. Ich weiß noch heute das Lied, das immer gesungen wurde:

„Bei deiner Fahn`, o Jesulein, da wünsch` ich mir, Soldat zu sein.
Möcht` retten gar so gerne, die Kindlein in der Ferne.
Die Heidenkinder arm und klein, dass sie doch nicht verloren sei`n!
Die Heidenkinder, arm und klein,
dass sie doch nicht verloren sei`n!
Es gibt auch noch eine zweite Strophe:
Und bist du auch noch jung und klein, kannst doch du schon Apostel sein,
Gebet und Opfer spenden, den Heiden hinzusenden.
Damit manch` armes Heidenkind den Weg zum schönen Himmel find`!
Damit manch` armes Heidenkind
den Weg zum schönen Himmel find`!

Schön, nicht? Das haben wir ganz laut gesungen, ja richtig voller Inbrunst und aus voller Kehle. (Frau Bergmann lacht herzlich)
Kt.: (auch lachend) Ach ja, und dann war sicher auch der `Nickneger` dabei.
(`Nickneger`, diesen Namen gab man unter katholischen Jugendlichen einer Gipsfigur, die Geldspenden aufnehmen konnte. Die Figur stellte einen niedlichen, schwarzhäutigen Jungen dar. Der Kopf des Kindes war beweglich. Das „Negerkind" bedankte sich durch ein Kopfnicken, wenn eine Münze in die Spardose zu seinen Füßen geworfen wurde. Diese Figur stand noch in den fünfziger Jahren des vorigen Jahrhunderts in nahezu jeder katholischen Kirche vor der Krippe, die während der Weihnachtszeit aufgebaut war. Die Spenden kamen der „Heidenmission" zugute.)
B.: Ja, die Prozession kam an dem „Negerkind" vorbei. Die Figur stand ja vor der Krippe. Da wurde gespendet, und das „Negerkind" bedankte sich durch Kopfnicken.
Kt.: Wo fand denn die eigentliche „Kindersegnung" statt?
B.: Die Kinder mussten sich an der Kommunionbank in Reihen nebeneinander aufstellen und dann wurden sie (durch Handauflegen auf den Kopf und ein Kreuzzeichen auf der Stirn) abgesegnet.
Kt.: Den Segen erteilte der Dechant allein?
B.: Nein, auch die beiden Kapläne teilten den Segen aus. Die Geistlichen waren also zu dritt. Es waren ja enorm viele Kinder, die gesegnet werden sollten.
Kt.: Es waren also nicht nur die Babies, die gesegnet wurden?
B.: Nein, nein! Alle Kinder der Gemeinde waren da. Das war für die Kinder eine sehr stimmungsvolle Veranstaltung, und für die Mütter bestimmt auch. Ich weiß, dass die Mütter diese Segnung ganz wichtig nahmen.
Ach, beim Stichwort „stimmungsvoll" fallen mir die Theaterstücke ein, die in der Gemeinde aufgeführt worden sind. Das waren richtig große Mysterienspiele! Ein Spiel hatte den Titel: „Die heilige Elisabeth." Dieses Spiel hat Frl. Pachowiak eingeübt. Bei einem anderen Spiel hat meine Schwester, die damals ein Baby war, mitgespielt. Sie war das „Jesuskind". Das Spiel wurde 1945 oder 1946 aufgeführt. Da war doch alles kaputt; die Kirche und vor allem auch das Gemeindehaus. In dem Spiel sollte die Muttergottes, also Maria mit dem Kind, still wie eine Statue dastehen. Sie sollte sich überhaupt nicht bewegen. Die erwachsene Spielerin, die Maria, konnte ja so still und ohne Bewegung stehen, aber für das Baby war das natürlich problematisch. In dem Stück kam ein Vagabund mit einer Geige zur Maria. Als er spielte - daran kann ich mich so genau erinnern! - hat meine kleine Schwester mit den Füßen gewackelt. Davon hat man später noch erzählt. - Aber, auch bei diesen Mysterienspielen war die Kirche immer überfüllt. Die Theaterstücke wurden in der Kirche aufgeführt. Das war damals der einzige große Raum, der zur Verfügung stand. Später, als das neue Gemeindehaus erbaut war (die Einweihung geschah im Februar 1956), wurde immer noch viel Theater gespielt. Da habe ich auch mitgemacht. Davon habe ich noch Fotos.

Kt.: Fällt Ihnen noch etwas anderes zur Gemeinde ein, vielleicht zu Besonderheiten der Gottesdienste?
B.: Also, ich weiß noch gut, wie der Dechant seine Predigten an den Festtagen immer angefangen hat: „Meine liebe, zum Fest so und so versammelte Gemeinde." So fing er immer an. Darauf haben wir regelrecht gewartet.
Kt.: Haben Sie zu seinen Predigten besondere Erinnerungen?
B.: Das kann ich gar nicht mehr beurteilen. Wir haben auch zu Hause nie etwas kritisiert. Wir Kinder, Mutter und Tante haben den Predigern einfach zugehört. Wir kritisierten höchstens, dass die Predigt zu lange gedauert hatte. Nur mein Vater war da eine Ausnahme.

Der hat sich gelegentlich über Predigten geärgert, weil er oft anderer Meinung war. Meine Mutter dagegen hat alles in Demut angehört und gesagt: „Aus jeder Predigt kann man etwas entnehmen!" Meine Mutter wollte nichts hören, das gegen die Priester war.

Kt.: Wissen Sie noch etwas zu den Schulmessen?
B.: Ja, es gab zweimal in der Woche so genannte „Schulmessen" für die Schulkinder, vor Unterrichtsbeginn. Da bin ich oft hingegangen, denn unsere Lehrerin, Frl. Kraushaar, hat das ja kontrolliert. Sie hat sich (in ihrem Heft) für das Fach Religion einen Strich (hinter dem Schülernamen) gemacht, wenn man zum Schulgottesdienst erschienen war. Wenn man häufig kam, stand man bei ihr schon etwas besser da. Außerdem durfte ich nach der Schulmesse im Unterricht ein Butterbrot essen, weil ich ja zur Kommunion gegangen (und deswegen noch nüchtern) war.
Kt.: Wie war es mit dem Beichten?
B.: Wenn man zum Dechanten zur Beichte ging, hatte man gar keine Probleme.
Kt.: Also, wenn man es sich mit dem Beichten einfach machen wollte, dann ging man zum Dechanten?
B.: Der Dechant war gütig! Der war überhaupt immer gütig! Ich habe nie erlebt, dass der Dechant einmal wütend gewesen wäre, dass er uns angeschnauzt oder uns weggejagt hätte. Das gab es nicht! Entsprechend war er beim Beichtehören. Er hörte sich die Beichte in Ruhe an und sagte dann etwas Begütigendes. Bei den anderen Geistlichen war es doch schon 'mal so, dass mit Druck nachgefragt wurde oder dass einem das Gefühl vermittelt wurde, man müsse sich schämen. Also, ich finde, dass das Wort „gütig" am besten zum Verhalten des Dechanten als Beichtvater passt.

Kt.: Erinnern Sie sich an die Fronleichnamfeste in der Gemeinde?
B.: Ja, für die Fronleichnamsaltäre wurden von überall her Blumen gesammelt. Auch von uns hat man Blumen geholt; besser gesagt, meine Geschwister und ich mussten die Blumen zum Pfarrhaus schleppen. Wannen voller Blumen! Meine Schwester hat mir gerade noch vor kurzer Zeit gesagt, wie sehr sie sich von Kindheit an darüber geärgert hat, dass den Blumen einfach der Kopf abgerissen wurde, weil man die Blumenköpfe für die Altäre oder gar zum Blumenstreuen während der Prozession verwenden wollte.
Mich selbst hat das nicht so sehr geärgert, aber dass es eigentlich schade um die schönen Blumen war, das ist auch mir bewusst gewesen. Andererseits waren die Kinder (bei den Lehrkräften) gut angeschrieben, die möglichst viele Blumen gebracht haben.
Kt.: Wer hat denn die Blumen entgegengenommen und die Altäre geschmückt?
B.: Die Lehrer und Lehrerinnen der Katholischen Schule. Die Schule war auch für das Schmücken der Altäre zuständig.
Kt.: Nach der kirchlichen Feier von Fronleichnam war nachmittags die weltliche Feier, nicht wahr?
B.: Ja, die fand (in den ersten Jahren nach dem Krieg) bei Witt, in Stillhorn statt. Das war das größte Gemeindefest. Nachmittags veranstalteten die Lehrkräfte der Schule dort für die Kinder Spiele. Es gab auch etwas Gutes zu essen. Abends war für die Erwachsenen Tanz. Für mich ist heute erstaunlich, dass so viele Leute hinaus nach Stillhorn gekommen sind. Das war ja für die meisten Leute ein sehr weiter Weg, den sie zu Fuß machen mussten. Die meisten Leute hatten damals noch kein Auto. Trotzdem war es bei Witt immer brechend voll. Viele, viele Leute waren da!
Kt.: Gab es noch ein anderes weltliches Fest, das die Gemeinde gefeiert hat?
B.: Ja, zu Fasching gab es ein Maskenfest, in Stübens Gaststätte.

Kt.: Ich möchte gern noch etwas über die Katholische Schule und die Lehrkräfte zu Ihrer Zeit hören. Haben Sie an eine Lehrkraft besondere Erinnerungen?
B.: Ja, an Frl. Kraushaar. Die war sehr streng. Wir hatten sie acht Jahre lang. Später haben wir „Prokschepaul" (= Paul Proksch) gekriegt. Der war noch ein Mensch! Bei ihm kamen auch Jungen in unsere Klasse. Vorher waren wir immer eine reine Mädchenklasse gewesen. Bei Frau Adamczyk hatten wir Hauswirtschaft. Die war sehr lieb und freundlich. Und dann hatten wir auch Frl. Redepenning. Von Frl. Redepennig ist mir am besten in Erinnerung, dass sie immer zum „Father" gegangen ist. („Father" ließ sich der Kaplan Goedde gern nennen. Bevor er im Jahre 1951 in Wilhelmsburg auf eine Kaplanstelle kam, war er jahrelang in Kanada Pfarrer gewesen. Wie der mit Kaplan Goedde gleichzeitig in Wilhelmsburg tätige zweite Kaplan, Hölsken, in einem Interview am 27. 7. 2004 erzählte, ist die Bezeichnung „Father" von K.-A. Krieter erfunden worden. Mit dieser Bezeichnung sollte das Problem umgangen werden, dass es in einer Pfarrei nicht zwei Pfarrer zugleich geben konnte.) Im Zimmer des „Father" Goedde, im Pfarrhaus, trafen sich regelmäßig einige Frauen der Marianischen Kongregation. Die beteten den Rosenkranz und führten fromme Gespräche. Über diesen Verein haben wir immer gelacht. Aber Frl. Redepenning hat für die Marianische Kongregation geworben. Wir sollten auch kommen! Und dann bin ich mit anderen jungen Mädchen auch einmal hingegangen. Da hat uns eine Standarte besonders beeindruckt, die da stand. Darauf war eine Taube abgebildet, die den Heiligen Geist symbolisieren sollte. Die Taube hatte ihre Schwanzflügel nach unten ausgebreitet. Zu diesem Bild haben wir jungen Mädchen dann gesagt: „Das ist der Heilige Geist mit Rückstrahler!" (Frau Bergmann lacht.) Aber die frommen Gespräche und das Beten des Rosenkranzes, das war überhaupt nichts für uns! Die Frauen von der Marianischen Kongregation nahmen sich auch so wichtig. Das war alles ein bisschen elitär. Wie gesagt, schließlich haben wir über diesen Verein gelacht. Aber Frl. Redepenning hat weiter geworben. Sie hat uns auch nahegelegt, nach der Schule in die Kirche zu gehen und da den Rosenkranz zu beten. Manchmal, um ihr zu gefallen, haben wir das auch getan.
Zuerst mochte ich Frl. Redepenning ganz gern. Aber dann hatte sie bei mir plötzlich vollkommen verspielt. Das hing mit unserem Sportunterricht zusammen. Den hatten wir in der Schule am Rotenhäuser Damm, in der Turnhalle des Gymnasiums. Das Gymnasium hatte damals gerade neue sanitäre Einrichtungen bekommen. Und plötzlich verlangte Frl. Redepenning von uns Mädchen, dass wir uns nach dem Sport alle nackt ausziehen und duschen sollten. (Frau Bergmann lacht.) Das hatte es ja noch nie gegeben! Ich habe gedacht, für mich bräche die Welt zusammen. Wie konnte diese Frau auf der einen Seite sagen, wir sollten den Rosenkranz beten, und auf der anderen Seite, wir sollten gemeinsam nackt duschen. Also, solch eine „Sauerei" hatte ich nicht erwartet! (Frau Bergmann lacht.) Die Frau hatte bei mir verspielt. Der konnte ich nichts mehr glauben.
Ach, und dann hat sie uns auch noch den so genannten `lebenskundlichen Unterricht` erteilt. So hieß die angebliche sexuelle Aufklärung. Da wurden Jungen und Mädchen getrennt. Wir Mädchen gingen für diesen Unterricht in das kleine (1948 gebaute, einräumige) Kolpingsheim. Das war ja nun auch ein kleiner, besonderer Raum. Wir saßen da so schön eng beisammen! Frl. Redepenning verbreitete eine richtig schöne Stimmung und dann hat sie uns aus einem Buch vorgelesen. „Das heimliche Königreich" war der Titel. Das Buch würde ich heute zu gerne noch einmal lesen! (Frau Bergmann lacht.) Von sexueller Aufklärung stand nichts darin. Es war nur alles so geheimnisvoll! So geheimnisvoll!! Man mochte sich gar nicht bewegen! Was man mitbekam, war nur: Man konnte „die Reinheit verlieren".

Man sollte aufpassen. „Mädchen, achte! Du kannst deine Reinheit verlieren!" Ich wusste gar nicht, was damit gemeint war. Aber dass es gefährlich war, „die Reinheit zu verlieren", das habe ich gemerkt. Später habe ich mich über diese Art von Aufklärungsunterricht geärgert.

Kt.: Vielleicht noch ein Wort zum Rektor Nolte?
B.: Bei Noltes war ich ja so gut wie zu Hause, vor allen durch Margret, seine jüngste Tochter; auch durch Elisabeth, die etwas ältere Tochter. Ich mochte Herrn Nolte gerne. Der hat mir manchmal über die Haare gestrichen und zu mir gesagt: „Na, du schwatter Düvel, wie geht es dir?" Er war zu mir sehr väterlich, wirkte auf mich aber auch stark. Das hat mir gut getan, denn meinen eigenen Vater hatte ich ja bei meiner so dominanten Mutter immer als schwach erlebt. Ich habe mir immer gewünscht: „So müsste dein eigener Vater sein, wie der Herr Nolte!" Der hatte etwas zu sagen, der war anerkannt.
Kt.: Wie haben Sie ihn als Schulleiter erlebt?
B.: Ja, dass er ein strenges Regiment führte, dass er im Treppenhaus der Schule „grölen" konnte und dass er wegen dieses „Grölens" allgemein gefürchtet war, habe ich wohl erlebt. Er konnte ja auch so ein „bulliges Gesicht" ziehen. Aber ich, weil ich ja bei Noltes zu Hause verkehrte, ich kannte ihn ganz anders. Ich hatte überhaupt keine Angst vor ihm! Er hat uns oft, wenn er bei Hochzeiten die Orgel spielen musste, zum Singen geholt. Das war immer ganz lustig. Meine Freundin Margret kam dann zu uns nach Hause gelaufen: „Komm schnell zum Singen, da ist wieder eine Hochzeit." Dann wurden schnell die Hände gewaschen, und los ging es. Seine Töchter und ich, wir haben so einen kleinen Chor gebildet. Da wurde die Orgel noch getreten (der Blasebalg)! „Segne, du Maria..." und „So nimm denn meine Hände..." wurde von uns gesungen. Das waren die Standardlieder. Die Hochzeitsleute haben Herrn Nolte für das Orgelspiel und das Singen Geld gegeben, und wir haben auch ein paar Groschen abbekommen.

Abb. 15: Die Kapläne Karl-Heinz Kobold und Johannes Schmidt (von links aus der Sicht des Betrachters) und die Führer der weiblichen und männlichen Jugend, Renate Deinert / Bergmann und Gerd Wesolowski bei einer Jugendversammlung im neuen Gemeindehaus im Jahre 1958.

Kt.: Zum Schluss erzählen Sie mir bitte noch etwas über Ihre Beziehung zur Gemeinde während der Zeit, als Sie Jugendliche waren.

B.: Ich war Pfarrjugendführerin des BDKJ (Bund der deutschen katholischen Jugend), natürlich nicht von Anfang an. Ich bin in dieses Amt hineingewachsen, weil ich von klein auf in der Gemeindejugend war.

Das Leben der Kinder unserer Familie spielte sich zwischen Schule und Kirche ab. Etwas anderes gab es nicht! Wir lebten wie auf einer katholischen Insel. Mit evangelischen Leuten wollte meine Mutter gar nicht erst in Berührung kommen. Als ich älter wurde, bin ich in meiner Freizeit zur „Gruppe" des BDKJ ins Gemeindehaus gegangen.

Ach, während wir so über die Jugendgruppen sprechen, erinnere ich mich plötzlich an die Zeit, als ich noch ganz jung war. Da ging ich noch nicht zur Schule. Da hieß die Mädchengruppe noch „Lioba". Die Mädchen haben sich damals in der Wohnung der Gruppenführerin getroffen. (Das Gemeindehaus war seit dem 31. 3. 1945 zerstört.) Sie wohnte in der Nähe der Straße „Alte Schleuse". Man musste bei der Schmidtstraße nach links und anschließend die Brücke über den Veringkanal überqueren. Im ersten Haus nach der Brücke hat die Gruppenführerin gewohnt. In ihrem privaten Zimmer haben sich die Mädchen von „Lioba" getroffen. Das war die jüngere Gruppe der „Marianischen Kongregation".

Aber das war alles vor meiner Zeit als Jugendliche. Ich selbst bin zur Gruppe des BDKJ gegangen.

Kt.: Die Gruppen des BDKJ waren nach Jungen und Mädchen getrennt?

B.: Die jüngeren Gruppen waren getrennt, die älteren Gruppen haben viel gemeinsam gemacht.

Kt. : Dann standen Sie also gemeinsam mit dem Pfarrjugendführer Gerd Wesolowski an der Spitze der katholischen Jugend Wilhelmsburgs?

B.: Ja, gemeinsam mit Gerd Wesolowski. Von den männlichen Jugendlichen habe ich neben Gerd Wesolowski die Namen Bernhard Krystkowiak und Bernhard Kinne in Erinnerung. Die waren alle etwas älter als ich. Bei den weiblichen Jugendlichen waren da Elisabeth und Margret Nolte, Maria Poprawa, Maria Piochacz und viele, viele andere. Annemarie Poprawa war eine Zeit lang meine Gruppenführerin.

Ich habe mich für die Arbeit als Pfarrjugendführerin sehr begeistern lassen, auch von den Kaplänen! Zu meiner Zeit war das besonders Kaplan Hölsken. Meiner Mutter hat mein Engagement für die katholische Jugendarbeit gefallen. Sie hat gedacht, da sei ich in guten Händen, da sei ich nicht in der „bösen Welt". Sie war froh, dass ich nicht „auf verrückte Gedanken" kam.

Wir Jugendlichen haben dann erlebt, wie der Saal des neu erbauten Gemeindehauses (Einweihung im Februar 1956) genutzt werden konnte. Wir haben darin die ersten Feste veranstaltet, auch Laienspiele haben wir aufgeführt. Die Küche im neuen Gemeindehaus haben wir genutzt und natürlich auch die neuen Gruppenräume.Das neue Gemeindehaus hat das Leben der Gemeinde enorm erneuert und vorangetrieben.

Durch die Jugendarbeit bin ich übrigens dazu geführt worden, ins Kloster, zu den Germeter Schwestern bei Warburg, zu gehen.

Die haben da ein Säkularinstitut für Seelsorgehilfe und Familienpflege. Da wurde ich ausgebildet als Seelsorgehelferin. Der Nachfolger von Kaplan Hölsken, Kaplan Schmidt, hatte erlebt, wie sehr ich mich für die Jugendarbeit engagierte.

Deswegen hat er mir nahegelegt, zu den Germeter Schwestern zu gehen. Da könnte ich dieselbe Arbeit wie in der Bonifatiusgemeinde beruflich tun. Ich habe dann ein Praktikum bei diesen Schwestern gemacht, habe mir noch einige Bedenkzeit genommen, wurde aber von den Kaplänen (der St. Bonifatiusgemeinde) Schmidt, Kobold und Stechmann stark in dem Beschluss gestärkt, zu den Schwestern zu gehen. Tatsächlich bin ich dann auch 13 Jahre lang Schwester gewesen. Danach bin ich (aus der Schwesterngemeinschaft) ausgetreten. Heute bin ich glücklich verheiratet.

Ich weiß noch, wie der Dechant reagiert hat, als er hörte, dass ich zu den Schwestern gehen wollte. Ich brauchte nämlich von ihm ein Führungszeugnis. Ich habe ihn also vor der Kirche daraufhin angesprochen und habe gedacht, er werde von meinem Entschluss (zu den Germeter Schwestern zu gehen) genauso begeistert sein wie die Kapläne. Seine Reaktion war aber ganz anders: „Ach, du Schreck, auch das noch!", hat er gesagt. Da war ich ganz geplättet. „Jetzt passiert nun auch noch so etwas!", schien er zu denken. Ich bin dann ganz niedergeschlagen hinter ihm her zum Pfarrbüro getrottet, zur „Alten Schule", Groß-Sand 2. Da hat er mir dann mein Führungszeugnis ausgestellt. Er hat mich auch noch so einiges gefragt, aber ich weiß nicht mehr, was er gefragt hat. Aber der Schreck darüber ist haften geblieben, dass der Dechant von meinem Entschluss nun so gar nicht begeistert war, dass er nicht gesagt hat: „Schön! Du wirst bestimmt einmal eine gute Schwester!" Er hat mich nicht freudevoll angeguckt.

Kt.: Nun ja, er wusste, dass seine Schwester Anna, als Nonne bei den Vinzentinerinnen, nicht besonders glücklich war. Zusätzlich war seine jüngste Schwester, Agnes, - nur wenige Jahre vorher - aus dem Kloster der Vinzentinerinnen ausgetreten (1948), und er hatte sie in Wilhelmsburg im Pfarrhaus aufnehmen müssen. Da sind auch Sie selbst seiner Schwester Agnes begegnet, nicht wahr?

B.: Richtig, sie war die freundlichere der beiden Schwestern des Dechanten.

Kt.: Haben Sie sonst noch eine Erinnerung an Dechant Krieter?

B.: Meine Freundin, Margret Nolte, und ich hatten immer einen Spitznamen für ihn. „Kalle" haben wir ihn genannt. Wir haben ja oft zwischen Kirche und dem Haus Groß-Sand 2, wo Noltes wohnten und wo unten auch das Pfarrbüro war, in den Trümmern und später im Bausand gespielt. Da kam der Dechant oft vorbei, und immer hatte er einen weißen Schal um den Hals gelegt. Er musste ja vom Pfarrhaus ins Büro gehen. Das war nur ein kurzer Weg. Darum hat er keinen Mantel angezogen, aber er trug immer einen Schal. Wir haben dann immer gesagt: „Kalle kommt!" Wir haben ja gern Rad geschlagen und Handstand gemacht; ohne Unterbrechung, immer wieder. Ich weiß noch, wie eine Nonne aus dem Krankenhaus „Groß-Sand" uns einmal dabei beobachtet hat und zu uns gesagt hat: „O Gott, wenn das die liebe Muttergottes sieht! Diese nackten Beine!" Handstand und Radschlagen haben wir natürlich nicht weiter gemacht, wenn der Dechant ankam. Dann hieß es immer: „Kalle kommt!" Einmal hat er uns dann daraufhin angesprochen. Da waren wir ganz perplex. Da hat er nett mit uns gesprochen, in seiner freundlichen Art, und dann hat er zum Schluss gesagt: „Ihr müsst aber nicht immer „Kalle" von mir sagen!" Er kannte seinen Spitznamen also längst! Und wir haben uns dann so geschämt! Aber er war gar nicht böse mit uns. Ganz lieb hat er zu uns gesagt: „Ihr müsst aber doch nicht immer „Kalle" von mir sagen!"

Also, er war alles andere als ein Kinderschreck! Er kannte auch alle Kinder mit Namen und wusste genau, zu welchen Familien sie gehörten.. Und man hatte eigentlich großen Respekt vor ihm, aber man mochte ihn auch gern.

Er kannte jeden. Er kannte Wilhelmsburg.

Chowanietz, Walter
und Chowanietz, Gertrud, geborene Poprawa

geboren 1933 und 1935
wohnhaft zur Zeit des Gespräches in Hbg-Wilhelmsburg

Gespräch am 8. 2. 2005

WCh. = Walter Chowanietz   GCH. = Gertrud Chowanietz
Kt. = Ulrich Krieter

Die in Klammern geschriebenen Wörter / Texte sind zum besseren Verständnis des Lesers eingefügt. Das Gespräch wurde mittels Diktiergerät aufgezeichnet.

Kt.: Ich beginne das Gespräch immer mit der Frage nach den Geburtsdaten.
WCH.: Ich heiße Walter Chowanietz und bin 1933 geboren.
GCH.: Ich heiße Gertrud Chowanietz, bin eine geborene Poprawa und bin 1935 geboren.
Kt.: Walter, du bist hier in Wilhelmsburg geboren?
WCH.: Ja, in der Veringstraße, und ich bin bis zum heutigen Tag immer in Wilhelmsburg geblieben. Meine Eltern sind aus Oberschlesien. Sie sind 1928 nach Harburg-Wilhelmsburg gekommen. Sie haben in Wilhelmsburg gewohnt. Mein Vater hat in seinen letzten Berufsjahren in der Kupferhütte, im Freihafen, gearbeitet. Bis zur Ausbombung hat unsere Familie am Kleinen Kanal gewohnt. Meine Eltern waren katholisch und waren fest in die Bonifatiusgemeinde eingebunden.
GCH.:. Meine Großeltern sind um die Jahrhundertwende nach Wilhelmsburg gekommen, als Viele aus dem Osten nach Wilhelmsburg gekommen sind. Mein Vater ist schon hier in Wilhelmsburg geboren, im Jahre 1903. Meine Mutti ist 1905 geboren. Sie ist mit ihren Eltern zugezogen. Meine Großeltern mütterlicherseits hatten sich nach dem 1. Weltkrieg für Deutschland entschieden. Sie kamen aus Gnesen in Posen. Mein Großvater war Eisenbahner. Ich selbst und alle meine Geschwister, wir sind hier in Wilhelmsburg geboren. Auch ich habe immer hier - in Wilhelmsburg - gewohnt.

Kt.: Wie war es mit euren beruflichen Laufbahnen?
WCH.: Sieben Jahre habe ich die Schule am Reiherstieg besucht. Die Bonifatiusschule gab es zur Zeit meiner Einschulung (1939) als Katholische Schule nicht mehr. Als die Bonifatiusschule nach dem Krieg wieder eröffnet wurde, war ich während meines achten und neunten Schuljahres dort. 1946 ist die Katholische Schule wieder aufgemacht worden. 1948 bin ich schulentlassen worden und dann in die Lehre gegangen. Ich habe den Beruf des Elektrikers erlernt, habe in dem Beruf meinen Meister gemacht, war dann 21 Jahre auf der Kupferhütte und danach 23 Jahre beim Hamburger Staat, als technischer Angestellter im Bauamt.
GCH.: Ich habe den Beruf „Kaufmännische Angestellte" erlernt. Während meiner ersten vier Schuljahre habe ich die Schule II besucht, danach die Schule Bonifatiusstraße, von 1946 bis 1950. 1950 bin ich aus der Schule entlassen worden. Nach der Lehre habe ich im Büro gearbeitet. Nach der Heirat habe ich noch so lange gearbeitet, bis die Kinder kamen. Danach war ich Hausfrau, Mutter, Altenpflegerin, alles!
Kt.: Ihr seid also beide gleich im Jahre 1946, kaum dass die Katholische Schule wieder eröffnet war, zur Bonifatiusschule gewechselt. Wie kam das eigentlich?
WCH.: Ganz einfach, weil wir Katholiken waren und sind. Als wir noch zur Schule Fährstraße gegangen sind, hatten wir ja die Erstkommunion in der Bonifatiuskirche. Da gab es in unserer Wohngegend aus der Gemeinde die Frau Kinne. Die hat die Schäfchen der Gemeinde zusammengehalten. Als Kinder bekamen wir monatlich ein Zettelchen. Darauf mussten wir unseren Namen schreiben, und der Pastor oder der Kaplan konnte dann sehen, ob wir zur Kommunion gegangen waren oder nicht.

Kt.: Das ist ja eine interessante Geschichte!
WCH.: Ja, das war so! Wir katholischen Kinder waren ja weit verstreut. Wir hatten zwar im Gemeindehaus Religionsunterricht, aber das war auf freiwilliger Basis. Als dann das Gemeindehaus und die Kirche ausgebombt waren, hat sich das natürlich auch negativ auf den Religionsunterricht ausgewirkt. Da haben wir nicht mehr so viel Unterricht gehabt. Wir haben „Steine gekloppt", damit das Seitenschiff der Kirche zugemauert werden konnte.
Kt.: Wer hat den Religionsunterricht gehalten, Pater Jussen oder Pater Kruse?
WCH.: Nein, das war Dechant Krieter selbst. Wir waren ja auch nicht viele Kinder. In Sachen Kapläne erinnere ich den Namen Rademacher. Der war unser Präses im Kolpingverein (nach Ende des Krieges).
GCH.: Nach Rademacher kamen als Kapläne Hölsken und Goedde. Das ist so meine Zeit gewesen!
Kt.: Bitte noch einmal zurück zum Religionsunterricht. Wie oft fand der statt?
WCH.: Einmal die Woche.
Kt.: Mich interessiert noch einmal die Geschichte mit der Frau Kinne.
WCH.: Ja, die war im Elisabethverein und hat sich wirklich für die Gemeinde eingesetzt. Nach dem Krieg, als die CARE-Pakete kamen, war sie auch bei der Verteilung der Pakete engagiert.
Kt.: Mich interessiert besonders dieser Zettel, mit dem die Teilnahme an der Kommunion kontrolliert wurde.
WCH.: Auf dem Zettel konntest du oben deinen Namen eintragen. Der Zettel wurde von der Frau Kinne ins Haus gebracht. Einmal im Monat war „Gemeinschaftskommunion" für die Kinder. Wenn wir zum Empfang der Kommunion an die Kommunionbank gingen, haben wir den Zettel darauf abgelegt.
Kt.: Galt das Verfahren für die Mädchen auch?
GCH.: Ja, das war ja wohl auch gut für statistische Zwecke. Da stand in der Nähe der Kommunionbank ein Körbchen, und wenn du vom Empfang der Kommunion zurückgingst - das geschah damals ja noch alles in Reih und Glied - dann hast du dein Zettelchen in dieses Körbchen gelegt. Jetzt, Walter, wo du das erzählst, erinnere ich mich auch daran.

Kt.: Walter, deine Erstkommunion muss so um das Jahr 1942 gewesen sein.
GCH.: Walter, hast du dein Kommunionbild nicht mehr, das wir von der Gemeinde zur Erstkommunion bekommen haben? Da steht das Datum drauf. Meine Erstkommunion war am 16. April 1944.
WCH.: Ja, dann muss meine Erstkommunion 1942 gewesen sein. Ich erinnere mich auch an das Bild, das man zur Erstkommunion von der Gemeinde geschenkt bekam. Das war ein Foto vom Innenraum der Kirche vorne, vom Hauptaltar der Kirche.
Kt.: Ihr seid während des Krieges zur Erstkommunion gekommen. Das war eine schwere Zeit.
GCH.: Ja, damals war es schwierig, die weißen Kommunionkleider der Mädchen zu bekommen. Da hat Pastor Krieter dafür gesorgt, dass fast alle Mädchen weiße Kommunionkleider bekamen. Da hat er wohl Beziehungen gehabt, oder er hat dafür gesorgt, dass Kleider weitergegeben wurden, die im Vorjahr benutzt worden waren. Ich selbst hatte auch kein eigenes Kommunionkleid. Ich habe das Kleid meiner älteren Schwester getragen. Und ich weiß, dass ich braune Halbschuhe tragen musste! Neben mir saß bei der Erstkommunion ein Mädchen, das trug ein kariertes Kleid. Also, manche Eltern konnten sich das weiße Kleid für ihr Mädchen wirklich nicht leisten.
Kt.: Also konnte man sich nicht so schön machen, wie man es gern gehabt hätte?

GCH.: Nein, aber das spielte auch keine große Rolle! Wir und die Eltern waren froh, dass wir überhaupt Erstkommunion feiern durften. Das war ja damals ganz anders als heute.
WCH.: Und wir Jungen haben noch die kurzen blauen Hosen angehabt, also Kommunionanzüge mit kurzen Hosen, keinen „Frack" wie manche Jungen heute. Einen Kommunionanzug zu bekommen, war bei den Jungen auch ein großes Problem. Die meisten Jungen trugen geliehene Sachen. Ich selbst hatte das Glück, einen eigenen Anzug zu haben.
Kt.: Ist vom Kommunionunterricht etwas zu berichten?
GCH.: Da habe ich gar keine Erinnerung.
WCH.: Ich auch nicht! Das ist ja auch lange her.
GCH.: Wir gingen ja in die Schule II. Ich weiß gar nicht, wie sie von der Gemeinde aus an uns herangekommen sind.
WCH.: Wir haben doch einmal pro Woche den Religionsunterricht gehabt. Es waren ja auch nicht so viele Kinder. Die meisten waren mit der Kinderlandverschickung weg. Es waren doch nur die Wenigen, die in Wilhelmsburg geblieben waren, die nicht mit ihren Schulklassen weggefahren waren. Da hatte der Pastor schon die Übersicht.
GCH.: Vom Religionsunterricht erinnere ich besonders den Katechismusunterricht. Wir mussten alle Fragen und Antworten auswendig lernen. Frage 1: „Wozu sind wir auf Erden? Wir sind auf Erden, um den Willen Gottes zu tun und dadurch in den Himmel zu kommen." Also, wir haben das auswendig gelernt, dass wir es nur so herunterrattern konnten! Wo der Religionsunterricht aber stattgefunden hat, daran kann ich mich einfach nicht erinnern.

Kt.: Wo befand sich denn nun die Schule II genau?
GCH.: In der Georg-Wilhelm-Straße, da beim Bunker.
WCH.: Meine Schule war in der Fährstraße, Nummer 90. Das war die Schule III. da sind wir eingeschult worden. Mein Bruder war zuerst in der Katholischen Schule in der Bonifatiusstraße gewesen und ist dann zur Fährstraße gekommen. Er gehört zum Jahrgang 1928. Ich hatte in der Schule Fährstraße dann aber eine katholische Lehrerin, das war Frl. Neugebauer. (Sie war vorher Lehrerin in der Katholischen Schule gewesen) Und Frl. Sittkus war eine sehr gläubige, evangelische Lehrerin. Die hat uns daran erinnert, zum katholischen Religionsunterricht in unsere Gemeinde zu gehen. Auch wenn Sammlungen stattfanden, dann sorgte sie dafür, dass das auch den Kirchen zugute kam, auch der katholischen. Das war etwas Besonderes, deswegen erinnere ich mich daran. Die hat mehr dahinter gestanden als so mancher Katholik.
Kt.: Was für eine Art von Sammlungen waren das denn, das Winterhilfswerk?
WCH.: Das Winterhilfswerk sowieso! Nein ich meine andere Sammlungen, Zeugsammlungen und manchmal auch Geldsammlungen. Wie gesagt, das kam den Kirchen zugute. Wir sind dann zum Gemeindehaus der Emmaus-Gemeinde gegangen und haben die Sachen dort abgegeben. Zu mir hat Frl. Sittkus gesagt: „Walter du bist ja katholisch, du gibst das dann in der katholischen Gemeinde ab."
Kt.: Das ist außergewöhnlich, denn ansonsten achtete die NSDAP doch streng darauf, dass Sammlungen nur unter ihrer Regie stattfanden.
WCH.: Ja, aber es ist wirklich so, dass in Wilhelmsburg das Wirken der NSDAP gar nicht so ausgeprägt war. In Wilhelmsburg konnte man z.B. „Guten Morgen" sagen, wenn man in einen Laden ging. In Schlesien war das ganz anders! Als ich dort war, habe ich erlebt, dass man nichts verkauft bekam, wenn man beim Betreten des Ladens nicht „Heil Hitler" gesagt hatte. Ich kann mich auch nicht daran erinnern, dass in Wilhelmsburg in der Schule etwas Besonderes in Sachen Nationalsozialismus gelaufen ist.

Natürlich waren wir in der DJ. Da mussten wir natürlich mit „Heil Hitler" grüßen. Aber in der Schule war das nicht so, dass wir mit „Heil Hitler" stramm stehen mussten. Es gab einige wenige Lehrkräfte, die darauf bestanden haben, z. B. bestand der Schulleiter darauf.
Kt.: Flaggenappelle, gemeinsames Hören von Radio-Ansprachen der Parteigrößen, habt ihr das nicht erlebt?
WCH.: Ja, so zum 1. Mai etwa, gab es einen Flaggenappell, aber sonst weiß ich nichts davon. Das ist nicht mehr in meiner Erinnerung.
GCH.: Ich war sowieso noch zu jung. Ich habe überhaupt nichts mitgekriegt.

Kt.: Walter, du warst in der DJ.
WCH.: Ja, man war da Mitglied, weil man dadurch Beschäftigung hatte. Man war dadurch von der Straße weg. Das hat sich auch nicht mit dem Religionsunterricht überschnitten.
Kt.: Was wurde bei der DJ gemacht?
WCH.: Geländespiele, wir mussten auch „stramm stehen", also Erziehungsmaßnahmen fanden statt, aber ... ach Gott ... Wir haben auch mit Holz-Handgranaten „gekämpft". Im Grunde genommen war es „Krieg-Spielen".
Kt.: Wer hatte die Führung?
WCH.: Der „Stamm-Jugendführer" hieß Busse. Der trug eine schicke, weiße Kordel. Das war mir aber alles nicht so wichtig. Wenn du von zu Hause aus nicht so auf die Nazi-Sache eingeschworen warst, dann hast du das alles nicht so wahrgenommen, nicht ernstgenommen. Ich weiß noch, wie mein Vater am Fenster stand und mit der „Goebbels-Schnauze" (dem „Volksempfänger" = Radio-Apparat) den englischen Sender BBC hörte. Wenn jemand an die Tür klopfte, wurde der Apparat natürlich ausgestellt. Es sind ja manche verpfiffen worden, dass sie den englischen Sender gehört hätten. Aber auf diese Weise hat man manche Sachen gehört, die man sonst nicht hörte. Auch vor Luftangriffen war man eher gewarnt. Oder man hörte, wo Bomben gefallen waren. Man konnte vergleichen, was der deutsche Sender und was BBC sagte. Wir (Deutschen) waren noch dauernd am Siegen, da haben die anderen schon gesagt, dass etwas zurückgewonnen sei. Aber so richtig mitbekommen hast du das alles als Kind ja noch nicht.
Kt.: Aber war es nicht aufregend, wenn BBC angestellt war?
WCH.: Ja, dass den Eltern die Angst im Nacken saß, dass irgendjemand das Abhören von BBC mitbekam, haben wir schon gemerkt. Auch, dass wir Kinder das nicht allein machen durften, das BBC-Hören, war klar! Es war ja immer die Gefahr gegeben, dass wir Kinder gefragt wurden: „Was habt ihr in den Nachrichten gehört?"

Kt.: Könnt ihr mir etwas von euren Erlebnissen in der Kriegszeit erzählen? Wart ihr während der Luftangriffe im großen Bunker?
WCH.: Meine Familie hat ja am Kleinen Kanal gewohnt. Da stand in der Nähe ein kleiner Bunker, wie es sie überall gab. Allerdings, an dem Tag, an dem wir ausgebombt wurden, da waren wir zufällig im großen Bunker gewesen. Als wir vom Bunker zurückkamen, sahen wir, dass unser Haus zerbombt war. Da hat man eben in den Trümmern gebuddelt, um noch Habseligkeiten herauszugraben. Es hatte zum Glück nicht gebrannt. Das Haus war nur zerschlagen worden. Weil in der Nähe die Firma Jung war, sind da auch Brandbomben gefallen, richtige, so sechseckige Phosphordinger. Die sind dann nicht alle hochgegangen. Wir Kinder haben die Reste ins Wasser geworfen. Da haben sie dann im Wasser losgelegt. Wir wussten ja gar nicht, in welche Gefahr wir uns begeben haben.

Also, nach der Ausbombung am Kleinen Kanal haben wir in der Fährstraße ein Zimmer und eine Küche gekriegt. Da sind wir aber auch ausgebombt worden. Eine Bombe ist hinten ins Haus gefallen, nur die Front des Hauses stand noch. An diesem Tag waren wir, meine Mutter und ich, während des Luftangriffs im Keller. Mein Bruder war zu dieser Zeit schon zum Wehrdienst eingezogen. Er ist ja vier Jahre älter als ich. Sonst haben wir bei Luftangriffen immer in einem Raum in der Wohnung gesessen. Weil dieser Angriff am Tage war, waren die Männer zur Arbeit. Da haben wir uns in den Keller geschleppt, meine Mutter und ich. Wären wir in dem Raum geblieben, wäre es für uns vorbei gewesen. Deswegen sage ich immer, dass ich damals ein zweites Leben bekommen habe. Ich habe Glück gehabt, dass im Keller neben der Tür eine Bank gestanden hat. Unter der lag ich dann, über mir Schutt. Ich höre meine Mutter heute noch, wie sie geweint hat. Aber man konnte ja nicht antworten. Ach, wenn man davon erzählt, kommen einem alle die Erinnerungen hoch. Als ich später in der Lehre war, und es bei der Arbeit viel Staub gab, habe ich zuerst gedacht, ich müsste die Lehre abbrechen. Ich konnte, nachdem ich so verschüttet gewesen war, keinen Staub vertragen. Eigentlich war es mit dem Staub auf der Arbeit gar nicht so schlimm, aber mein Unwohlsein kam von innen. Das kannst du nicht steuern. Erst nach einiger Zeit habe ich mich an Staub gewöhnt.

Nach der Ausbombung in der Fährstraße haben wir in der Rudolfstraße gewohnt. Da war eine Betriebswohnung der Kupferhütte, in der mein Vater ja arbeitete, frei geworden.

Kt.: Gertrud, gab es auch bei dir besondere Erlebnisse?
GCH.: Ach, die möchte ich eigentlich gar nicht erzählen! Man leidet ja heute noch daran! Diese Bunkerzeit! Wir haben ja von Anfang an Angst vor den Angriffen gehabt. Erst sind wir in den Keller gegangen. Als der Bunker dann fertig war, haben wir im 2. Stock (des Bunkers), Zimmer 17, unseren Platz gehabt. In den letzten Jahren haben wir oben im 6. Stock des Bunkers Tag und Nacht verbracht. Ich möchte davon nicht weiter erzählen, weil ich heute noch darunter leide. Es war schrecklich zu sehen, wie die vielen Flugzeuge herangeflogen kamen, dann im Bunker das Fallen der Bomben und das Schießen der eigenen Flak (Flugabwehrkanonen) zu erleben. Im Bunker ging machmal das Licht aus, alles war dunkel, und dann diese Enge! Ich versuche, die Erinnerungen an die Kriegszeit zu verdrängen, aber je älter man wird, je mehr kommt das hoch, wenn man zur Ruhe kommt. Man kann das wirklich nicht steuern.

WCH.: Also, den Bau des Bunkers habe ich auch miterlebt.
("In den Jahren 1942 / 43 wurden die beiden Flakbunker auf der Spülfläche an der Weimarer Straße gebaut. Sie boten Tausenden Wilhelmsburgern Schutz und Zuflucht bei den Luftangriffen. Von allen Seiten, sogar von Neuhof, aus dem Osten der Insel und dem Bahnhofsviertel strömten Frauen und Kinder in die Bunker." Zitat aus: Keesenberg, Hermann, Wilhelmsburg während des 2. Weltkrieges und nach demselben, In: Reinstorf, E. Geschichte der Elbinsel Wilhelmsburg von Urbeginn bis zur Jetztzeit, Verlag Buchhaus Wilhelmsburg, Georg Romanowski, Hamburg, 1955, S.327) Da, wo jetzt die Wiese ist, war ja einmal das Wilhelmsburger Stadion. Ich erinnere mich besonders an ein Spiel darin, das Spiel Hamburg gegen Berlin. Auf dem Stadiongelände wurden dann Baracken aufgestellt. Als Kinder haben wir zugeschaut, als die Baugruben für die beiden Bunker ausgeschachtet wurden. Das kindliche Auge sieht die Dinge ja anders als das Auge eines Erwachsenen. Ich habe damals immer das Gefühl gehabt, dass der große Bunker genauso tief war wie er hoch ist. Und die Masse Menschen, die da beim „Schippen" war, die Mischmaschinen, die Massen von Eisen! Damals wurde ja noch alles mit der Hand vor Ort gemacht.

Ich habe in meinem Leben gesehen, wie die beiden Bunker aufgebaut wurden, wie die Bunker gesprengt werden sollten - der kleine Bunker ist ja erfolgreich gesprengt worden - und ich habe gesehen, wie der großen Bunker nach dem Kriege innen aussah. Als ich bei der Baubehörde gearbeitet habe, musste ich in den Bunker rein, weil der Plan bestand, den Bunker oben zu begrünen. Innen sah es wie in einer Kraterlandschaft aus. Die Treppenhäuser, alles, alles war zerstört! Es war schon ein seltsames Gefühl, diesen Bunker in diesem Zustand zu sehen. Man hatte ja sozusagen das ganze Leben des Bunkers miterlebt!

Kt.: Ich habe eine Frage zur ersten Bauphase der Bunker. Haben nur Bauarbeiter von Firmen die Bunker gebaut?

WCH.: Es waren auch sehr viele Kriegsgefangene eingesetzt, man hat auch Strafgefangene gesehen. Der große Bunker ist ja nie ganz fertig geworden. Deswegen durfte nur die normale Bevölkerung den Bunker nutzen, die Strafgefangenen mussten draußen bleiben. Es gab von der Veringstraße aus so eine Art Schützengräben zum Bunker. Darin mussten die Kriegsgefangenen und Strafgefangenen bleiben. Das war schon grausam! Erst wenn die Gänge im Bunker von der Normalbevölkerung frei waren, durften auch diese Gefangenen in den Bunker. Sie mussten dann aber in den Gängen unten bleiben.

Abb. 16: Der große Bunker im Jahre 1945

CH.: Im Bunker waren in den Räumen unten Bänke aufgestellt. In den oberen Stockwerken gab es Säle mit Etagenbetten. Die Säle wirkten auf mich als Kind riesig groß. Die Zimmer wurden entsprechend den Wohnblöcken zugeteilt, damit man die Leute finden konnte und damit jeder wusste, wohin er sich zu begeben hatte. Das Schlimmste an der ganzen Situation, wenn es wieder hieß zum Bunker zu flüchten, war die Angst, wenn die Sirenen losheulten. Ich nahm dann immer meinen kleinen Bruder an die Hand, und Mutti musste mit der Lütten (= der jüngeren Schwester) hinterher. Meine ältere Schwester war in der Kinderlandverschickung. Einmal kamen wir auf dem Weg zum Bunker an der Schule II vorbei. Und dann fielen auch schon die Bomben. Jemand rief uns zu, wir sollten in ein Haus flüchten. Ich habe aber meinen Peter (= den jüngeren Bruder) genommen und bin weiter zum Bunker gerannt. Als wir später aus dem Bunker zurückkamen, war dieses Haus, in das wir flüchten sollten, total zerstört. Darin wären wir umgekommen. Viele Menschen hatten sich in dieses Haus geflüchtet, weil darin die Kellerräume als Schutzräume ausgebaut waren. Im Zusammenhang mit einem anderen Alarm kann ich mich auch an diese Strafgefangenen erinnern. Bei denen waren auch Pferde und Wagen. Als wir aus dem Bunker herauskamen, war vor dem Bunker ein Bombentrichter voller Toter. Ich habe noch in Erinnerung wie ein totes Pferd mit verdrehten Augen da lag. Diese Bilder habe ich noch so deutlich vor mir! Allein diese Sache, dass nur wir noch in den Bunker hinein durften, die Gefangenen aber nicht! Und der ganze Bunker wackelte, wenn die Bomben fielen! Und dann war es im Bunker dunkel! Wir klammerten uns so an unsere Mutter! Auch sie muss ja Angst gehabt haben. Ringsum nur Geschreie! Es war einfach grausig! Alles war dunkel, und diese hässlichen Betonwände! Noch heute bewirken diese Kriegserlebnisse bei mir Phobien!

Abb. 17: Diese Luftbildaufnahme aus dem Jahre 1945 zeigt die Schäden am Wasserturm, an der Bonifatiuskirche und am Dach der Katholischen Schule Bonifatiusstraße nach dem Fliegerangriff vom 31.3.1945.

Kt.: Der Luftangriff auf die Bonifatiuskirche geschah am 31. 3. 1945. Dabei wurden der linke Seitenflügel der Kirche und die Sakristei total zerstört und das Dach abgedeckt.

WCH.: Ja, danach haben wir „Steine gekloppt", damit die Seitenwand der Kirche mit den „geretteten Steinen" zugemauert werden konnte. Einige Zeit lang war unter der Orgelempore der Hauptaltar aufgebaut, bis dann die Seitenwand geschlossen war. Ich weiß nicht, wie lange das gedauert hat.

Ich weiß nur, dass wir später, als der Altar wieder vorn war, oft den Blasebalg der Orgel treten mussten. Das hat dann oft nicht so gut geklappt. Manchmal haben wir beim Treten auch mit Absicht eine Pause gemacht. Dann blieb der Orgel die Luft weg, und die Leute haben gefragt: „Wer hat denn da nun wieder geörgelt?"

Kt.: Wer hat die Orgel gespielt?
WCH.: Erst war das der Lehrer Dormeier, dann der Lehrer Rohde und später war es der Rektor Nolte.
GCH.: Nein, Herr Rohde hat die Orgel nicht gespielt! Der war nach dem Krieg kurze Zeit Schulleiter der Katholischen Schule. Danach war Nolte der Rektor. Der hat auch die Orgel gespielt, aber der Herr Rohde nicht!
WCH.: Du hast Recht, Herr Rohde hat die Orgel nicht gespielt. --- Küster waren nach dem Krieg der Herr Zagorski und danach Valentin Greschek.

Kt.: Walter, du hattest an der Schule Fährstraße die Lehrerin Neugebauer, die katholisch war. Ist sie nach Wiedereröffnung der Katholischen Schule zur Bonifatiusschule zurückgegangen?
WCH.: Nein, die hat uns zwar gesagt, dass wir katholischen Schüler zur Bonifatiusstraße wechseln könnten. Sie selbst ist aber geblieben.
GCH.: Ich hatte an der Schule II auch eine Lehrerin, die katholisch war. Die ist aber auch nicht zur Bonifatiusstraße gegangen.
Kt.: Zuerst war die Bezahlung der Lehrer an der Schule Bonifatiusstraße noch nicht endgültig geklärt. Deswegen sind die beiden Lehrerinnen vielleicht nicht zur Bonifatiusstraße gegangen und deswegen war es in den ersten Jahren gar nicht leicht, Lehrer und Lehrerinnen für die Katholische Schule in Wilhelmsburg zu bekommen.
WCH.: Ich habe Nolte noch als Lehrer gehabt. Aus der Schule entlassen wurde ich vom Schulleiter Rohde.

Kt.: Wisst ihr etwas vom Neubau des Gemeindehauses?
WCH.: Da waren erst einmal das Beseitigen des Schutts und das „Steine- Kloppen" für den Bau des Kolpingheimes angesagt. Die beiden Geschäftsleute von Prodzinski und von Wantoch hatten wegen ihrer Firmen Lastwagen. Die haben den Schutt weggefahren und Baumaterial für das Kolpingsheim herangefahren. Ein- oder zweimal pro Woche haben wir für das Kolpingsheim gearbeitet. Für unser leibliches Wohl hat dann der Bäcker Alfons Ballhausen gesorgt. Der brachte Backwaren vorbei, denn wer arbeitet, muss ja auch etwas essen.
GCH.: Übrigens hat der Alfons Ballhausen auch bei Festen der Gemeinde für das leibliche Wohl gesorgt, Kuchen gespendet. Der hatte seine Bäckerei am Wilhelmsburger Bahnhof. Auch den Tischler Ciuda in der Veringstraße muss man erwähnen. Der hat auch viel für die Gemeinde getan! Es wurde in der Gemeinde ja wirklich viel ehrenamtlich gemacht. Der Zusammenhalt war großartig.
WCH.: Die drei Genannten waren ja im Gesellenverein, später „Kolping" genannt. Aus den Gesellen sollen Meister werden, das war`s doch!

Der Fahrradhändler von Prodzinski , von Wantoch als Kohlenhändler, der Tischler Ciuda, Alfons Ballhausen als Bäcker, alle haben ihre Fähigkeiten in den Dienst der Gemeinde gestellt; auch der Martinus Press, der Bauingenieur und Polier bei der Baufirma Harriefeld war. Die waren damals in der Kolpingsfamilie und in der Gemeinde die Elite. Alfons Ballhausen und Martinus Press waren im Kirchenvorstand, Press auch im Bauausschuss und im Elternrat der Schule. Ich selbst war auch im Bauausschuss, als die Kirche unter Pfarrer Franz erneuert wurde. Deswegen weiß ich Etliches davon.
GCH.: Diese Leute waren auch Vorbilder. Sie haben die Jüngeren zur Mitarbeit herangezogen, und schon war man mitten drin in der Gemeindearbeit! Zum Thema Neubau des Gemeindehauses fällt mir ein, dass wir losgezogen sind und in der Gemeinde so genannte „Bausteine", also regelmäßige, kleinere Spenden für den Bau des Gemeindehauses gesammelt haben. Zwei oder drei Mark monatliche Zahlung als „Bausteine".

Kt.: Sagt euch der Name Paul Ulitzka etwas?
WCH.: Der ist der Rendant der Gemeinde gewesen. Den habe ich selbst noch im Kirchenvorstand erlebt. Ich bin 1963, mit dreißig Jahren, unter Pfarrer Großstück, in den Kirchenvorstand gekommen. Da war Herr Ulitzka noch Mitglied. Der hat in den ganz weit zurückliegenden Jahren die Kirchensteuer im Gemeindehaus eingesammelt.
GCH.: Da fällt mir auch die Frau Spiegel im Kirchenbüro, in der „Alten Schule", ein. Bei der musste zu Anfang noch die Kirchensteuer eingezahlt werden. Mutti hat mich gelegentlich mit einem Briefumschlag zu Frau Spiegel geschickt.
WCH.: Da fällt mir ein, dass dein Onkel (= Karl-Andreas Krieter) unserer Familie manchmal Einiges von der fälligen Zahlung der Kirchensteuer abgelassen hat: „Ach, lasst das man!", hat er gesagt. Er hat gesehen, wer zahlen konnte und wem es schwer fiel.

Kt.: Ich möchte zum Abschluss nach euren persönlichen Erinnerungen an Pastor Krieter fragen. Walter, fällt dir da spontan etwas ein?
WCH.: Wie gesagt, er war großzügig. Als ich als Kind damals meinen Vater zur Zahlung der Kirchensteuer begleitet habe, hin zur Frau Spiegel, da hat er zu meinem Vater gesagt: „Ach, Herr Chowanietz, dann zahlen Sie eben ´mal nur so viel, wie Sie gerade können!" Ansonsten habe ich Pastor Krieter wie einen Vater erlebt. Da fällt mir ein Erlebnis in der Schule Bonifatiusstraße ein. Wenn jemand wegen irgendeiner Dummheit vor der Tür des Klassenzimmers stand, aus dem Unterricht rausgeschmissen worden war, dann hat er uns beigestanden. Er hat beim Lehrer vermittelt. Er hat zum Lehrer gesagt: „Der ist ja nicht so schlecht der Junge, nimm ihn doch wieder rein!"
Kt.: Hat Pastor Krieter dich denn persönlich gekannt?
WCH.: Ja. Er wusste natürlich, dass ich der Walter war. Unsere Familie ist ja auch immer der Kirche treu gewesen. Da kannte er uns schon! Er kam ja auch ´mal zu uns ins Haus, als wir noch am Kleinen Kanal gewohnt haben.
Kt.: Kannte Pastor Krieter auch die Familie Poprawa persönlich?
GCH.: Ja, er kannte jeden von uns. Durch unser „Kirchegehen" und durch Not und Sorge (unserer Familie) , um die er sich gekümmert hat. Unsere Mutti hat er immer mit ihrem Vornamen Anna angesprochen. Später kannte er unsere eigenen Kinder auch mit Namen.
W.CH.: Eine persönliche Erinnerung an Pastor Krieter habe ich noch! Als wir Kinder nach der Zerstörung des Seitenschiffs der Kirche die Steine „gekloppt" haben, da kam er hin und wieder und brachte Getränke für uns. Er hat sich darüber gefreut, dass wir uns so eingesetzt haben.

Zu unserer Gruppe gehörten Timmermann, Berni Nawrot und wohl auch Bernhard Kinne, aber der war jünger.
GCH.: Später hatte Pastor Krieter ja immer zwei Kapläne. An die hat er Trauungen, Taufen, Beerdigungen usw. abgegeben. Er selbst hat dann andere Arbeiten gemacht, so dass man nicht mehr so viel Kontakt zu ihm persönlich hatte.
WCH.: Also, den Brautunterricht, den hat uns aber er selbst gegeben!
GCH.: Da haben wir im Pfarrhaus in dem dunklen Zimmer (seinem Arbeitszimmer) gesessen. Auch an das Sofa in diesem Zimmer kann ich mich noch erinnern und an ein großes Bild. Wir hatten aber nicht viel Unterricht. Dass wir über längere Zeit Brautunterricht gehabt hätten, etwa ein halbes Jahr lang, oder drei- viermal, wie das heute ist, das war nicht der Fall. Ich erinnere mich nur an ein einziges Mal!
Kt.: Und der damals ja schon recht alte Pastor Krieter hat sich zugetraut, den jungen Leuten diesen Brautunterricht zu geben,?
WCH.: Er hat sich damit unheimlich schwer getan. „Ihr wisst ja Bescheid. - Ihr habt ja gute Vorbilder. - Ihr kommt ja aus einem christlichen Hause", davon hat er gesprochen. Aber auf konkrete Probleme ist er nicht eingegangen.
Kt.: Eigentlich hättet ihr euch den Brautunterricht also sparen können?
WCH.: Ja, schon, aber das war ja Pflicht.
Kt.: Hat er selbst euch getraut oder einer seiner beiden Kapläne?
GCH.: Ich war ja in der Marianischen Kongregation, und für die war Pfarrer Gödde zuständig. Der hat uns getraut.
Kt.: Hat Pastor Krieter vielleicht eure Eltern beerdigt?
GCH.: Daran erinnere ich mich nicht. Aber ich weiß, dass Pastor Krieter meinen Bruder Bernhard beerdigt hat. Bernhard war ein Jahr älter als ich. Der ist 1941 von dem Anhänger eines Lastwagens überrollt und getötet worden. Von der Beerdigung gibt es ein Foto. Mein Vati ist darauf als Soldat in Uniform zu sehen. Ich selbst war bei der Beerdigung nicht dabei. Ich war ja erst fünf Jahre alt.
Kt.: Wie habt ihr Pastor Krieter als Prediger in Erinnerung.
WCH.: Er hat für den „kleinen Mann" gesprochen. Fremdwörter hat er nie gebraucht. Es waren keine hoch theologischen Predigten. Er hat für das Volk geredet.
GCH.: Er hat für jeden Menschen ein offenes Ohr gehabt und war zu jeden Menschen hilfsbereit. Heute kann ich sagen: Er war gütig! Man hatte Vertrauen zu ihm. Man hat ihm alles erzählt, und er hörte auch zu. Er hat getröstet. Man konnte mit allen Anliegen zu ihm kommen. So habe ich ihn schon als Kind empfunden. Ich habe großes Vertrauen zu ihm gehabt. Für mich war er - ja, ... die Person!
WCH.: Er hat das, was ein Priester sein soll, auch wirklich gelebt! Er hat sein letztes Hemd hergegeben.
GCH.: Ja, so haben wir ihn jedenfalls erlebt.
Kt.: Wie war es mit dem Beichten?
GCH.: Wir sind alle vier Wochen sonnabends zur Beichte gegangen.
WCH.: Ja, das war so in dieser Zeit. Heute sagt man: „Ich habe gar keine Sünden!" Damals hat man nach seinen Sünden gesucht. Es war Gewohnheit, dass man alle vier Wochen zur Beichte ging.
GCH.: Man konnte im Beichtstuhl bei Dechant Krieter alles sagen, was einen belastete. Er hat auch nachgefragt. Aber er kannte uns ja auch. Er hat mich im Beichtstuhl mit meinem Namen Gertrud angesprochen und mir zum Schluss der Beichte gesagt: „Grüß deine Mutti auch!"

Kt.: Ich wollte noch fragen, wie besondere kirchlicher Feste gefeiert wurden.
WCH.: Das beeindruckendste Fest war ohne Frage Fronleichnam. Da waren so große, schöne Altäre aufgebaut.
GCH.: Aber Walter, zu Pfingsten war doch die Kirche auch besonders schön geschmückt! Die Kirche war überhaupt immer schön geschmückt, auch der Marienaltar. Das ist mir als Kind immer besonders aufgefallen. Die Kirche war für mich immer schön! Immer waren viele Blumen da, so kannte ich die Kirche. Zu den Festtagen hingen Girlanden von der Decke der Kirche herab zu den Seitenwänden. Davon gibt es ja auch Fotos. Ich fand das immer schön, auch den Baldachin und die Fahnen bei Prozessionen. Ich selbst war ja auch Fahnenträgerin der Marianischen Kongregation.
WCH.: Der Kolpingverein hatte natürlich auch seine Fahne. Es gab vier Banner, die bei großen Gottesdiensten vorn am Altar standen. Das Banner der männlichen Jugend, das Banner der Marianischen Kongregation, das Kolpingbanner und ein Banner ganz alter Form, vielleicht vom Stanislausverein.
GCH.: Dieses letzte Banner gab es nicht mehr, als ich junges Mädchen war. Da gab es nur noch 2 Jugendbanner und das Banner von Kolping.
Kt.: Fällt euch etwas zum Stichwort Maiandachten ein?
WCH.: Die fanden im Mai täglich statt.
GCH.: Ja, jeden Abend. Die waren auch ein schöner Anlass für die Jugend, sich zu treffen.
WCH.: Auch am Sonntagvormittag, nach der Messe, hat sich die Jugend im Gemeindehaus getroffen. Da fand vor dem Gemeindehaus auch ein gemeinsames Singen der Jugend statt, das von Gerd Wesolowski geleitet wurde. Der war Jugendführer. Ich selbst war ja im Kolpingverein. Da konnte nicht jeder einfach so eintreten. Man musste vorher etwas leisten, ganz einfach, man musste der Aufnahme würdig sein.
Kt.: Ist Pastor Krieter eigentlich in den Vereinen oder bei Treffen der Jugend aufgetaucht?
WCH.: Zu den Generalversammlungen von Kolping kam er immer. Wenn er auch nur kurze Zeit blieb, er kam immer. Er war ja auch Ehrenpräses. Er war wie ein Vater. Ohne ihn ging es nicht!
Kt.: Aber große Auftritte hat er bei Kolping nicht gehabt?
WCH.: Nein, dafür hatten wir ja zum Beispiel den Rektor Nolte, der politische Vorträge hielt, oder andere Redner. Dechant Krieter kam einfach zwischendurch 'mal dazu, man musste jederzeit mit ihm rechnen. Er kam, wie es seine Zeit erlaubt hat.
GCH.: Ich meine, dass er die Fäden im Hintergrund gezogen hat und seine Leute ihre Sache machen ließ. Dieses Gefühl habe ich gehabt.
WCH.: Bei den Gemeindevergnügen war er übrigens auch dabei, z.B. bei der Rosenmontagsfeier in Stübens Gesellschaftssälen am Vogelhüttendeich. Auch bei den Kinderfesten an Fronleichnam in Stillhorn, Gaststätte Witt, und abends beim Tanzvergnügen der Erwachsenen. Später fanden die Gemeindevergnügen dann im neu erbauten Gemeindehaus statt.
GCH.: Was ich noch sagen will, Pastor Krieter ging auch viel in die Familien zu Besuch. Er hat sich um seine Gemeinde sehr gekümmert. Er ging in die Familien, und deshalb wusste er auch Bescheid, ob jemand Hilfe brauchte oder ob jemand der Gemeinde helfen konnte. Er wusste, wo er Hilfe für die Gemeinde bekam und wo er selbst helfen musste. Bei den reicheren Gemeindemitgliedern hat er dann auch bekommen, was er haben wollte. Zu den Geschäftsleuten hatte er ein gutes Verhältnis. Das war ja auch wichtig, solche Leute zu haben. Aber auch zu ärmeren Leuten ist er gegangen, zu Leuten, die Sorgen hatten und Hilfe brauchten.

Czys, Jürgen und Werner

geboren 1940 und 1937
wohnhaft zur Zeit des Gespräches in Hbg.-Wilhelmsburg
und in Neu-Wulmstorf

Gespräch am 7. 8. 2007

JCy.: =Jürgen Czys WCy.: Werner Czys Kt. = Ulrich Krieter

Die in Klammern geschriebenen Wörter / Texte sind zum besseren Verständnis des Lesers eingefügt. Das Gespräch wurde mittels Diktiergerät aufgezeichnet.

Kt.: Zu Beginn des Gespräches frage ich immer nach den Geburtsjahren.
WCy.: Ich bin 1937 geboren, und zwar im Krankenhaus der Wollkämmerei Wilhelmsburg. Das Krankenhaus ist im Krieg wohl zerstört worden.
Kt.: Vor der Zerstörung war in diesem Krankenhaus Dr. Gebauer als Chefarzt.
WCy.: Das habe ich nicht gewusst. Ich weiß nur, dass Dr. Gebauer später Chefarzt im Krankenhaus „Groß-Sand“ war und dass er außerdem eine Praxis im Haus Bonifatiusstraße 3 hatte.
Kt.: Jürgen, wann sind Sie geboren?
JCy.: Ich bin im Januar 1940 geboren.
Kt.: Werner, Sie sind in Wilhelmsburg aufgewachsen?
WCy.: Ja, mit anderthalb Jahren Unterbrechung. Vom Mai 1944 bis zum Oktober 1945 war ich nämlich bei meiner Großmutter im Hildesheimer Raum und habe da den Krieg relativ schadlos überstanden. Im Oktober 1945 haben mich meine Eltern dann wieder zurück geholt. Sie waren zwischenzeitlich ausgebombt. Der Angriff (der zur Ausbombung der Wohnung von Familie Czys führte) muss ein oder zwei Tage vor Ostern 1945 erfolgt sein.
Kt.: Ja, am Karsamstag 1945 - das war der 31. 3. 1945 - sind auch die Bonifatiuskirche und das Gemeindehaus von Bomben erheblich getroffen worden.
WCy.: Das war wohl der Angriff, von dem auch unsere Wohnung in Mitleidenschaft gezogen worden ist. Wir haben in der Nähe der Kirche, in der Rotenhäuser Straße, gewohnt.

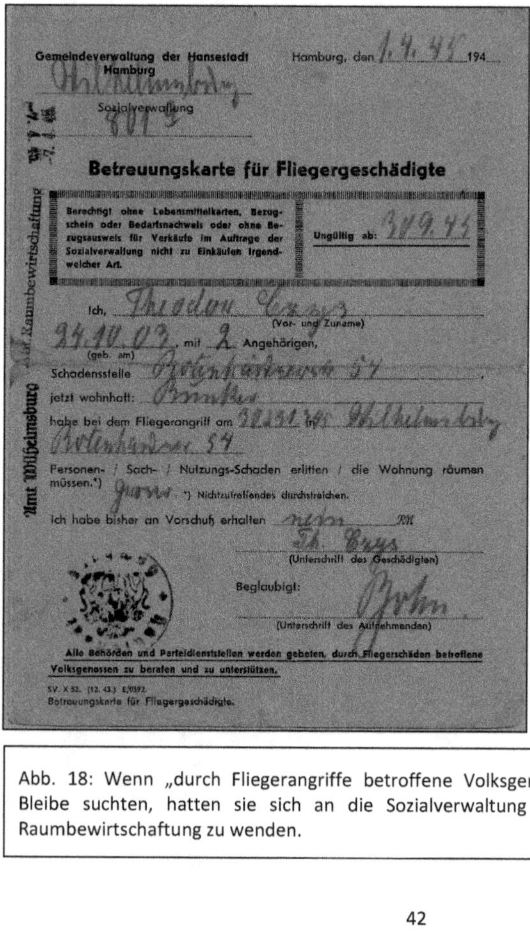
Gemeindeverwaltung der Hansestadt Hamburg

Hamburg, den 1.4.45 194

Sozialverwaltung

Amt Wilhelmsburg Abt. Raumbewirtschaftung

Betreuungskarte für Fliegergeschädigte

Berechtigt ohne Lebensmittelkarten, Bezugschein oder Bedarfsnachweis oder ohne Bezugsausweis für Verkäufe im Auftrage der Sozialverwaltung nicht zu Einkäufen irgendwelcher Art.

Ungültig ab: 3.9.45

Ich, ________ (Vor- und Zuname)

________ (geb. am), mit ____ Angehörigen,

Schadensstelle ________,

jetzt wohnhaft: ________

habe bei dem Fliegerangriff am ________ in ________

Personen- / Sach- / Nutzungs-Schaden erlitten / die Wohnung räumen müssen.*)

*) Nichtzutreffendes durchstreichen.

Ich habe bisher an Vorschuß erhalten ________ RM

________ (Unterschrift des Geschädigten)

Beglaubigt:

________ (Unterschrift des Aufnehmenden)

Alle Behörden und Parteidienststellen werden gebeten, durch Fliegerschäden betroffene Volksgenossen zu beraten und zu unterstützen.

SV. X 52. (12. 43.) E/0392.
Betreuungskarte für Fliegergeschädigte.

Abb. 18: Wenn „durch Fliegerangriffe betroffene Volksgenossen“ eine Bleibe suchten, hatten sie sich an die Sozialverwaltung / Abteilung Raumbewirtschaftung zu wenden.

JCy.: Alle Wohnblocks in der Nähe haben damals etwas abbekommen. Die Endhäuser waren vollständig zerstört.

WCy.: Als ich im Oktober 1945 nach Wilhelmsburg zurück gekommen bin, wohnten meine Eltern in der damaligen Eichenallee - jetzige Peter-Beenck-Straße - in einem Zimmer zur Untermiete. Das waren natürlich für vier Personen sehr beengte Wohnverhältnisse.

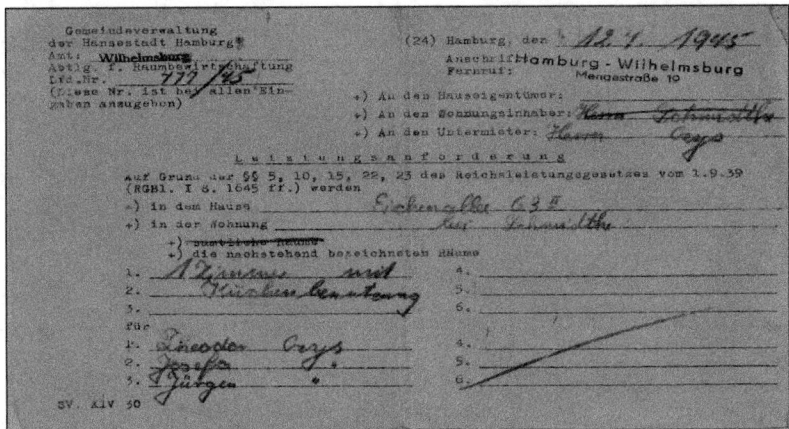

Abb. 19: Nach der Ausbombung in der Rotenhäuserstraße bekam die Familie Czys im April 1945 in der Eichenallee 63 II für drei Personen ein Zimmer mit Küchennutzung zur Untermiete zugewiesen.

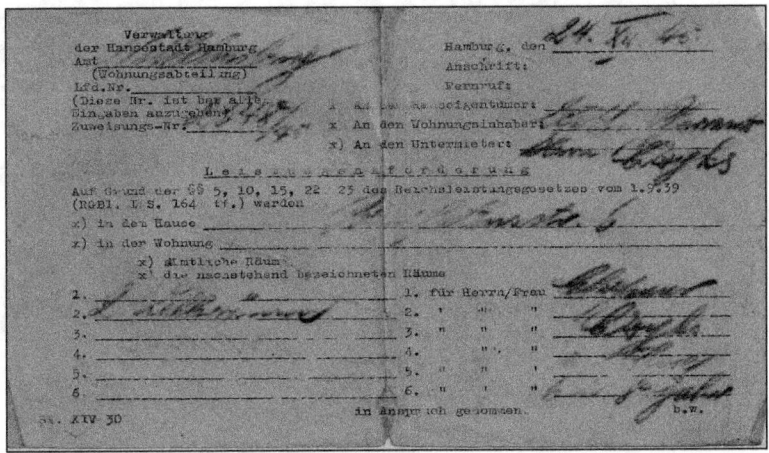

Abb. 20: Am Heiligen Abend 1945 erhielt das Ehepaar Czys für sich und ihre beiden damals 6 und 8 Jahre alten Kinder zwei Räume im Haus Bonifatiusstraße 6 . (= in der Ruine des Gemeindehauses)

Kt.: Waren Sie in Ihrer Familie nicht fünf Personen? Sie haben doch eine Schwester.
Wcy.: Unsere Schwester (Maria Czys) ist erst 1949 geboren. Anfang 1946 sind wir dann in das ziemlich zerstörte Gemeindehaus umgezogen. Im Keller, da wo die ehemaligen Küchenräume gewesen waren, hatten wir anfangs zwei Räume. Später wurden dann noch zwei weitere Räume - ebenfalls im Bereich der ehemaligen Kücheneinrichtungen - ausgebaut. Allerdings konnte man den letzten Raum nicht richtig bewohnen, weil die Wände voller Schimmelpilz waren, und im Winter war Eis an der Wand. Ich glaube, dass dieser Raum auch gar kein Fenster hatte.
JCy.: Doch, ein Fenster war da. Aber der Raum war trotzdem nicht bewohnbar. Die Fenster (unserer Wohnung in der Ruine des Gemeindehauses) waren übrigens allesamt vergittert. Unsere Familie hat also jahrelang „hinter Gittern" gewohnt.
Wcy.: Der Eingang zu unserer Wohnung war ein herausgenommenes Fenster. Zum Eingang führte eine provisorisch eingefügte Treppe, die fünf Stufen hatte.
Kt.: Lag dieser Eingang in Richtung Bonifatiusstraße?
JCy.: Nein, in Richtung Schulhof (der Katholischen Schule).

Abb. 22: Die Rückseite der Ruine des Gemeindehauses, Bonifatiusstraße 6, ebenfalls 1953 oder 1954.

Abb. 23: Immerhin konnten die Kinder der Familie Czys im Garten hinter der Ruine des Gemeindeshauses, Bonifatiusstraße 6, Indianer spielen.

Kt.: Jürgen, Ihr Bruder war wärend des Krieges nicht in Wilhelmsburg. Erinnern Sie sich an Kriegserlebnisse in Wilhelmsburg? Sie waren damals ja noch ziemlich jung.
JCy.: Nur die wenigen Dinge, die ein so kleiner Junge in Erinnerung behält. Zum Beispiel konnten wir von unserem Fenster (in der Rotenhäuser Straße) aus sehen, wie die Kneipe „Schultes Eck" abgebrannt ist. Die Kneipe war an der Ecke Georg-Wilhelmstraße - damals Hindenburgstraße - und Rotenhäuser Straße, gegenüber vom Sportplatz.

Wenn Alarm (wegen bevorstehender Luftangriffe) gegeben wurde, ist meine Mutter mit mir an der Hand zum Bunker gelaufen. Wenn „Tannenbäume" am Himmel waren, dann musste ich mich immer auf den Boden legen. Ich wusste gar nicht, warum ich mich hinlegen sollte. Ich fand das doch so „schick", was da am Himmel passierte. Wir sind aber immer heil zum Bunker gekommen. Da war dann ein ziemliches Gedränge. Wenn die Sprengbomben herunterfielen, dann schaukelte der Bunker ein bisschen. Der Bunker hatte ja keine besonderen Fundamente, sondern war als ein Betonklotz einfach so hingestellt worden.
Kt.: Sie waren im großen Bunker, nicht wahr?
JCy.: Nein, wir waren im kleinen Bunker. Es standen ja zwei Bunker nebeneinander. Der kleinere Bunker ist nach dem Krieg gesprengt und abgetragen worden. Wir sind zum kleinen Bunker gelaufen.
Kt.: Der kleine Bunker war doch der so genannte „Befehlsbunker", oder?
WCy.: Nein, da war noch ein dritter Bau. Es war ein relativ kleines Gebäude, in dem wohl die Feuerleittechnik (der Flugabwehr) untergebracht war.
Kt.: Drei Gebäude?
WCy.: Ja, da war der große Bunker, den man nach dem Krieg erfolglos zu sprengen versucht hat, außerdem waren der kleine Bunker und das Befehlsgebäude da. Dieses dritte Gebäude lag zur Weimarer Straße hin. Es muss wohl auch abgeräumt worden sein, als der kleine Bunker nach dem Krieg erfolgreich gesprengt worden ist. Ich meine, dass man das kleine Gebäude nicht gesprengt, sondern „in Handarbeit" abgetragen hat.
Kt.: Wann sind eigentlich diese Abräumarbeiten durchgeführt worden?
JCy.: Das muss zur Zeit des Korea-Krieges (1950 - 1953) gewesen sein, denn es hieß damals, dass man das Eisen gut gebrauchen könnte, das in den Bunkern verbaut worden war. Stahl und Eisen brachten zur Zeit des Korea-Krieges gutes Geld!
WCy.: Also, ich glaube, dass die Abbrucharbeiten vor 1952 geschehen sein müssen. Ich bin nämlich 1952 aus der Schule entlassen worden. Als der Bunker gesprengt wurde, waren ich mit Kindern aus meinem Bekanntenkreis am Reiherstieg. Wir haben da aus der Ferne zugeguckt. Wir haben da gesehen, wie sich der Bunker (bei der Sprengung) zuerst in der Mitte gehoben hat und wie er dann an den Seiten weggebrochen ist. Im Grunde genommen haben sie den Bunker (bei der Sprengung) geviertellt. Anschließend wurden die Trümmer „in Handarbeit" beseitigt. Bei dem Versuch, den großen Bunker zu sprengen, haben wir auch zugeguckt. Aber da sind nur die Türen aufgesprungen und die Sandsäcke herausgeflogen. Das war es dann auch.
Kt.: Ich selbst bin 1952 nach Wilhelmsburg gekommen. Die Bunkersprengung ist wohl früher erfolgt. Von einem so spektakulären Ereignis hätte ich bestimmt etwas mitbekommen. Jürgen, gibt es noch mehr Kriegserlebnisse?
JCy.: Nach dem Krieg sind wir „nach Brot gelaufen". Am Bunker wurde Brot verteilt. Es gab da so einen „Kanten Schwarzbrot". Trinkwasser mussten wir eimerweise von einer Pumpe holen, die in der Nähe des Gymnasiums war. Da wohnten wir noch in der Rotenhäuser Straße, zwei Eingänge entfernt von unserer vorherigen Wohnung.

Kt.: Ich wollte gern noch etwas über Ihre beruflichen Laufbahnen hören, das heißt auch etwas von Ihrer Schulzeit.
WCy.: Ich bin 1943 in die Bonifatiusschule eingeschult worden. Das war damals aber keine Katholische Schule mehr. Bis Mai 1944 war ich in dieser Schule, und dann bin ich - wie gesagt - „aufs Dorf" in die Nähe von Hildesheim gekommen. In der Dorfschule wurden in einer Klasse 8 Jahrgänge zugleich unterrichtet! Nachdem ich nach Wilhelmsburg zurückgekommen war, habe ich ein Jahr lang die Schule „Licht, Liebe, Leben" (am Kurdamm) besucht. Ostern 1946 wurde die Katholische Schule ja wieder eröffnet, und dann hatte ich den kürzest denkbaren Schulweg.
Kt.: Das war wirklich ein Vorteil (im alten Gemeindehaus zu wohnen), weil man zur Schule nur über den Schulhof zu gehen hatte.
WCy.: Von der vierten Klasse ab war ich also in der Bonifatiusschule. 1952 bin ich aus der Schule entlassen worden und habe dann eine Lehre als Maschinenschlosser absolviert.
Kt.: Welche Lehrer hatten Sie an der Bonifatiusschule?
WCy.: Mein Klassenlehrer war alle Jahre Heinrich Dormeier. Englisch hatten wir bei Frl. Even und Frl. Heidenreich. Werken hat Herr Adamczyk gegeben. Vertretungsweise hatten wir auch 'mal den Rektor Rohde und später Rektor Nolte.
Kt.: Jürgen, wie war es bei Ihnen mit der Schule?
JCy.: Relativ einfach. Als 1946 die Katholische Schule aufgemacht worden war, bin ich dort gleich eingeschult worden. 1955 bin ich dann entlassen worden. Die ersten vier Jahre hatte ich als Lehrerin Frl. Rahlfs. Die wohnte damals Birkenweg 8, also in der direkten Nachbarschaft. Die nächsten zwei Jahre hatte ich Dr. Rada. Die letzten drei Jahre hatten wir Erich Matussek. Der war damals gerade neu an die Schule gekommen. Nach der Schule habe ich eine Lehre als Betriebsschlosser absolviert. Auf zwei Stellen habe ich kurze Zeit als Geselle gearbeitet. Dann bin von Juli 1961 bis Dezember 1962 bei der Bundeswehr gewesen. Anschließend bin ich bei (der Firma) Merkel als Betriebsschlosser angefangen. Da war ich dann bis zum März 1971. Danach bin ich anderthalb Jahre lang zur Technikerschule gegangen und habe danach - wieder bei Merkel - im Konstruktionsbüro gearbeitet. Da war ich bis 2003 tätig.

Kt.: Jetzt wäre es sinnvoll, über Ihre Eltern zu sprechen.
WCy.: Mein Vater, Theodor Czys, stammt aus Oberschlesien. Er ist 1903 geboren. 1925 ist er nach Wilhelmsburg gekommen. Und unsere Mutter stammt aus dem Hildesheimer Raum und war um einige Jahre jünger als unser Vater.

Abb. 24: Vorderseite des Erinnerungsbildchens an die Einkehrwoche der „Jünglinge und Jungmänner" im Jahre 1927

> „Freue dich, Jüngling, in deiner Jugend
> Und laß dein Herz guter Dinge sein,
> Aber wisse,
> Daß dich Gott über alles richten wird."
> (Pred. 11,9.)

Den lieben Jünglingen und Jungmännern, die vom 5. bis 11. Dezember 1927 in der St. Bonifatiuskirche an der

Einkehrwoche

teilgenommen haben, zum treuen Andenken!

Anbelfinger, Walter; Balthasan, Franz; Biernat, Franz; Biernat, Joseph; Budolles, Otto; Chudall, Paul; Cybe, Theodor; Dickert, Hugo; Duda, Franz; Edmann, Johannes; Florek, Bruno; Florell, Josef; Florek, Stephan; Franziskowski, Georg; Gjarmati, Andreas; Golta, Paul; Goußwe, Paul; Gutbier, Rudolf; Havenberg, Heinrich; Hoffman, Paul; Hofmann, Wilhelm; Honisch, Reinhold; Horalla, Alfons; Jablonski, Johannes; Jablonski, Wladislaus; Kansbik, Joh.; Karschik, Paul; Kern, Karl; Kobold, Paul; Kruse, Johannes; Kubern, Johannes; Kupczyk, Marzel; Kurasch, Johannes; Kutze, Ludwig; Lazar, Johannes; Lhiewicz, Paul; Majstchak, Johannes; Matowski, Jonny; Mecke, Heinrich; Michalak, Franz; Michalak, Ludwig; Michalak, Stefan; Michalak, Johannes; Natwot, Franz; Nenjemih, Franz; Niedzwiedz, Alois; Notwaczyk, Konstantin; Nowak, Boleslaus; Petermann, Karl; Piaseki, Franz; Piaseki, Julius; Pohl, Richard; Polaczek, Wilhelm; Pudolfo, Walter; Rajski, Walter; Rapioc, Franz; Rhein, Waldemar; Roggenbuck, Eduard; Rubnik, Johannes; Rutski, Wilhelm; Rutkowski, Albert; Ruffowski, Johannes; Schabowski, Karl; Schäfer, Johannes; Studlaret, Johannes; Soppa, Alphons; Soppo, Wilhelm; Stankiwitz, Felix; Swoboda, Stanislaus; Steinhoff, Wilhelm; Syzpulski, Wladislaus; Lorz, Franz; Tiburci, Franz; Tichierich, Heinrich; Timmermann, Karl; Thortweßen, Wilh.; Traweti, Anton; Trawta, Bruno; Vondran, Arnold; Vondran, Ernst; Walczak, Peter; Wantel, Franz; Warzsta, Jonny; Weber, Edmund; Weber, Hermann; Weinrich, Josef; Wellner, Wilhelm; Wojolowski, Sigismund; Wieja, Paul; Wien, Andreas; Wojciewski, Eduard.

Harburg-Wilhelmsburg,
11. Dezember 1927

Pfarrer Carl Meyer
Hamburg.

Abb. 25: Rückseite des Erinnerungsbildchens mit der Liste der Teilnehmer an der Einkehrwoche, die im Jahre 1927 im Gemeindehaus der Bonifatiusgemeinde für „Jünglinge und Jungmänner" aus Harburg und Wilhelmsburg abgehalten wurde.

Sie hat bei den Schwestern im Wilhelmsburger Gemeindehaus vom 1.12.1931 bis zum 1.12.1932 eine einjährige Ausbildung als Köchin absolviert. Dort hat sie also gearbeitet, und dort haben meine Eltern sich kennen gelernt. Damals gab es ja sehr viele Arbeitslose, und im Gemeindehaus wurde - ich sag das `mal so - eine „Armenverpflegung" ausgegeben. Mein Vater ist da wohl notgedrungen hingegangen.

Kt..: Sind Ihre Eltern in der Bonifatiusgemeinde aktiv gewesen?

WCy.: Vater hat sich aktiv am religiösen Leben der Gemeinde beteiligt. Ich habe da für unser Gespräch ein Erinnerungsbildchen an eine „Einkehrwoche" mitgebracht. Diese „Einkehrwoche" für junge Männer der Gemeinde hat im Jahre 1927 vom 5. bis zum 11. Dezember stattgefunden. Auf der Rückseite des Erinnerungsbildchens sind alle Teilnehmer des Einkehrtages verzeichnet. Unser Vater ist dabei.

JCy.: Unser Vater war ja auch ein ziemlich aktives Mitglied der Kolpingfamilie.
Und unsere Mutter war Mitglied im Elisabethverein. Da hat sie fleißig mitgewirkt. Als unsere Mutter Rentnerin war, hat sie - wohl in Eigeninitiative -zusammen mir drei anderen Frauen regelmäßig Besuche bei den alten Leuten im Altenheim am Reinstorfweg, gemacht, etwa 15 Jahre lang. Die anderen Frauen hießen Celmer, Furmanek und Waschkowski.
WCy.: Dadurch, dass wir im (größtenteils zerstörten) Gemeindehaus wohnten, hat unser Vater auch die „Hausverwaltung" dort übernommen. Es war (in der Ruine) noch ein Saal brauchbar geblieben. Der wurde dann von der Gemeinde intensiv genutzt, und es ergaben sich für unseren Vater die entsprechenden Arbeiten wie Auf- und Abschließen, Reinigung des Saales, das Anheizen des Ofens im Saal, Getränkeverkauf, Grundstückspflege usw. .
JCy.: Ich weiß noch, dass Vater einmal ein kleines Problem mit den beiden Nonnen hatte, die kurz nach dem Krieg in der „Alten Schule" wohnten. Vater hatte wohl am Samstag nicht gearbeitet, dafür aber am Sonntag. Er hatte wohl am Sonntag den Hof gefegt oder so etwas Ähnliches gemacht. Die Nonnen meinten, dass er mit seiner Arbeit den Sonntag „schänden" würde. Vater hat Ihnen dann geantwortet: „Es steht in der Bibel geschrieben: Gedenke, dass du den Sabbat (= Samstag) heiligest!" Die eine Nonne - es war wohl Schwester Loyola - hat ihn dann gefragt: „Ja, ist Er denn ein Jude?"

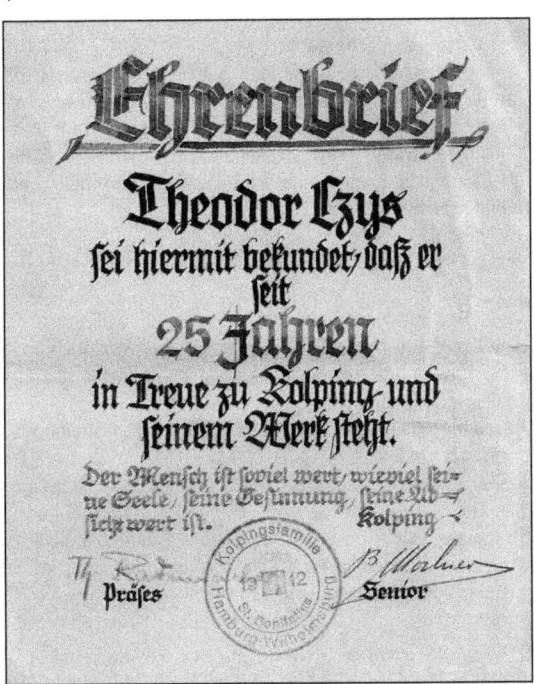

Ab. 26: Theodor Rademacher, von 1946 bis 1951 Kaplan in St. Bonifatius, unterzeichnet als Präses gemeinsam mit dem damaligen Senior B. Moldner diesen Ehrenbrief der Kolpingfamilie für Theodor Czys.

Kt.: Eine lustige Geschichte! Die beiden Nonnen waren ja nach dem Krieg allein von dem Nonnenkonvent übriggeblieben, der vor dem Krieg im Gemeindehaus gelebt hatte. (1933 wohnten sieben Nonnen im Gemeindehaus.) Die Nonnen gehörten zum Orden „Barmherzige Schwestern des Heiligen Vinzenz von Paul". Die letzten beiden sind von ihrem Orden dann aber auch bald aus Wilhelmsburg abgezogen worden.
WCy.: Richtig, die Nonnen, die ab 1950 im Krankenhaus „Groß-Sand" gearbeitet haben, gehörten zu einem anderen Orden. (zum Orden der Heiligen Katharina von Alexandria)
Kt.: Das stimmt. Aber zurück zu Ihrem Vater! Wie kam es eigentlich, dass Ihr Vater die Wohnung im zerstörten Gemeindehaus und die Hausverwaltung dort übernehmen konnte?
JCy.: Den genauen Hintergrund kennen wir nicht. Vermutlich war die Zugehörigkeit zur Kolpingsfamilie die Ursache. Beide Eltern waren ja mit der Gemeinde verbunden und dem Pfarrer gut bekannt. Vater hat wohl mit Pfarrer Krieter gesprochen. Die Wohnsituation in der Eichenallee war für unsere Familie wirklich nicht sehr erbaulich. Von daher war der Umzug in das zerstörte Gemeindehaus für uns eine deutliche Verbesserung, auch für uns Kinder! Nachdem wir dort eingezogen waren, haben wir unsere Mutter gefragt: „Dürfen wir jetzt auch wieder Krach machen?" Und dann haben wir erst einmal ordentlich geschrieen und getrampelt.
Kt.: Welchen Beruf hatte Ihr Vater eigentlich?
WCy.: Er war Maschinenschlosser. Solange Vater Arbeit hatte, hat er die Arbeit im Gemeindehaus nebenberuflich gemacht. Als wir größer waren, haben wir Söhne ihm bei den Arbeiten im Gemeindehaus geholfen. Es gab da schon viel zu tun. Vater war hauptberuflich bei einer Werft - Wilhelm Bauer - tätig. Irgendwann ist die Werft dann pleitegegangen, und Vater war eine Zeit lang arbeitslos. Da hat er natürlich mehr im Gemeindehaus und auch im Garten des Gemeindehauses gemacht.
JCy.: Im Mai 1953 bekam Vater dann aber wieder Arbeit (in seinem erlernten Beruf). Und dann wurde ihm die Arbeit im Gemeindehaus zu viel. 1957 sind wir aus dem Gemeindehaus ausgezogen.
Kt.: Da war das neue Gemeindehaus aber schon fertig. (Einweihung am 26. 2. 1956)
WCy.: Richtig! Eine kurze Zeit nach der Einweihung haben wir noch im neuen Gemeindehaus gewohnt. Da war ja unten eine Wohnung. Heute ist darin die Kleiderkammer. Im Februar 1957 sind wir zur Georg-Wilhelm-Straße gezogen.
Kt.: Ihr Vater hat die Hausmeistertätigkeit im neuen Gemeindehaus also nebenberuflich nicht schaffen können?
JCy.: Richtig, das war nicht mehr zu schaffen. Es war so, dass im neuen Gemeindehaus auch Schulbetrieb war. Die Katholische Schule hatte im Gemeindehaus vier Klassenräume in Benutzung und dazu den Saal für den Turnunterricht und unten die Küche. Auch die Heizung musste bedient werden. Es war ja eine Koksheizung installiert. Im Jahre 1957 war unser Vater 54 Jahre alt. Das war zu viel Arbeit!
Kt.: Gibt es noch eine andere Erinnerung über die Beziehung Ihrer Eltern zur Bonifatiusgemeinde?
JCy.: Ich erinnere mich, wie meine Mutter und ich nach dem Krieg neben der Kirche „Steine geklopft" haben. Das Seitenschiff der Kirche war ja zerstört. Meine Mutter ist hingegangen und hat geholfen, die noch brauchbaren Steine vom Mörtel frei zu machen. Die sollten zum Wiederaufbau verwendet werden. Ich bin mitgegangen und hatte ein kleines Hämmerchen. Ich musste ja irgendwo bleiben. Alleine zu Hause konnte ich nicht sein. So habe ich eben mit meinem Hämmerchen „gepickert" und so beim „Steineklopfen" der Erwachsenen geholfen. Viel geschafft habe ich sicherlich nicht.

Kt.: 1948 ist auch das kleine Kolpingheim neben dem Gemeindehaus gebaut worden, nicht wahr?
JCy.: Ja, daran erinnere ich mich gut. Das haben die Kolpingbrüder in Eigenhilfe erbaut.
Kt.: Zum Bau des Kolpingheimes sollen auch Steine aus der Ruine des Gemeindehauses „geklopft" worden sein.
JCy.: Das kann gut sein, denn da lagen ja genug Steine herum.

Kt.: Wir sind jetzt schon bei Ihren persönlichen Beziehungen zur Gemeinde. Sie waren Messdiener, nicht wahr?
WCy.: Ja, ich bin 1946 zur Erstkommunion gegangen und anschließend war ich Ministrant. Mir ist ein Erlebnis als „Jungmessdiener" in Erinnerung. Bei einer Messe war ich der einzige anwesende Messdiener. Das Problem war, dass ich das „Suscipiat" (lateinisches Messgebet, das der Messdiener zu sprechen hat) noch nicht gelernt hatte. Ich habe dann den Anfang gemurmelt, aber dann hat der Dechant für mich das „Suscipiat" laut und deutlich gesprochen. Danach habe ich mir vorgenommen: „Nun musst du das „Suscipiat" wohl doch einmal richtig und endgültig lernen."
Kt.: Jürgen, Sie waren auch Messdiener?
JCy.: Ja, ich bin 1948 zur Erstkommunion gegangen und bin dann auch Messdiener geworden. 1955, als ich aus der Schule entlassen wurde, bin ich ausgeschieden. Ich habe dann ja meine Lehre gemacht und auch wegen des Handballspielens (im Sportverein) passten die Termine nicht. Sonntagnachmittags um 17 Uhr bin ich dann oft zur Messe gegangen.
Kt.: Gab es noch andere Kontakte zum Gemeindeleben, abgesehen vom Ministrantendienst?
WCy.: Ja, Jochen Ernst und Wolfram Trojok haben sich eine Zeit lang sehr um die Jugendarbeit bemüht. Sie sind dann aber ins Priesterseminar gegangen, und dann verflachte die Jugendarbeit, jedenfalls für meinen Jahrgang.
JCy.: Ich war auch eine kurze Zeit in einer Jugendgruppe. Die ist dann aber auch eingegangen. Später habe ich einen Anlauf genommen, bei Kolping einzusteigen. Die Kolpingfamilie hatte aber zu diesem Zeitpunkt wohl gerade eine schwache Zeit. So ist es mit meiner Mitgliedschaft bei Kolping nichts geworden.
Kt.: In den Jahren 1948 bis 1959 - zu Zeiten des Rektors Nolte - war die Kolpingfamilie wohl recht aktiv.
JCy.: Das zeigt sich ja schon daran, dass die damals ihr Kolpingheim gebaut haben. Ich erinnere mich auch, dass so um 1957 im Kolpingheim immer viel Betrieb war.
WCy.: Richtig, die Kolpingbrüder haben das neue Gemeindehaus auch nicht so intensiv genutzt (wie andere Gruppen der Gemeinde), weil sie ja ihre eigene Bleibe im Kolpingheim hatten. Ich erinnere mich daran, dass im Kolpingheim regelmäßig Veranstaltungen waren, die gut besucht wurden.
Kt.: An welche Gemeindefeste erinnern Sie sich?
JCy.: Ich erinnere mich an die Fahnen, die von den polnischen Vereinen - Hedwigverein und Josefverein - bei der Fronleichnamprozession mitgeführt wurden.
Kt.: Nach dem Kriege noch? Das ist interessant.
JCy.: Ja, noch nach dem Krieg waren die aktiv. Zu Fronleichnam traten sie mit ihren Fahnen auf. Die Fahnen waren rechteckig, aufwändig bestickt und an einer Querstange befestigt. Es waren keine Banner.

Diedrich, Rudolf

geboren im Jahre 1921
zur Zeit des Gespräches wohnhaft in Hilkerode

Gespräch am 31. 3. 2004 ;

Di. = Herr Diedrich   Kt. = Ulrich Krieter

Die in Klammern geschriebenen Wörter / Texte sind zum besseren Verständnis des Lesers eingefügt. Das Gespräch wurde mittels Diktiergerät aufgezeichnet.

Kt.: Herr Diedrich, wissen Sie etwas über das Geburtshaus des Pfarrers Karl-Andreas Krieter?
Di.: Die erste Bäckerei in Hilkerode war die seines Vaters, Andreas Krieter. Die Familie Krieter betrieb auch schon einen Kolonialwarenladen. Die Verkaufsstelle der Bäckerei lag an der Straßenkreuzung „Hilkeröder Straße" / „Im Ellertal" und „Pfingstanger". Das alte Wohnhaus, das vor dem 1. Weltkrieg abbrannte, stand weiter abseits von der Straße. Dort befand sich auch das Backhaus. Dieses alte Haus haben nicht die Krieters selbst gebaut. Sie haben es von einem Handelsmann Ballhausen gekauft, der nach Mecklenburg-Schwerin „ausgewandert" ist, wahrscheinlich nach Ludwigslust.
Das Grundstück, auf dem die hinteren Gebäude des Gasthauses „Wiener Hof" - Stallungen und Nebengebäude - standen, war Eigentum der Familie Andreas Krieter gewesen. Das neue, heute noch stehende Haus wurde im Jahre 1909 unmittelbar an der Straße gebaut. Ich habe die Chronik der Feuerwehr von Hilkerode geschrieben. In dieser Chronik habe ich den damaligen Brand erwähnt. Das wäre das, was ich von dem Haus weiß.

Kt.: Wann hat die Familie Krieter die Bäckerei aufgegeben?
Di.: Der Bruder des Pfarrers, Otto Krieter, hat noch Bäcker gelernt. Er hat die Bäckerei dann aber aufgegeben (Backstauballergie) und hat sich mehr der Landwirtschaft gewidmet. Er hatte neben dem Kaufmannsladen auch noch einen Kohlenhandel. Otto Krieters Sohn - Karl-Otto Krieter, der im 2.Weltkrieg geblieben ist - hat schon mit zwei Pferden Landwirtschaft betrieben. Er ist eine kurze Zeit lang auf dem Gymnasium gewesen. Das hat ihm aber wohl nicht behagt. Ich bin beim Fußballspielen immer mit ihm zusammen gewesen, obwohl der Altersunterschied sehr groß war. Er war ein lustiger Vogel und hat mich immer gern aufgezogen. „Szepan" hat er mich immer genannt.
Kt.: Was wissen Sie sonst noch bezüglich Karl-Andreas Krieter?
Di.: Ich bin Jahrgang 1921, im Jahre 1928 in die Schule gekommen. So weit ich mich erinnere, kam der Pastor Krieter in der schweren Zeit der Arbeitslosigkeit- noch vor der Nazi-Zeit - jedes Jahr einmal nach Hilkerode. Er bekam dann wohl auch eine Kollekte als Spende für seine „Diasporagemeinde". Mein Vater hat dann immer gesagt: „ Ha bruket wedder Jeeld." Die Kollekte war dann wahrscheinlich auch nicht schlecht. Pastor Krieter predigte nämlich immer über „Die 7 Werke der Barmherzigkeit". Das war seine Standardpredigt. Durch Pastor Krieter sind mir die 7 Werke der Barmherzigkeit bekannt geworden. Ich war mit Leib und Seele Messdiener und habe oft bei ihm die Messe gedient. Damals war Karl Voss der Pfarrer von Hilkerode. Die beiden, Pfarrer Voss und Pastor Krieter, müssen sich gut gekannt und wohl auch gemocht haben. Verglichen mit Pfarrer Voss kam mir Karl-Andreas Krieter sehr „trocken", sehr „sachlich" vor. Er sprach auch ziemlich eintönig. Natürlich sind das alles kindliche Erinnerungen aus lange vergangener Zeit.

Kt.: Charakterisieren Sie bitte einmal den Pfarrer Voss?
Di.: Pfarrer Karl Voss hat als Seelsorger in Hilkerode sehr große Verdienste, insbesondere für „die liturgische Bewegung". Karl Voss hat dafür gesorgt, dass man in Hilkerode von der alten Form der „stillen Messfeier" abgekommen ist, die vom Geistlichen lateinisch gehalten wurde, während die Gläubigen still den Rosenkranz beteten.

Er hat die Gemeinschaftsmesse und den „Schott" (Messbuch für die Hand der Gläubigen, mit deutscher Übersetzung der lateinischen Messtexte) in Hilkerode eingeführt.[1] So war Hilkerode - das haben wir als Kinder schon empfunden - den Nachbardörfern Rhumspringe und Rüdershausen in Sachen Liturgie weit voraus. Bei uns wurden in diesen Gemeinschaftsmessen die „Wandlungsworte" schon - während der Geistliche sie leise lateinisch sprach - laut auf Deutsch gesprochen und zwar meistens von einem Mädchen, das als „Vorbeterin" fungieren durfte. Die Mädchen hatten nach Ansicht des Pfarrers eine bessere Stimme und Aussprache als die Jungen, deswegen wurden wohl vorwiegend Mädchen als „Vorbeter" genommen. Die sprachen dann laut während der Wandlung: „ Am Abend vor seinem Leiden nahm er Brot in seine heiligen und ehrwürdigen Hände...". Sie sehen daran, wie modern der Pfarrer Voss schon gewesen ist. Pfarrer Voss rief zur damaligen Zeit auch die so genannten 4 Stände - Kinder, Jugendliche, Männer und Frauen – und die entsprechenden „Standessonntage" ins Leben. Pfarrer Karl Voss war vor seiner Tätigkeit als Pfarrer von Hilkerode im Konvikt in Duderstadt als Lehrer tätig gewesen. Vermutlich ist er nach dem 1. Weltkrieg an das Konvikt gekommen. Das müsste man in den Unterlagen des Konvikts überprüfen. Von 1927 bis 1936 hat er hier in Hilkerode gewirkt.

Kt.: Welcher Pfarrer war in Hilkerode zur Kinder- und Jugendzeit von Karl-Andreas Krieter tätig?
Di.: Das war Pfarrer Ring. Er war für Hilkerode zunächst nur als Kaplan zuständig. Damals wohnte er wohl noch in Rhumspringe. Dann ist er der erste Pfarrer hier in Hilkerode geworden und ist es bis 1927 geblieben. Pfarrer Ring war sehr beliebt. Da Karl-Andreas Krieter hier in Hilkerode zur Volksschule gegangen ist, hat er Pfarrer Ring als seinen ersten Pfarrer erlebt. Pfarrer Ring hat dem Karl-Andreas Krieter wahrscheinlich auch - wie das damals so üblich war- zusammen mit dem damaligen Hauptlehrer der Schule, Georg Muth, den ersten Lateinunterricht gegeben. Das war früher so! Hilkerode hat ja sehr viele Geistliche hervorgebracht. Der Hauptlehrer suchte die begabteren Jungen aus und förderte sie - zusammen mit dem Pfarrer - nachmittags besonders. Das habe ich sogar noch selbst erlebt. Mein Hauptlehrer - Herr Rittmeyer - konnte sogar selbst gut Latein! Wir hatten morgens den Volksschulunterricht und nach dem Mittagessen - gegen ein oder zwei Uhr - sind wir dann wieder angetreten zum Lateinunterricht.

Kt.: Nach der Volksschule hat Karl-Andreas Krieter in Duderstadt das Gymnasium besucht. Wahrscheinlich hat er während dieser Zeit auch in Duderstadt gewohnt, denn es gab damals ja noch keine öffentlichen Verkehrsmittel von Hilkerode nach Duderstadt, und zu Fuß war der Weg nicht täglich zu schaffen.
Di.: Ich kenne etliche Jungen aus Hilkerode, die in Duderstadt im Konvikt gelebt haben. Vermutlich hat auch Karl-Andreas Krieter während der Gymnasialzeit im Konvikt gelebt. Fahrräder sind in Hilkerode erst nach dem 1. Weltkrieg aufgekommen. Seit dieser Zeit sind die meisten Schüler aus Hilkerode mit dem Fahrrad nach Duderstadt gefahren.

Kt.: Karl-Andreas Krieter hat schon 1910 das Abitur gemacht. „Konvikt" ist ja auch nicht gleich „Progymnasium". Karl- Andreas Krieter hat - das weiß ich sicher - zunächst das Progymnasium in Duderstadt besucht.

---

[1] In der „Gemeinschaftsmesse" bildeten der Priester und die Gmeinde insofern eine „Gemeinschaft" als die Gläubigen die liturgischen Gebete, die der Priester lateinisch sprach, nun auf Deutsch mitbeten und verstehen konnten.

Di.: Es gibt ja eine Chronik des Gymnasiums Duderstadt, die meine Kollegin Bormann geschrieben hat. Die müssten Sie sich besorgen. (Irene Bormann, Keine Schule wie jede andere, Geschichte des Staatlichen Gymnasiums in Duderstadt 1876- 2001, Duderstadt, 2001)
Kt.: Das werde ich tun. Zunächst bleibt aber die Frage, wo er in Duderstadt gewohnt und wer die Kosten getragen hat. Die Familie Krieter selbst war eigentlich nicht vermögend genug. Meine Cousinen Hedwig und Marianne meinen, gehört zu haben, dass Pfarrer Ring den Karl-Andreas Krieter finanziell unterstützt habe.
Di.: Das weiß ich nicht.

Kt.: Können Sie zum Abschluss unseres Gesprächs eine Aussage zu ihrem persönlichen Eindruck von Pfarrer Karl-Andreas Krieter machen?
Di.: Nach dem 2. Weltkrieg, als ich hier in Hilkerode Gelegenheit hatte, mit ihm ein wenig zu sprechen, erschien er mir als ein Mann, der in allem wusste, was er wollte. Er wirkte auf mich sehr zielbestimmt, sehr agil, sehr praktisch orientiert. Dieser Eindruck passt ja auch zu der Tatsache, die ich gehört habe, dass er in Harburg-Wilhelmsburg etliche Häuser gebaut hat. Hier in Hilkerode hat er ja auch sein „Ruhestandshaus" gebaut. Er ist einmal an mich herangetreten, als wir hier im Holztal noch keine feste Straße, sondern nur Feldwege hatten, und hat zu mir gesagt: „Mensch, Diedrich, hier muss doch 'mal eine richtige Straße her!" Damals standen aber hier noch ganz wenige Häuser. Er ist diesbezüglich wohl auch an die Gemeinde herangetreten.
Kt.: Haben Sie zu Pfarrer Karl-Andreas Krieter weiteren Kontakt gehabt, als er in Hilkerode im Ruhestand lebte?
Di.: Eigentlich nicht. Wenn man sich zufällig traf, aber sonst eigentlich nicht.

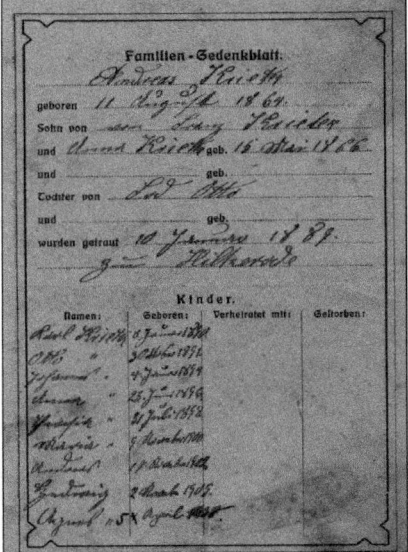

Abb. 27: Familien-Gedenkblatt

Andreas Krieter geb.11. August 1869,
Sohn von Franz Krieter und
Anna Krieter, geb. 15.Mai 1966, Tochter von Friedrich Otto,
wurden getraut 10. Januar 1889 zu Hilkerode

Kinder:
Karl (-Andreas) Krieter, 8. Januar 1890
Otto Krieter, 30. November 1891
Johannes Krieter, 4. Januar1894
Anna Krieter, 23. Juni 1896
Theresia Krieter, 31. Juli 1898
Maria Krieter, 9. November 1900
Andreas Krieter, 17. November 1902
Hedwig Krieter, 2. November 1905
Agnes Krieter , 5. April 1908

Ernst, Joachim
Pfarrer im Ruhestand

geboren 1922
wohnhaft zur Zeit des Gespräches in Duderstadt

Gespräch am 1. 4. 2004

Pf. E. = Pfarrer Ernst   **Kt. = Ulrich Krieter**

Die in Klammern geschriebenen Wörter / Texte sind zum besseren Verständnis des Lesers eingefügt. Das Gespräch wurde mittels Diktiergerät aufgezeichnet.

Pf. E.: Das Einzige, das mir aus meiner Wilhelmsburger Zeit, das heißt aus meiner Zeit vor Beginn des Krieges, vor meiner Einberufung (zum Militärdienst), in Erinnerung geblieben ist, ist das neue Gemälde in der Kirche (auf der Wand hinter dem Hochaltar, das Pfarrer Krieter 1938 / 1939 malen ließ). Dieses Gemälde hat uns imponiert und hat uns wirklich etwas gegeben. Diese nordischen Figuren, der blonde Ansgar!
Kt.: In der Pfarrchronik findet sich übrigens eine schriftliche Erläuterung des Gemäldes, die von Pfarrer Krieter für die Gemeinde selbst verfasst worden ist.
Pf.E.: Ach ja? - -

Abb. 28: Das Gemälde auf der Wand hinter dem Hochaltar der Kirche St. Bonifatius; fertiggestellt im Jahre 1939

Pf.E.: Ach, da fällt mir doch noch etwas zur Zeit vor meiner Einberufung ein! Pfarrer Krieter hat - wie das damals wohl so üblich war - Patres besorgt, die für alle, die zum Militär eingezogen werden sollten, „Besinnungstage" machten. Das war ihm ein wirkliches seelsorgliches Anliegen.

Aber diese Ausmalung und die Renovation der Kirche (im Jahre 1939), das war wohl etwas, was ihm mehr lag. Das ist mir später so klar geworden. Später der Wiederaufbau der Kirche, die Beseitigung der Kriegsschäden (am Gebäude) der „Alten Schule", der Krankenhausbau und alle diese Dinge, da hat er viel investiert an Zeit und Überlegung und guten Willen, und von daher verstehe ich auch, dass er für Manches dann nicht mehr die Kraft hatte. Zum Beispiel - das ist allerdings auch noch aus der Zeit vor meiner Einberufung - hat er uns Gymnasiasten ja auch Religionsunterricht gegeben, weil wir (in der Nationalsozialistischen Zeit) an staatlichen Schulen keinen Religionsunterricht hatten. Privatunterricht also, für meinen Bruder und mich und für die jetzige Oberstudienrätin Rohde, Walburga Rohde. Die wohnt ja heute noch da in der Nähe der Kirche, als Einzige von der großen Familie. Wir wurden also einmal in der Woche zum Religionsunterricht eingeladen, und der war so schlecht - das habe ich so in Erinnerung und das war für mein Leben damals auch so - dass er sich diesen Unterricht wirklich hätte schenken können. Er benutzte ein Buch von einem Jesuiten „Klug", das damals hoch gepriesen wurde. Es hieß „Glaubenslehre". Das Buch war eigentlich damals schon völlig überholt, zum Beispiel das Thema „Gottesbeweise". Eigentlich war das Buch untragbar. Aber Pfarrer Krieter lebte darin und pries das Buch immer wieder. Doch das Einzige, was bei diesen Abenden herauskam, war, dass wir zum Unterricht kamen, das Buch aufgeschlagen und gelesen haben, und dass er - sehr oft! - dabei eingeschlafen ist. Es gab also kein Gespräch oder so etwas, in keiner Weise! Wenn ich von zu Hause her nicht religiös gefestigt gewesen wäre, hätte dieser Unterricht überhaupt nichts gebracht. Heute sage ich mir: „ Er hatte so viel um die Ohren!" Er war ja auch die ganze Kriegszeit über praktisch immer präsent. Ich habe das nicht verstanden, wie er das physisch und psychisch durchhalten konnte.

Kt.: Wann war dieser Religionsunterricht ungefähr, in welchen Jahren?

Pf.E.: Das war schon in der Kriegszeit, in der Zeit, bevor ich eingezogen wurde. Der Unterricht hat dann aufgehört, als ich eingezogen wurde, zum Luftschutzdienst usw. Also, als der Religionsunterricht aufhörte, war das für ihn eine Befreiung und für uns auch.

Kt.: Wie alt waren Sie zu diesem Zeitpunkt?

Pf.E. : Ja, so 16, 17 Jahre alt.

Kt.: Der Religionsunterricht fand also abends im Pfarrhaus statt?

Pf.E.: Ja, abends, in seinem Arbeitszimmer. Er saß dann in seinem Sessel und - wie gesagt - mehrfach ist er dann eingeschlafen.

Kt.: So ganz jung war er zu dieser Zeit ja auch nicht mehr. (Pfarrer Krieter ist 1890 geboren.)

Pf.E.: Ja, sicher, damals haben wir uns zwar mokiert und gesagt: „Was soll das, dass wir hierher kommen? Lesen können wir auch zu Hause!", aber heutzutage sage ich mir, nachdem ich selbst diese Jahre der Müdigkeit durchlebt habe, dass ihm eigentlich gar nichts anderes möglich war.

Kt.: Mich wundert ja, dass er diesen Unterricht nicht an einen Kaplan delegiert hat.

Pf.E.: Das stimmt. Tatsächlich hatte der Kaplan Wosnitza, der lange Zeit in der Gemeinde und für die Polen zuständig war, jahrelang auch uns den Religionsunterricht gegeben. Aber der kam dann ja weg. Danach hat dann der Dechant den Unterricht übernommen. Das war eine Sache, die später immer wieder geschehen ist. Er ist immer eingesprungen!

Er war immer sofort da! Ich weiß noch wie es war, als Karl-Heinz Schulz Primiz hatte. Das war natürlich viel, viel später. Da hatte er einen Festprediger besorgt. Aber der kam nicht. Da hat der Dechant einfach gesagt: „Na, dann mache ich die Ansprache." Der war sofort bereit und machte das alles. Das war dann zwar nichts Besonderes, nicht alle Welt, was dabei herauskam, aber immerhin!
Kt.: Der große Prediger war er, glaube ich, sowieso nicht.
Pf.E. : Ja, ja.- Also, das ist das, was ich so noch erinnere. Übrigens, damals lebte mein Vater ja noch. Der arbeitete zusammen mit Herrn Rohde, der später Rektor geworden ist, an der Lernbehindertenschule, heute würde man sagen „Sonderschule". (Die katholische Schule Bonifatiusstraße hatte eine - ebenfalls katholische - Abteilung für lernbehinderte Kinder.) Diese Abteilung der katholischen Schule war dann nach Harburg verlegt worden. Dann musste mein Vater mit den Kindern zur Kinderlandverschickung wegreisen, und das alles, diese Sorgen, hat der Dechant menschlich verfolgt, im Auge gehabt. Von daher ist die Verbindung unserer Familie zu ihm da gewesen, wie zu seinem Vorgänger auch, zu Pfarrer Schmidts. Die Verbindung zu Pfarrer Schmidts war sogar noch stärker. Meine Mutter kannte den Pfarrer Schmidts von zu Hause. Unsere Familie war zu der Zeit von Pfarrer Schmidts im Pfarrhaus sozusagen zu Hause. Das war bei Krieter nicht mehr so. Aber das war natürlich kein Problem.
Allein vom Beruf meines Vaters her ergab sich ja die Verbindung auch zu Pfarrer Krieter. Und später hat der Dechant einmal zu mir gesagt: „Also, wenn dein Vater noch lebte, dann müsste er die Rektorstelle übernehmen." Herr Rohde ist dann der Rektor geworden, weil der als Einziger den Krieg überlebt hatte.
Ja, - das ist dann das große Verdienst von Krieter nach dem Krieg, oder auch während des Krieges, der Aufbau, die Reparaturen der Bombenschäden.
Kt.: Können wir gleich auf dieses Thema zurückkommen? - Der Lehrer Rohde und ihr Vater haben also einen Teil der katholischen Schule - auch räumlich - mit der Sonderschulgruppe eingenommen?
Pf. E.: Ja, da war hinter der Schule ein Barackenbau mit zwei Räumen. In dem einen war Herr Rohde, in dem anderen mein Vater. Da waren die zusammen. Und durch die Nazis wurde die Behindertengruppe aufgelöst. (Die Harburger Anzeigen und Nachrichten berichteten am 18. November 1933: „Weitere beachtenswerte Einsparungen traten durch die Auflösung der katholischen Hilfsschule in Wilhelmsburg ein.") Und dann wurde die ganze Sonderschule nach Harburg verlegt. Wohin genau, das habe ich nicht so verfolgt. Darüber haben wir zu Hause auch nicht gesprochen. Das war einfach so, und wir haben uns gefügt. Die gesamte Katholische Schule ist dann ja 1939 aufgehoben worden. Nach dem Krieg wurde die Katholische Schule nach einer großen Unterschriftenaktion, die der Dechant bei den Eltern durchgeführt hatte, wieder aufgemacht, und Herr Rohde wurde erster Rektor.
Kt.. Nach dem Herrn Rohde wurde Andreas Nolte aus Hilkerode Rektor der Bonifatiusschule.
Pf.E. : Ja, das war ein guter Griff, den der Dechant da getan hat. Zum Rektor Nolte hatte ich persönlich eine sehr gute Beziehung. Ich habe ihn nach dem Krieg kennen gelernt. Ich kannte seine Kinder gut, von den Jugendgruppen her. Dann war da auch noch Karla Pachowiak. Wir alle waren wie ein Pott und ein Deckel. Und Rektor Nolte war auch Organist.
In dieser Zeit habe ich es als Manko des Dechanten empfunden, dass er für liturgische Dinge so gar kein Gespür hatte. Das war damals die Zeit, als ich aus der Kriegsgefangenschaft gekommen war und zunächst noch gar nicht so recht wusste, was ich beruflich machen wollte, und als mir dann so allmählich Theologie und Priestertum als Berufsziel klar wurden. Also, in dieser Zeit habe ich sein fehlendes Gespür für die Liturgie als Mangel empfunden.

Ich weiß noch, wir hatten damals den Kaplan Rademacher, der aus Köln gekommen war. Das war natürlich ein ganz anderer Typ. Mit dem war ich dann eng zusammen, in der Jugendgruppe, und vom Alter her sowieso. Ich weiß noch, wie der mir einmal entsetzt sagte - es war so um die Jahreszeit wie jetzt: „Mein Gott, da macht der Pastor Krieter doch tatsächlich am Gründonnerstag vormittags eine Trauung!" Als der Kaplan das so entsetzt sagte, fand ich das damals gar nicht so problematisch. Aber später ist mir das klar geworden, dass in der Karwoche, wenn man sie richtig versteht, die Durchführung einer Trauung im Grunde genommen unmöglich ist.
Kt.: Das verstehe ich allerdings nicht, warum das unmöglich sein soll.
Pf. E.: Aber man kann in der Karwoche doch keine Trauung machen! Am Gründonnerstag, Karfreitag schon gar nicht! Karsamstag auch nicht! Da sind nur die Hauptgottesdienste der Gemeinde möglich!
Kt.: Na, aber es wird ja keine großartige Trauungsfeierlichkeit gewesen sein, oder?
Pf.: Richtig, es war schon so eine stille Trauung, die zwischendurch eingeschoben wurde. Erst hinterher habe ich mir gesagt. „Mein Gott, das geht doch nicht!"
Kt.: Also ehrlich gesagt, ich verstehe diese Bedenken nicht.
Pf.: Nein?
Kt.: Warum soll das nicht möglich sein?
Pf. E.: Es ist eine liturgische Frage. Genauso ist es unmöglich, an einem Sonntag ein schwarzes Amt als Sterbeamt zu halten und anschließend die Beerdigung zu machen. Das passt einfach nicht zusammen! Liturgisch nicht! Karfreitag, am Todestag Christi, wo nicht einmal eine Messe gefeiert wird, kann man keine Trauung machen!
Kt.: Also ... , na gut!
Pf. E. : Das ist natürlich auch eine Verständnisfrage, nicht, wie man die Karwoche und das Kirchenjahr einschätzt.

Kt.: Gut, dann war das ein Verstoß gegen die Liturgie. Wie war es aber ansonsten mit seiner Offenheit für neue liturgische Formen? Er selbst hat in der Chronik von St. Bonifatius geschrieben, dass er den Kaplänen sehr viel Freiheit gelassen und deren Anregungen übernommen hat.
Pf. E.: Ja, das wollte ich nun auch sagen. Ich habe mich, als ich aus der Gefangenschaft gekommen war, in der Gemeinde sehr stark engagiert, auch in den Kar-Tagen. Da hat er durchaus mitgemacht, am Karsamstag, oder am Karfreitag, wenn wir mit verteilten Rollen die Passion gelesen haben. Ich hatte eine Jugendgruppe, die machte gut mit. Der Trojok, der spätere Dechant von Braunschweig, der so plötzlich gestorben ist, war dabei. Alles, was wir gemacht haben, hat Dechant Krieter toleriert. Auch die so genannten Gemeinschaftsmessen, die im Kriege schon üblich waren, in denen vorgebetet wurde, all dies hat er durchaus aufgenommen, durchaus!

Kt.: Ich glaube schon, dass Dechant Krieter bis über die Haarspitzen konservativ gewesen ist. Ich finde es aber anerkennenswert, dass er das Wollen und Tun junger Leute, also zum Beispiel das der Kapläne Bank und Holling, zugelassen und aufgegriffen hat, obwohl er selbst - gerade im liturgischen Bereich - bestimmt nicht „reformatorisch" eingestellt war.
Pf.E.: Das stimmt! Das war eine großzügige Haltung. Das habe ich ihm auch hoch angerechnet. Dadurch ist in der Gemeinde viel geworden! Allerdings, manchmal fehlte uns doch einiges! Ich erinnere mich noch an eine Osternacht in Harburg, in St. Franz-Josef.

Da war der Pfarrer Hellmold, einer seiner Nachfolger in dieser Gemeinde, der feierte die Osterliturgie so wie wir uns das wünschten. Da sind wir in der Osternacht von Wilhelmsburg zu Fuß nach St. Franz-Josef gezogen, haben die Osternacht gefeiert und sind zu Fuß wieder zurück gegangen. Da haben wir wirklich erlebt, wie Osterliturgie gefeiert werden kann. Das hatten wir so noch nicht erlebt und haben es so auch noch nicht machen können, trotz aller Freiheit, die Krieter ließ. Es ist sicher anerkennenswert, dass er bei dem, wozu er nicht so richtig „den Draht" gehabt hat - auch offenbar nicht das Gespür dafür, was man alles machen konnte - dass er dann doch sagte: „Gut, macht das `mal!"

Das war dann später auch so, nach der Kriegszeit, noch vor der Währungsreform, dass er einfach sagte: „Gut, macht das `mal!" So wurde es üblich, dass die Jugend alle vier Wochen ihre Gemeinschaftsmesse und am Abend vorher die Komplet hatte. Da war (Kaplan) Rademacher natürlich mit ganzem Herzen dabei. Er hat (während der Komplet) eine große Ansprache gehalten, ja, und da kam eines Tages Dechant Krieter und sagte: „Könnt ihr nicht einfach nur den Rosenkranz beten, dann brauchen wir kein großes Licht (in der Kirche) einschalten." Ich glaube, er hatte da Bedenken wegen der Nachbarn, die sahen, dass die Kirche schon wieder erleuchtet war, während sie selbst keinen Strom hatten. Da rastete es bei mir auch aus und ich sagte mir: „Mein Gott, die paar Minuten!"

Ja, na gut, schließlich war der Dechant damit einverstanden, dass wir großes Licht anhatten. Aber das war eben seine, - wie ich finde, übertriebene - Rücksichtnahme auf die Umgebung. Was mir dabei einfällt, ist etwas anderes. Als ich aus der Kriegsgefangenschaft zurückkam, da war die Kirche noch total zerstört. Trotzdem hat er dafür gesorgt, dass der Gottesdienst für die Polen wieder anfangen und in dem Kino, in der „Filmburg" gehalten werden konnte. Dahin bin ich sonntags zunächst immer zum Gottesdienst gegangen, weil es mir gesundheitlich „saumäßig" ging. Da - in der „Filmburg" - war es wenigstens warm.

Übrigens, wo ich gerade darüber spreche, dass ich woanders zum Gottesdienst gegangen bin. Mein Bruder und ich, der jüngere Bruder - der andere Bruder, der gefallen ist, machte das aber auch schon - wir sind vor dem Krieg viel auf der Veddel zum Gottesdienst gegangen und haben da auch Messe gedient. Da war der Pater Nathem, der dort für die Auswandererbetreuung zuständig war. Zur Veddel sind wir durch einen Bekannten meines Bruders gekommen, der dort Ministrant war. So ergab sich das einfach, dass wir jeden Sonntag und an den Festtagen zu Fuß zur Veddel gingen und da ministrierten. Da hat mir der Dechant auch einmal gesagt: „Mensch, dass ihr immer zur Veddel geht! Ihr könnt doch auch hier zur Messe gehen!" Das war ihm also nicht so recht. Aber wir waren da einfach beheimatet. Mit Kriegsbeginn war das natürlich vorbei. Während des Krieges wurden die Auswandererunterkünfte durch SS belegt.

Kt.: Wussten Sie, dass Dechant Krieter mit dem Pater Nathem sehr eng befreundet war?
Pf.E. : Ja? Das wusste ich gar nicht!
Kt.: Auf der Veddel war dann eine SS-Kaserne?
Pf. E.: Ja, vorher gab es da eine eigene Kapelle, die für die Auswanderer gebaut worden war. Die war so schön zurechtgemacht! Dann wurde zuerst ein Zaun gezogen, dass nur noch der Zugang frei war, und eines Tages wurde die Kapelle geschlossen und wir mussten in eine Baracke umziehen. Da konnte nur noch notdürftig Gottesdienst gehalten werden, und dann wurde der Gottesdienst auf der Veddel ganz eingestellt. Das war dann, als die SS-Leute in die Unterkünfte einzogen. Ja, dann war alles „Aus und vorbei", und wir haben uns gefügt. Wie wir uns mit allem anderen auch gefügt haben. So haben wir es ja auch hingenommen, dass die Sonntagsgottesdienste während des Krieges - wegen der Fliegerangriffe - erst um 10 Uhr anfangen durften.

Da kam dann auch die Frage auf, die heute gar keine Frage mehr ist: Wie ist es denn, wenn wir zur Kommunion gehen wollen, mit dem Nüchternheitsgebot? Das Nüchternheitsgebot spielte damals noch eine große Rolle. Das galt sogar noch, als ich Kaplan war. Um sechs Uhr morgens war die erste Messe, um halb zwölf die letzte Messe. Jeder (Geistliche) hatte drei Gottesdienste zu halten, nüchtern! Wer die Messe um halb zwölf hatte, kam um halb 1 Uhr zum Essen und um zwei Uhr ging es dann weiter mit der Kinderkatechese. Später gab es die Erleichterung, dass man „Flüssiges" zu sich nehmen durfte.
Kt.: Das war offiziell erlaubt? Ich weiß, dass Dechant Krieter, als er körperlich nicht mehr so gut beisammen war (nach 1952), sonntags nach der ersten Messe von seiner Schwester ein Ei in Rotwein gequirrlt bekam.
Pf. E.: Genau! Das schlürfte man dann runter und ging „völlig verquirrlt" in den nächsten Gottesdienst.
Kt.: Das Nüchternheitsgebot galt damals natürlich auch für die Gläubigen.
Pf.: Ja, richtig. Das war eigentlich ja auch sinnvoll begründet: Die erste Speise, die man zu sich nimmt, soll das eucharistische Brot sein. Als dann die Abendmessen eingeführt wurden, ergab sich natürlich die Frage, wie man es nun machen solle. Ja, sollte dann niemand mehr zur Kommunion gehen? Früher, das hab ich selbst bei meinem Onkel, der bei Hildesheim Pastor war, noch erlebt, teilte man im Hochamt um 10 Uhr tatsächlich die Kommunion gar nicht aus!
Kt.: Die Vorschriften oder Erleichterungen wurden also zentral erlassen, von Hildesheim aus?
Pf.E.: Nein, das war allgemeines Kirchengebot, von Rom aus erlassen. Die einzelnen Bischöfe hatten damals dazu überhaupt nicht die Vollmacht, selbst die Bischofskonferenz nicht! Das Nüchternheitsgebot war einfach eine Vorschrift, so wie auch für die gesamte Welt die Erleichterung galt, dass flüssige Nahrung - im Klammern: kein Alkohol! - aufgenommen werden durfte. Wir haben wirklich im liturgischen Bereich und auch im Bereich der kirchlichen Rechtsvorschriften eine Zeit erlebt, die einmalig war. Da können Sie sich vorstellen, wie sehr wir die Liturgiereform ersehnt haben! Allein um solcher Dinge wegen.

Übrigens muss ich im Zusammenhang mit den Reformen, die im Konzil dann vorgenommen wurden, etwas zu Dechant Krieter sagen. Durch das Konzil (Gemeint ist das „Zweite Vatikanische Konzil", das von 1962 bis 1965 in vier Sitzungsperioden tagte.) bekam der Wortgottesdienst in der Messfeier ja eine eigene Gewichtigkeit. Die Bedeutung des Wortgottesdienstes hat Dechant Krieter schon sehr viel früher erkannt. Lange, lange vor dem Konzil hat er diesen Gedanken aufgegriffen, indem er durch die Vorbeter nicht nur Evangelium und Lesung auf Deutsch vortragen ließ - nach dem lateinischen Vortrag - sondern indem er sich vom Altar zu den Gläubigen umdrehte und aus einem Buch eine Betrachtung vorlas. Es lag ihm also wirklich am Herzen, nicht nur die Worte der Liturgie den Gläubigen nahe zu bringen, sondern auch eine Erklärung dazu zu geben. Dass es ganz sicher nicht möglich war, diese Erklärungen einzeln selbst jedes Mal vorzubereiten, wie das heute üblich ist, das ist klar. Deswegen hat er einfach ein Buch genommen, nicht wahr? Ich glaube, es hieß: „Gottes Wort im Kirchenjahr". Daraus hat er vorgelesen. Das war so der erste Schritt zur Erneuerung der Messfeier, dass der Wortgottesdienst mehr Gewicht bekam. Das hat er tatsächlich gemacht, von sich aus!
Kt.: Diese größere Gewichtigkeit ist dem Wortgottesdienst doch erst durch das letzte Konzil gegeben worden, nicht wahr, unter Johannes XXIII. ?
Pf. E.: Genau. Da ist es angestoßen worden, das ist nun 20 oder 25 Jahre her, und dann kam die Liturgiereform in Gang.

Kt.: Und Sie meinen, dass Dechant Krieter diese Betonung des Wortgottesdienstes - in Ansätzen - aus eigenem Antrieb begonnen hat?
Pf. E.: Ja, er hat wohl gespürt, dass ein Gottesdienst ohne ein persönliches Wort nicht ausreicht. Heute ist das ja auch selbstverständlich.
Kt.: Der Gottesdienst wurde ja ansonsten auch nur in Latein abgehalten.
Pf. E.: Ja, nur in Latein, und für das Deutsche waren dann die Vorbeter da. Die übersetzten dann ins Deutsche. Das Einzige, was der Priester in Deutsch beitrug, war die kurze Betrachtung.
Kt.: Und natürlich die Predigt.
Pf. E.: Ja, aber werktags gab es natürlich keine Predigt. Sehen Sie, und da hat er das dann so ausgeglichen, dass er aus dem Buch vorlas. Das muss man schon hoch anerkennen. Er hat also wirklich gefühlt, dass in der üblichen Messliturgie etwas fehlte. Der Wortgottesdienst war damals tatsächlich noch völlig unbedeutend. Das ging bis in die Moraltheologie hinein! Man sagte, dass man die Pflicht zur sonntäglichen Teilnahme am Gottesdienst erfülle, wenn man nach der Predigt komme und nach der Kommunion aus der Kirche rausgehe. Der Wortgottesdienst war eben die „Vormesse". Das war ja der offizielle Ausdruck. So nannte man das doch. Das ist doch sicher auch für Sie noch ein altbekannter Begriff. Für uns heute ist das unvorstellbar, nicht wahr? Gott sei Dank ist in diesem Punkt durch das Konzil doch ein deutlicher Bewusstseinswandel herbeigeführt worden.
Kt.: Auch die Hinwendung des Priesters zum Volk während der Messfeier kam ja erst damals wieder.
Pf. E. : Richtig, der Gedanke der Gemeinschaftsfeier, die Verteilung der Rollen während des Gottesdienstes bis hin dazu - und das war wirklich das Entscheidende - dass der Priester nicht mehr alles, jedes Wort, für sich lateinisch beten musste, während ein anderer - der Vorbeter - das in Deutsch machte. Heute ist es so, dass der Priester, während die Lesung vom Vorbeter verkündigt wird, zuhört. Er hört zu! Er verfolgt nicht, ob das alles richtig ist (was der Vorbeter vorliest). Diese echte Aufgabenverteilung im Gottesdienst ist der Fortschritt. Und gut, der Ansatz dafür war natürlich in der Übergangszeit, dass junge Leute - auch Frauen - die Vorbeterrolle übernommen haben, bis hin zur (Liturgie in der) Osternacht. Dann wurden die Lesungen eben auf Deutsch verkündigt. Und dass am Karfreitag die Passion mit verteilten Rollen - allerdings von der Orgelempore herunter - auf Deutsch vorgelesen wurde, das waren die ersten Versuche (der Reform). Da - das muss ich nochmals sagen - war Pastor Krieter von sich aus zwar nicht die Triebfeder, aber doch so großzügig eingestellt, dass er sagte: „Macht das! Es ist gut!"
Kt.: Würden Sie also sagen, dass Pastor Krieter sich Freiheiten gegenüber den alten Ordnungen herausgenommen hat, wenn er der Meinung war, dass Neues erforderlich war? Das kann man ja auch als Ungehorsam einstufen.
Pf.E.: Ja, gut, schon richtig, er ist ja total noch so erzogen und ausgebildet worden. Sogar bei uns war es ja noch so, dass wir uns einfach an die vorgegebenen Formen gehalten haben, obwohl wir gemerkt haben, dass eine Reform nötig war. Und einige Priester waren dann eben so weit, dass sie selbständig das gemacht haben, was eines Tages ja doch kommen würde. Ungehorsam würde ich das nicht nennen.
Kt.: Eine Frage zu den polnischen Gottesdiensten. Die waren doch einige Zeit lang verboten.
Pf. E.: Ja, durch die Nazis, ja!
Kt.: Diese Gottesdienste lebten also nach 1945 wieder auf. Sie waren auch von vielen alten Leuten erwünscht. Solange die Bonifatiuskirche noch teilweise zerstört, vor allem aber nicht beheizbar war, hat Pfarrer Krieter einen Kinosaal - die „Filmburg" - gemietet, damit dort polnischer Gottesdienst abgehalten werden konnte.

Das weiß ich aus meinem Quellenstudium. Später fand der polnische Gottesdienst wieder in der Bonifatiuskirche statt. Ich selbst habe in diesen Gottesdiensten bei einem polnischen Geistlichen die Messe gedient. Er predigte polnisch.
Was meinen Sie, hat sich Pastor Krieter in Bezug auf diese Gottesdienste besonders engagiert?
Pf.E.: Ich weiß es nicht. Wahrscheinlich lief das so im Zuge der allgemeinen Wiedergutmachung gegen politisch Unterdrückte.
Kt.: Ob die Gemeinde für die Zeit der Gottesdienste in der „Filmburg" Miete zahlen musste, wissen Sie das?
Pf.E.: Da bin ich überfragt.
Kt.: Ich könnte mir vorstellen, dass Pastor Krieter da wieder einige Kontakte hatte, um die Gottesdienste in der Filmburg kostengünstig einzurichten.
Pf.E. Ja, das war wohl so. Das Entgegenkommen den Polen gegenüber ging dann ja sogar noch so weit, dass wieder polnischer Unterricht in den Räumen der Katholischen Schule eingerichtet wurde, nachmittags. Wie lange dieses Unterrichtsangebot gedauert hat, weiß ich allerdings nicht. Der polnische Teil der Gemeinde ist damals wirklich wieder aufgelebt. Die waren ja sehr verwöhnt. Bevor polnische Gottesdienste durch die Nazis verboten wurden, hatten die Polen für ihre Messe, die Kaplan Wosnitza hielt, die beste Zeit am Sonntag! Der Kaplan Wosnitza war in der Gemeinde auch deswegen so wahnsinnig beliebt (weil er die polnische Sprache beherrschte). Als der verabschiedet wurde, war im alten Gemeindehaus ein Riesenauflauf von Menschen, die ihm alle möglichen Geschenke für seine neue Stelle mitgaben. Es war einfach so, dass diese polnischen Gemeindemitglieder erleben konnten, dass sie eine eigene Gruppe waren, seelsorglich auch so betreut.
Kt.: Welchen Kontakt hatten sie - vor dem Krieg - zu den Jugendgruppen der Gemeinde?
Pf.E.: Wir waren mit Heinz Pachowiak eine ND-Gruppe. (ND=Bund Neudeutschland; eine 1919 in Köln gegründete Vereinigung von Schülern höherer Lehranstalten, seit 1923 Teil der Katholischen Jugendbewegung; unter den Nationalsozialisten verboten; nach 1945 wieder aufgelebt.) Er hatte die Gruppe gegründet. Als Pachowiak dann im Kriege (1940, zum Priester) geweiht wurde, hat Paul Botta die Gruppe übernommen. Zuerst haben wir uns in einem kleinen Häuschen getroffen, das die Kolpingbrüder vor dem alten Gemeindehaus gebaut hatten. (Es ist nicht das Kolpingheim gemeint, das die Kolpingbrüder 1948 in Eigenhilfe erbaut haben!) Als das zu gefährlich wurde, sind wir im privaten Zimmer (in der elterlichen Wohnung) eines der Gruppenmitglieder zusammen gekommen.

Abb. 29: Johannes Wosnitza war von 1935 bis 1940 Kaplan in St. Bonifatius

Kt.: Hatten Sie Kontakt zur Kolpinggruppe?
Pf.E.: Nein, gar keinen Kontakt. Auch zur „Sturmschar", die damals ja das zweite große Standbein in der Jugend war, hatte ich keinen Kontakt. Es war so, dass diese Gruppen nebeneinander herliefen. Nach dem Krieg wurde dann ja versucht, die katholische Jugend zu bündeln.
Kt.: Ist Ihnen das Grundstück der Gemeinde „Höpen" ein Begriff? (Ein Grundstück im Besitz der St. Bonifatiusgemeinde im Bereich Sinstorf-Meckelfeld / Harburg)
Pf.E: Doch, da sind wir ein paar Mal mit der Gruppe gewesen. Wir sind zu Fuß dahin gegangen und haben dann dort ein paar Tage gelebt. Einmal war auch noch Pachowiak dabei. Das hat uns sehr gefallen, dass wir da ein Areal hatten, wo wir auch übernachten konnten und wirklich unter uns waren. Das Grundstück war landschaftlich auch sehr schön, mit Wald drum herum. Zunächst waren wir erstaunt. Das Grundstück hatte Pastor Krieter ja wohl gekauft.
Kt.: Nein, das Grundstück ist 1932 unter Pastor Schmidts gekauft worden. Aber den Aufbau der Übernachtungsmöglichkeit und überhaupt die Nutzung des Grundstückes hat Pfarrer Krieter sehr forciert.
Pf.E.: Ach so.
Kt.: Hatten Sie im ND eine einheitliche „Kluft"?
Pf.E.: Nein, das wurde wohl 'mal versucht, aber das scheiterte.
Kt.: Die „Lioba-Gruppe" der Mädchen hatte allerdings eine „Kluft".
Pf.E.: Ja, ich glaube, dass sie grüne Blusen trugen. Aber genau weiß ich das nicht mehr.
Kt.: Das Tragen einheitlicher Kleidung war für kirchliche Gruppen während der Nazizeit bekanntlich verboten. Eigentlich hätte Pastor Krieter also gegen die Lioba-Aktivitäten einschreiten müssen.
Pf.E.: Ja wissen Sie, das war wie bei der Liturgie. Er hat nicht dazwischen gepfuscht! Es kam keine Anregung von ihm aus, auch nach dem Krieg nicht, als wir mit Karla Pachowiak neu anfingen, aber er hat die Aktivitäten toleriert. Er hat immer gesagt: „Ihr macht das schon. Ihr macht das schon!"
Kt.: Pastor Krieter hatte also Vertrauen, dass seine Kapläne und sonstigen Mitarbeiter das schon richtig machen würden.
Pf.E.: Ja, ein sehr großes Vertrauen, auch einfach aus der Notwendigkeit heraus. Er konnte das alles einfach nicht allein packen. Das Dekanat war ja riesenhaft, Gottesdienste mussten weit entfernt gefeiert werden - bis nach Buchholz hin!
Kt.: Lassen Sie mich bitte einmal rekapitulieren was wir bisher besprochen haben, damit ich keine Fragen, die ich stellen wollte, vergesse. Ich schaue einmal auf die Stichwörter, die Sie mir für unser Gespräch schriftlich gegeben haben. Sie waren also von dem Gemälde, das 1938/ 1939 hinter dem Hochaltar gemalt worden ist, sehr angetan?
Pf.E.: Ja, das war eine gelungene Sache!

Kt.: Den Religionsunterricht in den Privaträumen, den Pastor Krieter den Gymnasiasten erteilt hat, haben wir angesprochen. Dazu noch eine Frage. Meinen Sie nicht, dass das Lesenlassen in dem Buch des Jesuiten vielleicht doch eine bewusste Methode war? Ich weiß, dass Pastor Krieter einem „Kommunionunterricht-Nachzügler" ebenfalls privat Unterricht erteilt hat, wobei ebenfalls das Lesen im Vordergrund stand. Dieser Junge musste auch erst selbständig in der Bibel lesen und anschließend wurde das Gelesene besprochen. Der fand diesen Unterricht schön! Es war allerdings Einzelunterricht.

Pf.E.: Ja, also besprochen oder diskutiert oder Fragen gestellt wurde bei uns nicht! Überhaupt nicht! Ich war damit unzufrieden, und der Walburga Rohde ging es ähnlich. Die war auch froh, dass ein äußerer Anlass dazu führte, dass dieser Religionsunterricht aufhörte. Also da ist nichts an Impulsen ausgegangen. Genauso war es, als ich aus dem Kriege nach Hause kam. Da hat er mich zwar sofort für die Gemeinde angestellt und hat mir - das war vor der Währungsreform - 20 Mark im Monat gegeben für das Führen einer Jugendgruppe und die Mitarbeit in der Bücherei und für andere Dinge. Da war auch schon klar, dass ich Theologie studieren wollte. Aber für meine Entscheidung zum Priesterberuf oder als Hilfe bei meinem Suchprozess nach der richtigen Entscheidung, dazu hat er persönlich nichts beigetragen. Es sei denn insoweit, als er mich immer wieder zu dem Gedanken geführt hat: Mein Gott, also wenn ich Priester bin, dann möchte ich Liturgie und Predigt doch besser machen! Das ist ja in jungen Jahren so. Man denkt, dass man selbst Wunderbares leisten wird. Aber ehrlich gesagt, das war das Einzige, was mich so begleitet hat.

Kt.: Gut, das gilt für Sie persönlich. Wie sehen Sie aber die Tatsache, dass während der Zeit, die Krieter in St. Franz-Josef Pastor war, der Gemeinde dort zwei Primizianten erwuchsen (Johannes Hellmold und Pater Hasselberg) und dass während seiner Zeit in Wilhelmsburg immerhin 5 junge Männer Priester geworden sind? Hat er daran keinerlei Verdienst? Karla Pachowiak hat übrigens behauptet, dass ihr Bruder Heinrich den entscheidenden Anstoß zum Ergreifen des Priesterberufes in einem Gespräch mit Pastor Krieter gesehen habe. Zumindest kann Krieter der Berufung dieser sieben jungen Männer ja nicht im Wege gestanden haben.

Pf. E. : Das sicher nicht! Aber - was mich betrifft - theologische Gespräche haben wir beide nicht gehabt. Auch kein Gespräch zur Abklärung der Berufung! Allerdings war das ja auch die Zeit, in der wir Jugendliche sehr stark nach Hildesheim orientiert waren und auch nach Hamburg. In Hamburg gab es einen Pastor, der, glaube ich, Pohlmann hieß. Der arrangierte Sommerlager und so etwas. Und dann zog es uns zu Dechant Winter in Hildesheim. Das waren für mich die Anlaufstellen in der Zeit des Suchens, außerhalb, nicht zu Hause in der Gemeinde. Bei mir hat Pastor Krieter die Entscheidung für den Priesterberuf wahrscheinlich vorausgesetzt. Ich erinnere mich im Zusammenhang mit meinem Priesterberuf nur an eine Äußerung von ihm: „Mensch, wenn du als Pastor selbständig bist, dann nimmst du (deine Schwester) Adelheid zu dir. Die hat die Missio (Missio canonica = kirchliche Berechtigung, katholischen Religionsunterricht zu erteilen). Und die kann dir den Haushalt führen!"
Ja, das war das, was er mir auf den Weg gab.

Abb. 30: Bernard Bank war von 1934 bis 1937 Kaplan in St. Bonifatius

Kt.: Da zeigt sich wieder, dass Krieter eher praktisch orientiert war.
Pf.E.: Ja, ja, bis hin zum Bauen, zum Planen und Arrangieren, das war sein Element.

Kt. : Nehmen wir das nächste Stichwort. Wie ist es gemeint, wenn Sie sagen, dass Pastor Krieter sich den Nazivorschriften gebeugt habe?
Pf.E.: Das ist nicht negativ gemeint. Das ließ sich gar nicht anders machen. Er hat die Vorschriften akzeptiert. Er ist nicht als kämpferischer Geist dagegen angegangen, sondern die Vorschrift wurde der Gemeinde als Selbstverständlichkeit mitgeteilt und die Gemeinde hat es angenommen, genau wie er auch.
Kt.: Sie wissen, dass Pastor Krieter den Kaplan Bernard Bank hatte. Der war wohl etwas kämpferischer (als Krieter). Er hat zum Beispiel Jugendlichen einen Charlie-Chaplin-Film vorgeführt, verbunden mit dem Hinweis, dass die Vorführung dieses Films verboten war.
Pf.E.: Ja, das lag so in der ganzen „Bank-Dynastie" drin. (Es gab mehrere Geistliche der Familie „Bank". Sie waren Brüder) An Kaplan Bank habe ich nur eine einzige genaue Erinnerung. Das war in einer Osternachtfeier. Da war Sonntagmorgens um 6 Uhr, das Auferstehungsamt. Ich kann mich erinnern, wie er da gepredigt hat und wie er das Kreuz gehalten hat. Auch wie er in der Kar-Woche zum Thema gepredigt hat, dass die Apostel einer nach dem anderen Christus verlassen haben. Dabei hat Bank - als Symbolik - Kerzen nacheinander ausgelöscht. Ja, das hat sich mir eingeprägt. Das sind so die Erinnerungen an Bank, aber ansonsten habe ich eigentlich gar keine Vorstellung von ihm. An Wosnitza dagegen erinnere ich mich gut. Der hat sich auch ein bisschen um die ND-Gruppe gekümmert, mal reingesehen und so. Er hat uns aber nicht geleitet oder irgendwie inspiriert. Die ND- Gruppe existierte vollkommen für sich, stand sozusagen „in ihrem eigenen Saft". Wir wohnten zusammen, wir trafen uns, aber darüber hinaus war nichts. Es gab auch keine Verbindung nach Hildesheim oder nach Hamburg. Die ND-Gruppe war in der Gemeinde toleriert und gern gesehen, aber sonst für die Gemeinde nicht von Bedeutung.
Dann war da auch noch Kaplan Holling. Der war für uns immer so ein bisschen extravagant. Eigentlich hatte ich zu den Kaplänen und zu den anderen Jugendgruppen der Gemeinde wenig Bezug. Höchstens zu Fronleichnam, da war nachmittags „Achtern Diek" dann ein großes Gemeindefest, und da haben wir zum Beispiel Wettrennen „ND gegen Sturmschar" gemacht.
Kt.: Fronleichnamsfeste waren auch bei „Stüben" ?
Pf.: Ja, bei „Stüben". Und da hat unsere ND-Gruppe auch mitgemacht.
Kt.: Sie haben bei Ihren schriftlichen Ausführungen betont, dass Pastor Krieter so wenig Urlaub genommen hat.
Pf.E.: Ja, so weit ich das überschauen kann, hat er so gut wie nie Urlaub gemacht. Er war immer zur Stelle, zum Beispiel für Gespräche mit Angehörigen gefallener Soldaten oder während des Fliegerangriffes, der zur Zerstörung der Kirche und des Gemeindehauses geführt hat hat.

Kt.: Sie haben auch geschrieben, dass Pastor Krieter die Gelder der Kirchensteuer selbständig verwalten konnte.
Pf.E.: Ja, das war möglich, weil Wilhelmsburg politisch zu Hamburg gehörte und die Kirchensteuer nicht über die Ländergrenze nach Hildesheim (nach Niedersachsen) gehen durfte. In Bremen gab es diese Sonderregelung auch.
Kt.: Das bezieht sich aber auf die Zeit der Bundesrepublik Deutschland, nicht wahr? Vorher wurde die Kirchensteuer ja auch nicht staatlicherseits eingezogen.
Pf.E.: Ja, da mussten die Gemeinden selber sehen, wie sie an die Kirchensteuer kamen. Nach Gründung der BRD bekamen die drei katholischen Gemeinden, die zum Bistum Hildesheim gehörten, ihre Kirchensteuern vom Stadtstaat Hamburg.

Dadurch standen sich die Gemeinden (St. Bonifatius, St. Maria und St. Franz-Josef) wahrscheinlich besser als wenn die Steuern von Hildesheim gekommen wären. Das war dann auch für die vielen Bauten günstiger. Das ist mir noch so in Erinnerung. Als ich während eines Studienurlaubs aus Hildesheim zurück in Wilhelmsburg war, da hat Dechant Krieter einmal zu mir gesagt. „Erzähl nur in Hildesheim nichts von dem, was wir hier machen!" Das meinte er wohl mehr in dem Sinne, dass ich nicht verraten solle, was in Wilhelmsburg alles möglich war. Da war ich ganz erstaunt. Ich hatte nach Hildesheim ansonsten gar keine Beziehung. Die Befürchtung, dass ich da etwas sagen könnte, war also gar nicht nötig. Jedenfalls hatte Dechant Krieter erhebliche finanzielle Möglichkeiten und diese Möglichkeiten hat er vollständig ausgenutzt. So hat er eben viele bauliche Maßnahmen in die Wege geleitet.
Kt.: Es ist ja auch bekannt, dass der Bischof vom Krankenhausbau (in Wilhelmsburg, Groß-Sand) überrascht wurde.
Pf. E.: Das halte ich durchaus für möglich. Das ist vorstellbar. Er hat ja unheimlich viel gebaut. Einmal war da die Kirche, die in weiten Teilen neu gebaut werden musste. Dann war nebenan die „Alte Schule" zu reparieren. In dem Gebäude war dann lange Zeit auch eine Kapelle. Wir haben darin einmal eine Osternacht durchwacht. Später wurden in der „Alten Schule" Lehrerwohnungen errichtet. Zum Beispiel zog Frau Kraushaar, die zunächst bei uns (= bei Familie Ernst) untergekommen war, (nach Fertigstellung der Lehrerwohnungen) dort ein. Dann wurde das Pfarrheim – zu der Zeit von Kaplan Goedde - neu gebaut, gleichzeitig das Krankenhaus. Das war ein Riesenunternehmen! Alle diese Bauunternehmen waren etwas für ihn. Darin ging Dechant Krieter auf! Das war sein Lebensinhalt. Das konnte er. Und er hatte auch vor der Währungsreform offenbar schon immer Möglichkeiten, an (Bau-) Material heranzukommen. Die Wiedereinrichtung der Kirche ist ja vor der Währungsreform erfolgt!
Kt.: Er hat wohl gute Beziehungen zu Baufirmen gehabt, zum Beispiel zu der Firma Harriefeld. Das muss aber auf privater Basis gelaufen sein. Er hat wohl die Besitzer gekannt und wird sie angesprochen haben.
Pf. E.: Ja, manche Leute sagen - boshaft wahrscheinlich -, dass er - wie das vor der Währungsreform üblich war- einige Tauschgeschäfte vorgenommen hat. Wenn man damals Steine haben wollte, musste man dagegen Lebensmittel tauschen. Angeblich habe er Caritas-Lebensmittelzuteilungen zu Tauschgeschäften verwendet. Das weiß ich natürlich nicht, wie es wirklich war. Böse Zungen haben das behauptet. Das war aber wohl der Neid, der nach dem Kriege sowieso weit verbreitet war. „Der kriegt etwas, und ich kriege nichts!" Es reichte bei den Leuten ja in jeder Beziehung hinten und vorne nicht. Jeder war neidisch auf den, der etwas bekommen hatte. Da kommen natürlich Gerüchte auf: „Der baut und baut, und andere haben nichts! Wie macht der das bloß? " Er hat es aber wohl durch seine Persönlichkeit möglich gemacht. Und hinzu kam, dass von Hamburg her - offenbar - genügend Geld zur Verfügung war, nach der Währungsreform.
Kt.: Dechant Krieter hatte zum Beispiel gute Beziehungen zum Finanzsenator Dr. Dudek und zu dessen „rechter Hand" Paul Ulitzka.
Pf.E.: Ja, ja , es war nicht nur die Freude am Bauen da, sondern er hat auch die Möglichkeit dazu geschaffen. Das ist wirklich sein Verdienst. Das muss ich ehrlich sagen.

Kt.: Halten Sie es für möglich, dass Pastor Krieter während der 20er Jahre in seine Heimatgemeinde Hilkerode gereist ist und dort „Bettelpredigten" gehalten und für seine Hamburger Gemeinde Geld gesammelt hat? Ist das rechtlich überhaupt möglich? Ich habe gestern in einem Gespräch mit einem Hilkeröder so etwas gehört.

Pf.E.: Ja, durchaus. Wenn der Pfarrer solch eine Sammlung genehmigt, warum soll das nicht gehen? Das kann jeder Pfarrer genehmigen.
Als wir in Bovenden bauten, haben die von der Gemeinde „Maria-Frieden" in Göttingen mich angesprochen: „Komm, wir machen nächstes Mal eine Sonderspende, und du kannst die Kollekte mitnehmen." Warum soll Krieter das nicht gemacht haben? Er hat ja auch in Hilkerode ein Haus gebaut oder übernommen. Da habe ich ihn einmal besucht. Das habe ich aber nur schwach in Erinnerung. Aber das zeigt ja, dass er die Verbindung zu Hilkerode immer gehalten hat.
Kt.: Noch etwas. Hat Pastor Krieter Sie eigentlich geduzt?
Pf.E.: Ja, von Kind auf. Auch die Kapläne, die nach dem Kriege erst kamen, haben mich geduzt. Das war damals üblich in der Jugend. Man duzte sich untereinander und fand nichts dabei, vom Kaplan oder Pastor geduzt zu werden.
Kt.: Wenn die Kapläne untereinander über Dechant Krieter gesprochen haben, dann haben sie über „Karl-Andreas" gesprochen. Das weiß ich aus anderen Gesprächen.
Pf.E. : Ja, und nicht über den „Dechant".
Kt.: So wichtig ist das zwar nicht, aber ich meine, dass auch dieses Verhalten seiner jungen Mitbrüder über die Persönlichkeit Pastor Krieters ein wenig Auskunft gibt. - Zum Schluss noch das Thema: Die Bindung Pastor Krieters an seine Schwester Therese.
Pf.E.: Ich persönlich habe die Bindung an seine Schwester nicht so negativ empfunden wie andere, aber durch die Kapläne habe ich einiges erfahren. Als Beispiel Kaplan Rademacher. Dem ging es gesundheitlich miserabel. Der hatte schweres Asthma. Und dann waren die Scheiben in seinem Schlafzimmer (im Pfarrhaus) kaputt. Es wurde nicht geheizt. Das war alles in der Zeit vor der Währungsreform, kurz nach dem Kriege. Der Kaplan Rademacher klagte dann manchmal (über die Zustände im Pfarrhaus).
Dann zog er sich auch zu anderen Familien. Seine ganze Wäsche hat er zu einer in der Gemeinde bekannten Familie gegeben (weil sie ihm im Pfarrhaus nicht gemacht wurde). Gut, das war alles rechtlich, denn das stand nicht im (Arbeits-) Vertrag, (dass die Wäsche der Kapläne von der Haushälterin des Pfarrers zu machen sei.) Wie diese Familie hieß, (der die Wäsche gebracht wurde), weiß ich nicht mehr. Die wohnte im Reiherstiegviertel. Ach ja, Kinne, hieß die Familie. Bei denen war er, und bei Pachowiaks war er oft zum Frühstück und brachte (dorthin) etwas (zum Essen) mit, was er von der Caritas geliefert bekommen hatte. Ja, der Rademacher suchte ein „zu Hause", das er im Pfarrhaus nicht fand. Ich erinnere mich an eine Sache, die eigentlich eine Bagatelle ist. Es gab den Bäcker Ballhausen, der in der Gemeinde ganz groß war (und auch das Pfarrhaus belieferte). Zu dem ist er einmal hingegangen und hat ihn gefragt: „Sagen Sie, haben Sie nur eine Sorte Brot?" „Nein, wir haben diese Sorte und die und die." „Ja, ich frage, weil wir im Pfarrhaus immer nur eine Sorte Brot haben." Sehen Sie, das sind so die negativen Dinge, die er erfahren hat. Und von daher kommt mein Verhältnis (zur Schwester von Dechant Krieter) bis hin zu meinem Entschluss: „Meine (eigene) Schwester nehme ich niemals als meine Haushälterin!" Das wollte ich nicht, dass meine Schwester über mich bestimmen könnte. Meine Schwester hat das übrigens auch nie vorgehabt (meine Haushälterin zu werden.) Also Therese Krieter hat den Haushalt des Dechanten geführt und starken Einfluss gehabt in allen diesen Bereichen.
Kt.: Ja, wohl in allen Bereichen (des Haushalts), so dass Pastor Krieter selbst sich vollkommen auf die Gemeindearbeit konzentrieren konnte.
Pf.E.: Ja, sicher, die Rückenfreiheit hat sie ihm gegeben. Aber auf der anderen Seite hat sie ihn vielleicht auch zu sehr gebunden. Das muss man doch auch sagen.

Für mich persönlich war das (= die Schwester des Pastors) gar kein Problem! Ich erinnere mich an eine Episode. Als junger Mensch hat man ja gar kein Gespür, dass man die Mittagsruhe einhalten muss. Da kam ich also nach dem Mittagessen an, klingelte und dann kam seine Schwester Therese an die Tür. „Ich möchte den Kaplan sprechen", sagte ich. „Ja, ja, geh man!" An ihrer Art merkte ich aber, dass da etwas von mir verkehrt gemacht worden war. Sie hat aber nicht gesagt: „Hau ab! Komm später wieder!" So etwas ist nie passiert. Ich merkte nur, dass ich zu früh gekommen war.

Kt.: So richtig abschreckend war (seine Schwester) Therese also nicht?

Pf.E.: Nein, nein, das nicht. Meine Meinung entspringt einfach daraus, was der Kaplan (Rademacher) so erlebt hat oder meinte, erlebt zu haben, und was er dann so gelegentlich `mal sagte. Er hat sich ja eigentlich nie richtig beschwert. Aber ich merkte das ja, wenn er sich - was damals ja gar nicht üblich war - einen „freien Tag" in der Woche genommen hat und dann nach Hamburg fuhr, um andere Luft zu bekommen. Da hatte ich so das Empfinden, dass man im Pfarrhaus wohl nicht das richtige Verständnis für einen Mann hatte, der so krank war. Die Krankheit war ja grauenhaft! Dauernd brauchte er das (Asthma-) Spray. Der (Kaplan Rademacher) war damals doch noch in den besten Jahren!

Kt.: Von anderen Kaplänen weiß ich, dass sie sich bei Krieter sehr wohl gefühlt haben, wobei seine Schwester Therese allerdings immer so eine Art Sperre darstellte.

Pf. E.: Ja, genau! Das ist nicht gesagt, um Therese abzuwerten. Das ist einfach so dargestellt, wie Kaplan Rademacher sie empfunden hat und gelegentlich auch `mal darüber sprach. Und wie ich erlebt habe, dass er (= Rademacher) möglichst aus dem Pfarrhaus floh. Das war für mich ja völlig neu, dass ein Kaplan ständig in der Gemeinde unterwegs war, und sich hier und da häuslich niederließ. Es war mitbedingt durch die Atmosphäre (im Pfarrhaus). Nun war Rademacher natürlich auch Rheinländer, ein ganz anderer Typ als Krieter.

Kt.: Herr Pfarrer Ernst, wir haben jetzt alle Punkte abgearbeitet, die Sie schriftlich angesprochen hatten. Ich danke Ihnen herzlich für dieses Gespräch und für die Mühe, die Sie sich mit der Niederschrift der Stichworte für unser Gespräch gemacht haben. Ich wünsche Ihnen alles Gute, vor allem Gesundheit.

Abb. 31 : Primizfeier des Neupriesters Joachim Ernst im Jahre 1953

Fittkau, Uwe

geboren im Oktober 1934
wohnhaft zur Zeit des Gespräches in Hbg.-Wilhelmsburg

Gespräch am 20. 3. 2004

Fi. = Herr Fittkau   **Kt. = Ulrich Krieter**

Die in Klammern geschriebenen Wörter / Texte sind zum besseren Verständnis des Lesers eingefügt. Das Gespräch wurde mittels Diktiergerät aufgezeichnet.

Kt.: Uwe, ich fange die Gespräche immer damit an, dass ich nach dem Geburtsjahr frage.
Fi.: Ja, ich bin im Oktober 1934 in Wilhelmsburg geboren, hier in dieser Wohnung.
Kt.: In dieser Wohnung! So lange wohnt eure Familie hier schon? Das Haus ist 1910 gebaut.
Fi.: Ja, im Jahre 1934, so um Mai des Jahres herum, ist mein Vater (Paul Fittkau, geb. 24. 5. 1897) von Altona hierher nach Wilhelmsburg versetzt worden. Das bedeutete damals noch von Preußen nach Preußen! Altona und das Süderelbegebiet waren damals ja preußisch. Mein Vater war dann hier in Wilhelmsburg Revierführer (der Schutzpolizei), damals noch als Oberleutnant. Das war keine sehr große Polizeidienststelle in Wilhelmsburg, es waren wenige Polizisten hier im Wilhelmsburger Rathaus, ein übersichtliches Häuflein, vielleicht zehn. Vater hat sich immer dafür eingesetzt, dass die Dienststelle im Rathaus war, weil das Rathaus so zentral liegt, genau in der Mitte Wilhelmsburgs. Damals fuhren die Polizeibeamten mit dem Fahrrad oder sie gingen zu Fuß. Da war die zentrale Lage der Dienststelle wichtig. Erst nach dem Krieg ist die Polizeirevierwache zum Vogelhüttendeich verlegt worden, wohl auch, weil ein Flügel des Rathauses weggebombt worden war. Als Revierleiter in Wilhelmsburg hat mein Vater natürlich mit den öffentlichen Institutionen, wie Kirche, Schule und mit den damals bestehenden Vereinen zusammengearbeitet und auch Kontakt zu allen Stellen gesucht. Spezieller Brennpunkt seiner Arbeit war damals die Hafenarbeiter-Siedlung in Kirchdorf. Die Hafenarbeiter hatte man ja umgesiedelt aus den - Elendsvierteln ist zu viel gesagt - also aus den miserablen Wohnverhältnissen der Hamburger Innenstadt und aus der Hafennähe nach Wilhelmsburg.
Kt.: Dein Vater war katholisch?
Fi.: Vater ist in Westpreußen geboren, der Ort hieß Birkenfließ. Heute heißt der Ort Konice. Vater war katholisch. Er hat in Konice ein katholisches Gymnasium besucht, ist aber vorzeitig abgegangen und hat sich zu den Soldaten gemeldet. Im 1. Weltkrieg unter Kaiser Wilhelm II. wurde dafür ja Werbung gemacht! Nach dem Krieg war er im 100 000-Mann-Heer (der Weimarer Republik). Danach ist er zum Polizeidienst übernommen worden, auch auf Grund seiner schweren Kriegsverletzungen. Er hatte einen Oberschenkeldurchschuß mit anschließendem Wundbrand. Er war sogar schon zu den Toten sortiert gewesen. Nur durch Zufall hat ein Stabsarzt, der nach den Toten sah, meinen Vater als noch lebend entdeckt. Dann wollte man ihm das Bein amputieren, aber das hat dieser Arzt auch verhindert. Also, die Verletzung war schon sehr schlimm. Im Alter hat sie meinem Vater schwer zu schaffen gemacht. Seine Bewegungsfähigkeit war stark eingeschränkt.
Als Polizist war Vater zuerst in Kiel, dann in Lauenburg, dann in Altona. Altona war das Sprungbrett zur weiteren Beförderung. In Altona hatte er jemanden, der ihn gedrängt hat, Leutnant zu werden. Als Oberleutnant ist er im Mai 1934 nach Wilhelmsburg gekommen. Als er später zum Hauptmann befördert worden war, wurde er Abschnittsleiter in Harburg, heute würde man vielleicht Hauptkommissariat zu solch einer Dienststelle sagen. Jedenfalls war diese neue Dienststelle in Harburg, in einer alten Fabrik. Nach der Wilhelmsburger und Harburger Zeit ist mein Vater ins Polizeipräsidium nach Hamburg versetzt worden.
Nach den Luftangriffen auf Hamburg-Rothenburgsort, 1942 / 1943, hat er im Rang eines Majors ein Bataillon der Schutzpolizei geleitet, das am Brackdamm in Rothenburgsort stationiert war. Seine Polizisten waren dort kaserniert, obwohl sie Hamburger waren. Das waren ältere, frontuntaugliche Männer, die wohl nicht mehr kriegsverwendungsfähig waren.

Sie sollten die Restbestände - es lag ja alles dort in Schutt und Asche - schützen und Aufräumarbeiten leisten. Noch 1945, als die Engländer nach Hamburg kamen, hat mein Vater dort Dienst gemacht. Es war das einzige Polizei-Bataillon in Hamburg, das auch noch unter der englischen Besatzung zur Streife Waffen tragen durfte. Am 19.6. 1945 wurde mein Vater „aus organisatorischen Gründen" aus dem Dienst entlassen. Er hat dann seine Wiederaufnahme in den Polizeidienst betrieben. Da fing man an herumzukramen, was man ihm denn anhängen könne. Man legte ihm zu Last, dass er das Bataillon nachts hatte antreten lassen, um Hitlers Tod bekannt zu geben. Der Befehl dazu war von oben gekommen. Was hätte mein Vater denn anderes machen sollen? Ein Ende des Krieges war ja (mit dem Tode Hitlers) noch nicht abzusehen, und immer war noch die Rede vom Endsieg und von der Wunderwaffe.

Ende November / Anfang Dezember des Jahres 1947 haben dann drei Zeugen - Dechant Krieter, der damalige Rektor der Bonifatiusschule Rohde und das Vorstandmitglied des Reichsbahn-Bauvereins Rehberg - für meinen Vater Zeugnis abgegeben, dass er kein überzeugter Nazi war. Die Aussagen der drei Herren liegen mir schriftlich vor. Ich habe sie dir fotokopiert.

```
Kath.Pfarramt
"St.Bonifatius"
Hamburg-Wilhelmsburg
Bonifatiusstr. 1.              3.12.1947

Fittkau ist mir seit dem Jahre 1935 sehr gut bekannt. Er hat
sich immer zur katholischen Kirche bekannt und ist trotz Auf-
forderung der Partei nicht aus der Kirche ausgetreten. Kinder
sind gut katholisch erzogen. Mir ist nicht bekannt, dass er als
Beamter je zu Unrecht vorgegangen ist.
                              gez. Krieter
                                   Dechant.


Hamburg-Wilhelmsburg, den 5.12.1947
Fittkau ist mir seit Jahren bekannt. Ich habe nie gehört, dass
er in seinen öffentlichen Reden für die NSDAP. geworben hat.
In der Parteiuniform sah ich ihn nie.
                              gez. Wilhelm Rohde
                                   Rektor
                                   Birkenweg 8.


Reichsbahn-Bauverein Wilhelmsburg, den 29. November 1947
Ich kenne Fittkau schon seit 1934 wie er als Oberleutnant nach
W'burg versetzt wurde und das Polizeirevier übernahm. Ich habe
als Vorstandsmitglied der Reichsbahn-Bauvereine besonders
dienstlich mit ihm viel zu tun gehabt. Er hat sich in all den
Jahren dem Nationalsozialismus gegenüber passiv verhalten.
Als ich kurz vor dem Zusammenbruch politisch denunziert und
von der Gestapo verhaftet wurde, stand F. meiner Frau mit Rat
und Tat zur Seite, um mich wieder aus der Haft zu befreien.
                              gez. Rehberg.
```

Abb. 31: Zeugnisse für Paul Fittkau aus dem Jahre 1947 zur Vorlage beim Entnazifizierungsverfahren

Kt.: Alle drei Zeugen lebten 1947 in Wilhelmsburg. Damit sind wir in unserem Gespräch zur Wilhelmsburger Zeit deines Vaters zurückgekommen. Im Oktober 1934 wurde Karl-Andreas Krieter nach Wilhelmsburg versetzt, dein Vater im Mai 1934. Sie haben also im selben Jahr ihren Dienst in Wilhelmsburg begonnen. Hat dein Vater katholische Kollegen unter den anderen Wilhelmsburger Polizisten gehabt?

Fi.: Nein, ich erinnere mich, dass ein Kollege meines Vaters einen polnischen Namen hatte. Vielleicht war der katholisch, aber die anderen alle bestimmt nicht. Viele waren durch die Arbeiterbewegung stark geprägt, so Richtung SPD bis hin zum Kommunismus.

Kt.: Hat sich dein Vater am Leben der Bonifatiusgemeinde privat beteiligt?

Fi.: Nein, denn das war ja 1934 schon relativ gefährlich. Wilhelmsburg war wie ein Dorf, und hier gab es ja damals schon große Nazis. Ich könnte welche namentlich aufzählen. Die hätten ihre Augen aufgesperrt und sofort an die entsprechenden Stellen Meldung gemacht. Mit der katholischen Gemeinde zusammenzuarbeiten, war nur „verdeckt" möglich. Seine Möglichkeiten waren „wohlwollende Duldung", Schutz - soweit als möglich - zum Beispiel bei Fronleichnamsprozessionen, und die heimliche Weitergabe von Ratschlägen und Informationen. Wenn mein Vater Polizisten zum Schutz von Katholiken bei Kommunionfeiern oder Fronleichnamprozessionen abstellte, dann hat er das wohl immer mit der Begründung getan, dass Krawall vermieden werden müsse.

Abb. 33: Ein Foto von der Fronleichnamsprozession 1936 in der Gemeinde St. Bonifatius. Pfarrer Krieter - unter dem Baldachin - trägt die Monstranz.

Während in Wilhelmsburg die Fronleichnamsprozession noch im Jahre 1936 außerhalb der Kirche durchgeführt werden konnte, wurde es der Gemeinde St. Maria in Harburg schon im Jahre 1935 vom Polizeipräsidenten und Staatsrat Stange verboten, die Marien- und die Wilhelmstraße für die Fronleichnamprozession zu benutzen, weil „Störungen zu befürchten wären". (Chronik der Kirchengemeinde St. Maria, S. 115)

Außerdem fuhr ja auch die Straßenbahn durch die Bonifatiusstraße, direkt an der Kirche vorbei. Mein Vater konnte also auch mit der Notwendigkeit der Verkehrslenkung argumentieren. Jedenfalls waren die Katholiken vor Krawall geschützt, denn damals bedeutete das Auftreten von Polizisten ja noch etwas. Die Leute hatten Respekt. Heute klopft man dem Polizisten auf die Schulter. Das war damals doch ganz anders.
Kt.: Deutlich erkennbar hat dein Vater also in der Gemeinde nicht mitgearbeitet?
Fi.: Nein, das war in diesem Beruf in Wilhelmsburg auch gar nicht möglich. Als Staatsbeamter musste man doch sehr zurückhaltend sein. Sich öffentlich für die katholische Kirche zu engagieren, wäre im Hinblick auf den Beruf wohl sehr riskant gewesen. Aber Vater war katholisch erzogen worden. Sein Vater - mein Großvater- war katholischer Lehrer auf dem Lande gewesen. Und mein Vater hatte ein katholisches Gymnasium besucht. Ich denke einmal, dass diese Einflüsse dafür gesorgt haben, dass mein Vater sich mehr zur katholischen Kirche hingezogen fühlte als zur Partei. Als Revierleiter in Wilhelmsburg konnte er von oben her dafür sorgen, dass die Katholiken in Ruhe gelassen wurden, vor allem dass die Geistlichen keinen Schaden nahmen. Das hat er auch in Hinblick auf die Juden in Wilhelmsburg versucht. Nach dem Krieg hatte er zu überlebenden Juden in Wilhelmsburg noch ein gutes Verhältnis, zum Beispiel zum Zahnarzt Michels, der in der Veringstraße wohnte.

Kt.: Wir hatten uns im Vorgespräch über die Nazi-Flaggen unterhalten.
Fi.: Wie Vater erzählt hat, war das so, dass man sich von Seiten der Partei im Pfarrhaus beschwert hatte, weil die Kirche zu den von der Partei gewünschten Terminen nicht beflaggt war. Solche Termine gab es ja reichlich. Ich weiß nicht, ob der Dechant zu Vater gegangen ist oder ob sie sich zufällig getroffen haben.
Kt.: Die beiden kannten sich?
Fi.: Die kannten sich sozusagen privat, aber auch dienstlich. Das war ja früher so, dass Polizeichef, Pastor, Lehrer und so weiter die Honoratioren waren. Man kannte sich. Ein Pastor war eine herausragende Figur, natürlich galt das auch für die evangelischen Pastoren.
Kt.: Zurück zu den Flaggen!
Fi.: Ja, als die beiden zusammengekommen sind, stellte der Dechant die Frage: „Was soll ich machen? Ich kann doch nicht an die Kirche die Hakenkreuzfahne hängen!" Da war der Rat meines Vaters. „Stellt einen Fahnenmast zwischen Kirche und dem Pfarrhaus auf. Hängt die Fahne daran auf. Das stört niemanden, auch den lieben Gott nicht! Aber hängt die Fahne auf, bevor die SA kommt und euch die Hakenkreuzfahne an den Kirchturm hängt!" Der Fahnenmast wurde dann auch aufgestellt. Er war umklappbar. Der hat noch lange gestanden, ich glaube, bis zum Umbau der Kirche in den letzten Jahren. Ich meine, dass diese Lösung der „Flaggenfrage" zeigt, in welcher Art mein Vater die Kirche schützen konnte. Es war also so etwas wie Wohlwollen gegenüber der Kirche.
Näher kennen gelernt haben sich mein Vater und Dechant Krieter wohl mehr nach dem Krieg. Vater war ja in der Nazizeit kein Kirchengänger. Das konnte er sich - wie gesagt - auch gar nicht leisten, sich nach außen hin so zu profilieren. Familie und Beruf gingen da erst einmal vor. Nach dem Krieg ging er aber sonntags regelmäßig zum Hochamt in die Kirche, solange er mit seiner Beinverletzung dazu in der Lage war.

Kt.: Was war mit deiner Mutter?
Fi.: Mutter war evangelisch und hatte wenig Kontakt zur Kirche. Sie war von der ganzen Lebensgestaltung her aber doch religiös geprägt. Ihr war die Familie das Wichtigste! Die Familie spielte bei uns überhaupt die überragende Rolle.

Aber meine Mutter war einverstanden, als mein Vater erreicht hat, meine Schwester in die katholische Schule einzuschulen. Unsere Familie gehörte schulbereichsmäßig nämlich zur Bahnhofsschule. Da hätte meine Schwester normalerweise eingeschult werden müssen. Ich selbst ging später zur Schule Kurdamm.
Da gab es die Bonifatiusschule als katholische Gemeindeschule aber schon nicht mehr. (die Einschulung von Uwe Fittkau war 1940 / 1941. Im April 1939 war die Katholische Schule Wilhelmsburgs schon als Bekenntnisschule aufgelöst und zur so genannten „Gemeinschaftsschule" geworden.)
Vater hat später (im Jahre 1943 oder 1944) mit dem Dechanten Krieter - wie auch immer das zustande gekommen sein mag - abgemacht, dass ich beim Dechanten als einzelnes Kind Kommunionunterricht bekam. Der Dechant hat mich also sozusagen privat unterrichtet. Das waren immer schöne Stunden nach der Schule, im Pfarrgarten oder in der Laube, die an das Pfarrhaus angebaut war. Der Dechant hat mir aufgegeben, still eine Stelle in der Bibel zu lesen. Währenddessen hat er sein Brevier gebetet oder Zeitung gelesen. Anschließend haben wir über die Stelle der Bibel, die ich gelesen hatte, diskutiert. Einmal hat er mir die Geschichte von einem anderen Kommunion-Jungen erzählt. Den hatte der Dechant gefragt, was er denn nach dem Empfang der Kommunion mit dem Herrgott besprochen habe. Der Junge hatte auf diese Frage geantwortet: „ Erst wusste ich gar nichts, was ich sagen könnte. Dann habe ich nur gesagt: Mein Herr und mein Gott!" Dem Dechant hat diese Antwort des Jungen so sehr gefallen, dass er nun mir davon erzählt hat.
Kt.: Wie oft fand dein privater Kommunion-Unterricht beim Dechanten statt?
Fi.: Oft, öfter als einmal pro Woche. Ich sollte ja an die Gruppe der Kommunionkinder, die schon länger und regelmäßig Kommunionunterricht gehabt hatten, herangeführt werden. Er hat sich sehr um mich bemüht! Und ich war kein Einzelfall! Der hat sich immer engagiert, wann immer er so ein Schäfchen einfangen konnte. Das Bild vom Einfangen gefällt mir allerdings nicht. Das hört sich so sehr nach Lasso und Trick an. Sagen wir so: Sowie er das Gefühl hatte, da ist jemand, der sucht, war sein Gedanke: „ Dem zeige ich den Weg!" Ich glaube auch, dass der Dechant ein Mann war, der mit den Menschen am besten umgehen konnte, wenn sie einzeln bei ihm waren. So hat er mich an die Gruppe der anderen Kommunionkinder herangeführt. Nach der Kommunion hatte ich, wie alle katholischen Kinder, die zum Gymnasium gingen, Religionsunterricht bei Karla Pachowiak. Über diesen Weg bin ich näher in die Gemeinde gekommen und habe mich auch an der Jugendarbeit beteiligt, bis zu der Zeit, als ich ins Lehramt eintrat. Karla Pachowiak und Adelheid Ernst haben auch meine Schwester an die Gemeinde herangeführt. Meine Schwester kam durch die beiden mit einer Mädchengruppe der Gemeinde in Berührung, in der sie sich sehr wohl gefühlt hat. Dass meine Schwester später ins Kloster gegangen ist, hat aber mit der Bonifatiusgemeinde weniger zu tun. Sie hat während ihrer Ausbildung zur Bibliothekarin in Göttingen Kontakt zu den Ursulinen-Schwestern von Duderstadt bekommen und wollte danach Nonne werden. Meinem Vater war das zunächst nicht Recht. Er hat verlangt, dass sie zuerst ihre Berufsausbildung beendete. Als sie ihre Berufsausbildung fertig hatte, hat sich mein Vater gegen ihren Eintritt ins Kloster nicht mehr gewehrt.
Kt.: Lassen wir deine Schwester jetzt mal „in Frieden" und kehren wir zu dir zurück! Du hast also die Schule Kurdamm und dann das Gymnasium besucht. Wann und wie ist die intensivere Berührung mit der Gemeinde zustande gekommen?
F.: Das war während meines Studiums, zu Zeiten des Kaplans Kobold. (Kaplan Kobold war in der St. Bonifatiusgemeinde von 1957 bis 1959) Ich habe damals in der Gemeinde den so genannten „Filmdienst" gemacht. Alle 14 Tage gab es nach der Abendmesse am Sonntag im Gemeindesaal eine Filmveranstaltung.

Die Veranstaltungen waren sehr gut besucht, ein großer Erfolg. Wir hatten immer einen vollen Saal. Zuerst haben wir einen geliehenen Projektor benutzt. Weil die Sache aber so gut lief, haben wir bald darauf einen eigenen Projektor für die Gemeinde gekauft. Das habe ich zusammen mit dem Kaplan Kobold gemacht. Der Kaplan hatte das mit dem Dechanten besprochen, und der Dechant hatte sofort sein Einverständnis gegeben. Das ging „Ratz-fatz". Obwohl der Dechant zu dieser Zeit schon recht alt war, war er allen modernen Dingen gegenüber doch noch sehr aufgeschlossen.

Kt.: Ehrlich gesagt, finde ich persönlich es sehr bemerkenswert, dass der Kaplan Kobold beim Dechanten diesen Wunsch so problemlos durchgesetzt hat. Das Verhältnis des Kaplans Kobold zu seinem Vorgesetzten war nicht besonders gut. Ich weiß das genau, da ich damals ja selbst im Pfarrhaus bei meinem Onkel gelebt habe und weil ich als Leiter einer Jugendgruppe häufig Kontakt zum Kaplan Kobold hatte. Mir selbst hat der Kaplan Kobold 'mal gesagt - übrigens mit zorngerötetem Gesicht -, dass mein Onkel viel zu alt und deswegen unfähig sei, die Gemeinde noch zu leiten. Es werde höchste Zeit für ihn, endlich in den Ruhestand zu gehen.

Fi.: Ach, das erstaunt mich. Ich selbst habe den Dechanten immer für das Urbild eines Geistlichen gehalten, für das Urbild eines „Hirten". Der war für mich ... ja, ... fast „der liebe Gott", eine Vaterperson. Er war ja auch sehr väterlich! Man hatte das Gefühl, dass man sich bei ihm anlehnen könnte, auch wenn ich an das Beichten denke. Damals ging man ja noch in der eigenen Gemeinde zur Beichte. Auch die Bescheidenheit, in der er gelebt hat, muss ich hervorheben, von seiner Kleidung her und von der Art, wie er im Pfarrhaus wohnte. Ich muss sagen, dass in all den Jahren, in denen ich ja viele Geistliche erlebt habe, ich nie wieder einen solchen „Menschen" kennen gelernt habe. Er war schlicht, einfach, fähig auf andere Menschen zuzugehen und herzlich. Er war ehrlich herzlich! Man hatte bei ihm nie das Gefühl einer Falschheit. Er war immer freundlich. Ein gewisser Schalk war ihm aber auch zu eigen. Sein besonderer Humor war oft in seinen Augen zu erkennen. Vor allem aber kannte er die Leute, er stand in der Gemeinde, und er kannte nicht nur die so genannten Honoratioren! Er hatte einen „Freund" - das muss man wohl sagen - den Schustermeister Springer, Josef Springer. Der hatte seine Schuhmacherei am Bahnhof. Der Herr Springer war sozusagen der Busenfreund des Dechanten. Ich weiß, dass der Dechant sehr gelitten hat, als der Josef Springer krank geworden ist und dann starb. Insgesamt muss ich sagen, dass der Dechant Krieter mich in vieler Hinsicht geprägt hat.

Kt.: Wie kam es dann, dass du aus der Jugendarbeit der Gemeinde ausgeschieden bist?
Fi.: Das war einerseits beruflich bedingt. Ich wollte ja mein Studium abschließen. Aber andererseits hat mir auch Vieles am Drumherum bei der Jugendarbeit in der Gemeinde nicht mehr gefallen. Da wurde so viel hintertragen und zum Munde geredet. Es gab Empfindlichkeiten des Kaplans Kobold, Unterstellungen, Engstirnigkeit und Verbohrtheit bei den Jugendlichen. Deswegen habe ich mich einige Zeit von der Gemeindearbeit in St. Bonifatius distanziert. Ich bin in der Folgezeit dann zu den Gottesdiensten nach Harburg oder in den Kleinen Michel nach Hamburg gegangen. Als meine Tochter dann so weit war, bin ich wieder zur Bonifatiusgemeinde gestoßen. Meine Tochter hat sich dann auch in der Jugendarbeit in St. Bonifatius engagiert. Heute noch ist sie Patentante von Kindern aus der Gemeinde. Ich selbst war vor ein paar Jahren kurze Zeit im Pfarrgemeinderat.

Kt.: Wie beurteilst du Dechant Krieter als Prediger?
Fi.: Zu Weihnachten war sein Standardsatz immer: „Meine liebe, zum Geburtstag des Heilandes versammelte Gemeinde." Auch zu Ostern hatte er so seinen Standardsatz. In seinen Predigten war er mehr ein „Erzähler". Er machte Predigten über ein Thema. Er hat sich eigentlich immer auf einen Bibeltext bezogen. Ich habe mich bei seinen Predigten nicht gelangweilt. Er war nicht laut, ehr bescheiden, zurückhaltend, schlicht und einfach, auch in der Wortwahl! Aber durchaus auch fesselnd! Vor allem lebte er das, was er sagte. Man merkte, dass er ein wahrhaftiger Mensch war.

Kt.: Hast du ihn bei Fronleichnamsprozessionen `mal miterlebt?
Fi.: Ja, ja, wenn ich daran denke, ist er mir ein wenig unserem jetzigen Papst ähnlich. (Gemeint ist Johannes Paul II., der in seinen letzten Amtsjahren sehr gebrechlich war.) In den letzten Jahren wirkte der Dechant doch schon sehr angestrengt. Er wirkte zerbrechlich, wie ein alter Herr, ein bisschen hinfällig, mühselig, aber dennoch durchhaltend! Bis ins höchste Alter hat er während der gesamten Prozession selbst die Monstranz getragen.

Kt.: Weißt du etwas über den Bau des Krankenhauses Groß-Sand?
Fi.: O ja, eine nette Anekdote, die in der Gemeinde erzählt wurde: Der Bischof soll von dem Bau des Krankenhauses Groß-Sand nichts gewusst haben. Als er dann zur Einweihung des Krankenhauses eingeladen worden war und in Wilhelmsburg erschienen ist, soll er zu Dechant Krieter gesagt haben. „Wenn du mal wieder etwas baust, Karl-Andreas, dann sagst du mir aber vorher Bescheid." Dechant Krieter hat den Bau des Krankenhauses als Unternehmung der Gemeinde gemacht, ohne sein Werk an die große Glocke zu hängen. Ich denke, dass das zum Bereich seiner persönlichen Art gehörte, die man immer herausspüren konnte: Große Dinge tun, sie aber nicht an die große Glocke hängen. Die Dinge erst selber in die Wege leiten, ohne groß Hilfe anzufordern. Da steckt doch viel Selbständigkeit dahinter, hier in Wilhelmsburg (ohne Hilfe des Bistums Hildesheim) ein Gemeinde-Krankenhaus hinzusetzen, auch wenn es zu Anfang ziemlich klein war.
Heute sieht man, dass dieses Krankenhaus gewaltig gewachsen ist. Aber es steht bis heute wirtschaftlich auf festen Füßen und ist noch immer ein Krankenhaus der Gemeinde St. Bonifatius.

Nachtrag (schriftlich zugesandt, am 12. 5. 2004)
Zur Erteilung der Sterbesakramente an meinen Vater:
In den letzten Tagen vor dem 17. 8. 1960, als der Arzt uns mitteilte, dass mein Vater wohl bald seinem Krebsleiden erliegen werde, sprach ich mit meinem Vater über die Notwendigkeit einer Krankensalbung zum Zwecke einer besseren Genesung. Obwohl er sich nach den Medikamenten, die der Arzt ihm verabreicht hatte, recht gut fühlte, willigte er erstaunlich schnell ein. Es mag aber auch sein, dass er selbst das nahe Ende verspürte. Ich ging also zum Dechanten und besprach mit ihm die Situation und teilte ihm auch mit, dass es der ausdrückliche Wunsch des Vaters sei, vom Dechanten versehen zu werden. Der Dechant kam dann am Nachmittag mit dem VW-Käfer der Gemeinde, gefahren vom Küster Greschek. Das Steigen der Treppen bereitete ihm recht große Mühe. Mein Vater und der Dechant hatten ein recht langes Gespräch miteinander. Als der Dechant ging, reichte er mir wortlos die Hand und schaute mir sehr herzlich und gütig in die Augen. Auch die Trauerfeier für meinen Vater und die Beisetzung hat Dechant Krieter durchgeführt.

Greschek, Werner

geboren im Jahre 1943
wohnhaft zur Zeit der Abfassung seines Briefes in Hamburg-Harburg

Brief vom 13. 12. 2003 an Ulrich Krieter

Sehr geehrter Herr Krieter,
nach Ihrer telefonischen Anfrage gebe ich gerne Auskunft über das „Schaffen und Wirken" meines Vaters, Valentin Greschek, in der Bonifatius-Gemeinde in Hamburg-Wilhelmsburg. Nachdem der alte Küster - Herr Zagorski - verstorben war, wurde ein Nachfolger gesucht. Mein Vater war von Beruf Tischler. Durch einen Arbeitsunfall war er berufsunfähig geworden. Der Dechant Krieter sprach meinen Vater an, ob er den Küsterdienst übernehmen wolle. Das Einstellungsdatum meines Vaters war der Monat Mai im Jahre 1956.

Die Sakristei:
Sein Aufgabengebiet als Küster sollte sich nach dem freiwilligen Entschluss meines Vaters nicht nur auf „Kerzenanzünden und Glockenläuten" beschränken. Es waren handwerkliches Geschick und Einsatzfähigkeit gefragt. Eine Vertäfelung der gesamten Sakristei war sein erstes Ziel. Dechant Krieter gab „grünes Licht", Werkzeug und Material wurden angeschafft, und die Umgestaltung der Sakristei konnte erfolgen. Bemerkungen von netten Besuchern, „Na, da hast du dir ja etwas vorgenommen", steigerten nur noch seinen Tatendrang. Ohne das vorrangige Tagesgeschäft mit den Vorbereitungen zur Messfeier, zu Hochzeiten, Taufen und Beerdigungen zu vernachlässigen, war die Umgestaltung der Sakristei nach einigen Wochen beendet.

Chauffeurdienste:
Die Gemeinde hatte Anfang der fünfziger Jahre für das Pfarrhaus einen VW- Käfer angeschafft. So kamen zum Küsterdienst die Aufgaben eines Chauffeurs hinzu. Der Dechant Krieter musste zu Dekanatskonferenzen, zu Beerdigungen und auch zum Urlaub - in den Harz - gefahren werden. Gelegentlich wurden auch die Pfarrsekretärin, Frau Spiegel, und Herr Ulitzka aus dem Kirchenvorstand chauffiert. Die Schwester und Haushälterin des Herrn Dechanten, Therese, nahm beim Küster „Fahrstunden", bevor sie als damals schon achtundfünfzigjährige Frau den Führerschein erwarb.

Abb. 34 : Der Küster, Valentin Greschek, und Dechant Krieter vor der Abfahrt mit dem VW-Käfer der Bonifatiusgemeinde zu einer Dekanatskonferenz; ein Foto aus dem Jahre 1961

Der Freitag war immer der „Badetag" des Pfarrhauskäfers. Bewaffnet mit Schwamm und Bürste ging es dem Kirchenfahrzeug „an den Kragen". Normales Waschen und Reinigen waren natürlich selbstverständlich. Ein „Pomadenkult" an Gebrauchsgegenständen war dem Küster ein Gräuel. Für sachkundige Zuschauer und Kritiker hatte er immer einige flotte Sprüche im Gepäck: „ Das Auto von heute ist das Schrottpaket von morgen." oder „ Der Frack aus Chrom und Lack steht im Autosalon".
Nach Beendigung der Autowäsche riefen die kirchlichen „stillen Örtchen" und wollten ihre Pflegeeinheiten. Grundsätzlich wurden sie mehrmals täglich gereinigt.

Der Sonnabend: Grundstücksreinigung / Blumenschmuck des Altars:

Die herbstliche Natur hatte 'mal wieder ihren Einzug gehalten. Ein farbenfroher Blätterteppich zierte das Kirchengrundstück mit angrenzendem Bürgersteig. Für Kinder war das ein idealer Spielplatz, aber für ältere Kirchenbesucher war es rutschig und gefährlich. Jetzt war rasches Handeln angesagt. Der Reisigbesen und die Schubkarre waren nun im Dauereinsatz. Die vorbeiziehenden „Markttouristen" hatten in dem Küster, der ihnen ja nicht entkommen konnte, einen gutmütigen Zuhörer. Seinen Terminplan kannten sie natürlich nicht. Die Zeitmaschine rannte gnadenlos, und der Hochaltar musste noch geschmückt werden. Ferner war für den Nachmittag noch eine Hochzeit angesagt.Der Altar wurde von ihm mit Blumen und Pflanzen dezent geschmückt, denn der Grundsatz „Weniger ist Mehr" war für ihn maßgebend. Im Laufe des Vormittags erfolgte dann der Aufmarsch der weiblichen „Blumenbrigade". Kritische Anmerkungen des Küsters waren natürlich vorprogrammiert. Zufällig kam der Herr Dechant vorbei und schlichtete diplomatisch die Gespräche. Er nahm den Küster beiseite und sagte: „Walli, sei schlau und überlass das Schmücken den Frauen. Wir Männer machen es den Frauen nie gut genug.

gez. Werner Greschek

Gross, Gerhard

geboren im Jahre 1929
wohnhaft zur Zeit der Abfassung seines Briefes in Hbg.-Wilhelmsburg

Brief an Ulrich Krieter vom 6. 12. 2003

6. 12. 2003

1953 kam ich an die katholische Gemeindeschule in Hamburg-Wilhelmsburg. Meine Hauptbezugsperson war der hervorragende Rektor der Schule, Andreas Nolte. Langsam lernte ich den Pastor der Gemeinde, Dechant Krieter, kennen. Sein Auftreten war von großer Bescheidenheit und Einfachheit gekennzeichnet. Des Öfteren kam er während der ersten großen Pause vom Pfarrhaus zur Schule herüber und gesellte sich im Lehrerzimmer zu uns Lehrern. Sein Verhalten dem Lehrpersonal gegenüber war von freundlichem Wohlwollen gekennzeichnet. Auch mir als 24-jährigem war bald klar, dass dieser Mann allein von der Sorge um die ihm als Leiter der Gemeinde Anvertrauten bestimmt war. Zum Beispiel lag ihm der sonntägliche Messbesuch seiner Lehrer sehr am Herzen. Deswegen erlaubte er uns Lehrern nicht, samstagsabends eine Feier anzusetzen. Dabei ist zu erwähnen, dass zu jener Zeit auch samstags unterrichtet wurde. Er fürchtete offenkundig, unser Vorhaben könnte die Teilnahme an der Messe am folgenden Tag verhindern. Gegen alle anderen Tage hatte er keine Einwendungen.

Ich habe ihn nie anders als mit Priesterkragen gesehen, wobei aber die Einfachheit seiner Kleidung dennoch bestimmend war. Niemals habe ich ihn erregt erlebt. Er war stets gelassen, ruhig und freundlich, aber auch von tiefem Ernst geprägt.

Abb. 35: Das neue Gemeindehaus auf einem Foto aus dem Jahre 1956

Nach dem Bau des Krankenhauses „Groß-Sand" ermöglichte er der Gemeinde den Bau eines neuen Gemeindehauses. Ein großer Saal mit einer Bühne für Laienspielaufführungen, vier größere Räume - verteilt auf die 4 Ecken - und eine Lehrküche im Untergeschoss sollten sowohl der Gemeinde zur Verfügung stehen als auch der Schule, die sich in großer Raumnot befand.

Das gegen Ende des Krieges durch Bomben zerstörte alte Gemeindehaus hatte einen Kindergarten beherbergt, der nun jedoch nicht neu erstand. Die Einweihung des neuen Gemeindehauses erfolgte am 26. 2. 1956. Das damalige Programm des Gemeindeabends aus Anlass der Eröffnung schrieb und vervielfältigte ich auf dem Ormig-Apparat der Schule. Dazu verfasste ich ein Gedicht („Das Werk ist vollendet."), das in das Programm aufgenommen wurde.

Das Werk ist vollendet
Das Werk ist vollendet!
Glück und Freude soll es schenken
Frohsinn sei fortan sein Gast!
Das Werk ist vollendet –
Durch Menschen- und durch Gottes Hand.
Schwer war der Weg, mühvoll jede Arbeit.
Heute sei dies Haus geweiht!
Und Du, Gott, segne Heim und Land!
Das Werk ist vollendet,
vollendet zum Leben, zur Liebe.
Aus grauen Trümmern verlorener Tage
wuchsen seine Mauern empor zum Licht.
Sie weisen hinauf zu dem,
der alles gab und allein es erhält.
Sie weisen hinauf und rufen dich!
So schreite voran, vollendend,
was deine Väter einst begannen,
und fülle das Haus mit liebendem Leben!
      Gerhard Gross

Programm
zur Einweihung des neuen Gemeindehauses am 26. 2. 1956
Kinderchor: Singt dem Herren (Praetorius)
Festgesang „Füllt mit Schalle" (W. Gluck)
Vorspruch: „Willkommen, Willkommen, hier im neuen Heim!"
Begrüßung und Ansprache: Hochw. Herr Dechant Krieter
Gedicht: Das Werk ist vollendet.
Festrede: Hochw. Herr Prälat Dr. Offenstein, Hildesheim
Kinderchor: Lobet den Herren (Lahausen); Auf der Andacht heil'gem Flügel
Gedicht: Dies Haus sei all zu uns'rer Zeit
Ansprache: Rektor Andreas Nolte
Kinderchor: Brüder, reicht die Hand zum Bunde
Ansprache: Hochw. Herr Diözesanjugendseelsorger Pachowiak
Spiel der Jugend
Gemeinsames Schlusslied: Lobet den Herren

Rektor Nolte arbeitete eng mit dem Dechanten zusammen. Ich glaube, dass die beiden herren sich in allen Fragen gegenseitig berieten. In schulischen Angelegenheiten vertraute der Dechant vollkommen dem Rektor.

1958 beurlaubte mich der Dechant für den Auslandsschuldienst an der Deutschen Schule in Mailand. Er war nicht erfreut, dass ich mich für eine gewisse Zeit von seiner Wilhelmsburger Schule verabschieden wollte und gab mir den Rat mit auf den Weg: „Lieber Herr Gross, vergessen Sie nicht, dass es auch an einer anderen Schule Probleme gibt, vielleicht anders gelagerte, aber paradiesische Zustände gibt es auch da nicht!" Er wünschte mir alles Gute für meine Zeit dort. Leider habe ich Dechant Krieter nie wider gesehen, weil ich erst im Herbst 1967 aus Mailand an die hiesige Schule zurückgekehrt bin. (Dechant Krieter starb im Februar 1961) Wie sehr mir Dechant Krieter gewogen war, habe ich in meinen jungen Jahren damals wohl kaum vollends erkannt.

Mit freundlichen Grüßen und dem Wunsch froher Weihnachten,

gez. Gerhard Gross

Abb. 36: vor Brunsbüttel; Gerhard Gross im Jahre 1953 mit Schülern der 6. Klasse der Kath. Schule Wilhelmsburg während einer Klassenreise

Hölsken, Herbert,
Militärpfarrer im Ruhestand,
(von 1952 bis 1957 Kaplan in St. Bonifatius in Hamburg-Wilhelmsburg)

geboren im September 1926
wohnhaft zur Zeit des Gespräches in Eschede

Gespräch am 27. 7. 2004

H. = Herr Pfarrer Hölsken   Kt. = Ulrich Krieter

Die in Klammern geschriebenen Wörter / Texte sind zum besseren Verständnis des Lesers eingefügt. Das Gespräch wurde mittels Diktiergerät aufgezeichnet.

Kt.: Wann und wo sind Sie geboren?
H.: 1926 in Hannover.
Kt.: Sagen Sie mir etwas zu Ihren Eltern?
H.: Ich stamme aus einem Beamten-Haushalt.
Mein Vater war Oberpostinspektor. Er war Mitglied der Zentrumspartei. Deswegen wurde er in der Nazi-Zeit nicht befördert, sondern blieb ewig Oberinspektor. Meine Mutter war zu Hause. Sie stammte aus einem Blumengeschäft. Ihr Vater hatte einen Blumenladen, auch in Hannover. Ich habe einen Bruder und eine Schwester.
Kt.: Wo gingen Sie zur Schule?
H.: Ich habe das Kaiser-Wilhelm-Gymnasium in Hannover besucht.
Kt.: Wie sind Sie dazu gekommen, Theologie zu studieren?
H.: Das war in der Nachkriegszeit. Als Junge wollte ich Kapitän werden. Dann kam ja die Kriegszeit und die Stationen Luftwaffenhelfer, Reichsarbeitsdienst, dann Wehrmacht als Reserve-Offiziersanwärter und russische Kriegsgefangenschaft. Ich war in allen Armeen, die unser Staat in meiner Lebenszeit zu vergeben hatte. Nach dem Krieg war ich Pfarrer beim Bundesgrenzschutz und bei der Bundeswehr.
Kt.: Wann wurden Sie Militärpfarrer?
H.: Militärpfarrer wurde ich nach meiner Wilhelmsburger Zeit, im Jahre 1958. In Munster-Lager war ich Militärpfarrer. Da traf ich all` die alten Offiziere, manche mit Eichenlaub und Ritterkreuz. Die hatten die Meinung: „Herrgott muss sein! Wenn Feldgottesdienst war, dann hörte ich: „Doch, doch, das muss sein!" Also diese Männer haben keine Kirche umgerannt, aber die alten Offiziere waren der Militärseelsorge gegenüber immer verständnisvoll. Ich habe manches lobende Wort darüber gehört, wie sich katholische Divisionspfarrer im Krieg verhalten haben. Ein Offizier hat mir erzählt: „ Ich lag verwundet da vorn. Keiner kümmerte sich um mich. Plötzlich kommt einer und fragt mich: „Mensch, was machst du denn hier?" Ich konnte nur stöhnen. Das war unser Divisionspfarrer. Der hat dafür gesorgt, dass ein Sanitäter kam und mich weggetragen hat. Der Divisionspfarrer hat mich also gerettet." Ähnliche Beispiele über das Verhalten von Militärpfarrern „katholischer Bauart" habe ich mehrfach gehört.
Kt.: Noch einmal! Sie sind also gleich nach Ihrer Wilhelmsburger Zeit Militärpfarrer geworden:
H.: Jawohl! Gleich nach Wilhelmsburg.
Kt.: Und warum haben Sie sich zum Theologiestudium entschlossen?
H.: Ein wenig hat eine Rolle gespielt, dass ich in der unmittelbaren Nachkriegszeit in der katholischen Jugend Jugendführer war. In dieser Zeit kamen mir oft folgende Gedanken und Überlegungen: Alles ist irgendwie in Trümmern, materiell und geistig. Geblieben ist meine Heimatkirche, St. Heinrich in Hannover, auch wenn die eine Hälfte von Bomben zerstört ist. Die andere Hälfte mit dem Seiteneingang und Seitenaltar ist erhalten geblieben. Hier findet das ganze Leben der Pfarrgemeinde statt. Es ist wie vor dem Krieg: die gleiche Feier der Heiligen Messe mit der gleichen Liturgie, wie damals, als ich Messdiener war. Die Kirche ist zwar zum großen Teil zerstört, der Pfarrer ist ein anderer, aber geblieben sind der Glaube, die Frömmigkeit und der Gottesdienstbesuch, der um viele Katholiken, die Flüchtlinge, zugenommen hat. Das alles hat mich tief beeindruckt.

Ich sagte mir: Hier erlebst du, was die Zeiten überdauert hat, was geblieben ist und bleiben wird. Der Glaube an Gott, die Botschaft des Evangeliums. Beides als Sinngebung des menschlichen Lebens. In mir wuchs der Gedanke: Du musst etwas machen, was wirklich letztendlichen Sinn bringt! Diese und ähnliche Überlegungen führten mich zu dem Vorsatz, Priester zu werden. Bei diesen Überlegungen wurde in mir außerdem auch lebendig, dass mir in russischer Gefangenschaft die Religion geholfen hatte.

Kt.: Sie waren während des Krieges also vorwiegend an der Ostfront eingesetzt?

H.: Ja, die Front war ja schon in Schlesien! Ich war da an der Front von Ende Januar 1945 bis etwa Februar / März. An meinem Namenstag, am 16. März, bin ich verwundet worden, kam dann ins Lazarett. Später, als die Russen durchgebrochen waren, hieß es dann: Seht zu, dass ihr nach Westen kommt! Bis zur Moldau bin ich dann gekommen, war erst in tschechischer, dann in russischer Gefangenschaft. Ich wurde nach Russland, zum Ural, gebracht und habe da auf einer Kolchose geschuftet. Na ja, da war eben die Überlegung: Solltest du hier herauskommen, jemals wieder nach Hause kommen, dann musst du dein Leben total neu aufnehmen und vielleicht Priester werden.

Kt.: Wann sind Sie nun herausgekommen?

H.: Im Mai 1945 war ich in russische Gefangenschaft gekommen. Schon am 4. November 1945 war ich zu Hause. Es war an einem Sonntagnachmittag. Mein Vater war nicht da. Die Mutter freute sich. Ich fragte: „Wo ist denn der Vater?" Sie sagte: „Ja, der ist in die Bernwardskirche zu einer Andacht gegangen, in der jeden Sonntag für die Opfer des Krieges und für die gefallenen, vermissten und gefangenen Soldaten gebetet wird. Da geht der Vater immer hin." Ja, mein Vater, der hat bestimmt viel für mich gebetet.

Kt.: Nun zu Ihrem Theologiestudium!

H.: Ich musste ja erst einmal das Abitur nachmachen, denn das Notabitur wurde nicht anerkannt. Dann habe ich in St. Georgen, in Frankfurt am Main, studiert - das war ein Jesuitenkolleg - und danach in Paderborn. Anschließend ging ich ins Priesterseminar nach Hildesheim.

Kt.: Haben Sie im Studium ein Stipendium bezogen?

H.: Nein, mein Vater war stolz darauf, dass er selbst mir das Studium ermöglicht hat. Er wollte mir das spätere Rückzahlen (an die Bischöfliche Behörde) nicht aufbürden. Einige Mitbrüder von mir haben damals das bischöfliche Stipendium angenommen. Die mussten später jahrelang treu zurückzahlen. Das brauchte ich dann nicht.

Kt.: Es war ja wohl auch so, dass derjenige, der ein bischöfliches Stipendium annahm, sich verpflichtete, in die entsprechende Diözese zu gehen. Wer ein Stipendium in Anspruch nahm, dessen Prüfungsergebnisse wurden am Ende der jeweiligen Semester ans bischöfliche Generalvikariat gemeldet. Das war jedenfalls bei meinem Onkel so. Ich konnte das in seiner Personalakte nachlesen.

H.: Wir mussten am Ende jedes Semesters auch Prüfungen machen. Insofern war das fast eine „Klippschule", unser Studium, aber besonders streng waren die Prüfungen nicht. Die Professoren hatten mit uns sowieso etwas Mitleid. Wir waren ja alle Soldaten gewesen und studierten alle „verspätet". Da waren sie mit uns wohl etwas nachsichtiger.

Kt.: Wurden Sie in Hildesheim zum Priester geweiht?

H.: Jawohl, von Bischof Josef-Godehard, im Jahre 1952, am 9. März.

Kt.: Im Priesterseminar Hildesheim waren Sie auch. Muss man sich das als Kasernierung vorstellen?

H.: Das würde man heute tun. Aber wir waren ja alle Soldaten gewesen. Wir haben das mit Humor getragen.

Als Beispiel: Einmal kam ich vom Wochenurlaub zurück, habe meinen Koffer in diesem uralten Seminar mit dem knarrenden Fußboden und den langen Gängen abgestellt und mir eine Zigarette angesteckt. Plötzlich hörte ich jemanden hinter mir, das war der Regens: „Kaum ist er da, schon schmökt er wieder!" Ich rauchte gern. Damit kam ich beim Regens Bidolek, der später Weihbischof geworden ist, nicht gut an. Regens Bidolek passte auf. Der hatte sich die Raucher aufgeschrieben.

Auf dem Gang von der Kapelle zum Speisesaal stand eine Heiligenskulptur. Ich glaube, es war eine Kopie des Moses von Michelangelo. Eines Mittags - man ging nach dem Essen immer mit dem Regens zu einer kurzen Danksagung in die Kapelle - sagte der Regens plötzlich: „ Alle mal herhören!" Wir waren so zehn oder zwölf Seminaristen. Der Regens zeigte mit finsterem Gesicht auf irgendetwas zu Füßen der Heiligenstatue und fragte: „Was ist das?" Da lag grauweißer Staub. „Das ist Zigarettenasche!", stellte er fest. Franz-Hermann Warhausen, er ist jetzt schon in der Ewigkeit, hatte mehrere Semester Chemie studiert und war immer unser Fachmann für naturwissenschaftliche Dinge. Der ging hin, tupfte mit dem Finger in den Staub, leckte den Finger ab und sagte: „Herr Regens, das ist Kalkasche!" Das sagte er so bestimmt, dass der Regens sich umdrehte und wegging. Wir haben schallend gelacht. Das hat Regens Biolek auch gehört. Also, wir haben das alles mit Humor getragen.

Wir haben uns manchen Spaß gemacht. Ich erinnere mich, dass das alte Seminargebäude Ähnlichkeit mit einem Gefängnis hatte. Es war im Viereck gebaut. Es hatte ganz dicke Wände. Die Zimmer hatten winzig kleine Fenster. Innen war ein Hof mit einem Garten. Alles war noch so, wie es wohl schon um 1900 gewesen ist. Eines Tages war der Regens im Innenhof beschäftigt, vielleicht mit Unkrautjäten. Da haben zwei von uns sich den Spaß gemacht, sich - quer über den Innenhof, von einem zum gegenüberliegenden Fenster - zuzurufen: „ Na, Otto, wie lange musst du denn hier noch sitzen?" Über den Kopf des Regens hinweg haben sich die beiden wie Gefängnisinsassen unterhalten. (Pfarrer Hölsken lacht hoch amüsiert)

Kt.: Gut, zu etwas Anderem! Bevor Sie nach Wilhelmsburg zum Dienstantritt gereist sind, hatten Sie sicher schon Kontakt mit Pfarrer Krieter.

H.: Ja, einen Tag nach meiner Primiz bekam ich einen Brief des Bischofs mit dem Inhalt: „Sie sind bis auf weiteres Kaplan in Hamburg-Wilhelmsburg. Ihr Chef ist Dechant Karl-Andreas Krieter. Setzen Sie sich mit ihm in Verbindung!" Peng! Aus! Das war alles! Das habe ich dann getan und bekam Antwort von Krieter, der mich freundlich begrüßte und mir den Hinweis gab, dass ich in Harburg aussteigen müsste und dort von ihm abgeholt würde.

Noch ein Wort zu Franz Müller, der mich zusammen mit Dechant Krieter abgeholt hat. (Franz Müller war Hausmeister des Krankenhauses Groß-Sand) Das war ein unheimlich fleißiger Mann. Er war „Mädchen für alles", der konnte auch alles. Aber er hatte wegen seiner Fahrertätigkeit, die er auch noch machen sollte, manche Zusammenstöße mit den Ordensschwestern des Krankenhauses. Wenn er zum Beispiel als Hausmeister des Krankenhauses an der Heizung zu arbeiten hatte, konnte es passieren, dass die Oberin anrief: „ Ich brauche Sie! Ich muss nach Hamburg fahren!" „Ach du je", hat sich der Franz Müller gedacht, „ausgerechnet jetzt nach Hamburg! Wie lange wird das wieder dauern!" Die Fahrerei hat der Franz Müller wirklich nicht so gern getan. Später wurde dann ja auch jemand eingestellt, der nur die Fahrerdienste machte, der Paul Ulbricht.

Kt.: Also hat Dechant Krieter mit der Anstellung von Franz Müller ein „gutes Händchen" gehabt?

H.: Na klar, der Franz Müller war ein richtiges Genie! Und der war bereit, auch nachts um 12 Uhr noch zu arbeiten, wenn es im Krankenhaus nötig war.

Das war eine Seele von Mensch! Zu mir hat er nie „Herr Kaplan" gesagt, sondern nur „Kaplan, Kaplan!". Das mochte ich so an ihm. Ein klarer, aufrichtiger Mann war das, von allen im Krankenhaus und von allen, die ihn kannten, wurde er geachtet und geschätzt!

Kt.: Die Anstellung des Herrn Ulbricht war sicher auch ein Glücksgriff.

H.: Das war ein freundlicher, netter Kerl! Ein lustiger Mann! Vorher war er Fahrer beim Wilhelmsburger Busunternehmen „Thies" gewesen. Herr Ulbricht war gut katholisch. Er wollte von dem Beruf des Busfahrers gern weg und hatte als Fahrer des Krankenhauses dann seinen geregelten Dienst. Der Herr Ulbricht fuhr dann immer im Anzug, nicht wie Franz Müller in blauer Arbeitskleidung.

Kt.: Meinen Sie, dass Dechant Krieter den Herrn Ulbricht selbst ausgesucht hat?

H.: Ich glaube, dass er ihn durch die Gemeinde kannte. Dechant Krieter hat sich die guten Leute nicht nur für die Spitzenpositionen ausgesucht, nein, auch für die unteren Positionen. Er hatte einfach eine ganz tolle Fähigkeit zur Menschenbeurteilung, oft mit Humor verbunden! Der guckte jemanden manchmal so an. Da wusste ich schon: Aha, jetzt taxiert er den ab. Das war so ein abwartender Blick. In diesen Augenblicken wird er sich sein Urteil über den Betreffenden, der da vor ihm stand, gebildet haben. Darin hatte er natürlich auch jahrelange Übung. Mit Ulbricht haben wir viele Kolping-Ausfahrten gemacht, mit Bussen der Firma „Thies". Ulbricht war auch Kolpingsmitglied.

Dechant Krieter war geschickt, ja diplomatisch, im Umgang mit Menschen. Ein Beispiel: Als ich nach Wilhelmsburg kam, war dort bereits ein älterer Kaplan, der vorher in Kanada gewesen war. Er hätte gern gesehen, man hätte ihn als Pfarrer tituliert, obwohl er in Kanada kein Pfarrer gewesen war. Zwei Pfarrer in einer Gemeinde, das war kirchenrechtlich unmöglich. Na, und wenn Krieter sich „stur" stellte, dann war der auch „stur". Er sprach Goedde nicht mit dem Titel „Pfarrer" an. Das kann ich sogar verstehen. Krieter war der Pfarrer von Bonifatius, und nun sollte jemand, der aus Kanada kam, hier nun plötzlich auch Pfarrer sein? Noch an meinem ersten Tag in Wilhelmsburg, nachdem wir in der Kirche gewesen waren, sagte Krieter zu mir. „Wissen Sie, da ist hier noch ein Geistlicher. Der ist älter als Sie. Der war in Kanada und möchte gern Pfarrer genannt werden. Das geht ja nicht! Der Dechant fand eine Lösung: Ja, wir nennen ihn „Father". Der Mitbruder war zufrieden. Im Pfarrhaus hieß Gödde dann bei Krieter und mir „Father", in der Gemeinde hieß er „Pfarrer Gödde". Dabei blieb es dann auch. Krieter machte sich nichts daraus, dass die Leute in der Gemeinde Gödde als „Pfarrer" anredeten.

Kt.: Wie erklärt sich der Aufenthalt des „Pfarrers" Goedde in Kanada?

H.: Ja, das war so: 1939 hatten die kanadischen Bischöfe Priester für ihre unendlichen Weiten Kanadas gesucht. Da es in Paderborn so viele Priesterkandidaten gab, konnten die sich nach Kanada melden. Das hat Goedde getan. Ich nehme an, dass er noch in Paderborn zum Priester geweiht worden ist. Dann ist er in die Gegend von Vancouver gegangen. Als er zurückgekommen war, beherrschte er Englisch und Französisch und sprach Deutsch mit Akzent.

Kt.: Soweit ich weiß, hatte der Pfarrer Goedde einen besonderen Hang zur Marienverehrung.

H.: Goedde hatte einmal einen „Super-Fatima-Priester", den „Pater Ruf" nach Wilhelmsburg eingeladen. Das war ein Schwärmer. Der hat dann in Bonifatius eine Fatima-Mission gehalten. Eines Tages standen Krieter und ich im Eingang des Pfarrhauses, und dieser „Pater Ruf" hatte seine Statue der Fatima-Madonna gerade aufgestellt. Diese Fatima-Madonna hatte fast Menschengröße, so Glasaugen, na ja, eine ziemlich schreckliche Gipsfigur! Der „Pater Ruf" sprach den Dechanten dann vor dem Pfarrhaus an: „Meinen Sie nicht auch, Herr

Dechant, diese Augen ... meinen Sie nicht auch?" Und ich sehe dieses Gesicht Krieters heute noch. Der war alles andere als von dieser Marienfigur überzeugt. „Jahaa, Jahaaa", hat er nur gesagt und mich dabei angeguckt. Ich wusste, dass ihm das Frömmigkeitsgeschehen um die so genannten Fatima-Prophezeiungen nicht behagte. Er war viel zu sehr Realist. Er liebte keine schwülstige, übertriebene Frömmigkeit.

Einer seiner realistischen Aussprüche war. „ Herr Kaplan, wenn wir fünf Jahre tot sind, dann fangen die Leute an, uns zu loben!" Ich finde, dass das tiefe Weisheit ist. Und von solchen Sprüchen hatte Dechant Krieter viele auf Lager. Schade, dass Sie erst jetzt Ihr Buch schreiben! Wenn Sie ehr angefangen hätten, hätte ich vielleicht noch mehr seiner Sprüche in Erinnerung. Aber diese Sprüche bezeichnen ihn eigentlich. Manche waren auch humorvoll. Ich saß zum Beispiel einmal mit ihm zusammen im „Empfangszimmer" des Pfarrhauses, gleich rechts von der Eingangstür. Von da aus konnten wir den Eingang der Kirche beobachten. Da kam eine Familie, von der ich wusste, dass sie jeden Sonntag zur Messe kam. Ich sagte: „Die kommen jeden Sonntag, zu jeder Messe sind die da, aber nicht ein einziges Mal kommen sie zu irgendeiner anderen Gemeindeveranstaltung! Die könnten doch wirklich mal kommen!" Da sagte Krieter. „Ja, wissen Sie nicht, das sind die „Für-Siche"! „Was sind die?", fragte ich. Ich hatte „Pfirsiche" verstanden „Das sind die „Für-Siche", die sind lieber „für sich allein."

Kt.: Sie haben geschildert, dass Sie selbst ein sehr gutes Verhältnis zu Dechant Krieter hatten. War Krieters Verhältnis zu „Pfarrer" Goedde gestört?
H.: Das kann man nicht sagen. Ich will Ihnen eine Geschichte erzählen. Die erste Messe, morgens um 6 Uhr im Krankenhaus hat Krieter immer selbst gelesen. Die nächste Messe war so um 7 Uhr. Eines Morgens kam der Dechant in mein Zimmer. Ich war gerade dabei, mich zu rasieren. „Herr Kaplan", sagte er zu mir, „wollen Sie nicht die erste Messe übernehmen? Der „Father" ist heute Nacht `mal wieder erst um 2 Uhr nach Hause gekommen. Der schläft noch!"
Kt.: Ich finde, dass das ein sehr menschliches Verhalten des Dechanten ist. Er hätte als Vorgesetzter ja auch fürchterliches Theater machen können.
H.: Natürlich! Nein, nein, ein schlechtes Verhältnis zueinander hatten die beiden nicht!

Kt.: Erzählen Sie mir jetzt etwas zur Wohnsituation, als Sie im Wilhelmsburger Pfarrhaus wohnten?
H.: Wie ich gesagt habe, bin ich mit einem großen Koffer nach Wilhelmsburg gekommen. Darin war alles, was ich besaß. In meinem Zimmer fand ich dankenswerter Weise vor: ein Sofa, einen ovalen Tisch mit einer Tischdecke darauf, und zwei Stühle. In meinem „Schlafgemach" - so einer Nische - war fließend Wasser vorhanden. Das fand ich schon phantastisch. Die Möbel waren Krieters Möbel. Die hatte er in mein Zimmer gestellt. Ich sollte von meinem Onkel zur Primiz einen Schreibtisch geschenkt bekommen. Der war aber noch nicht da. Auch mit meinen Büchern wusste ich nicht wohin. Da hat Krieter als erstes zu mir gesagt. „Also Kaplan, Sie gehen zu der Möbelhandlung Schulenburg in der Veringstraße und da kaufen Sie sich einen Schrank für Ihre Kleider und Bücher!" Ich hab gesagt: „Ja, ich habe aber kein Geld!" Die Antwort: „Das lege ich aus, aus der Kirchenkasse, und Sie zahlen das dann langsam ab!" Ich ging also zu Schulenburg und habe mir einen Schrank gekauft. Das war für mich das erste eigene Möbelstück! Ich war ja Kriegsgefangener gewesen, ich hatte Nichts! Man war doch ein „armes Schwein"!

Ich bin also bei Schulenburg reingegangen und wollte 375 Mark zahlen. Das brauchte ich aber nicht. Krieter hatte bei Schulenburg angerufen, dass er das Geld überweisen werde. Jedenfalls habe ich mir einen dreitürigen Schrank gekauft. Diesen Schrank habe ich so geliebt! Bei allen meinen Versetzungen ist der mitgegangen. Zwei Teile des Schrankes waren für Kleider, in der Mitte war er ein Bücherschrank. So habe ich also angefangen. Und dann habe ich mir, so Schritt für Schritt, Regale gekauft und so weiter. So ging das damals los. Ich hatte übrigens zu Anfang auch kein Radio. Da hat mir der Franz Müller gesagt. „ Kaplan, ich habe da noch so ein altes Ding stehen." Das war so ein großes Holzding. Das habe ich lange gebraucht. Man war ja nicht so verwöhnt und leicht zufrieden zu stellen.

Kt.: Ihren Ofen musste übrigens ich mit Kohlen versorgen, wissen Sie das? Da können Sie mir heute noch dankbar sein.
H.: Ja? - Ich dachte, dass das vom Hausmädchen gemacht worden sei.
Kt.: Die hatte andere Dinge zu erledigen. Aber mich interessiert schon, wie die Vielzahl - besonders weiblicher - Personen im Pfarrhaus auf Sie gewirkt hat. Da waren also das Hausmädchen, dann meine Tante Therese als Haushälterin, dann meine Tante Agnes, dann Schwester Christa (Sie hatte zwar im Krankenhaus ein Zimmer als eigene Wohnung, aber sie war oft im Pfarrhaus), dann gelegentlich meine Schwestern Margret und Anneliese. Außerdem wohnte im Pfarrhaus der Krankenhausarzt Dr. Reckmann. Ja, und schließlich lebte auch ich im Pfarrhaus. Ich musste mir mit dem Dechanten dessen Schlafzimmer teilen. Man hatte mir in seinem Schlafzimmer eine kleine Ecke abgeteilt. In der Ecke standen ein Klappbett und ein kleines Schreibpult, an dem ich meine Schularbeiten erledigen konnte. Das Pfarrhaus war also richtig voll! Erinnern Sie das?
H.: Ja, ja, an die Personen erinnere ich mich schon!
Kt.: Haben Sie eine Ahnung, wann im Pfarrhaus der erste Fernseher auftauchte?
H.: Nein, das weiß ich nicht! Ich weiß, dass die Schwestern im Krankenhaus einen Fernseher geliehen hatten, um sich die Krönung der englischen Königin anzusehen. (Krönung Elisabeths II. am 2.6.1953) Das weiß ich, weil „Father" Goedde sich unbedingt die Krönung auch ansehen wollte. Er hat gesagt: „Das ist doch meine Queen!" Dabei war er doch Deutscher! Das konnte ich nicht verstehen.

Kt.: Zur selben Zeit oder kurz darauf muss die Schwester des Dechanten, Therese, sich einen Fernseher angeschafft haben. Vom Dechanten weiß ich, dass er einen - damals recht modernen - Radioapparat hatte. Den hatte er in seinem Arbeitszimmer stehen. Mit Fernsehen hat er seine Zeit nie verbracht. Wissen Sie, was er in seiner Freizeit gern gemacht hat, sofern er Freizeit überhaupt hatte. Hatte er - abgesehen vom Zigarrenrauchen - irgendwelche Hobbies?
H.: Also Theologie und Philosophie waren das nicht, nein, ein eigentliches Hobby ist mir auch nicht bekannt. Ich glaube, der war so mit seinen Zahlen aus der Verwaltung, mit dem Krankenhaus, mit der Schule und mit den Menschen der Gemeinde beschäftigt, dass er gar keine Freizeit hatte. Man muss bedenken, dass alle Anstellungen und Entlassungen im Krankenhaus und in den Katholischen Gemeindeschulen Harburgs und Wilhelmsburgs über seinen Tisch gingen. Er hat durch die Oberin Chlothilde manchmal Probleme gekriegt. Die war manchmal ziemlich rigoros. Die hat die im Krankenhaus angestellten Mädchen kurz und bündig rausgeschmissen, wenn sie sich irgendetwas hatten zu Schulden kommen lassen, etwa zu spät nach Hause gekommen waren oder einen Freund hatten. Da weiß ich, dass Krieter das Verhalten der Oberin ärgerte.

Manchmal hat er bei Tisch gesagt. „Also nein, diese Chlothilde! Die kennt aber auch gar keine Gnade!" Ich bin mir sicher, dass diese Mädchen, die von der Oberin so behandelt worden sind, sich später von der Kirche getrennt haben. Also, Krieter war verständnisvoller als die Oberin. Allerdings! Die Schwester Chlothilde war ansonsten eine tolle Oberin. In Wilhelmsburg war die anerkannt und beliebt. Die passte nach Wilhelmsburg.
Also für Hobbies hatte der Dechant Krieter gar keine Zeit! Schließlich hat er ja auch noch die Seelsorgearbeit gemacht, und uns Kaplänen hat er manchmal die Arbeit abgenommen. Wir hatten in St. Bonifatius damals die Sonntag-Nachmittagsmesse. Die war um 17 Uhr. Wenn wir als Kapläne die ganze Woche gearbeitet hatten, auch die Sonntag-Morgenmesse gehalten hatten, dann war es uns nicht so sympathisch, auch noch nachmittags am Sonntag die Messe halten zu müssen. Viele Gemeindemitglieder besuchten diese Messe allerdings gerne, weil sie dann sonnabends bis tief in die Nacht feiern und am Sonntag ausschlafen konnten. Also diese Messe konnte man nicht abschaffen, obwohl sie eigentlich in der Kriegszeit eingerichtet worden war. Nach dem Krieg wäre sie vielleicht nicht mehr nötig gewesen. Also für diese Messe hat Krieter uns Kapläne ganz selten eingesetzt. Er war froh, dass ich ihm die Kindermesse um 9 Uhr abgenommen habe. Er hat uns aber auch ein bisschen Freizeit gönnen wollen. Wenn ich ausnahmsweise einmal zur Sonntag-Nachmittagmesse eingesetzt worden war und sich das Wetter dann plötzlich besonders gut zeigte, dann kam Krieter schon mal zu mir und sagte: „Na, Kaplan, wollen Sie nicht mit dem Motorroller ein bisschen rausfahren? Ich übernehme die Nachmittagsmesse." Er hatte also wirklich ein Herz für seine Kapläne. Er wusste, dass ich nicht „zu meiner Freundin" fuhr, sondern zum Beispiel nach Schleswig-Holstein, um die Seen da abzuklappern. Ich hatte als Motorroller eine Zündapp-Bella. Das war ein ziemlich schönes Ding! Ich bin damit gern entweder in die Lüneburger Heide oder nach Schleswig-Holstein in die Natur gefahren.

Kt.: Ihnen hat er also oft die Kindermesse übertragen? Ich denke, dass er bei der Vergabe der Messen ein wenig nach den Fähigkeiten seiner Geistlichen gegangen ist. Er selbst hat die Kindermesse nicht so gern gehalten.

H.: Na, das kann man doch verstehen! Wenn man fast 70 Jahre alt ist, liegt einem das nicht mehr so. Es fing ja auch an, dass die Zeit „pädagogisch verrückt" wurde. Jede Religionsstunde musste methodisch mit großem „Tamtam" aufgebaut sein. Früher hatte man einfach den Katechismus eingepaukt. Da waren die Leute und die Kinder zufrieden. Mit den Katechesen in der Kirche war das auch so. Heute muss man immer etwas ganz Besonderes machen. Das fing damals an. Auch die Lehrer in der Schule mussten damals schon für die Kinder alles möglichst „anschaulich" machen. Die Kinder mussten im Unterricht praktisch tätig sein können, der Unterricht sollte exemplarisch sein usw.

Kt.: Kommen wir noch einmal auf das Leben im Pfarrhaus zurück!
Kt.: Wie war das Verhältnis der Geschwister, Karl-Andreas und Therese?

H.: Ja, das hat man eigentlich nie als auffällig erlebt. Ich erinnere mich, dass er zusammen mit seiner Schwester einmal einen Besuch bei Leuten machen wollte, die früher einmal gut katholisch gewesen waren. Da sollte ich die Geschwister mit dem VW-Käfer der Gemeinde hinfahren. Ich habe mich immer gefreut, wenn ich diesen VW irgendwohin steuern durfte. Nur bei diesem einen Mal waren die beiden zusammen. Sonst hat man die beiden eigentlich nie zusammen gesehen. Ich weiß nicht, ob der Dechant abends noch einmal mit seiner Schwester zusammen gesessen hat. Es gab ja auch noch die andere Schwester, Agnes. Als ich nach Wilhelmsburg kam, war die schon da.

Kt.: Sie ist 1948, spätestens 1950 nach Wilhelmsburg gekommen. Sie wissen, dass sie Nonne gewesen und dem Klosterleben „entlaufen" war? Hat sich Dechant Krieter dazu jemals geäußert?
H.: Ja, das weiß ich, dass sie aus dem Kloster weggegangen ist. Er hat mir das erzählt. Das hat ihn schon ziemlich getroffen, aber das Verhältnis der beiden war deswegen nicht gestört. Die Agnes hatte ja auch ein angenehmes Wesen. Die war menschenfreundlich, offen und klar. Sie hat mir übrigens selbst von ihrem Austritt aus dem Kloster erzählt. Die Erzählung endete damit, dass sie sagte, sie habe ja wenigstens ihre Freundin Christa zum katholischen Glauben geführt. Sie sagte so ungefähr: „ Ja, ich bin aus dem Kloster ausgetreten, aber ich habe wenigstens eine Seele für den katholischen Glauben gewonnen!"
Kt.: Die beiden waren dann ja die ersten weltlichen Schwestern des Krankenhauses Groß-Sand in Wilhelmsburg.
H.: Ja, richtig.

Kt.: Noch einmal zurück zu den Aufgaben, die Sie als Kaplan hatten!
H.: Ja, ich hatte in der Schule Religionsunterricht zu halten. Dann war ich Kolpingpräses. Da gab es viele Vorstandssitzungen. Ich musste die Programme mit dem Ormig-Apparat abziehen. Dann waren die Gruppen der männlichen Jugend zu betreuen, auch die Messdiener. Auch bin ich jeden Montag ins Krankenhaus gegangen. Montags um 15 Uhr zog Hölsken immer ins Krankenhaus. Ich ging durch die Zimmer. Nach einer Liste, die mir die Ordensschwestern hingelegt hatten, besuchte ich die Zimmer, wo Katholiken lagen. Ich habe aber immer ganz bewusst auch mit den Nichtkatholiken im Zimmer gesprochen. Ich habe alle mit Handschlag begrüßt, wenn ich da reinkam. Da bin ich kaum auf Ablehnung gestoßen.
Kt.: Haben Sie selbst Neuerungen in der Gemeinde eingeführt, zum Beispiel im liturgischen Bereich?
H.: Sie müssen bedenken, dass damals das Konzil noch nicht gewesen war. Es gab nur eine Neuerung, die Papst Pius XII. verfügt hatte, das war die Neuordnung der Osterliturgie.
Kt.: War die Bet-Singmesse etwas Neues?
H.: Bet-Singmessen gab es ja schon lange in St. Bonifatius. Gemeinschaftsmesse der Jugend, Gemeinschaftsmesse von Kolping; die waren alle vier Wochen sonntags um 6 Uhr 45. In der Messe fand die gemeinschaftliche Kommunion statt. Das waren immer Bet-Singmessen. Anschließend traf man sich zum Kaffeetrinken im Pfarrheim oder im Kolpingsheim.
Kt.: Hat Dechant Krieter hinsichtlich der Liturgie oder hinsichtlich anderer Dinge seinen Kaplänen Vorschriften gemacht?
H.: Krieter hat seinen Kaplänen große Freiheit gelassen, im Gegensatz zu manchem anderen Pfarrern, die man „Kaplanstöter" nannte. Solche Pfarrer kontrollierten ihren Kaplan in seiner Freizeit, wälzten unangenehme Arbeiten auf den Kaplan ab, usw. Ich muss den Dechant lobend hervorheben und sagen, dass er das nie getan hat. Wissen Sie, ich war kein guter Prediger. Wenn es möglich war, habe ich mich gern vor Predigten gedrückt. Ich hatte den Eindruck, als habe der gute Krieter gemerkt: Hölsken, der tut sich schwer mit dem Predigen. Deswegen hat er mich meistens für die Kindermesse eingesetzt. Musste ich dann doch einmal das Hochamt halten, gut, dann hat man sich vorbereitet.
So war es auch bei Beerdigungen. Ich mochte nicht bei jeder Beerdigung dasselbe sagen und habe deswegen meine Gedanken immer abgewandelt. Man musste sich darauf schon intensiv vorbereiten! Ich erinnere ich mich gerade daran, dass der Dechant einmal sagte: „Mensch, morgen sind drei Beerdigungen." Dann hat er mir eine Beerdigung gegeben und er selbst hat zwei Beerdigungen übernommen.

Bei Beerdigungen in Wilhelmsburg konnte man wirklich nicht einfach das immer Gleiche sagen. Die Angehörigen der Verstorbenen waren mit vielen Leuten aus der Gemeinde verwandt und verschwägert. Solche Verwandtschaftsverhältnisse kannte Krieter genau. Deswegen war das schon gut, dass er die Beerdigungen übernahm. Es war ja für mich als Kaplan auch nicht so einfach, erst drei Stunden Religionsunterricht in der Schule zu geben und anschließend um 11 Uhr 30 eine Beerdigung zu halten. Dem „Father" Gödde hat er übrigens nur sehr selten Beerdigungen übertragen!

Kt.: Wo Sie gerade von der Schule gesprochen haben, möchte ich dazu etwas fragen. Sie haben da ja die Mitglieder des Lehrerkollegiums und den Rektor Nolte kennen gelernt.
H.: Ja, Rektor Nolte war in der Schule der absolut Führende. Jammerschade ist es, dass der so früh gestorben ist!
Kt.: War Rektor Nolte im Kollegium beliebt?
H.: Wenn er nicht beliebt war, dann war er doch geachtet und geschätzt! Aber ich denke, dass er bei den meisten Lehrkräften auch beliebt war. Ich weiß, dass der Lehrer Radtke den Rektor Nolte als Mentor für die zweite Lehrerprüfung genommen hatte und dass Radtke voll des Lobes war. Es sei phantastisch gewesen, wie Nolte ihn unterstützt habe. Solche Lobesworte habe ich viel gehört. Nolte hat eigentlich auch dafür gesorgt, dass die Katholische Kirche mit dem Krankenhaus und der Schule in Wilhelmsburg ein Politikum wurden. Ich möchte sagen, dass Krieter in Wilhelmsburg einen Straßennamen bekam, ist nicht ungerecht, aber Andreas Nolte hätte es ebenso verdient gehabt. Nolte war derjenige, der in Wilhelmsburg die Katholische Kirche und die Katholische Schule vertrat. Die Katholische Schule hatte unter Nolte in Wilhelmsburg einen sehr guten Ruf! Die Eltern schickten ihre Kinder aus zweierlei Gründen: Einmal, weil sie die Schule früher selbst besucht hatten. Zum anderen aber, weil sie von der Katholischen Schule nur Gutes gehört hatten.
Kt.: Waren Sie mit der Familie Nolte eigentlich befreundet?
H.: Das kann man sagen. Nolte war schon mit meinem Vorgänger, Rademacher, befreundet gewesen. Die duzten sich. Es hat denn auch nicht lange gedauert, dass Nolte mich auch duzte. Nolte mochte gern das „Du". Das war dann das einzige Mal in meiner ganzen Laufbahn, dass ich mich mit einem Gemeindemitglied geduzt habe. Heute ist das ja Gang und Gäbe. Ich finde das schrecklich, dass heute sich alle Welt duzt. Nolte hatte eine so geachtete Stellung, dass es mir keiner übel nahm, dass ich mich mit Andreas Nolte duzte. Mit seiner Frau habe ich mich nicht geduzt! Übrigens hat sich Nolte auch mit Goedde geduzt.
Kt.: Na, wahrscheinlich ist das auf die „Hilkeröder Art" Herrn Noltes zurückzuführen. Herr Nolte hat wohl nie verleugnet, dass er „vom Lande" kam.
H.: Ja richtig, das kann man sagen. Ich möchte noch etwas zu Noltes Bedeutung sagen. Sehen Sie mal, Nolte war Vizepräses in Kolping. Jeden Monat hat der uns einen politischen Vortrag gehalten! Er war ja Mitglied der CDU und saß auch als CDU-Mann im Rat (Ortsausschuss Wilhelmsburg). Nolte kannte auch gut einen evangelischen Pfarrer, Pfarrer Kunert, der auch CDU-Politiker war. Die beiden waren gut befreundet. Ich erinnere mich, dass ich einmal zusammen mit den beiden zu einer politischen Veranstaltung nach „Planten un Blomen" war. Adenauer sprach da. Auf dem Rückweg sind wir drei in einer kleinen Kneipe richtig „versackt". Als wir endlich nach Hause fahren wollten, fuhr keine Straßenbahn mehr nach Wilhelmsburg. Bis etwa zu den Elbbrücken konnten wir noch fahren. Wir sind dann zu Fuß von der Veddel bis zur Bonifatiusstraße zurück.

Kt.: Ich möchte gern noch die polnischen Gottesdienste in Wilhelmsburg ansprechen.
H.: Jawohl, sonntags um 7 Uhr 45 war polnischer Gottesdienst in St. Bonifatius. Da kam immer ein polnischer Prälat aus Hamburg. Meine Güte, hat der gepredigt! Der hat die Leute angedonnert, jedenfalls hörte sich das so an. Beeindruckend war auch, mit welch großer Begeisterung diese Gläubigen ihre polnischen Lieder gesungen haben. Polen sind ja die Gründer der Gemeinde St. Bonifatius gewesen. 1898 sind die schon nach Wilhelmsburg gekommen! In der Wollkämmerei hatten Polen den ersten katholischen Gottesdienst in Wilhelmsburg seit der Reformation.
Kt.: Abgesehen vom polnischen Gottesdienst wurde in der Gemeinde aber nichts Polnisches mehr veranstaltet, oder?
H.: Nein! Viele alte Leute sprachen allerdings noch polnisch und beteten polnisch. Ich habe Beichten auf Polnisch gehört, wobei ich natürlich nichts verstanden habe. Ich habe dann immer gesagt: „Wokuta!", das heißt „Buße" und „ Adin Eutschenasch", das heißt „ ein Vaterunser", aber das war russisch! (Pfarrer Hölsken lacht herzlich) Ich habe gedacht, dass der liebe Gott die Beichte ja auch höre und es schon gut sei!

Kt.: Erinnern Sie sich noch an die Familie Kinne?
H.: Ach ja, die Frau Kinne, das war eine treue Seele. Die war besessen vom Blumenschmücken. Die hat den Krieter - zusammen mit einer anderen Frau - manches Mal mit dem Blumenschmücken auf die Palme gebracht. Vor den Festen, da wurde von den beiden eine unglaubliche Blumenpracht entfaltet. Und der Dechant bekam dann eine Riesenrechnung! In dem Punkt war er ja so ein bisschen, ich will nicht sagen geizig, aber das war ihm einfach zu viel! Das hat er den Frauen auch gesagt. Und dann schimpfte die Frau Kinne bei mir sich aus: „ Herr Kaplan, gucken Sie mal, wenn wir hier so ein paar Nelken als Schmuck nehmen, dann soll das gleich zu viel sein!"
Kt.: Frau Kinne war auch im Elisabethverein, nicht wahr?
H.: Ja, natürlich! Und trotz Ihrer kranken Beine ist die immer gekommen und hat sich unheimlich eingesetzt! Sie wohnte am „Kleinen Kanal", das war wirklich die letzte Ecke von Wilhelmsburg. Da lebten noch viele alte Leute allein. Frau Kinne hat die Leute benachrichtigt und dann ist sie mit mir zusammen über all die Hinterhöfe zu den alten Leuten gegangen, dass ich denen die Kommunion bringen konnte.

Kt.: Könnten Sie abschließend Dechant Krieter mit einigen Worten charakterisieren?
H.: Ich habe hier ein paar Zeilen geschrieben. Die will ich mal vorlesen!
„Dechant Krieter, ein Priester, der nie viel aus sich gemacht hat. Bescheiden im Auftreten, hat er nie von sich angegeben. Wenn man ihn lobte, reagierte er mit einem bescheidenen Lächeln. Er hatte übrigens verschiedene Arten des Lächelns, die ich im Laufe der Zeit zu kennen meinte. Hatte ihn jemand geärgert, dann gehörte zu seiner Reaktion ein kurzes Lächeln. Er hatte die Fähigkeit, mit Worten zu reagieren, die nicht beleidigten. Das war für mich ein Zeichen innerer Souveränität." Ja, mehr habe ich zu diesem Thema nicht geschrieben, aber ich müsste unbedingt noch etwas mündlich berichten; aus der Nazi-Zeit. Die Geschichte hat er mir mit Vergnügen erzählt: Da kommen zwei Gestapobeamte ins Pfarrhaus. „Heil Hitler!", sagten die. Krieter sagte wieder nur: „Gewiss doch!" „Heil Hitler ist der Deutsche Gruß!", haben sie Krieter angeherrscht. Der sagte aber wieder nur: „Gewiss doch! Gewiss doch!" Das hat Krieter zweimal gesagt, danach haben die Gestapobeamten wutschnaubend nicht mehr das „Heil Hitler" als Gegengruß von ihm gefordert. Die Beamten wussten natürlich, dass der Krieter kein Nazi war.

Also dieses Verhalten von Krieter habe ich bewundert. Man muss das alles in der damaligen Situation sehen! Heute hört sich dieses Verhalten so einfach an, so harmlos! Aber das war damals unerhört.

Noch eine andere Geschichte, die Krieter mir erzählt hat:
Eines Tages klingelte ein Bettler an der Pfarrhaustür und sagte, er brauche eine Fahrkarte für die Eisenbahn. Er müsse nach Köln, weil er da eine Arbeit in Aussicht hätte. Weil Krieter an diesem Tag die Zeit dazu hatte, sagte er dem Bettler: „Gut, ich besorge Ihnen diese Fahrkarte nach Köln. Wir fahren jetzt mit der Straßenbahn nach Harburg. Da kaufe ich Ihnen die Karte." Die beiden sind nach Harburg gefahren. Krieter ging an den Schalter: „Eine Fahrkarte nach Köln!" Der Zug sollte bald fahren. Krieter zahlte also mit seinem privaten Geld und gab die Karte dem Bettler. Der ging los. Krieter blieb im Bahnhof und guckte von oben auf den Bahnsteig. Der Harburger Bahnhof war so gebaut, dass man das tun konnte, ohne selbst gesehen zu werden. Der Zug kam. Krieter dachte sich schon, dass der Bettler nicht fahren, sondern gleich zurück kommen werde. Und richtig! Es dauerte nicht lange, da ging der Bettler durch den Gang zur Schalterabteilung. Er guckte. Krieter war nicht zu sehen. Er ging sofort zum Schalter. Krieter stellte sich, ohne dass der Bettler es merkte, hinter ihn und sagte im richtigen Moment: „Sie wissen doch, diese Karte habe ich gekauft. Die gehört mir! Wenn einer sich den Betrag zurückgeben lässt, dann bin ich das! Der Bettler erschrak natürlich und machte sich davon. Diese Geschichte finde ich toll!

Kt.: Na gut, wenn der Dechant die Zeit dazu gehabt hat. ... Ich finde dieses Unternehmen ziemlich aufwendig. - Es wird übrigens erzählt, dass Dechant Krieter sehr freigebig war. Er soll sogar einmal seine eigenen Schuhe einem Bettler gegeben haben, so dass er anschließend in Pantoffeln die Messe lesen musste. Halten Sie das für glaubwürdig?
H.: Das kann ich mir bei ihm vorstellen! Auf persönlichen Besitz legte er keinen Wert. Die Frauen vom Elisabethverein wussten zum Beispiel zuerst nicht, was sie ihm zum vierzigsten Priesterjubiläum schenken sollten. Da kam die Frau Kinne auf die Idee: „ Wir schenken dem Dechant einen Sessel. Der hat keinen gemütlichen Lesesessel." Krieter hatte zwar einen Sessel, aber nur einen alten, ungemütlichen Holzsessel. Ach, was hat der Krieter sich gegen ein persönliches Geschenk gewehrt! Das wollte er nicht: „Kommt gar nicht in Frage!". Trotzdem haben die Frauen gesammelt. Das wollte er schon gar nicht, dass für ihn gesammelt würde. Aber wir haben alle gern Geld gegeben. Und dann kamen die Frauen mit dem Sessel an. Also, das Geschenk haben wir alle gut gefunden. Und in diesem Sessel habe ich ihn später auch oft erlebt, wenn ich mal nachmittags zu ihm in sein Arbeitszimmer musste, weil ich ihn im Büro nicht gefunden hatte. Da saß er dann im Sessel und betete den Rosenkranz.
Kt.: Ach, die Zeit hat er sich genommen?
H.: Ja, genau! Auch ans Beten des Breviers hat er sich ziemlich streng gehalten. Das Brevier lag immer aufgeschlagen auf dem Tisch. Wissen Sie, wenn man als Priester wirklich alle Aufgaben - auch das Beten und das Vorbereiten der Predigten - gewissenhaft erledigt, dann bleibt keine Zeit mehr für ein Hobby.

Abb.37: Hinter dem Messdiener gehen die beiden Kapläne „Father" Albert Goedde (aus Sicht des Betrachters rechts) und Hölsken, dahinter H. Pachowiak und Dechant Krieter; ein Foto aus dem Jahre 1956, aufgenommen anlässlich der Primiz des Neupriesters Karl-Heinz Schulz (hinten).

Abb. 38: Der Primiziant Wolfram Trojok wird (1957) vom neu erbauten Gemeindehaus zur Kirche geleitet. Die Geistllichen von links (aus Sicht des Betrachters) sind: vorn J.Rataij; zu dritt: Kaplan J. Schmidt, Dechant Krieter, Kaplan H. Hölsken; dahinter Karl-Heinz Schulz und Heinrich Pachowiak; hinten - inmitten der weiß gekleideten Mädchen - schreitet Wolfram Trojok.

**Herbert Hölsken,
berichtet schriftlich über Karl-Andreas Krieter;**

(Der Text wurde im Juni 2004 niedergeschrieben)

Mein erster Chef
Am 1. April 1952 sitze ich im D-Zug Hannover-Hamburg und fahre nach Hamburg-Wilhelmsburg zu meiner ersten Stelle an der St. Bonifatius-Pfarrei in Wilhelmsburg. Nach Priesterweihe und Primiz beschäftigte mich vor allem ein Gedanke: Wie wird wohl dein Chef, Dechant Krieter, sein? Brieflich hatte er mich freundlich willkommen geheißen und mir mitgeteilt, ich müsse bis Harburg fahren. Dort würde ich von ihm abgeholt. Das war ausgesprochen nett und durchaus keine alltägliche Praxis zwischen Chef und Kaplan.
Ich wuchtete meinen riesigen Koffer aus dem Koffernetz und schleppte ihn in Richtung Bahnhofshalle. In diesem Koffer befand sich mein ganzer damaliger Besitz. Ehe ich mich versah, stand ein Mann in Schlosseranzug neben mir: „Ich heiße Müller, man nennt mich Franz. Geben Sie mir Ihren Koffer!" Ich war sprachlos. Zum ersten Mal in meinem Leben wurde mir der Koffer abgenommen. Ja, und dann sah ich ihn, meinen ersten Chef, Dechant Krieter, eingehüllt in eine Wolke von Tabaksqualm, in der linken Hand eine anständige Zigarre. Blitzschnell schoss es mir erleichtert durch den Kopf. Dein Chef raucht ja! Spontan mein Urteil: Also muss er ein anständiger Mann sein, und auch als Priester Mensch geblieben sein. Damals gab es Priester - wenn auch sehr wenige - die einem rauchenden Kaplan den Alltag durch Nadelstiche nicht gerade verschönt haben. Gott sei Dank, so einen Chef hatte ich nicht! Erleichtert war ich in diesem Moment auch, weil mir sehr deutlich in Erinnerung geblieben war, wie sehr mir als Raucher der Regens im Priesterseminar solche Nadelstiche verpasst hatte. So etwas würde mir von meinem neuen Chef jedenfalls nicht passieren. An der Bonifatius-Kirche angekommen, lautete die freundliche Aufforderung: „Zuerst gehen wir zu unserem gemeinsamen Herrn." Mein erstes Gebet in der Kirche, deren Gemeinde ich als Kaplan betreuen sollte, kam sicher aus ehrlichem Herzen. Die brennende Zigarre hatte der Dechant vorher in eine Mauerritze neben dem Kirchenportal abgelegt. Diese Praxis Zigarren rauchender Kirchenbesucher kannte ich, hatte sie aber noch nie von einem Geistlichen gesehen. Nach unserem Gebet standen wir beide auf, und Karl-Andreas Krieter erklärte mir in kurzen Worten die Kirche. Schwerpunkt der Erklärungen war das vor Kurzem fertig gestellte Gemälde der 12 Apostel an der Wand hinter dem Hochaltar. 12 Apostel standen da nebeneinander, angetreten wie auf dem Kasernenhof. Da alle 12 auf der Wand Platz haben mussten, waren es schmale Gestalten, wie ausgehungert. Kommentar des Dechanten: „Wir nennen sie die „Hungerapostel."

Abb. 39: Herbert Hölsken, vom 1. 4. 1952 bis zum 15. 9. 1957 Kaplan in St. Bonifatius

Mein Chef hatte einem jungen „modernen Künstler" finanziell helfen wollen und den Auftrag an den jungen Mann vergeben, ohne einen Entwurf gesehen zu haben. Hinter einem großen Vorhang arbeitend hatte der „Künstler" das Gemälde angefertigt. Die Ernüchterung des Dechanten und der ganzen Gemeinde kam, als der Vorhang fiel.

Ich habe diesen ersten Kirchenbesuch nicht vergessen; nicht nur wegen des total misslungenen Gemäldes hinter dem Hochaltar, sondern wegen dieser Tatsache: da gibt ein alter, reifer Dechant vor seinem neuen, jungen Kaplan zu, dass er einen schwer wiegenden Fehler gemacht hat. Für mich war dies ein Zeichen stiller Größe und innerer Souveränität. Später habe ich nie wieder einen Pfarrer kennen gelernt, der von ihm angeschaffte moderne „Kunstwerke" nicht eisern verteidigt hätte, auch wenn die ganze Pfarrei über den Wert dieser „Kunst" nur den Kopf schüttelte.

Abb. 40: Erstkommunion 1948 ; an der Wand hinter dem Hochaltar sind die „Hungerapostel" zur Hälfte fertig gemalt, die andere Hälfte der Wand ist noch mit einem weißen Tuch verhängt, weil das „Kunstwerk" noch nicht fertig gestellt ist.

Der Dechant als „Generalvikar im Kleinen" für das Gebiet Harburg-Wilhelmsburg.
Zur Zeit der Weimarer Republik gehörten die Gebiete von Harburg und Wilhelmsburg zum Land Preußen. 1937 wurden diese preußischen Gebiete Hamburg angegliedert. Seitdem sprach man von Groß-Hamburg. Nach dem 2. Weltkrieg - in der neuen Bundesrepublik Deutschland - blieben Harburg und Wilhelmsburg politisch Hamburg zugeordnet, dem jetzigen Bundesland Hamburg. Die Steuergesetze der BRD verlangten, dass alle in einem Bundesland erhobenen Steuern im Lande zu bleiben hätten. Das galt auch für die Kirchensteuer.

Da die Gemeinden von Harburg und Wilhelmsburg jedoch kirchenrechtlich - gemäß alter Tradition - zur Diözese Hildesheim gehörten, entstand eine steuerrechtliche Unabhängigkeit der Gemeinden St. Maria (mit St. Franz-Josef als abhängiger Tochtergemeinde) und St. Bonifatius. Somit kam Dechant Krieter als dem leitenden katholischen Geistlichen in diesen Hildesheimer Gemeinden Hamburgs die verantwortungsvolle Aufgabe zu, die Gelder aus dem Kirchensteueraufkommen in Harburg und Wilhelmsburg aufzuteilen.

Das bewirkte den Vorteil einer gewissen Unabhängigkeit in der Finanzpraxis vom Generalvikariat in Hildesheim. Auf der anderen Seite hatte das jedoch den Nachteil, dass keine Zuschüsse aus Hildesheim zu erwarten waren, nach dem Grundsatz, dass Landessteuern nur im eigenen Bundesland verwendet werden durften.

Natürlich war es bei geplanten Bauvorhaben notwendig, sich zusätzlich zu den monatlich eingehenden Kirchensteuern Kredite zu beschaffen. In der unmittelbaren Nachkriegszeit gab es in der St. Bonifatius-Gemeinde nicht wenige Bauvorhaben: Krankenhausbau, Schwesternhausbau, Kirchenanbau-Sakristei, Gemeindehaus mit Klassenräumen und Schulküche für die Katholische Schule. Mit wahrer Leidenschaft und großer Bauernschläue verstand es der Dechant mit seinen Helfern und Beratern, sich immer wieder Kredite zu beschaffen, um die Bauten zu ermöglichen, für die ihn später alle, auch die geistlichen Mitbrüder, bewunderten.

Abb. 41: Paul Ulitzka, Oberverwaltungsdirektor in der Finanzbehörde Hamburgs und viele Jahre lang Rendant und Mitglied des Kirchenvorstandes der Gemeinde St. Bonifatius.

Allerdings muss sein geistlicher Nachbar - Pfarrer Edmund Mock in St. Marien in Harburg, der vor seinem Theologiestudium eine Banklehre absolviert hatte - in der Beschaffung von Krediten für seine (Harburger) Vorhaben noch schlauer, wenn nicht „gerissener" gewesen sein, denn der Dechant berichtete mir einmal im Vertrauen und mit verschmitztem Lächeln: „Woher der Edmund bestimmte Gelder bekommen hat, das habe ich noch nicht herausbekommen."

Dabei waren die beiden gut befreundet, und der Dechant pflegte oft zu sagen: „Edmund, ich bin Dechant und du wirst Dechant." Eines muss man in diesem Zusammenhang von Dechant Krieter sagen und das gilt für alle seine Aufgaben, für die Seelsorge, für den Bereich der vielfachen Verwaltungsarbeiten, für die Angelegenheiten der Katholischen Schule sowie für das Krankenhaus: Er hatte eine äußerst glückliche Hand, die richtigen Leute für die richtigen Stellen zu gewinnen und sie als Mitarbeiter für das Wohl des Ganzen entscheidend mithelfen zu lassen.

Für den Sektor der Verwaltung in Pfarrei, Krankenhaus und Schule war das Paul Ulitzka, der Oberverwaltungsdirektor in der Finanzbehörde Hamburg. Er war für den Dechanten bei der Finanzierungsplanung aller Bauvorhaben ehrenamtlich tätig und unersetzbar. Oftmals kam es beim gemeinsamen Abendessen der Geistlichen im Pfarrhaus vor, dass sich der Dechant mit dem Stichwort zurückzog: „Ulitzka ist da!" Dann gab es im Pfarrbüro zwischen beiden lange und wichtige Gespräche über die nähere Zukunft. Da wurden die geplanten Vorhaben haushaltsrechtlich und finanziell so abgesprochen und festgelegt, dass sie reif waren, dem Kirchenvorstand zur Abstimmung vorgelegt zu werden.

Abb. 42: Rektor Andreas Nolte

Im gesamten Leben der Bonifatiusgemeinde während der Fünfziger Jahre nahm die Katholische Schule einen besonderen Platz ein. Sie besaß eine langjährige Tradition. Viele Eltern und sogar Großeltern der Schüler in den 50er Jahren hatten diese Schule schon besucht. Nach dem 2. Weltkrieg war die Katholische Schule, die 1939 verboten und aufgelöst worden war, vom Hamburger Staat in die Trägerschaft der katholischen Kirche zurückgegeben worden. Der erste Rektor war Herr Wilhelm Rohde. Er ging aber 1948 in Pension. Wer würde nun Rektor der Bonifatiusschule werden?

Das musste ein Lehrer sein, der die Aufbauarbeit aus Überzeugung im katholischen Geist zu beginnen und fortzuführen verstand, der vom Lehrerkollegium als glaubwürdig geachtet wurde und der als guter Pädagoge von den Schülerinnen und Schülern angenommen würde. Auch hier zeigte sich wieder die sprichwörtlich glückliche Hand des Dechanten in der Stellenbesetzung. Es war ein katholischer Lehrer, der vor dem Krieg schon Schulleiter in einer katholischen Schule in Hamburg-Barmbek gewesen war, der alle diese Voraussetzungen und Vieles darüber hinaus besaß: Andreas Nolte! Ich lernte ihn kennen als einen katholischen Lehrer von „altem Schrot und Korn".

Über seine schulischen Aufgaben hinaus war er mit der Pfarrgemeinde in vielfacher Weise verbunden, suchte den Kontakt auch mit den einfachen Gemeindemitgliedern, war Vizepräses der Kolpingsfamilie, in der er regelmäßig Vorträge hielt, war Mitglied des Kirchenvorstandes und des Kuratoriums des Wilhelmsburger Krankenhauses, war Organist der Gemeinde.

Als Fraktionsführer der CDU vertrat er im Ortsausschuss Wilhelmsburg unter anderem die Belange von Schule und Krankenhaus. Der Dechant war stets dankbar, einen solchen Mann in seiner Gemeinde und Schule zu haben. Aus vielen seiner Bemerkungen habe ich heraushören können, wie sehr der Dechant seinen Rektor Nolte schätzte. Über allem hinaus verband beide: sie waren Eichsfelder! So ergab sich die einmalige Situation: In der Weltstadt Hamburg lagen die Geschicke der Katholischen Kirchengemeinde St. Bonifatius mit Pfarrei und Schule in der Hand zweier Männer aus einem kleinen Dorf im Eichsfeld: Hilkerode!

Jonek, Werner

geboren im Dezember 1931
wohnhaft zur Zeit des Gespräches in Hbg.-Wilhelmsburg

Gespräch am 7. 2. 2005 ;

HJ. = Herr Jonek   Kt. = Ulrich Krieter

Die in Klammern geschriebenen Wörter / Texte sind zum besseren Verständnis des Lesers eingefügt. Das Gespräch wurde mittels Diktiergerät aufgezeichnet.

Kt.: Am Anfang des Gespräches frage ich immer nach dem Geburtsjahr.
HJ.: Ich bin im Dezember 1931 geboren, hier in Wilhelmsburg. Ich wurde in der St. Bonifatiusgemeinde getauft, bin hier zur Erstkommunion gegangen und habe hier auch geheiratet.
Kt.: Dann sind Sie zur Erstkommunion gegangen, als Pastor Krieter schon in Wilhelmsburg war. Wissen Sie noch, ob es sehr viele Kinder waren, die mit Ihnen zur Erstkommunion gegangen sind?
HJ.: Wir waren recht viele Kinder. Das kann ich jetzt nicht mit einer genauen Zahl belegen, aber in meiner Schulklasse waren circa 40 Jungen. Wir hatten nur einen evangelischen Jungen in der Klasse. Die anderen dürften alle zur Kommunion gegangen sein. Die Kommunion-Vorbereitung machten übrigens die beiden Kapläne, die Pastor Krieter hatte, Kaplan Holling und Kaplan Wosnitza. Auch die Ministranten wurden von den Kaplänen betreut.
Kt.: In welchem Jahr genau sind Sie zur Erstkommunion gegangen?
HJ.: Ja, das muss 1938 oder 1939 gewesen sein. Damals ging man früher als heute zur Erstkommunion, schon im ersten oder zweiten Schuljahr. Ganz genau kann ich das nicht sagen. Aber meine erste Erinnerung an Pastor Krieter habe ich im Zusammenhang mit meiner Erstkommunion. Während der Vorbereitungszeit auf die Erstkommunion war ich nämlich schwer krank geworden. Am Samstag vor meiner Erstkommunion ist Pastor Krieter mit mir und mit meiner Mutter in die Kirche gegangen. Da hat er mit mir privat eine Probe des Ablaufs der Kommunionfeier durchgeführt. Das hat er wunderbar gemacht, ganz behutsam. Ich weiß noch ganz genau, wie er mit mir vorne am Altar gekniet hat und mir gesagt hat, was ich machen solle, wie man sich aufstelle und so weiter. Das war für mich sehr beruhigend, denn ich bin eigentlich ein eher schüchterner, zurückhaltender Mensch. Die Initiative zu dieser Einzelunterweisung ist wohl von Pastor Krieter selbst gekommen. Er wusste, dass ich im Vorbereitungsunterricht aus gutem Grunde gefehlt hatte, denn unsere Familie war durch meinen Großvater mit Pastor Krieter gut bekannt. Der Großvater hieß Wenzeslaus Grezckewiz, war von Beruf Schmied, geb. 1857. Er wohnte bis 1944 in Wilhelmsburg, Alte Schleuse 19. Das Gebiet Alte Schleuse wurde 1944 durch einen Tages-Luftangriff der Amerikaner weitgehend zerstört, weil in der Nähe die DEA (Deutsche Erdöl-Aktiengesellschaft) war. Er war verheiratet mit Agnes Grezckewiz, geb. Horgiela. Die beiden waren verheiratet seit 1892. Agnes Grezckiewiz hat bis 1948 in Wilhelmsburg - jeweils wochenweise in den Familien ihrer 3 Töchter - gelebt. Mein Großvater hatte einen Garten. Darin hatte er wunderbare Blumen, die er oft für den Blumenschmuck der Kirche gespendet hat. Dadurch kannte er Pastor Krieter sehr gut, und der kannte unsere Familie dann auch.
Besonders meine Mutter hatte eine gute Beziehung zu Pastor Krieter. Sie ist hier in Wilhelmsburg ja auch groß geworden. Die persönliche Bekanntschaft Pastor Krieters mit unserer Familie dauerte bis zu seinem Tode.

Kt.: Sind Ihre Großeltern geborene Wilhelmsburger oder sind sie auch - wie so viele Gemeindemitglieder - aus Polen gekommen?

HJ.: Meine Großeltern waren Migranten aus Polen / Westpreußen. Mein Großvater ist in Koworznow in Posen/Westpreußen geboren. Meine Großeltern waren streng katholisch. So ist meine Mutter auch erzogen worden, und sie hat versucht, diese Erziehung an mich weiterzugeben.

Kt.: Wann ungefähr sind Ihre Großeltern nach Wilhelmsburg gekommen?

HJ.: Sie sind beide so um das Jahr 1850 geboren, genau kriege ich das nicht mehr zusammen. Vor der Jahrhundertwende, das muss um 1890 gewesen sein, sind sie nach Wilhelmsburg gekommen.

Da fällt mir eine Begebenheit mit meinem Großvater und Pastor Krieter ein. Sie ist etwas trauriger Natur. Unser Großvater hat einmal - das war nach 1943 - auf der Straße mit jemandem Polnisch gesprochen. Da kam irgend so ein „Nazibonze" vorbei. Der hörte das und hat dann meinem Großvater gedroht: „Ich werde Sie anzeigen! Sie wissen doch, dass es verboten ist, öffentlich Polnisch zu sprechen. Sie werden von uns hören!" Das hat meinen Großvater schwer bedrückt. Sowieso war er zu dieser Zeit schon sehr müde. Er hatte ja die vielen Kinder und mit seinem Lebensmittelgeschäft hatte er Konkurs anmelden müssen. Die Sorge um seine Lieben, auch der Stress der Fliegerangriffe und nun die Sorge vor den Folgen der Anzeige haben meinen Großvater so weit getrieben, dass er wahrscheinlich wegen der Drohung des Nazibonzen Selbstmord begangen hat. Großvater hatte ja schon erlebt, dass sein Bruder und sein Schwiegersohn ins KZ gebracht worden waren. Beide gehörten einem polnischen Verein (in der Kirchengemeinde, wahrscheinlich dem Stanislausverein) an. Damals wohnten im Gebiet an der Straße „Alte Schleuse" in Wilhelmsburg ganz viele Polen. Das war fast ein polnisches Ghetto. Die waren natürlich alle katholisch. 1944 ist die Gegend dort zerstört worden. Na, obwohl der polnische Verein von den Nazis aufgelöst worden war, hatten sich die Mitglieder weiter getroffen. Sie waren polnische Patrioten. Viele andere polnische Migranten in Wilhelmsburg haben in dieser Zeit ihre Namen geändert, damit ihre polnische Herkunft verdeckt wurde, denn in der Nazizeit war die polnische Herkunft ein Makel. Wie gesagt, diese Männer waren Patrioten. In einem Keller waren sie zusammengekommen und hatten polnische Lieder gesungen. Es dauerte gar nicht lange, da waren sie denunziert. Denunziationen waren ja damals an der Tagesordnung. Meine beiden Verwandten waren dann ins KZ gekommen. Der eine ist dort gestorben, der andere ist halbtot wiedergekommen. Deswegen hatte mein Großvater wohl besonders große Angst vor den Folgen der Anzeige. Jedenfalls, als mein Großvater gestorben war, sah alles so aus, als ob Großvater sich in seinem Garten „aufgehängt" hätte. Das gab natürlich eine große Aufregung in der Familie. Ein Katholik macht doch so etwas nicht!

Da kam dann Pastor Krieter, der damals wohl schon Dechant war. „Nein", hat er gesagt, „der Wenzel hat keinen Selbstmord gemacht. Da hatte der Herrgott sicher ein Einsehen, und Wenzel ist an einem Herzschlag gestorben. Der Herrgott hat unserem Wenzel sicher das Herz stehen lassen!" Der Begriff Selbstmord ist nie irgendwo aufgetaucht, auch nicht in der ärztlichen Todesbescheinigung. Meine Mutter und ihre Schwestern haben uns von diesen Worten des Pastors Krieter sehr eindringlich und glaubhaft erzählt. Pastor Krieter hat meinen Großvater ganz nomal kirchlich beerdigt. Dabei war es doch so, dass die offizielle Kirche es damals abgelehnt hat, einen Selbstmörder kirchlich zu beerdigen. Ich habe dieses Verhalten des Dechanten als sehr menschlich und großartig empfunden.

Kt.: Wann ist Ihre Großmutter gestorben?
HJ.: Das war 1948. Da erinnere ich mich noch. Vor der Beerdigung hat mich Dechant Krieter angesprochen: „Werner, komm 'mal her. Du ziehst jetzt den schwarzen Rock an und dienst bei der Beerdigung!" Mir hat das gar nicht gefallen. Ich war lang und dürr und schüchtern, doch der Dechant hat darauf bestanden, dass ich den Messdienerdienst bei der Beerdigung machte. Und so habe ich meine Großmutter beerdigt. Im Nachhinein habe ich dieses Drängen als eine sehr richtige und nette Geste des Dechanten empfunden. Insofern habe ich ihn in guter Erinnerung.

Kt.: Wir haben über Ihre Großeltern gesprochen. Jetzt könnten wir vielleicht über Ihre Eltern sprechen! Ihre Mutter ist - wie ich verstanden habe - in Wilhelmsburg groß geworden. Hat sie hier auch geheiratet, auch einen Katholiken?
HJ.: Ja, sie hat hier geheiratet, einen katholischen Oberschlesier. Mein Vater war aus Oberschlesien hierher gekommen, um Arbeit zu finden. Er hatte hier auch Verwandte. 1931 haben meine Eltern geheiratet.
Kt.: Sie haben die katholische Gemeindeschule, die Bonifatiusschule, besucht?
HJ.: Ja, ein Jahr lang. Ich hatte da als Klassenlehrer den Lehrer Mecke I., den ich in sehr guter Erinnerung habe. 1939 wurden aber die Konfessionsschulen abgeschafft. Jedes Kind musste die Schule besuchen, die dem Wohnort am nächsten war. Ich bin dann zur Schule IV - Licht, Liebe, Leben, am Kurdamm - gekommen, weil wir in der Georg-Wilhelm-Straße / Ecke Trettaustraße gewohnt haben. Der Wechsel ist mir sehr schwer gefallen, und eigentlich bedaure ich das bis heute. Ich war dann nämlich der einzige katholische Junge der Klasse. Dementsprechend hatte ich es ein bisschen schwer. Katholiken waren damals die Zielscheibe des Spotts. Natürlich hat man sich irgendwie durchgeboxt, aber die Atmosphäre in dieser Schule war eine ganz andere als die in der Bonifatiusschule. Das habe ich damals als sehr deprimierend empfunden. Ich bin nicht gern in diese Schule gegangen und habe mich da nicht wohl gefühlt. Mir hätte eine reine Jungenklasse wohl auch besser gelegen als die gemischte Klasse, die ich dann in der Schule IV besuchen musste. 1946 wurde die Konfessionsschule in Wilhelmsburg wieder aufgemacht. Da bin ich auf Veranlassung meiner Mutter zur Bonifatiusschule zurückgekehrt und habe dort mein letztes Schuljahr absolviert. Ich gehörte zum ersten Jahrgang, der neun Jahre die Schule besuchen musste. Rektor in der Bonifatiusschule war damals der Herr Rohde, und mein Lehrer hieß Mayer. Der ist später zur Neuenfelder Straße gewechselt, zur Mittelschule bzw. zum „Oberbau". Das nannte man damals so. Rektor Rohde hat ein strenges Regiment geführt.
Kt.: Was haben Sie nach Abschluss des Schulzeit beruflich gemacht?
HJ.: Ich habe eine Lehre als Maler gemacht. Später - nach Auslandsaufenthalten - hatte ich in Wilhelmsburg ein Geschäft für Teppichwaren und Fußbodenbeläge. Aber vielleicht sollte ich zuerst etwas über meine Schulzeit erzählen.
Durch die Kriegszeit war die allgemeine Schulbildung nämlich „saumäßig schlecht". Als die nächtlichen Angriffe auf Hamburg anfingen, brauchten wir - wenn Fliegeralarm gewesen war - erst um 10 Uhr morgens in der Schule zu erscheinen. Schularbeiten brauchten wir auch nicht zu machen! Viele Lehrer wurden zum Kriegsdienst eingezogen. Man holte alte Pensionärinnen wieder in den Schuldienst und später ganz junge Deerns (=Mädchen) mit Parteiabzeichen, die das Notabitur gemacht hatten. Die Schwerpunkte der Schularbeit lagen dann natürlich nicht beim eigentlichen, vernünftigen Lernen. Ab 1943 bis 1945 hatten wir zwei Jahre lang gar keinen Schulunterricht. Der erste große Angriff auf Hamburg erfolgte am 24./25. Juli 1943, der zweite fand am 27./28. Juli statt. Das war während der Schulferien.

Nach den Angriffen lag halb Hamburg in Trümmern, und die Schulen wurden nach den Ferien im Stadtbereich nicht wieder geöffnet. So hatte ich zwei Jahre lang gar keinen Schulunterricht. Meine Mutter hat sich auch nicht um privaten Unterricht bemüht. Ich selbst hatte einen großen Freiheitsdrang, bin draußen gewesen, habe herumgestromert, habe mich für Vogelnester interessiert und so weiter. Da mein Vater im Krieg war, musste ich als Ältester mich auch in den Gärten, die wir damals noch hatten, zum Beispiel um die Kartoffeln kümmern. Später musste ich „Hamsterfahrten" in den Landkreis Harburg machen oder zum „Kohlen klauen" losgehen. 1945 ging die Schule wieder los. Ein halbes Jahr war ich noch in der Schule IV. Dann kam ich in die Schule Bonifatiusstraße. Unsere Klasse war zusammengewürfelt. Es gab kein einheitliches Konzept, weil der Wissensstand der Kinder ja sehr unterschiedlich war. Das war furchtbar. Dass ich überhaupt rechnen und schreiben kann, wundert mich heute noch!

Kt.. An der „Kinderlandverschickung" haben Sie nicht teilgenommen?

HJ.: Das erlaubten meine Eltern nicht! Ich hätte liebend gern teilgenommen. Die „Kinderlandverschickungen" begannen ja so gegen 1940/41. Zuerst kam man in Privatquartiere, später wurde das im großen Maßstab staatlicherseits organisiert. Aber mein Vater war Nazigegner und hat meine Teilnahme verboten. Ich selbst wäre wirklich gerne gegangen.

Kt.: Wurden Sie eigentlich von der Schule aus zur „Deutschen Jugend" / „Hitlerjugend" geschickt?

HJ.: Ich weiß nur, dass man mit Erreichen des zehnten Lebensjahres in die „Deutsche Jugend" eintreten musste. „DJ" hieß das, in die „Hitlerjugend" kam man erst mit 14 Jahren. Ich musste also auch zur „DJ", aber über die Schule ist die Erfassung nicht gelaufen. Das ist irgendwie anders organisiert worden. Auf jeden Fall musste ich da erscheinen. Ich bin ziemlich widerwillig dahin gegangen und habe oft - nicht immer freiwillig - den „Clown" gespielt. Wenn ich die Leute zum Lachen brachte, kam das bei den Führern nicht so gut an. Ich hatte auch keine Uniform, weil man Vater sich weigerte, eine Uniform zu kaufen. Andere Jungen dagegen liefen so richtig „schmuck" rum, mit ihrem braunen Hemd, dem schwarzen Tuch, dem Lederknoten und mit Koppel und was weiß ich noch alles. Ja, da kommt man sich in seinem Alltagszeug ein bisschen als Außenseiter vor. Es war schon komisch, wenn man in Zivilkleidung alles mitmachen musste, marschieren, und so weiter. Wir mussten ja auch die „Pimpfenprüfung" bestehen. Wir waren vorher nur „Pimpfanwärter". Für die Prüfung musste man das „Horst-Wessel-Lied" auswendig lernen, mit dem Kleinkalibergewehr schießen und noch irgendetwas machen, woran ich mich nicht mehr erinnere. Die Prüfung bestand jedenfalls aus drei Teilen. Nach bestandener Prüfung war man „Pimpf". Ich erinnere mich, dass es fast mein Standardspruch war: „Pimpfanwärter Werner Jonek meldet sich verspätet zum Dienst!" Die Kollegen, die dann alle schon in Reih und Glied dastanden, haben sich vor Lachen gebogen. Bei meinen Führern kam das natürlich gar nicht an, und ich hatte anschließend manchmal darunter zu leiden.

Kt.: Wo fanden diese Veranstaltungen statt?

HJ.: Wir hatten unser „Heim" an der Ecke der Trettaustraße. Es waren ein paar Räume in einer Gastwirtschaft, die es dort heute noch gibt. Darin war bis zum Kriegsanfang ein Sportverein gewesen. Der Spitzname des Sportvereins war „Dicke Lippe". Wie der Sportverein offiziell hieß, weiß ich nicht. Der Sportplatz wurde beschlagnahmt. Darauf wurde eine „Barackenstadt" gebaut. Die „Bewohner" waren zuerst eine Batterie Flaksoldaten. Die hatten da Fesselballons. Zu Anfang des Krieges hat man ja tatsächlich geglaubt, die feindlichen Flugzeuge würden gegen die Stahlseile der Ballons fliegen und dadurch abstürzen.

Wenn zu Beginn des Krieges „Fliegeralarm" gegeben wurde, dann gingen diese Fesselballons tatsächlich hoch. Das war natürlich alles Blödsinn. Später kamen russische Gefangene in diese Baracken. Also, in der Nähe dieser „Barackenstadt" war auch unser „Heim" von der „DJ". Da hatten wie unsere „Heimabende" und da wurden wir ausgebildet.

Kt.: Wie alt waren die „Führer"?

HJ.: Das waren alles Gymnasiasten, die noch zur Schule gingen. Die waren so sechzehn, siebzehn Jahre alt. Wenn sie 18 Jahre alt wurden, dann verschwanden sie. Wahrscheinlich wurden sie dann zum Kriegsdienst eingezogen. Volksschüler waren normalerweise keine „Führer". Erst ganz zum Schluss, erinnere ich mich, haben sie dann auch 'mal einen Maurer genommen. Der durfte dann auch so eine kleine Schnur auf der Uniform tragen, eine „Affenschaukel" nannte man das.

Kt.: Wie oft fand der „Dienst" statt?

HJ.: Ja ..., bestimmt einmal pro Woche! Es gab einmal pro Woche einen „Heimabend" und dazu - meistens am Samstag - einen „Ausmarsch" oder ein „Geländespiel". Da sollte man sich prügeln, eigentlich musste man sich sogar prügeln. Sonntags, während der Gottesdienstzeiten, hat man versucht, uns mit der „Jugendfilmstunde" anzulocken. Hier, auf dem Platz vor meinem heutigen Wohnhaus in der Weimarer Straße, war der Aufmarschplatz des „Jungvolks". Und in dem Kino „Filmburg" nebenan, wurden die Filme vorgeführt: „Quax, der Bruchpilot" oder „ Blaue Jungs" und so weiter.

Kt.: Hatten Sie während Ihrer Zeit in der „DJ" noch Kontakt zur Bonifatiusgemeinde?

HJ.: Ja, in der Schule fand ja kein Religionsunterricht statt. Den hat dann die Gemeinde angeboten, genau gesagt, die Kapläne haben im Gemeindehaus den Religionsunterricht durchgeführt.

Kt.: Ansonsten hatten Sie keinen Kontakt?

HJ.: Doch! Im Gemeindehaus war die „Organisation Todt" untergebracht. Für die musste gekocht werden. (Die „Organisation Todt" war eine militärisch organisierte Bautruppe, die den Namen ihres Führers Fritz Todt - 1891 bis1942 - trug. In Wilhelmsburg war die Organisation für den Bau der beiden großen Bunker zuständig.)

Abb. 43: Die Vorderfront des Gemeindehauses, genannt „Stift St. Willehad", im Jahre 1934. Während des 2. Weltkrieges wurden Räume des Gemeindehauses mehrfach zur Unterbringung staatlicher Verbände beschlagnahmt.

Es wurde also jemand für diese Arbeit gesucht. Da ist Pastor Krieter an meine Mutter herangetreten und hat gefragt, ob sie diese Arbeit nicht übernehmen wolle. Meine Mutter hat also fortan im Gemeindehaus gekocht. Die Nonnen, die sowieso im Gemeindehaus wohnten, und zwei behinderte Frauen haben meiner Mutter geholfen. In dieser Zeit haben wir uns viel im Gemeindehaus aufgehalten. Als Kinder hatten wir ja auch Vorteile von dieser Arbeit unserer Mutter, außerdem waren wir so in der Nähe unserer Mutter.

Da viele Kinder weg waren, z. B. zur „Kinderlandverschickung", bestand immer ein Mangel an Messdienern. Ich war ein begeisterter Messdiener. Und ich war in dieser Zeit für Pastor Krieter immer zu erreichen. Es gab in dieser Zeit viele Beerdigungen, viele Bombenopfer und natürlich auch normale Sterbefälle. So bin ich als Messdiener oft für Beerdigungen herangezogen worden. Ein zweiter Messdiener, Pastor Krieter und ich haben also das Kreuz und das Weihwasserbecken genommen, sind in die Straßenbahn gestiegen und zum Friedhof (nach Harburg) gefahren. Zahlreiche Male sind wir so mit der Linie 33 bis zum Sand gefahren und dann umgestiegen in die Linie 38. Die Beerdigungen fanden seinerzeit alle auf dem Neuen Friedhof an der Bremer Straße statt. Diese Straßenbahnfahrten brachten eine gewisse private Atmosphäre zwischen Pastor Krieter und uns Messdienern zu Stande. Wie soll ich das bezeichnen? Er war nicht direkt eine Vaterfigur für uns, aber wir sind uns doch näher gekommen. Wie gesagt, ich war ein begeisterter Messdiener. Weil ich aber ein wenig zurückhaltend war, war ich auch bei den Messdienern immer im letzten Glied. Sie wissen ja, dass es auch bei den Messdienern eine Hierarchie gibt. Für die begehrten Messen waren sie alle da, die Großen und die Starken. Ich bekam die Sonntagsmessen, zu denen die anderen Messdiener keine Lust hatten. Wochentags durfte ich auch dienen, denn da war oft kein anderer Messdiener da. Manchmal habe ich auch dem Küster bei den Vorbereitungen für den Sonntag mitgeholfen. Bei der Gelegenheit bin ich einmal zur Orgelempore hochgestiegen. Ich wollte mir die Orgel genau angucken und habe dann alle Register gedrückt. Danach wusste ich nicht, wie ich die Orgel wieder abstellen sollte. Da bekam ich eine wahnsinnige Angst, dass ich die Orgel kaputt gemacht hätte. Am nächsten Morgen - die erste Messe war immer „stumm", die zweite Messe immer mit Orgelbegleitung - fragte mich Pastor Krieter: „Du bleibst doch sicher noch und dienst auch in der zweiten Messe?" Nun hatte ich so wahnsinnige Angst: „Wenn es nun herauskommt, dass die Orgel kaputt ist!" Deswegen habe ich gesagt: „Nein, heute geht es nicht, gleich fängt die Schule an und ich muss noch einen Aufsatz schreiben. Ich habe keine Zeit." Ach, was habe ich mir alles als Ausrede einfallen lassen, aber eigentlich hat es mir Leid getan, dass ich Pastor Krieter enttäuschen musste.

Abb. 44: Pater Wilhelm Jussen, in St. Bonifatius vom August 1941 bis zum November 1942.

Meine Messdienerzeit habe ich beendet, als Pater Jussen die Gemeinde verließ. Pater Jussen war ein Jesuit und als Kaplan in der Gemeinde eingesetzt. Der hatte die „Messdienerhorde" ganz gut im Griff. Er sorgte dafür, dass die Ungerechtigkeiten, die sich die größeren Messdiener gegenüber den Kleineren herausnahmen, aufhörten. Als der Pater Jussen wegging, hat er mich ins Pfarrhaus bestellt und mich ausgezeichnet. Er hat mir ein Buch mit der Widmung geschenkt: „Für treue Dienste am Altar, Pater Jussen". Danach wurde ein ganz junger Jesuit, der Pater Kruse, der neue Kaplan in St. Bonifatius.

Abb. 45: Der Jesuit Heinrich Kruse war von 1942 bis 1945 Kaplan in St. Bonifatius. Das Foto aus dem Jahre 1944 zeigt Pater Kruse inmitten seiner Messdienerschar.

Zu seiner Zeit kamen die „Großen" alle wieder an die Macht. Der Pater Kruse durchschaute die Messdienerhierarchie nicht. Es gab wieder die alten Ungerechtigkeiten. Die Großen nahmen sich wieder die besseren Sachen - die bessere Messdienerkleidung, das Amt des Weihrauchschwenkers usw. - und deswegen habe ich den Messdienerdienst von Heute auf Morgen aufgegeben. Obwohl Pater Kruse noch zu uns nach Hause gekommen ist und mich umstimmen wollte, habe ich mich nicht von meinem Entschluss abbringen lassen. Das war eigentlich schade, denn ich war sehr gerne Messdiener.

Kt.: Haben Sie dann den näheren Kontakt zur Gemeinde verloren?

HJ.: Nein, nach Kriegsende war ich ja wieder in der Bonifatiusschule. Während meines letzten Schuljahres war Kaplan Rademacher in der Gemeinde. Der hat eine Jugendgruppe geleitet. Wir waren eine Menge Leute! Und diese Leute sind später fast nahtlos in die Kolpingsfamilie übergegangen. Allerdings bröckelte die Mitgliederzahl bald ab, weil man es nicht verstand, die jungen Leute richtig anzusprechen.

Abb. 46: Theodor Rademacher war vom 6. 11. 1946 bis zum 16.9.1951 Kaplan in St. Bonifatius.

Kt.: Haben Sie mitgeholfen, als sich die Kolpingsfamilie kurz nach Kriegsende das kleine Kolpinghaus neben dem zerstörten Gemeindehaus gebaut hat?
HJ.: Ja, zu dieser Zeit war ich Lehrling. Ich lernte den Beruf Maler, und wurde zu den Arbeiten herangezogen. Damals war ich „Anwärter" für die Aufnahme in Kolping. Sehen Sie, vorher war ich „Pimpfanwärter" und hier war ich nun auch wieder „Anwärter". Man musste sich erst seine Lorbeeren verdienen, bevor man in Kolping aufgenommen wurde.
1949 hatte ich den Beruf fast zu Ende gelernt, ich war 18 Jahre alt, und da wurde ich dann in die Kolpingfamilie aufgenommen. Seitdem bin ich Mitglied. Das sind nun 56 Jahre.
Kt.: Sie sind also immer in Wilhelmsburg geblieben?
HJ.: Nein, 1952 bin ich aus Hamburg weggegangen. Von der Zeit 1952 bis 1957 habe ich, was die Wilhelmsburger Gemeinde angeht, nicht viel mitbekommen.
Kt.: Wann haben Sie geheiratet?
HJ.: Geheiratet habe ich 1962.
Kt.: Da war Pastor Krieter schon im Ruhestand. Er ist im August 1961 von Wilhelmsburg weggegangen. Im Februar 1963 ist er im Wilhelmsburger Krankenhaus gestorben.
HJ.: Ja, ich habe ihn zu Grabe getragen. Kolpingbrüder haben den Sarg getragen, ich auch. Das war mein letzter Dienst an Dechant Krieter. Ich habe seine letzten Jahre in Wilhelmsburg erlebt. Als er in dieser Zeit die Messe gelesen hat, hat Dechant Krieter nicht mehr gepredigt. Er hat das Evangelium verlesen, und dann war sein Spruch: „Wir setzen das Heilige Opfer fort." So hat er uns die Predigt erspart. Ein großer Prediger war er nie. Ja, für mich jungen Menschen war es schon deprimierend zu sehen, wie Pastor Krieter alterte, schwächer wurde und krank war. Das ging mir schon nahe! Wir hatten ja eine recht gute Verbindung. Er hat mich mit meinem Vornamen angeredet, ob das nun auf der Straße war oder bei anderer Gelegenheit. Ich erinnere mich an die Primiz meines Cousins, Johannes Rataj, im Jahre 1958. Bei dieser Gelegenheit traf mich Pastor Krieter und sprach mich an: „Werner, du siehst aus wie ein Künstler!" Ich trug damals lange Haare, wie eine Zeit lang modern war. „Ja, Herr Pastor", habe ich gesagt, „ aber ich bin höchstens ein Lebenskünstler!"
Da fällt mir übrigens etwas ein, was ich von meiner Tante Walli - der Mutter von Johannes Rataij - erzählt bekommen habe: Mein Cousin war ein Typ, der bei Mädchen sehr gut ankam. Wenn er von der Rudolfstraße zur Kirche gegangen ist, dann hat er sich unterwegs regelmäßig einen Schwarm Mädchen eingehandelt. Das war so wie in dem Lied von Franz-Josef Degenhard: „Jungfrau'n den Kaplan umstehen, der so nette Witzchen macht und mit ihnen so herrlich lacht ..." Als dem Pastor Krieter das von den vielen Verehrerinnen des Hannes erzählt worden war oder als es ihm selbst aufgefallen war, hat Pastor Krieter den Hannes 'mal kommen lassen und hat ihm gesagt: „Also, Hannes, so geht das ja nun nicht! Du bist ein junger Kaplan und ..." In der Folgezeit ist Hannes nur noch durch die Industriestraße zur Kirche gegangen, die Veringstraße war zu auffällig.

Kt.: Lassen Sie mich bitte noch einmal in die Kriegszeit zurückkehren. Da Sie nicht bei der „Kinderlandverschickung" waren, haben Sie auch die Luftangriffe auf Wilhelmsburg miterlebt. Ist Ihre Familie bei Angriffen in den großen Wilhelmsburger Bunker geflohen?
HJ.: Das ist ein besonderes Kapitel. 1943 haben wir in der Familie noch Nachwuchs gekriegt. Meine jüngste Schwester wurde geboren. Bis zu den großen Fliegerangriffen sind wir bei nächtlichem Alarm in den Keller des Mietshauses geflüchtet, in dem wir wohnten. Da war ein Raum als Luftschutzkeller ausgebaut, in dem auch Betten mit Strohsäcken standen. Man ging also in den Keller runter und konnte da weiterschlafen. Nach den großen Angriffen im Juli 1943 war die Angst natürlich sehr groß.

Seitdem sind wir von der Trettaustraße zum großen Bunker gelaufen. Wir sind einige Male während der Flucht überrascht worden. Es fielen schon die Bomben, und die Flak schoss. Dann mussten wir unterwegs in die Luftschutzkeller flüchten. An der Mengestraße war zum Beispiel ein kleinerer öffentlicher Bunker.
Wir sind aber auch in der Georg-Wilhelm-Straße in die Häuserkeller geflüchtet. Das wurde mir dann so lästig, dass ich zu meiner Mutter gesagt habe: „Ich gehe nicht mehr mit zum großen Bunker!" In der Trettaustraße gab es einen kleineren öffentlichen Bunker. Dahin bin ich dann als zwölfjähriger Junge allein geflüchtet, und meine Mutter ist mit meinen beiden Schwestern zum großen Bunker losgezogen. Meine jüngste Schwester war gerade geboren, lag im Kinderwagen, und meine andere Schwester war 10 Jahre alt. Damals war der große Bunker noch nicht ganz fertig. Die Türen schlossen nicht richtig, und auch der Aufzug funktionierte wohl noch nicht. Wenn man flüchtete, nahm man in einer Mappe wichtige Dokumente mit: Urkunden, das Stammbuch, ach, alles Mögliche. In dieser Mappe, die sie in den Kinderwagen gesteckt hatte, hatte meine Mutter auch die Lebensmittelkarten der Familie. Die galten damals für 2 Monate! Nachdem ihr ein junger Mann im Bunker beim Transport des Kinderwagens geholfen hatte, fehlten die Lebensmittelkarten. Meine Mutter war später überzeugt, der junge Mann habe in den Kinderwagen gegriffen und die Lebensmittelkarten gestohlen. Nun hatten wir ein großes Problem. Meine Mutter ist zum Rathaus gegangen, hat die Meldung gemacht und dann - musste sie zur Gestapo! Einen ganzen Tag lang haben die Beamten meine Mutter verhört. Ihr wurde unterstellt, dass sie die Lebensmittelmarken verschoben habe. Man hat ihr angedroht: „Ihre Kinder sehen Sie nie wieder!" Schließlich hat man ihr aber doch geglaubt, und wir bekamen die Lebensmittelkarten teilweise ersetzt. Wenn ich an diese Geschichte denke, habe ich heute noch ein schlechtes Gewissen. Eigentlich hatte ich ja die Schuld am Verschwinden der Lebensmittelkarten. Wäre ich bei meiner Mutter gewesen, dann hätte sie keine fremde Hilfe beim Transport des Kinderwagens benötigt. Später ist meine Mutter mit den Schwestern nicht mehr in den großen Bunker geflüchtet. Der Weg war einfach eine zu große Strapaze, und vor allem wurde die Zeit vom Alarm bis zum Angriff oft zu knapp. Manchmal hatte man sich auch umsonst auf den Weg gemacht, denn gelegentlich wurden von den Engländern auch „Scheinangriffe geflogen". Wir sind also später zur Firma Plange, die auch einen öffentlichen Bunker hatte, geflüchtet. Insgesamt war es eine sehr böse Zeit.

Kt.: Haben Sie mitbekommen, dass im Jahre 1945 auch die Kirche von Bomben getroffen wurde?

HJ.: Ja..., eigentlich nicht so richtig. Ich weiß wohl, dass alle möglichen Leute später da aufgeräumt haben. Die Zerstörung der Kirche geschah wohl in den letzten Kriegstagen. Wann war dieser Angriff eigentlich genau?

Kt.: Am 31. März 1945.

HJ.: Ach, da war ich ja gar nicht in Wilhelmsburg. Das hatte folgenden Grund: Vom „Jungvolk" war 1944 die Parole „Ernteeinsatz" ausgegeben worden. Eigentlich funktionierte das „Jungvolk" nach 1943 nicht mehr so richtig, aber wer vom „Jungvolk" wollte, konnte für drei Wochen zum „Ernteeinsatz" in die Lüneburger Heide gehen. Es wurde uns versprochen: „Wer mitmacht, der bekommt Bezugsscheine für ein Paar Schuhe und für eine Hose!" Daraufhin habe ich meine Mutter so lange „bekniet", bis ich teilnehmen durfte. Eigentlich wollte meine Mutter das nicht. Obwohl mein Vater Hunderte oder Tausende von Kilometern weit von zu Hause weg war, hat sie immer argumentiert: „Vater würde das nicht erlauben!" Schließlich hat sie dann doch nachgegeben und mir die Teilnahme erlaubt.

Mit zwei Kameraden bin ich dann zu einer kinderlosen Familie auf einen kleinen Bauernhof in der Heide gekommen. Auf dem Hof gab es noch einen alten Opa und dazu einen Kriegsgefangenen als Hilfe. Da hatte ich es dann sehr gut getroffen, und ich habe mich wohl auch so anstellig gezeigt, dass ich von den Bauersleuten gefragt worden bin, ob ich nicht länger als nur drei Wochen bleiben wollte. So bin ich dann von Anfang Januar 1945 bis fast zum Ende des Krieges - so etwa bis Mitte April 1945 - auf diesem Bauernhof gewesen und habe im Vergleich zu den Leuten in der Stadt gelebt wie die Made im Speck. Das war eine so schöne Zeit. Ich war da wie an Kindes Statt, und das hat mir so viel Freude gemacht, dass ich den Kontakt zu den Bauersleuten bis zu deren Lebensende aufrecht gehalten habe. Ich war später noch oft auf diesem Bauernhof, und habe da sogar ein Zimmer gehabt. Erst kurz vor Kriegsende hat meine Mutter mich nach Wilhelmsburg zurückbeordert, kategorisch! Ja, und deswegen habe ich die Zerstörung der Kirche in Wilhelmsburg nicht miterlebt und auch nicht an den Aufräumarbeiten teilgenommen.

Kt.: Ist Ihr Vater gesund aus dem Krieg zurückgekommen?
HJ.: Ja, wir haben dann alle wieder in der Georg-Wilhelm-Straße / Ecke Trettaustraße gewohnt.
Kt.: Könnten Sie mir zum Abschluss unseres Gespräches ein persönliches Urteil über Pastor Krieter geben?
HJ.: Insgesamt war Dechant Krieter vielleicht ein etwas zu weicher, vielleicht zu gutmütiger Mensch, wenn ich mir überhaupt ein Urteil erlauben darf. Ich finde es an Pastoren immer schlecht, wenn sie sich in der Gemeinde an bestimmte Personen halten und dadurch zwangsläufig andere vernachlässigen. Das ist Pastor Krieter nicht anders gegangen als seinen Nachfolgern. Dem Pastor Krieter haben einige Leute vorgeworfen, dass es eine Frau gab, die in der Gemeinde sozusagen das absolute Kommando hatte.
Kt.: Ist damit Frau Kinne gemeint?
HJ.: Ja, das stimmt schon. In der Gemeinde war immer das Gerede: „Frau Kinne, Frau Kinne, Frau Kinne ..." Vermutlich haben Sie das schon mehrfach gehört? Es waren ja auch Dinge im materiellen Bereich, die bei diesem Gerede eine Rolle spielten. Nach Gerüchten hing es von der Gnade der Frau Kinne ab, ob jemand etwas - zum Beispiel bei Lebensmittelspenden - zugeteilt bekam.
Kt.: Ich weiß, dass Frau Kinne im Elisabethverein sehr aktiv war. Der Elisabethverein hatte soziale Aufgaben. Dazu gehörte nach dem Kriege sicher auch die Verteilung eventueller Lebensmittel - und Sachspenden. Entscheidungen haben aber wohl die Frauen getroffen, die Vorsitzende waren, das heißt Frau Pachowiak und später Frau Timmermann.
HJ.: Pastor Krieter hat sich wohl auch häufiger vom Kirchenvorstand nicht gerade überfahren, aber doch beeinflussen lassen. Seine Devise war immer: „Macht das man!" Angeblich ist da Manches schief gelaufen. Ich habe das von dem Hausmeister des Gemeindehauses, Werner Karrasch, gehört. Das war ja ein guter, scharfzüngiger Beobachter. Es sollen sich einige Personen sogar richtig bereichert haben. Im Kirchenvorstand saßen in der Mehrheit Leute, die wenig Sachverstand hatten. Es gab damals ja auch noch keinen Pfarrgemeinderat, der als Gegenpol zum Kirchenvorstand hätte arbeiten können.

Kinne, Bernhard,

geboren im August 1934
wohnhaft zur Zeit des Gespräches in Fleestedt

Gespräch am 2. 2. 2005

BK. = Bernhard Kinne   Kt. = Ulrich Krieter

Die in Klammern geschriebenen Wörter / Texte sind zum besseren Verständnis des Lesers eingefügt. Das Gespräch wurde mittels Diktiergerät aufgezeichnet.

Kt.: Bernhard, in welchem Jahr bist du geboren?
BK.: Ich bin im August 1934 geboren.
Kt.: Welchen Beruf hast du ausgeübt, bevor du in den Ruhestand gegangen bist?
BK.: Ich habe den Beruf des Maschinenbauers auf der Oelkers-Schiffswerft in Wilhelmsburg-Neuhof gelernt und ihn auch ausgeübt.
Kt.: Wann sind deine Eltern geboren?
BK.: Meine Mutter - Johanna Kinne - ist 1899 geboren, mein Vater - Johann Kinne - im Jahre 1900. Beide haben seit 1928 in Wilhelmsburg gewohnt. In diesem Jahr sind sie beide aus Oberschlesien, Kreis Neustadt, nach Wilhelmsburg gekommen. Sie haben sich aber erst hier kennen gelernt und haben am 28. 10. 1933, am Christkönigsfest, geheiratet. Sie stammten beide aus kinderreichen Familien, waren auf der Suche nach Arbeit und haben beide zunächst in der Wollkämmerei Arbeit gefunden. Meine Mutter hat da eine Zeit lang als Arbeiterin gearbeitet, später war sie als Hausfrau zu Hause tätig. Mein Vater war von Beruf Schmied. Schon in der Wollkämmerei hat er nicht mehr als Schmied gearbeitet. Später ist er zur DEA (Deutsche Erdölaktiengesellschaft) gewechselt, die im Gebiet „Alte Schleuse" ihre Anlagen hatte. Dort war er Magazinverwalter.
Kt.: Als deine Eltern geheiratet haben, war Karl-Andreas Krieter noch nicht in Wilhelmsburg.
BK.: Richtig, meine Eltern sind von Pfarrer Schmidts getraut worden.
Kt.: Gut, 1934 bist dann du geboren, und wann folgte dein Bruder Gerhard?
BK.: Im März 1940.
Kt.: Wo bist du in Wilhelmsburg in die Schule gegangen?
BK.: Ich habe die Schule III besucht. Die war in der Fährstraße. Wir haben beim „Vogelhüttendeich", genau gesagt „Am Kleinen Kanal" gewohnt. Bei meiner Einschulung, im Jahre 1941, gab es keine katholische Schule mehr. Ich bin mit 7 Jahren in die Schule III gekommen.
Kt.: Du hast also die Schulsitten und die Jugenderziehung in der Nazizeit miterlebt.
BK.: In der DJ (Deutschen Jugend) war ich „Pimpf". Einmal pro Woche bin ich zum „Dienst" gegangen. Der „Dienst" fand in der Woche statt, nachmittags, nach der Schule. Er dauerte etwa zwei Stunden. Es war aber kein Zwang zur Teilnahme da. Dass ich katholisch war, hat keine Rolle gespielt. Ich persönlich habe in der DJ keine feindliche Einstellung gegen die katholische Kirche bemerkt. Allerdings war das ja alles während der letzten Kriegsjahre. Da hatten die Nazis kein Interesse, sich mit der Kirche zu verfeinden. Ich habe also freiwillig alles mitgemacht, was in der DJ angeboten wurde. Wir haben viel Sport getrieben, alles, was man als Kind an Sport treibt. Eigentlich hat der „Dienst" bei der DJ sich nicht wesentlich von dem unterschieden, was später in der KJG (Katholische Jugendgemeinschaft) auch gemacht wurde.
Kt.: Wie alt war dein DJ - Führer?
BK.: Der war so 14 bis 15 Jahre alt, wir „Pimpfe" waren so neun oder zehn Jahre alt.
Kt.: Ist eure DJ-Gruppe über die Schule zustande gekommen?
BK. : Ja, wohl aus der Schule heraus.
Kt.: Besuchte euer Führer dieselbe Schule wie ihr ?
BK.: Nein, der war Gymnasiast.
Kt.: Habt ihr 'mal ein Zeltlager oder etwas Ähnliches gemacht?

BK.: Nein, zu dieser Zeit gab es das nicht! Es war doch Krieg!
Kt.: Hast du eine Uniform besessen?
BK.: Nein, so etwas habe ich gar nicht gehabt. Einige Jungen hatten eine Uniform, aber ich nicht! Die musste man ja selbst bezahlen.

Kt.: Wie hast du die Fliegerangriffe auf Wilhelmsburg erlebt?
BK.: Im Juni 1943, als der große Angriff auf Hamburg stattfand, war ich in Oberschlesien. Meine Mutter hatte mich dorthin, zu Verwandten, gebracht. Weil es in Wilhelmsburg keine richtige Schule mehr gab, sollte ich in Oberschlesien zur Schule gehen. Ich habe dann dort auch eine Zeit lang die Schule besucht. Bei den Angriffen auf Hamburg war nur mein Vater hier in Wilhelmsburg. Er war bei der „Heimatflak" eingesetzt. Meine Mutter hatte meinen Bruder Gerd, der damals drei Jahre alt war, natürlich nach Oberschlesien mitgenommen. Als meine Mutter zurück nach Wilhelmsburg fuhr, hat sie Gerd nicht bei mir und den Verwandten in Oberschlesien zurückgelassen. Gerd war ja auch noch sehr jung, nicht einmal im Schulalter. .
Kt.: Diese Aktion deiner Eltern hatte nichts mit der staatlichen „Kinderlandverschickung" zu tun?
BK.: Nein, nein, das war ganz privat! Ein paar Monate lang war ich in Oberschlesien. Bevor die Russen in Warschau einmarschiert sind, hat mich meine Mutter zurückgeholt. (Die Russen sind 1945 - 11. bis 17. Januar - in das zerstörte Warschau einmarschiert.) Sie ist mit dem Zug angereist und hat mich geholt. An diese Rückreise habe ich aber keine Erinnerungen.
Kt.: Hast du die Zerstörung der Bonifatiuskirche am 31. März 1945 miterlebt?
BK.: Bei diesem Angriff waren wir im großen Bunker. Da hörten wir von der Zerstörung unserer Kirche. Wir sind zur Bonifatiusstraße gegangen und haben die Schäden gesehen. Die Sakristei und die ganze Seitenwand waren weg.
Kt.: Die Türme der Kirche standen?
BK.: Ja, die standen. Da war ein gewaltiger Bombentrichter an der Stelle, wo vorher die Sakristei gewesen war. Darin haben mein Vater und zwei oder drei andere Männer den Schrein, so eine Art Panzerschrank, gefunden, in dem die Kelche und die Monstranz aufbewahrt waren. Später haben wir neben dem Bombentrichter „Steine geklopft", damit wir Baumaterial für den Wiederaufbau der Kirche hatten. Meine Mutter hat für die Leute, die da geholfen haben, gekocht. Wir Messdiener unter Kaplan Kruse haben auch mehrfach beim Decken des Kirchendachs geholfen. Vor dem letzten, schwersten Angriff waren schon viele Ziegel vom Dach der Kirche heruntergefallen. Man konnte über den einen Turm - über den Turm, in dem die Glocken waren - zum Dach. Da sind wir hochgestiegen und haben die kleineren Reparaturen vorgenommen.
Kt.: Wie sah das Pfarrhaus nach dem schweren Angriff von 1945 aus?
BK.: Das war nicht kaputt. Der Kaplan Kruse hat uns später erzählt, dass er im Pfarrhaus gewesen war, als die Kirche ihren Treffer bekam. Kruse war nicht in den Bunker geflüchtet. Wo dein Onkel in diesem Moment war, weiß ich nicht. Er muss ja wohl auch im Pfarrhaus gewesen sein.
Kt.: Das Pfarrhaus hatte also nur kleinere Schäden?
BK.: Kaplan Kruse hatte sein Zimmer in der ersten Etage. Da war nichts zerstört. Ich bin damals im Pfarrhaus sozusagen rein und raus gelaufen. Das Zimmer des Kaplans war fast mein zweites Zuhause. Ich war ja viele Jahre lang Messdiener.

Zu dieser Zeit hatten wir 30 bis 40 Messdiener. Im Zimmer von Kaplan Kruse wurde gelegentlich auch der Religionsunterricht gehalten.
Kt.: In der Schule III gab es keinen Religionsunterricht, nicht wahr?
BK.: Den gab es in der Schule III nicht! Unser katholischer Religionsunterricht fand zweimal pro Woche nachmittags im Gemeindehaus statt. Er wurde vom Kaplan gehalten. Es kamen so 12 oder 13 Kinder zum Unterricht, mehr nicht!
Kt.: Die Messdienerausbildung hat auch Kaplan Kruse gemacht?
BK.: Ja, wir waren - wie gesagt - 30 bis 40 Jungen. Dieter Deinert und ich waren später die Obermessdiener. Das war allerdings schon wieder in der Zeit von Kaplan Rademacher, in der Nachkriegszeit. Kaplan Rademacher hatte Beziehungen nach Schweden. Wahrscheinlich hatte er da Verwandte. Jedenfalls hat er von dort oft Kleidung geschickt bekommen. Das hat Kaplan Rademacher ausgenutzt. Pro Messedienen haben wir 2 Punkte bekommen, und wer die meisten Punkte hatte, bekam dann von ihm ein Paar Schuhe oder Stoff für eine Hose. Ja, so war das damals!
Kt.: So erklärt sich die große Zahl an Messdienern!
BK.: (lacht) Ja, so erklärt sich wohl die große Zahl!
Kt.: Was habt ihr als Obermessdiener denn nun den anderen Messdienern eingeübt?
BK.: Ja, die ganze Messe, vor allem die lateinischen Worte. Die ersten lateinischen Wörter zu lernen, das war für mich grausam! Anstelle von „sacrificium" habe ich immer „kratzifizium" gesagt.
Kt.: Hat man euch denn den Sinn der Worte irgendwann einmal klar gemacht?
BK.: Nein, zu der Zeit nicht! Das war ein Lernen ohne Sinn und Verstand.
Kt.: Das lateinische „Gebrabbel" habt ihr als Messdiener einfach so hingenommen?
BK.: Ja, das war so. Später, als die Messe in Deutsch gehalten wurde, habe ich das Latein richtig vermisst. Es war doch das Einmalige an der Katholischen Kirche, dass man in allen Ländern - wohin man auch gereist ist - die lateinische Sprache hörte. Man war durch das Lateinische in jeder katholischen Kirche zu Hause. Obwohl man den Sinn der Worte ja gar nicht so richtig verstanden hat, war man zu Hause.
Kt.: Hast du irgendein besonderes Erlebnis als Messdiener in Erinnerung?
BK.: Ich bin einmal von deinem Onkel während des Messedienens zur Strafe in die Sakristei geschickt worden. Da hatte ich wohl mit einem anderen Messdiener „gebrabbelt" oder war auf irgendeine andere Weise unaufmerksam gewesen. Jedenfalls hat er sich umgedreht und gesagt: „Bernhard, jetzt gehst du raus in die Sakristei!"
Kt.: Ist anschließend an diese Messe etwas auf dich zugekommen? Hattest du Angst?
BK.: Nein, das war mir nur peinlich! - Beim Stichwort Angst fällt mir etwas anderes ein: Meine erste Beichte! Vor der Ersten Beichte hatte man unheimliche Angst. Man hat ja vor dem Beichten seine Sünden aufgeschrieben, die man begangen hatte. Nun war es aber im Beichtstuhl dunkel, und ich konnte meinen Zettel nicht lesen. Da hat dein Onkel mich getröstet: „Ach, das ist doch nicht so schlimm!" Dann hat er mir Fragen gestellt. Und dann konnte ich sagen, welche Sünden ich hatte. Als ich ein bisschen älter war, hat er mich - nach meiner Beichte, aber im Beichtstuhl - regelmäßig angesprochen: „Na, dann grüß ´mal schön deine Mutter!" Der wusste trotz der Dunkelheit im Beichtstuhl ganz genau, wer ihm die Sünden gebeichtet hat!
Kt.: Hat er sich als ein besonders strenger Beichtvater erwiesen?
BK.: Nein, überhaupt nicht! Streng war allerdings deine Tante! Die hatte damals keinen guten Ruf! Die hat auch mit den Kaplänen regelmäßig „Zoff gehabt". Wenn ich ins Pfarrhaus kam, habe ich oft genug gehört: „Was willst du denn schon wieder hier?"

Sie hatte das Pfarrhaus ja immer pieksauber. Es sollte wohl nichts schmutzig werden. Wenn ich dann ankam und zum Kaplan wollte, dann hat sie mich nicht sofort ins Kaplanszimmer gelassen. Ich musste im Empfangszimmer warten, und der Kaplan musste extra die Treppen herunterkommen und mich holen.

Kt.: War das zu Kaplan Kruses Zeiten?

BK.: Nein, das war zu Zeiten des Kaplans Rademacher und später, zu Zeiten der Kapläne Kobold und Schmidt. Zu Kruses Zeiten war ich ja noch ein Kind von 10 Jahren. Jedenfalls habe ich in diesen Zeiten folgendes gelernt: Je näher du dem Pfarrhaus bist, desto mehr musst du Christ sein! Du erfährst, dass Vieles, Vieles anders ist als es von der Kanzel gesagt und verlangt wird. Das sollte ja eigentlich nicht so sein, aber es ist menschlich und man darf sich dadurch in seinem Glauben nicht beirren lassen.

Kt.: Du hast erzählt, wie Kaplan Rademacher die Kleiderspenden bei den Messdienern genutzt hat. Einmal zurück zu diesen Kleiderspenden und sonstigen Spenden, die in der Nachkriegszeit aus Schweden und Amerika gekommen sind! Wer war für die Verteilung der Spenden zuständig?

BK.: Frau Pachowiak, die Mutter von Karla und dem späteren Weihbischof Heinrich Pachowiak. Sie war die Vorsitzende des Elisabethvereins und hat im weitgehend zerstörten Gemeindehaus, aber auch in ihrer Wohnung, die Spenden verteilt. Meine Mutter war damals Zweite Vorsitzende und rechte Hand von Frau Pachowiak. Die Frauen wussten, wer besonders bedürftig war, und haben für eine gerechte Verteilung gesorgt. Es war nicht so, dass besonders fromme Katholiken mehr bekommen hätten als „laue Katholiken"!

Abb. 47: Johanna und Johannes Kinne

Als Frau Pachowiak aus der Gemeinde weggezogen ist, wurde Frau Timmermann Erste Vorsitzende des Elisabethvereins.

Kt.: Eure Mutter war in der Gemeinde neben der Arbeit im Elisabethverein auch in anderen Bereichen aktiv, nicht wahr?

BK.: Sie war sozusagen der „Kaplan vom Reiherstiegviertel". Zu uns kamen alle Leute, die in Not waren. Sogar Paare, die eine Ehekrise hatten, suchten bei meiner Mutter Rat. Sie schütteten ihr das Herz aus, und meine Mutter hat dann geschlichtet.

Kt.: Was hat dein Vater zu den Aktivitäten deiner Mutter gesagt?

BK.: Mein Vater war ein ruhiger, stiller Mann. Meine Mutter hat für die Kirche alles getan! Aber mein Vater hat ihr das auch erlaubt. Er war nicht dagegen, nein, so war das nicht! Meine Mutter hat sogar unsere Wohnung für kirchliche Zwecke genutzt. In unserer Wohnung trafen sich die alten Leute, für die der Weg zur Kirche zu weit war. Der Kaplan kam dann zu uns, eine Art Altar wurde aufgebaut und die alten Leute gingen dann zur Beichte oder empfingen die Hl. Kommunion. Mein Vater ist bei solcher Gelegenheit meistens in unseren Garten gegangen. Meine Mutter hat übrigens auch die Kapläne begleitet, wenn die Kapläne alte oder kranke Leute in deren eigenen Wohnungen zwecks Beichte und Kommunion aufgesucht haben. Meine Mutter hatte vorher die Adressen der Leute gesammelt, die besucht werden wollten, hatte alles organisiert. Sie ist dann mit dem Kaplan mitgegangen und hat die benötigten Sachen getragen, ein Kreuz, Kerzen und so weiter. Das passierte einmal pro Monat. Wenn diese kirchlichen Aufgaben erledigt waren, sind die Kapläne mit unserer Mutter zu uns nach Hause gekommen. Und dann gab es für sie etwas zu essen.

Kt.: Kaffee und Kuchen?

BK.: Nein, nein, da gab es etwas Handfestes! Die einzelnen Geistlichen hatten ihre Vorlieben. Der eine wollte eine Wurst haben, der andere wollte gern Brot mit Hack haben. Diese Wünsche wurden erfüllt. Meine Mutter hat übrigens einigen Kaplänen auch die Wäsche gewaschen. Die fertige Wäsche hat sie dann zurück ins Pfarrhaus gebracht.

Kt.: Deine Mutter hat auch beim Schmücken der Kirche geholfen, nicht wahr?

BK.: Sehr oft! Zu den großen Kirchenfesten oder für den Schmuck des „Maialtars" hat meine Mutter bei den Gartenbesitzern im Reiherstiegviertel Blumen für den Schmuck der Altäre gesammelt. Natürlich hat sie dann auch geholfen, die Altäre zu schmücken oder den Maialtar in der Kirche aufzubauen.

Kt.: Dabei musste sich deine Mutter mit dem Küster arrangieren?

BK.: (lacht) Ach, meine Mutter war da ja nicht „fremd", die hat den Küster schon zurechtgewiesen.

Kt.: Welche Küster hat sie erlebt?

BK.: Zagorski und danach Greschek.

Kt.: Ist dein Vater in der Gemeinde in besonderer Weise aktiv gewesen?

BK.: Nein. Er war Mitglied im Kolpingverein, ist gelegentlich zu den Versammlungen gegangen, aber sonst war da nichts. Sonntags ist er um halb elf Uhr zur Kirche gegangen. Meine Mutter ging um sieben oder acht Uhr zur Kirche. Die beiden sind getrennt zur Kirche gegangen. Das war damals so. Man saß auch in der Kirche getrennt, rechts die Männer und links die Frauen. Meine Mutter musste ja auch das Mittagessen für uns kochen. Deswegen ist sie so früh zur Sonntagsmesse gegangen. Wenn wir drei Männer von der Sonntagsmesse zurückkamen, dann gab es das Mittagessen.

Kt.: Das Gemeindehaus ist in den letzten Kriegstagen ebenfalls zu großen Teilen zerstört worden. Weißt du in diesem Zusammenhang etwas zu erzählen?

BK.: In der Ruine waren nur noch der große Saal und die ehemalige Küche - im Keller - zu gebrauchen. In der ehemaligen Küche hat dann die Familie Czyss gewohnt, die Eltern, zwei Jungen und ein Mädchen. Der Rest des Gemeindehauses war zerstört. Trotzdem wurde das Gemeindehaus - so weit das möglich war - von der Gemeinde genutzt.

Kt.: Weißt du etwas über das kleine Kolpingheim, das noch vor dem Neubau des Gemeindehauses errichtet worden ist ?
BK.: Ja, das wurde von der Kolpingfamilie gebaut. Kaplan Rademacher hat sich da ziemlich engagiert. Er war ja auch Präses der Kolpingsfamilie. Aber ich selbst hatte mit der Kolpingsfamilie nicht viel zu tun. Ich war im BDKJ (Bund der Deutschen Katholischen Jugend), zusammen mit den späteren Geistlichen Joachim Ernst und Wolfram Trojok. Die Gruppe hatte über 20 Mitglieder. Wir waren nicht gerade verfeindet mit Kolping, wir wollten aber auch nichts mit denen zu tun haben. Eigentlich weiß ich nicht so recht, warum diese Abwehrhaltung bei uns da war. Wir haben uns wohl etwas Besseres gedünkt. Bei Kolping wurde schon damals ganz gern 'mal ein Bier getrunken. Das haben wir nicht gemacht.

Kt.: Gab es auch eine weibliche Gruppe im BDKJ ?
BK.: Ja, zuerst war Karla Pachowiak dort die Führende und danach Erna Dobat. Da gab es eine große Anzahl von Mitgliedern.

Kt.: Erinnerst du dich noch an Gerd Wesolowski ?
BK.: Ja, der war in den Fünfzigerjahren „Pfarrjugendführer". Er ist etwas jünger als ich. Zu seiner Zeit hatte ich mit der Jugend fast nichts mehr zu tun. Da war ich schon zu alt. Ich war dann noch im Kirchenchor. Der wurde zuerst vom Lehrer Dormeier und danach vom Lehrer Proksch geleitet, später von einem Mann aus Hamburg, dessen Namen ich nicht erinnere. Der war Sänger beim NDR-Chor. Mit ihm haben wir auch eine Messe - zusammen mit dem Sophien-Chor aus Hamburg - eingeübt und gesungen. Sehr viel später ist in der Gemeinde der katholische Sportverein DJK wieder entstanden. Ich war aber nicht Mitglied.

Kt.: Weißt du etwas über den Bau des Krankenhauses Groß-Sand ?
BK.: Ich weiß nur, dass dein Onkel zur Finanzierung das Grundstück der Gemeinde im „Höpen" - in Harburg/ Meckelfeld - verkauft hat. Im „Höpen" hat die Gemeinde früher sehr viele Familienfeste gehabt. Man konnte da auch übernachten. Auf dem Grundstück war ein Holzhaus mit Übernachtungsmöglichkeiten für mehrere Familien. Unsere Familie war auch ein- oder zweimal da, zusammen mit anderen Familien. Das muss vor 1940 gewesen sein. Ich war noch klein, und unser Gerhard war noch gar nicht geboren.

Kt.: Weißt du etwas zum Thema „Neueröffnung der Katholischen Gemeindeschule" nach dem Krieg ?
BK.: Ich weiß, dass die Frauen des Elisabethvereins Unterschriften der Eltern für ein Schreiben gesammelt haben, mit dem die Wiedereröffnung der Katholischen Schule beantragt wurde. Meine Mutter hat etwa 140 Unterschriften gesammelt. Die Folge der Unterschriftensammlung war, dass bei Wiedereröffnung der Bonifatiusschule über 700 Kinder die Schule besucht haben. Der erste Schulleiter war dann der Herr Rohde. Dazu kamen einige Lehrkräfte, die schon vor Schließung der Katholischen Schulen an der Bonifatiusschule unterrichtet hatten. Mein Bruder Gerhard ist schon in die Bonifatiusschule eingeschult worden.

Kt.: Zum Abschluss möchte ich dich um eine Zusammenfassung des Eindrucks bitten, den du vom Pastor Krieter hast.
BK.: Er war sehr, sehr nett. Er war so wie ein Priester sein soll. Er war sozusagen „ein Priester vom alten Schlag". Er war freundlich. Jedem, der ihm sein Leid geklagt hat, hat er zugehört. Heute ist das ja nicht mehr selbstverständlich. Er hat sich viel Zeit für die Leute genommen. Er kannte sie auch alle und wusste genau, wer - von der Familie her - zusammengehörte. Das interessierte ihn. Er wusste auch, wer häufig zur Kirche ging oder nur selten zur Kirche kam oder gar nicht.
Kt.: Du selbst konntest also auch bei ihm auftauchen und ihm etwas erzählen?
BK.: Sicher! Einen Termin einhalten musste man natürlich, und da war deine Tante Therese natürlich vorher zu überwinden. (lacht) Das war eben so! Ich selbst habe mehr als Messdiener mit ihm zu tun gehabt. Aber meine Mutter ist oft ins Pfarrhaus gegangen. Die hatte ein ganz herzliches Verhältnis zu Pastor Krieter.

Abb. 48: Kaplan (Father) Goedde, das „Pfarrkauskind" Ulrich und der „Pfarrhaushund" Flocki.

Kt.: War Pastor Krieter ein großer Prediger?
BK.: O, (lacht) sagen wir es so: Da gab es Bessere! Aber, er war ein Geistlicher, der für jedermann da war. Nehmen wir das Beispiel „Beichtehören". Da kam seine Menschlichkeit so richtig durch. Er hat es auch abgelehnt, sich in den Vordergrund zu stellen. Das war überhaupt nicht seine Sache!
Kt.: Hast du eigentlich mitbekommen, dass ich 1952 im Pfarrhaus als „Pflegekind" aufgenommen worden bin, weil ich Vollwaise geworden war?
BK.: Ja, sicher!
Kt.: Hat es in der Gemeinde irgendwelches Gerede gegeben, bin ich etwa als „Pastor sin Sohn", als sein uneheliches Kind eingestuft worden ?
BK.: Nein, nein, überhaupt nicht! Es ist vorher von Pastor Krieter bekannt gegeben worden, dass deine Eltern verstorben waren und dass du im Pfarrhaus aufgenommen würdest. Ja, das war bekannt, und da gab es kein Gerede. Das war überhaupt kein Thema.
Kt.: Bernhard, ich danke dir für dieses Gespräch.

Kränkel, Christa

geboren im Dezember 1925
wohnhaft zur Zeit des Gespräches in Hbg.-Harburg

Gespräch am 7. 1. 2004

Kr. = Frau Kränkel   Kt. = Ulrich Krieter

Die in Klammern geschriebenen Wörter / Texte sind zum besseren Verständnis des Lesers eingefügt. Das Gespräch wurde mittels Diktiergerät aufgezeichnet.

Vorbemerkung:
Frau Christa Kränkel ist schon in jungen Jahren mit Agnes Krieter, der Schwester des Dechanten Karl-Andreas Krieter, befreundet gewesen. Seit 1950 hatte sie engen Kontakt zu allen in Wilhelmsburg, Münster und Hilkerode wohnenden Mitgliedern der Familie Krieter, auch zum Dechanten. Christa Kränkel hat nach dem Tode von Karl Andreas Krieter mit dessen Schwestern Agnes und Therese im Haus Reeseberg 16 in Harburg gewohnt. Sie hat die Schwestern bis zu deren Tod gepflegt. Agnes verstarb 1975, Therese 1981.

Kt: Christa, wann bist du geboren?
Kr.: Im Dezember 1925 in Halberstadt
Kt: Wo bist du zur Schule gegangen?
Kr.: In Halberstadt, erst in die Volksschule und dann in eine Privatschule. Da konnte man den Realschulabschluss machen.
Kt: Welchen Beruf hast du dann gelernt?
Kr.: Erst Kinderpflegerin, dann Krankenschwester.
Kt: Die Ausbildung geschah auch in Halberstadt?
Kr.: Nein, die Ausbildung zur Kinderpflegerin habe ich in Thale gemacht und die Ausbildung zur Krankenschwester in Hildesheim. Die Ausbildung zur Krankenschwester hatte ich in Halberstadt angefangen, aber weil der Russe kam, wurde die Schule zugemacht und dann sind wir nach Hildesheim gegangen.
Kt: Die ganze Schule?
Kr.: Nein, eine Kollegin und ich sind schwarz über die Grenze gegangen - Halberstadt war ja schon im Osten - und dann haben wir uns in Hildesheim vorgestellt und sind da untergekommen, beim Roten Kreuz.
Kt: Hast du Agnes Krieter in Hildesheim kennen gelernt?
Kr.: Nein, die habe ich schon in Halberstadt kennen gelernt, gleich 1945, als der Krieg aus war. Da habe ich erst noch als Hilfe in einer Halberstädter Privatklinik, bei Dr. Rausch, gearbeitet, damit ich überhaupt ein Unterkommen hatte. In der Klinik waren Agnes und „Schwester Minchen" als Schwestern tätig. Da ich ja die Kinderpflegerin-Ausbildung hatte, konnte ich da mithelfen. Und dann hat Agnes mir geraten, die „große Krankenpflege" zu machen. Als Agnes und „Schwester Minchen" dann in den Westen gegangen sind, habe ich noch in Halberstadt angefangen Krankenschwester zu lernen, aber als der Russe kam, da machte die Regierung alles anders. Die Schule wurde zugemacht. Da haben eine Kollegin und ich uns bescheinigen lassen, dass wir schon 1 Jahr Krankenpflege hatten und dann sind wir auch in den Westen gegangen,
Kt: War Agnes Krieter da in Hildesheim?
Kr.: Nein, die war mit „Minchen" erst in Hannover und dann waren die beiden in Hamburg, im Heidberg-Krankenhaus, tätig. Da hat „Minchen" als Nachtwache gearbeitet, und Agnes als normale Schwester. Aber dann hat Agnes im Krankenhaus Heidberg aufgehört und ist nach Wilhelmsburg ins Pfarrhaus gegangen und hat ihrer Schwester Therese geholfen.

Kt: Dann hast du also Agnes Krieter eine Zeit lang aus den Augen verloren?
Kr.: Wir haben uns immer geschrieben. Und dann hat Agnes mir geschrieben, dass der Dechant Krieter vorhabe, ein Krankenhaus in Wilhelmsburg zu bauen. Sie hat mich nach Wilhelmsburg geholt. Wir waren die beiden ersten weltlichen bzw. „freien" Schwestern im Krankenhaus „Groß-Sand". Agnes hat im Krankenhaus als Nachtwache gearbeitet, ich normal als Krankenschwester tagsüber.
Kt: War dir eigentlich bekannt, dass Agnes Krieter Nonne gewesen war? Hat sie davon erzählt?
Kr.: Das war mir bekannt, aber viel hat sie davon nicht erzählt. Ich weiß dass sie als Nonne in Hannover am Vinzenz-Krankenhaus tätig gewesen ist, auf der Station des Dr. Reckmann, Senior.
Kt: Wie hat der Dechant Krieter eigentlich dazu gestanden, dass seine Schwester aus dem Kloster weggegangen ist? Weißt du etwas davon?
Kr.: Seine Schwester Therese hat dem Dechant wohl zugeredet, dass sie Agnes aufnehmen müssten. Dass er Agnes irgendwelche Vorwürfe oder Schwierigkeiten gemacht hat, wüsste ich nicht. Er hat sich über ihren Austritt aus dem Kloster nicht besonders aufgeregt. Ich wüsste nichts anderes.

Kt: Als der Dechant anfing, das Krankenhaus zu bauen, suchte er Personal.
Kr.: Da hat er seine Schwester Agnes genommen, und ich kam als weltliche Schwester dazu.

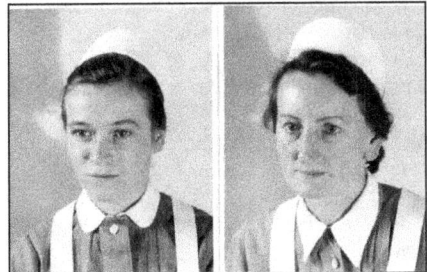

Abb. 49: Christa Kränkel und Agnes Krieter (aus Sicht des Betrachters von links)

Und dann hat er die Katharinen-Schwestern gefunden. Die Vizentinerinnen wollten ja nicht nach Wilhelmsburg kommen. Eigentlich waren die ja zuständig für Gemeinden des Bistums Hildesheim (weil sie ihr Mutterhaus in Hildesheim haben), und die waren ja auch schon früher in der Gemeinde gewesen. Aber durch den Krieg waren sie nicht mehr in Wilhelmsburg und dann wollten sie wohl auch nicht zurückkommen. Wir beiden weltlichen Schwestern waren aber viel zu wenig Personal. Der Dechant hat die Ordensschwestern dringend gebraucht.

Kt.: Kannst du dich an die Namen der Katharinenschwestern während der ersten Zeit des Krankenhauses erinnern?
Kr.: Oberin war Schwester Chlothilde. Beim Röntgen arbeiteten die Schwestern Judith und Philothea, Epiphania war im OP, auf den beiden Stationen waren oben Fabiola und unten Ludowica; mehr Stationen hatten wir ja nicht. Es gab da noch ein kleines Gärtnerhaus, da waren nur 15 Patienten untergebracht. Die mussten aber „aufstehen" können. Diese Leute hat Schwester Ludowica mit versorgt. Im Büro war Schwester Chrisogena. In der Küche war Henrica. In der Waschküche war auch eine Ordensschwester, aber ihren Namen weiß ich nicht mehr. Die Nonnen haben im Laufe der Zeit ja auch gewechselt. Da kamen dann neue Schwestern. Also, das ganze Krankenhaus wurde zuerst nur von Ordensschwestern in Betrieb gehalten. Wir beiden, Agnes und ich, waren die einzigen weltlichen Schwestern. Dazu kamen dann noch Reinigungskräfte und Helferinnen und so.
Kt: Wie hießen die Ärzte?

Kr.: Da war Dr. Gebauer von Anfang an da, dann Oberarzt Dr. Heimann, und Dr. Gareis als Stationsarzt. Das waren die ersten Ärzte.
Kt: Wie ist der Dechant an den Dr. Gebauer gekommen?
Kr.: Der hatte ja eine Klinik in der Wollkämmerei geleitet. Die war im Krieg zerbombt worden. Und dann wird der Kontakt vielleicht über das Ortsamt gelaufen sein. Zum Ortsamt hat der Dechant ja immer guten Kontakt gehabt.

Kt: Wo hast du eigentlich gewohnt, als du nach Wilhelmsburg kamst?
Kr.: In der allerersten Zeit habe ich im Krankenhaus ein Zimmer gehabt. Auf der Station von Ludowica hatte ich ein Einzelzimmer. Das war aber höchstens drei Wochen lang der Fall. Nachher habe ich im Pfarrhaus gewohnt. Als dann die Schwesternwohnungen gebaut waren, also da über der Küche, in der „Alten Schule", bin ich in eine Schwesternwohnung gezogen. Es kamen dann auch mehr freie Schwestern ins Krankenhaus.
Kt: Wie war denn die „Alte Schule" genau belegt?
Kr.: Unten war das Pfarrbüro. Da arbeitete Frau Spiegel. Die Küche des Krankenhauses war abgetrennt, da konnte man von der „Alten Schule" aus nicht rein. In der ersten Etage der „Alten Schule" wohnten dann links wir. Ich hatte da ein Zimmer, und Dr. Heimann mit seiner Familie hat da zuerst auch in zwei Zimmern gewohnt. Gegenüber wohnte Rektor Nolte mit seiner Familie. Rektor Nolte hatte eine größere Wohnung. Aber der hatte ja auch eine große Familie. Vier Zimmer hatten die, glaube ich. Oben drüber wohnten die Lehrerinnen Frl. Kraushaar, ... und Frl. Adamczyk und so. Damals war ja noch alles primitiv. Waschbecken und Toilette waren draußen auf dem Flur. Später wurde alles etwas umgebaut.
Kt: Und Agnes Krieter hat immer im Pfarrhaus gewohnt?
Kr.: Ganz zum Schluss nicht mehr. Da haben wir ja zusammen in der „Alten Schule" gewohnt. Du doch auch!
Kt: Aber das war ja viel später, ab 1958 etwa, mit Sicherheit 1959. Da gibt es ja Fotos!
Kr.: Also richtig, in der ersten Zeit hat Agnes im Pfarrhaus gewohnt.

Kt: Sprechen wir einmal über das Pfarrhaus in der Zeit um 1950 bis 1952 ! Wie waren die Raumverteilung und die Raumnutzung im Pfarrhaus?
Kr.: Rechts neben der Eingangstür war unten ein Empfangsraum, wenn Leute kamen und zum Dechant wollten. Dann war da der Flur. Vom Flur aus konnte man nach links in zwei Zimmer gehen. Das etwas größere Zimmer diente als Wohnzimmer und das kleine Zimmer darunter als Schlafzimmer für Therese. Dann gab es unten das große Esszimmer und eine große Küche. Die Küche hatte Fenster zum Garten hinter dem Haus. Da war der Hühnerhof. Therese hielt ja Hühner. Dann gab es noch eine schmale Speisekammer. Eine Tür führte vom Flur zum Keller runter. Da lagerten die Kohlen, die du immer zu den Öfen in den Zimmern hochholen musstest. Äpfel hat Therese da unten auch gelagert, auf Regalen. Und hinten, an der Seite des Pfarrhauses, da war zuerst noch ein Hühnerstall. Der wurde abgerissen, als die Garage gebaut wurde und darüber eine Art Wintergarten eingerichtet wurde. Auch ein Badezimmer, das man vom Flur aus erreichen konnte, wurde damals für das Pfarrhaus gebaut. Das muss so um 1953 gewesen sein.
Kt: Gehen wir mal weiter. Über die Räume unten haben wir gesprochen.
Kr.: In der ersten Etage hatten die beiden Kapläne, Hölsken und Pfarrer Goedde, ihre Zimmer. Hölsken hatte das große Zimmer. Darin hatte man eine Wand gezogen, dass er einen Schlaf- und Waschraum hatte. Fließend Wasser gab es da aber noch nicht. Man hatte eine Waschschüssel. Pfarrer Goedde hatte zwei Zimmer.

Die beiden Toiletten, die es im ganzen Haus gab, waren im Treppenhaus zwischen den einzelnen Etagen; eine nach der ersten Treppe, die zweite Toilette nach der dritten Treppe. Auf der ersten Etage hatte dann der Dechant sein Arbeitszimmer und ein Schlafzimmer. Und als du kamst, wurde dann vom Schlafzimmer ein Teil durch eine Holzwand abgetrennt. Da hattest du einen kleinen Schreibtisch und ein Bett.
Kt: Nun zur zweiten Etage!
Kr.: Auf der rechten Seite - von der Treppe aus gesehen - hatte Agnes ein Zimmer. Auf der linken Seite wohnte zuerst noch eine Familie mit drei Personen, die in Rothenburgsort ausgebombt worden war. Ostrowski oder so ähnlich hießen die Leute. Die hatten das große Zimmer und eine Küche. Der Rest der zweiten Etage war Dachboden und noch nicht ausgebaut. Da stand altes Gerümpel herum. Die Ostrowskis haben dann bald wieder eine Wohnung in Rothenburgsort gekriegt und sind aus dem Pfarrhaus ausgezogen. Dann bekam Agnes das große Zimmer, und in ihr kleines Zimmer zog der Dr. Reckmann, Junior. Der war damals als Arzt neu an das Krankenhaus gekommen. Der hat dann ja bald darauf deine Schwester Anneliese im Pfarrhaus kennen gelernt und sie dann geheiratet.
Kt: Ja, meine Schwestern - Margret und Anneliese - waren auch oft im Pfarrhaus, wenigstens am Wochenende. Beide haben im Hamburger Marienkrankenhaus gearbeitet und auch dort gewohnt. Wenn sie frei hatten, kamen sie aber oft nach Wilhelmsburg. Meine Schwester Margret war eng mit dir und Agnes befreundet.
Meine Schwester Anneliese kam oft ins Pfarrhaus, nachdem sie sich Hals über Kopf in Dr. Reckmann verliebt hatte. Im Pfarrhaus wimmelte es sozusagen von Frauen: Therese Krieter, Agnes Krieter, Christa Kränkel, Margret Krieter, Anneliese Krieter! Ach und dann gab es ja auch noch Marianne Greven. Die war als Haushaltshilfe eingestellt worden, und wohnte ebenfalls in der zweiten Etage. Sie wohnte in dem Raum, den vorher die Rothenburgsorter Familie als Küche benutzt hatte. Die Küche war umgebaut worden.
Kr.: Ich selbst habe ja in der „Alten Schule", in der Schwesternwohnung, gewohnt.
Kt: Richtig, aber in deiner Freizeit bist du doch immer ins Pfarrhaus gekommen.
Kr.: Das stimmt. Es gab im Pfarrhaus ja auch immer viel zu helfen.

Kt: Hast du eigentlich viel Kontakt mit dem Dechant gehabt?
Kr.: So viel nun auch wieder nicht. Er wusste, dass ich Therese und Agnes viel geholfen habe, wenn im Pfarrhaus irgendetwas los war. Wenn Recollektio war (Recollektio = Versammlung aller Geistlichen des Dekanates), oder wenn der Bischof kam. Dann haben wir alle geholfen, bedient und so weiter. Später als das Krankenhaus da war, hat die Krankenhausküche alles Essen geliefert. Das war aber zuerst nicht so.
Kt: Du warst doch ursprünglich evangelisch. Wann bist du katholisch geworden?
Kr.: Ich bin im ersten Jahr, nachdem ich in Wilhelmsburg war, zum Katholizismus übergetreten. Ende 1950 war das, nachdem ich ein ganzes Jahr lang beim Dechanten Unterricht gehabt hatte.
Kt: Dann hat er dir Konvertitenunterricht gegeben, Einzelunterricht?
Kr.: Ja, ja, das war immer dann, wenn er gerade Zeit hatte. Der Unterricht fand im Arbeitszimmer statt. Die Festtage wurden besprochen und die Heiligen, dass man die als Katholik verehrt. Die Unterschiede zwischen der Messe und dem evangelischen Gottesdienst. Alles so.

Kt: Hat der Dechant eigentlich oft Zeitung gelesen?
Kr.: Die Frage kann ich dir nun wirklich nicht beantworten. Tagsüber war ich ja im Krankenhaus, und wenn ich anderthalb Stunden frei hatte, dann war ich zwar drüben (im Pfarrhaus), aber dann habe ich den Dechant oft gar nicht gesehen. Er war ja viel unterwegs, z. B. war er viel im Pfarrbüro bei Frau Spiegel.
Kt: Gut, seine Schwester Therese hat später ja einen Fernseher gehabt. Schon recht früh. Wir haben z. B. alle gemeinsam die Krönung von Königin Elisabeth (von England, 1953) gesehen. Hat der Dechant häufiger Fernsehen geguckt?
Kr.: Daran kann ich mich nicht erinnern. Das wüsste ich gar nicht. Eigentlich kann ich mir das nicht vorstellen, dass er abends Fernsehen geguckt hätte.

Kt: Hat er sich eigentlich politisch 'mal geäußert?
Kr.: Nein, davon weiß ich nichts. Aber er konnte eben sehr gut mit dem Ortsamt (umgehen). An und für sich waren das ja alles SPD-Leute. Besonders mit der einen Frau. (gemeint ist die SPD-Bürgerschaftsabgeordnete, Berta Kröger.) Wie heißt die noch? Och, mit der konnte er sehr gut (umgehen). Er kam immer gut mit dem Ortsamt zurecht. Wenn er etwas durchsetzen wollte, dann hat er das auch zurechtgekriegt. Und auch mit den Evangelischen kam er ja gut aus, besonders mit dem Pastor Kollhof von der Emmaus-Gemeinde.
Kt: Kannte er den Pastor Kollhof privat?
Kr.: Das bestimmt nicht.

Kt: Lass uns einmal seinen Tagesablauf besprechen.
Kr.: Morgens um 6 Uhr hat er alltags immer im Krankenhaus Messe gehalten, in der Kapelle.
Kt: Ja, da musste ich immer Messdiener sein. Sag' mal, da führte doch eine Treppe zur Kapelle hoch. Die Klausur der Nonnen und die Kapelle waren unter dem Dach, über Station II, nicht wahr? Ich habe noch in Erinnerung, wie ich diese Treppe hochgehen musste, zwischen all den Mädchen hindurch. Die standen da immer schon, wenn der Dechant und ich zur Messe kamen, praktisch alle Mädchen, die im Krankenhaus arbeiteten.
Kr.: Ja, das waren die Küchenhilfen, die Stationshelferinnen und so weiter.
Kt: Die mussten also morgens zum Gottesdienst antreten, ob sie wollten oder nicht.
Kr.: Ob sie das mussten, weiß ich nicht. Jedenfalls haben sie es aber gemacht! Die kamen ja - wie die Nonnen - alle aus dem Osten, aus dem Ermland zum Beispiel. Die waren alle katholisch. Ganz selten waren Evangelische dazwischen! Am Anfang war es so, dass nur Katholische im Krankenhaus angestellt wurden. Bei den Ärzten war das nicht so, aber das einfache Personal, das sollte katholisch sein. Die Ordensschwestern haben das Personal wohl auch selbst herangeholt.
Kt: Ich weiß jedenfalls noch, wie die Mädchen auf der Treppe Spalier standen. Dann wurde die Messe gelesen. Schwester Epiphania war die Küsterin. Und nach der Messe ?
Kr.: Dann ging der Dechant wahrscheinlich ins Pfarrhaus zum Frühstück. Danach waren entweder die Schule oder das Büro angesagt oder Beerdigungen, ... was so anlag.
Kt: Das Mittagessen wurde immer ziemlich feierlich „zelebriert", zumindest sonntags. Daran durfte ich, nachdem ich im Pfarrhaus aufgenommen worden war, auch teilnehmen. Tante Therese legte größten Wert darauf, dass es im Esszimmer - zu Tisch - „herrschaftlich" zuging. Sie hatte sogar einen Gong! Der wurde geschlagen, wenn die Geistlichen - der Dechant und die Kapläne - zum Mittagessen gerufen wurden. Auch die Sitzordnung am Tisch war durch Therese genau festgelegt. Jeder hatte seine eigene Serviette! An einem Ende des Tisches saß Therese, am anderen der Dechant.

Die Kapläne saßen an den Seiten. Wenn ich dabei sein durfte, saß ich auch an der Seite. Übrigens hat mir Tante Therese vorher die Regeln des guten Benehmens beigebracht, bevor ich in der vornehmen Runde mitspeisen durfte. In einem strengen Einzelunterricht habe ich alles nach ihrer Meinung Notwendige lernen müssen: richtiges Sitzen, den richtigen Gebrauch von Messer und Gabel, höfliches Erbitten und Anreichen der Speiseschüsseln und so weiter. Onkel Karl sagte nicht viel dazu. Er ließ Therese ihren Willen, und ganz schlecht fand er den vornehmen Rahmen des Mittagessens wohl auch nicht. Für die Kapläne war das Ganze - glaube ich wenigstens - ziemlich gewöhnungsbedürftig. Ich kann mir vorstellen, dass ihnen reichlich gefüllte Speiseschüsseln lieber gewesen wären. Allzu üppig war das Essen nämlich nicht!
Kr.: Na, satt sind bestimmt alle geworden! Da hat sich Therese schon Mühe gegeben! Denk mal an die Hühnerhaltung und an die Mühe, die sie sich mit dem Garten gemacht hat!
Kt: Gab es für den Dechant und die Kapläne eine feste Mittagspause?
Kr.: Schon, aber wenn es an der Tür geklingelt hat, dann ist der Dechant trotzdem hingegangen. Wenn jemand kam, dann kam der eben! Da gab es keine festen Sprechstunden!
Kt: Nachmittags wurde getan, was so zu tun war. Was geschah abends? Hat der Dechant 'mal bei der Familie gesessen, sozusagen Feierabend gemacht?
Kr.: Das wüsste ich nicht! Abends hatten immer die Vereine irgendeine Veranstaltung. Und mit dem Krankenhaus war doch ewig etwas zu tun, da waren doch dauernd Besprechungen. Das war schon eine besondere Belastung.

Kt: Legte der Dechant eigentlich Wert auf besonders gutes Essen?
Kr.: Nein, das kann man nicht sagen! Der hat gegessen, was auf den Tisch kam. Wenn er irgendwo eingeladen gewesen war und er dann gefragt wurde, „Was hat es denn zum Essen gegeben?", dann hat er immer gesagt. „Weiß ich nicht! Fleisch und Kartoffeln." Was es genau gewesen war, das wusste er nicht. Auf Essen hat er nicht viel Wert gelegt.
Kt: Wie war es mit Getränken? War er Weintrinker?
Kr.: Nein, Messwein hat er bei der Messe natürtlich getrunken, aber sonst wüsste ich nicht, dass er besonders gern Wein getrunken hätte. Beim Essen hat er gelegentlich ein Glas Wein getrunken, ja, das schon. Aber so abends 'mal ein Gläschen Wein, wie man es sich vorstellen könnte, das gab es nicht. Bier hat er überhaupt nicht getrunken! Aber Zigarren hat er gern geraucht.

Kt: Hat er privat gern Bücher gelesen, hatte er vielleicht einen Lieblingsschriftsteller?
Kr.: Die Bücher, die in seinem Arbeitszimmer standen, waren allesamt religiöse Bücher. Die hat er auch für seine Predigtvorbereitungen benutzt. Aber Unterhaltungsliteratur oder politische Bücher waren da nicht.

Kt: War er musikalisch besonders interessiert?
Kr.: Nein, eigentlich nicht.
Kt: Er hatte beim Singen in der Messe - wie ich mich erinnere - ziemliche Probleme. Die Stimme rutschte ihm oft weg.
Kr.: Ja, ja das stimmt schon.

Kt: : Wie fandest du seine Predigten? Kannst du dich an irgendeine erinnern?
Kr.: Ne, da war nichts Außergewöhnliches. Ein besonders mitreißender Prediger war er bestimmt nicht.

Kt.: Hat er Freunde gehabt, Leute, mit denen er besonders viel zusammen war?
Kr.: Zu meiner Zeit eigentlich nur Leute, mit denen er beruflich zu tun hatte. Aber viel Zeit hat er mit denen auch nicht verbracht.
Kt: Du hast den Dechanten erst kennen gelernt, als er schon 60 Jahre alt war. Wie schätzt du seinen damaligen körperlichen Zustand ein?
Kr.: Einen müden Eindruck hat er nie gemacht oder dass er erschöpft wirkte, das nicht.
Kt.: Warum ist er dann nach deiner Meinung in den Ruhestand gegangen?
Kr.: Zuerst 'mal war das ja immerhin 11 Jahre später, 1961. Da war er schon 71 Jahre alt. Da wurde ihm wohl doch alles zu viel. Er hatte ja eine Herzschwäche und ein Lungenemphysem. Das Lungenemphysem lag wohl in der Familie. Die Mutter ist an „Herzwasser" gestorben. Heutzutage wird so etwas behandelt - Medikamente zur „Ausschwemmung" - und was man so alles macht.

Kt.: Ich wollte gern noch das Thema „Urlaub" ansprechen. Hat er eigentlich regelmäßig Urlaub gemacht?
Kr.: Solane ich ihn kenne, hat er einmal im Jahr in Hilkerode Urlaub gemacht. Dann hat er dort den Pfarrer vertreten, hat dort die Messe gehalten, gepredigt, die Beerdigungen gemacht. Der Pfarrer in Hilkerode ging ja in Urlaub, wenn der Dechant kam. Also richtiger Urlaub war das für den Dechanten nicht.
Kt.: Wo hat er in Hilkerode gewohnt, bei seinem Bruder Otto?
Kr.: Nein, Therese hatte ja in Hilkerode im Holztal ein kleines Haus gebaut. Während der letzten Jahre, so ab 1952 etwa, war sie im Sommer immer in Hilkerode gewesen und hatte dafür gesorgt, dass das Haus gebaut und innen eingerichtet wurde. Das Grundstück hatte sie von ihrem Bruder Otto gekriegt, vielleicht im Tausch gegen das „Wohnrecht auf Lebenszeit" in seinem Hause. Das Wohnrecht hatte ja Therese dort, im Haus ihres Bruders Otto! Und das Haus im Holztal stand später in Thereses und Agnes' Namen.
Kt.: Wenn Therese im Sommer in Hilkerode war, wer hat dann den Haushalt im Pfarrhaus, in Wilhelmsburg, besorgt.
Kr.: Agnes! Die war ja Nachtwache im Krankenhaus. Sie hat vormittags - nach dem Nachtdienst - geschlafen und nachmittags hat sie sich dann um das Pfarrhaus gekümmert. Aber damals war ja auch schon Marianne Greven als Haushaltshilfe da und danach, als Marianne Greven gegangen war, waren andere als Haushaltshilfen da, die Maria Böning aus Hilkerode zum Beispiel.
Kt.: Und im Winter war Therese wieder in Wilhelmsburg?
Kr.: Im Winter war sie immer wieder zurück.
Kt.: Wie war eigentlich das Verhältnis des Dechanten zu Therese? Die hatte ja durchaus ihren eigenen Kopf. Man könnte sie - so habe ich sie jedenfalls erlebt - als schwierig und eigenwillig bezeichnen.
Kr.: Ja ..., der Dechant selbst kam ja immer gut mit ihr aus. Er sagte nur, wenn wir wirklich 'mal gemeckert und uns darüber beschwert haben, dass uns Therese auf den Wecker gehe: „Ertragt sie doch, ich ertrage sie doch schon so lange!" (herzlich lachend) Ja, ja, das war dann seine Ausrede.
Kt.: Womit ging sie euch denn auf den Wecker?
Kr.: Sie war ein bisschen launisch, aber sie setzte auch durch, was sie wollte. Was sie wollte, das wollte sie! So hat sie sich auch bei Frau Spiegel (der Pfarrsekretärin) durchgesetzt. Das hat sie auch gemusst, denn die Frau Spiegel war ja auch eine Frau, die dachte, sie könne alles alleine bestimmen. Das hat Therese sich nicht gefallen lassen.

Kt.: Therese hatte, wie ich weiß, künstlerische Neigungen. Sie malte Ölbilder. Die fand ich damals nicht schlecht. Hat der Dechant sie darin unterstützt? Zumindest hat er ihr die Freiheit für dieses Hobby gelassen.
Kr.: Ja, dazu hat er nichts gesagt. Er war ja sowieso ein „ruhiger Vertreter". Der hat lieber alles „geschluckt".
Kt.: Hat der Dechant sich mit seiner Schwester Agnes besser verstanden?
Kr.: Ja, schon! Die war immer die Ausgleichende. Wenn Therese etwas über ihren Bruder Otto in Hilkerode zu meckern hatte - z.b. wegen des zögerlichen Fahrens von Baumaterial mit dem Pferdegespann - dann hat Agnes immer ausgeglichen.
Kt.: Damit sind wir wieder in Hilkerode. Lass uns einmal über die Zeit reden, als der Dechant in den Ruhestand gegangen war! Das war ja auch für seine Schwestern Therese und Agnes und die anderen Angehörigen eine Veränderung.
Kr.: Als der neue Pfarrer kam, Pfarrer Großstück, da musste natürlich das Pfarrhaus geräumt werden. Da hat Therese die meisten privaten Möbel aus dem Pfarrhaus in Harburg - Reeseberg 16 - untergestellt. Sie selbst ist mit dem Dechanten nach Hilkerode gegangen, ins Haus im Holztal. Wir, das heißt Agnes, ich und du ja auch, wir mussten dann die Wohnung in der „Alten Schule" räumen. Wir wollten auch zum Reeseberg 16 - nach Harburg - ziehen. Da wohnte damals aber noch Pfarrer Hahnel von der St. Franz-Josef-Gemeinde im Haus. Glücklicherweise wurde aber bald das Pfarrhaus Reeseberg 14 gebaut. Pfarrer Hahnel ist dort eingezogen, und wir sind in Reeseberg 16 eingezogen. Im Frühjahr 1975 haben Therese und Agnes das Haus im Holztal an Karl Brämer (den Sohn ihrer Nichte Marianne) überschrieben. Therese bekam dafür von ihm eine kleine Mietzahlung, solange sie lebte.
Kt.: Hast du den Dechant und Therese in Hilkerode besucht, nachdem der Dechant in den Ruhestand gegangen war?
Kr.: Ja, im Sommer habe ich ein paar Tage Urlaub in Hilkerode gemacht. Da habe ich mit dem Dechant 'mal einen Spaziergang gemacht. Davon hätte ich ihn beinahe nicht mehr nach Hause gekriegt. Er hatte sich wohl zu viel zugemutet. Das Haus lag auf einem Berg und hatte einen sehr steilen Zugangsweg. Den Berg wieder hochzukommen, das war wohl doch zu viel für ihn.
Kt.: Weißt du sonst etwas über seinen Ruhestand?
Kr.: 1961, im August, waren die beiden (Dechant Krieter und seine Schwester Therese) nach Hilkerode gegangen. Dann ging es ihm gesundheitlich zuerst noch ganz gut. Da hat er immer noch in der Kirche (von Hilkerode) die Messe gehalten, Aber dann ging das nicht mehr. Da hat er sich vom Bischof in Hildesheim die Erlaubnis geholt, im Haus - im Holztal - die Messe halten zu dürfen. Dann ist er bald schwer krank geworden, so dass der Dr. Börner - der Internist vom Krankenhaus Groß-Sand in Wilhelmsburg - mit dem Auto kam und ihn nach Wilhelmsburg ins Krankenhaus geholt hat.
Dr. Börner und die Oberin der Ordensschwestern wollten mit dem Auto eigentlich nur zu Besuch kommen. Aber dann haben sie gesehen, wie schlecht es dem Dechanten ging, und dann haben sie ihn gleich mitgenommen. Dann ist er im Krankenhaus geblieben, bis er gestorben ist. Er hat im Krankenhaus noch viel Besuch bekommen, auch seine Schwester Hedwig aus Münster war 'mal da.
Die anderen Verwandten sind alle zur Beerdigung gekommen.

Kt.: Warst du dabei, als der Dechant gestorben ist?
Kr.: Ich hatte ja Dienst im Krankenhaus. Er ist früh morgens gestorben. Als es anfing, ihm sehr schlecht zu gehen, als er nicht mehr richtig atmen konnte, da haben sie mir Bescheid gegeben, und dann bin ich nach oben ins Krankenzimmer gegangen.

Agnes war die Nacht über bei ihm gewesen. Therese wurde dann aus Harburg herangeholt, Agnes hatte sie angerufen. Therese ist schnell gekommen, ob sie ihn aber noch lebend angetroffen hat, weiß ich nicht mehr. Eigentlich hat der Todeskampf des Dechanten eine lange Zeit gedauert. Vielleicht hat sie es doch noch geschafft. Aber die Nonnen waren jedenfalls alle dabei, beim Sterben, die haben gebetet.

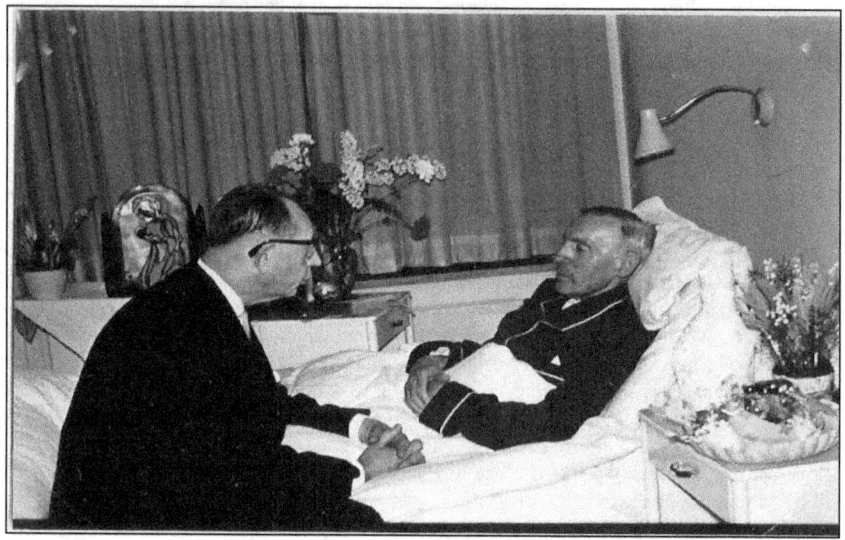

Abb. 50: Dr. Gebauer, der ehemalige Chefarzt, besuchte Dechant Krieter im Januar 1963 im „Krankenhaus Groß-Sand".

Kt.: Therese und Agnes haben dann später mit dir in Harburg, im Haus Reeseberg 16 gelebt. Wann sind sie gestorben?
Kr.: Agnes im Oktober 1975 und Therese ist 1981 gestorben.

Kuhnigk, Monika, geb. Kempff

geboren 1933
wohnhaft zur Zeit des Gespräches in Hbg.-Harburg

Gespräch am 23. 11. 2006

K.: = Frau Kuhnigk   Kt. = Ulrich Krieter

Die in Klammern geschriebenen Wörter / Texte sind zum besseren Verständnis des Lesers eingefügt. Das Gespräch wurde mittels Diktiergerät aufgezeichnet

Kt.: Darf ich nach dem Geburtsjahr fragen?
K.: Ich bin 1933 geboren, in Harburg, im Krankenhaus Maria-Hilf. Meine Eltern wohnten damals am Hastedtplatz. Nach der Geburt meiner Schwester sind meine Eltern umgezogen in die Siedlung Hoppenstedtstraße. Später bin ich groß geworden am Ehestorfer Weg, als der bebaut wurde. Es kamen dann noch zwei Brüder hinzu. Als der letzte Bruder geboren wurde, sind wir - noch während des Krieges - zur Haakestraße umgezogen. Das heißt, unsere Familie gehörte immer zur katholischen Gemeinde St. Maria in Harburg. Der Weg zur Kirche war zum Schluss sehr weit.
Kt.: Sagen Sie mir etwas zu den Berufen Ihrer Eltern?
K.: Mein Vater, Wolfgang Kempff, war Schiffsmakler in der Firma Renck & Hessenmüller am Kanalplatz und meine Mutter war Hausfrau. Sie war sehr musikalisch und hatte eine Gesangsausbildung. Sie hat im Kirchenchor in St. Maria gesungen. Herr Becker war damals der Chorleiter. Sie hat aber auch viel als Solistin gesungen und ist noch vielen Harburgern in Erinnerung, weil sie in der Gemeinde zu Beerdigungen und zu Hochzeiten gesungen hat.
Kt.: Wie kommt es, dass ein Harburger Schiffsmakler katholisch war?
K.: Mein Vater stammte aus Karlsruhe und ist in den 20er Jahren nach Harburg gekommen.
Kt.: Welche Beziehungen hatten Ihre Eltern - abgesehen von dem Gesang Ihrer Mutter - zur Mariengemeinde?
K.: Meine Eltern waren immer mit der Mariengemeinde verbunden. Ich bin dort getauft worden und zur Erstkommunion gegangen, bei Pfarrer Wüstefeld.
Kt.: Der Erstkommunionunterricht bei Pfarrer Wüstefeld würde mich interessieren.
K.: Ja, das war wohl 1942. Wir gingen ein- oder zweimal pro Woche zur Kirche, und er - damals doch schon recht alt - las uns eine Geschichte von einem „Lebrecht Fürchtegott" vor. „Lebrecht Fürchtegott" fährt in der Eisenbahn und erzählt im Abteil des Zuges den Leuten, was Gott von den Menschen erwartet und wie sie leben sollten. Wir mussten also beim Vorlesen gut zuhören und dann zu Hause für die nächste Unterrichtsstunde aufschreiben, was wir gehört hatten.
Kt.: Von Pastor Wüstefeld ist mir im Zusammenhang mit der so genannten „Reichskristallnacht" (Mittwoch, 9. November 1938) bekannt, dass er sich in der Kirche öffentlich gegen das Unrecht an den Juden geäußert hat. Haben Sie als kleines Kind von diesem Geschehen etwas mitbekommen? Die Synagoge stand ja in fast direkter Nachbarschaft zur katholischen Kirche, St. Maria.
K.: Ja, am Sonntagmorgen darauf bin ich - wie sonntags üblich - mit meinen Eltern zur Marienkirche zum Gottesdienst gegangen. Wir kamen an der Synagoge vorbei. Die Fenster waren alle zersprungen, und es rauchte innen noch. Beim Reingucken sah ich drinnen die Trümmer liegen und die verkohlten Holzgegenstände. Vor der Synagoge standen auch wohl noch Uniformierte. Meine Eltern zogen mich ziemlich schnell weiter, und wir gingen dann in die Kirche. An eine besondere Predigt von Pfarrer Wüstefeld an diesem Sonntag kann ich mich nicht erinnern. Ich war mit meinen 5 Jahren wohl noch zu jung. Ich habe aber erlebt, dass bei Predigten von Pfarrer Wüstefeld sehr oft in den hinteren Bänken zwei oder drei Personen saßen, die seine Worte aufgeschrieben haben. Weil ich mich darüber gewundert habe, haben mir meine Eltern erklärt: „Das sind Leute, die den Pfarrer bespitzeln. Die schreiben seine Predigten auf, um sie eventuell gegen ihn auszuwerten."

Kt.: Gehen wir etwas weiter! Welche Verbindungen hatten Sie als Jugendliche zur Gemeinde St. Maria?
K.: Das war nach der Kriegszeit. Die Kirche St. Maria war nach dem Fliegerangriff vom 25. 10. 1944 so zerstört und ausgebrannt, dass nur der Tabernakel heil geblieben war. Die Kirche stand als Ruine da, mit einem schwarz verkohlten Kreuz im Innenraum, das man aus Dachsparren gebildet und aufgestellt hatte. Anschließend waren wir als Gemeinde in allen evangelischen Kirchen zu Gast. Das war damals schon gelebte Ökumene, dass wir dort die Sonntagsmesse feiern durften. Während des Krieges und nach dem Krieg hat unser Pfarrer, Edmund Mock, besonders intensiv gearbeitet. Er hat die Ärmel aufgekrempelt und die Gemeinde wieder zusammengeführt, vor allem hat er die aus dem Osten Zugezogenen in die Gemeinde integriert. Auch an dem Aufbau der Katholischen Schule als „Gemeindeschule" hat er führend gearbeitet. Ich selbst war 1938 noch in der Katholischen Schule (in Harburg) angemeldet worden, doch als mein Schulbesuch Ostern 1939 losgehen sollte, da gab es plötzlich keine Katholische Schule mehr, und ich musste die Eißendorfer Schule, Kirchenhang, besuchen.
Kt.: Ja, die Zuteilung der Schüler in die Gemeinschaftsschule der Nazis geschah nach dem Wohnort.
K.: Richtig, da wir am Ehestorfer Weg wohnten, war es für mich bis zum Kirchenhang am nächsten. Es war aber noch immer ein weiter Schulweg.
Kt.: Erinnern Sie sich, wie Ihre Eltern auf die Schließung der Katholischen Schule durch die Nazis reagiert haben?
K.: Nein, daran erinnere ich mich nicht.

Kt.: Sie wollten über Ihr Verhältnis zur Gemeinde erzählen, als Sie Jugendliche waren.
K.: Ja, das war nach dem Krieg - etwa ab 1946 - in dieser Beziehung eine sehr schöne Zeit. Da Harburg damals stark zerstört war, lebten wir fast alle in furchtbar engen Wohnverhältnissen. Meine Familie zum Beispiel wohnte zu sieben Personen in nur einem heizbaren Raum. Es gab keine Freizeitmöglichkeiten, nur Hunger und Trümmer ringsum. Die Erwachsenen waren bedrückt und oft noch vom Krieg traumatisiert. Da tat es gut, sich mit gleichaltrigen Mädchen zu treffen, um zu erzählen, zu singen, zu basteln, zu lachen und zu beten. Für die Jungen gab es Messdienergruppen. Später gab es auch wieder einen Kirchenchor, einen Männer- und einen Kolpingverein für die Erwachsenen.
Kt.: Haben Sie als Mitglied in der Harburger Jugendgruppe Kontakt zu den katholischen Jugendgruppen in Wilhelmsburg gehabt?
K.: Ich selbst nicht, überhaupt nicht! Aber meine jüngere Schwester war Dekanats-Jugendführerin und als solche war sie auch mit Wilhelmsburg beschäftigt. Sie war dort häufiger und dadurch hat sie Renate Deinert, die dort Jugendführerin war, kennen gelernt. Der Dekanatsjugendführer kam, glaube ich, aus Wilhelmsburg. Er hieß Gerd Wesolowski.

Kt.: Vielleicht erzählen Sie jetzt etwas über Ihre Arbeit als Lehrerin?
K.: Ja, ich habe hier in Hamburg studiert. Mein Hauptfach war Englisch. Zunächst hatte ich den Wunsch, als Lehrerin in den westlichen Stadtteilen Hamburgs zu arbeiten. Zu diesem Zweck bin ich, vor meiner Prüfung noch, zu dem dafür entscheidenden Menschen gegangen, zu dem damals schon sehr alten Prälaten Wintermann von St. Marien in Hamburg. Der guckte mich an und fragte: „Haben Sie denn schon Ihr Examen? Als ich sagte, dass ich die Prüfung erst in nächster Zeit antreten werde, sagte er: „Dann bestehen Sie die Prüfung erst einmal mit der Note 2! Dann können Sie wiederkommen!"

Ich habe die Prüfung mit der Note 2 bestanden, aber nun wollte ich nicht mehr! Ich wollte keine Bittstellerin sein. Mein Vater kannte durch die CDU den Rektor Nolte von der Bonifatiusschule in Wilhelmsburg und hat dem davon erzählt. Herr Nolte hat daraufhin gesagt: „Ja, wir würden uns freuen, wenn deine Tochter an unsere Schule käme."
Kt.: Aber an eine katholische Schule wollten Sie nach dem Examen auf jeden Fall gehen?
K.: Nicht unbedingt!

Kt.: Bitte erklären Sie doch, was Ihr Vater mit der CDU zu tun hatte.
K.: Mein Vater gehörte zu dem kleinen Kreis von Leuten, die nach dem Krieg in Harburg die CDU gegründet haben. Es war ein kleiner Kreis, der sich abends bei uns zu Hause, in der Haakestraße, getroffen hat, in dem einzigen Zimmer, das heizbar war. Ich selbst habe in der Zeit vor den ersten Wahlen geholfen, Plakate der CDU an die Bäume zu heften. „Plakate" ist nicht das richtige Wort, es waren eher „Zettelchen". Mein Vater war später Mitglied der Bezirksversammlung hier in Harburg.
Kt.: Dadurch hatte Ihr Vater also Beziehungen zu Andreas Nolte, der Vorsitzender des Ortsausschusse der CDU in Wilhelmsburg war?
K.: Ja, dadurch bin ich als Lehrerin nach Wilhelmsburg gekommen.
Kt.: Haben Sie sich vor Ihrer Anstellung bei Dechant Krieter vorstellen müssen?
K.: Daran kann ich mich nicht erinnern. Meine Ernennungsurkunde ist allerdings von Dechant Krieter in seiner Funktion als Vorsitzender des Kirchenvorstandes von St. Bonifatius unterschrieben, dazu vom Rektor Nolte und vom Hausmeister der Schule, Siegfried Liesiewicz.
Kt.: Diese Zusammenstellung der Unterschriften ist ja köstlich! Da haben also der Schulleiter und der Hausmeister gemeinsam eine Lehrerin ernannt. Köstlich! Unter Lehrern sagt man ja oft: „Der eigentliche Herr jeder Schule ist der Hausmeister! Hier durfte aber immerhin der Schulleiter auch unterschreiben.
K.: Ja, das ist schon witzig. Aber Herr Liesewicz hat hier natürlich nicht als Hausmeister, sondern als Mitglied des Kirchenvorstandes unterschrieben. Der Herr Liesewicz war übrigens ein Goldstück! Wenn man - natürlich ausnahmsweise! - einmal verspätet zum Unterricht kam, dann hatte Herr Liesewicz schon mit seinem eigenen Unterricht angefangen.

Abb. 51 : Hausmeister Siegfried Lisiewicz

Kt.: Also war er doch der „heimliche Schulleiter", wenn er sogar die Lehrer vertreten und unterrichtet hat!
K.: Das nun nicht gerade! Aber, wenn ein Lehrer zu spät kam, hat er mit den Kindern unterrichtsmäßig etwas gemacht! Eine Sache vergesse ich nie! Da bin ich etwas später gekommen, und Herr Liesewicz hatte den Filmapparat im Klassenzimmer aufgebaut. Weil die Kinder schon ganz unruhig wurden, hatte er angefangen, den Film zu zeigen. Es war ein Film über den Kuckuck! Ich kam rein, setzte mich leise hinten ins Klassenzimmer, und er erzählte über den Kuckuck mehr als ich über diesen Vogel je gewusst habe! Also, das war so herrlich! Und auch seine Frau, Frau Liesiwicz, war eine Seele von Mensch! Ich hatte mir einmal im Lehrerzimmer etwas über mein Kleid gegossen und mochte so schmutzig nun weder in die Klasse gehen, noch nachher so nach Hause fahren.
Da hat sie mir ihre Kittelschürze angezogen und gesagt: „Moment, ich wasche das mal eben!" Und dann hat sie das Kleid gleich trocken gebügelt, und kurze Zeit später hatte ich das Kleid wieder an.

Kt.: Erzählen Sie weiter von Ihrer Arbeit als Lehrerin der Bonifatiusschule?
K.: Ich erinnere mich mit Schrecken an die ersten Schulwochen, die mich doch in sehr kaltes Wasser stürzten. Die Hamburger Lehrerausbildung an der Universität war zu meiner Studentenzeit - 1952 bis 1955 - viel zu theoretisch und zu wenig praxisbezogen. Eine Freundin von mir, die gleichzeitig an der Pädagogischen Hochschule in Lüneburg ihre Ausbildung absolvierte, war viel besser auf den Lehrerberuf vorbereitet. Es gab damals in Hamburg auch noch kein Referendariat und keine Begleitung der Junglehrer durch Beratungslehrer. Dazu wurde „in Schichten unterrichtet" (= Unterricht auch am Nachmittag, weil zu wenig Klassenräume vorhanden waren und folglich ein Klassenraum von mehreren Klassen nacheinander genutzt werden musste). Außerdem waren die Klassenfrequenzen (= die Anzahl der Schüler) sehr hoch. Das alles machte mir den Anfang so schwer, dass ich nach sechs Wochen fast aufgeben wollte. Da hat mir Rektor Nolte dann Mut gemacht mit den Worten: „Beißen Sie die Zähne zusammen! Sie schaffen das!" Er hat mich mit Rat und Tat sehr unterstützt, bis ich sicherer wurde und mehr und mehr Freude am Beruf fand.

Kt.: Können Sie etwas über die Unterrichtstätigkeit von Dechant Krieter sagen?
K.: Nein, den habe ich in der Schule eigentlich nie gesehen. Den Religionsunterricht gaben wohl die Kapläne. Auch wir Lehrer haben ja Religion unterrichtet. Dazu mussten wir - parallel zu unserer normalen Unterrichtsarbeit - eine Ausbildung mit anschließender Prüfung machen, die so genannte „Missio canonica". Ich habe sie bei den Jesuiten - am Schlump (= eine Straße in Hamburg) - gemacht. Übrigens war ich in diesen ersten Jahren nicht damit zufrieden, dass man sich um die jungen Lehrkräfte so wenig bekümmert hat, ihnen die Eigenart der Schule - einer Katholischen Schule - bewusst zu machen. Ich habe mir gewünscht, dass die Geistlichen die Lehrer gelegentlich zusammengeholt hätten und mit ihnen die speziellen Aufgaben einer Katholischen Schule besprochen hätten, vor allen auch die Probleme, die sich aus dieser Besonderheit ergeben. Ein Besinnungstag oder etwas Ähnliches wäre notwendig gewesen.

Kt.: Ich habe allerdings im Pfarrarchiv von St. Bonifatius eine von Dechant Krieter unterschriebene Einladung zu einem „Katholischen Erziehertreffen" der Harburger und Wilhelmsburger Lehrerschaft am 26. September 1960 gefunden. Die Veranstaltung war vom Bischof angeordnet worden. Ein Jesuitenpater mit Namen „Bicheroux" aus Dortmund hat da im Gemeindehaus, Bonifatiusstraße 6, einen Vortrag gehalten mit dem Titel: „Unser Künden vom Heiligen Geiste". Anschließend war eine Aussprache vorgesehen.
K.: Ja, solche Veranstaltungen hat es wohl gelegentlich gegeben. Aber ich meine, das war erst nach meiner „Mutterschaftspause" häufiger der Fall. Von 1961 bis 1969 habe ich nicht als Lehrerin gearbeitet, sondern habe mich um meine eigenen Kinder, die damals klein waren, gekümmert.

Kt.: Ich war ab Mitte des Jahres 1952 selbst etwa anderthalb Jahre lang Schüler der Bonifatiusschule. Deswegen weiß ich, dass es einen „Schulgottesdienst" gab und gemeinsames Beichten. Besonders dieses „klassenweise zur Beichte gehen" fand ich schrecklich. Das hat mir überhaupt nicht gefallen!
K.: Mir auch nicht! Aber das stimmt, noch 1955 war es so. Es war eine althergebrachte Tradition. Als junge Lehrkraft macht man solch eine Tradition ja mit, ohne sie zu hinterfragen. Je mehr ich aber in den Lehrerberuf hineingewachsen war, und besonders nachdem ich eigene Kinder hatte, desto mehr fand ich diese Traditionen doch sehr fragwürdig.

Kt.: Sie sprechen jetzt also von den gemeinsamen Beichten?
K.: Ja, die „gemeinsame Beichte" fand in regelmäßigen Abständen statt und zwar in der Unterrichtszeit, so dass die Kinder gar keine Chance hatten, der Beichte zu entkommen. Die Kinder wurden von uns Lehrern auf die Beichte vorbereitet, den Erstkommunionunterricht hielten die Kapläne. In Bezug auf das Beichten wurde mir sehr schnell klar, wie äußerlich dieses alles war, eigentlich war es abzulehnen. Mir haben auch die „befohlenen" Schulmessen nicht gefallen. Auch die Teilnahme an der Schulmesse hätte freiwillig sein sollen! Weil die Teilnahme nicht freiwillig war, waren die Schulgottesdienste für uns Lehrer oft richtige Dressurakte.
Kt.: Meinen Sie jetzt mit „Schulgottesdiensten" die sonntäglichen Gottesdienste für Kinder?
K.: Nein, sonntags war ich selbst ja auch nicht in Wilhelmsburg, - beim Kindergottesdienst - weil ich ja in Harburg wohnte. Übrigens bin ich heute der Meinung, dass das ein Fehler war. Einmal im Monat hätte man auch von den Lehrkräften, die nicht in Wilhelmsburg wohnten, die Teilnahme am sonntäglichen Kindergottesdienst erwarten können. Aber ich meine jetzt die „Schulgottesdienste", die während der Woche - vor Schulbeginn - stattfanden.
Kt.: Diesen Gottesdiensten konnten die Schüler nicht fern bleiben? Die Gottesdienste fanden doch vor dem Unterricht statt!
K.: Kaum! Die Kinder wurden ja von den Lehrkräften befragt, warum sie nicht teilgenommen hätten. Auch bezüglich der Teilnahme am Sonntagsgottesdienst wurden die Schüler befragt. Das fand ich zum Schluss auch nicht mehr gut. Aber man darf nicht vergessen, dass wir mittlerweile das Konzil gehabt haben und dass wir über die religiöse Erziehung heute ganz anders denken als früher. (Gemeint ist das „Zweite Vatikanische Konzil", das von 1962 bis 1965 in vier Sitzungsperioden tagte.) Als ich 1969 zurück in die Bonifatiusschule kam, war diese sehr verändert. Einmal hatten wir sehr viele Kinder von spanischen und italienischen Gastarbeitern in der Schule, hauptsächlich italienische Kinder. Aber auch die Vorstellungen von religiöser Erziehung hatten sich geändert. Durch das Konzil waren ungeheuer viele, neue Gedanken zum Tragen gekommen.

Kt.: Sie sagen, dass sich 1969 so viele italienische und spanische Kinder in der Bonifatiusschule befunden haben. Spätestens in diesem Jahr hat sich also wohl der „polnische Einfluss" auf die Schule verloren, nicht wahr? Gab es denn diesen polnischen Einfluss auf die Schule - einmal abgesehen von den Namen der Schüler - zu Ihrer Zeit überhaupt noch?
K.: Ja, in meinen ersten Jahren als Lehrerin gab es diesen polnischen Einfluss durchaus! Ich erinnere mich sogar an ein Kind, das bei seiner Einschulung nur Polnisch sprechen und verstehen konnte. Bei der Einschulung saß dieses Kind die ganze Zeit weinend auf meinem Schoß, weil es kein einziges Wort Deutsch verstand. Das war aber kein Gastarbeiter- oder Spätaussiedlerkind, sondern ein Kind von Leuten, deren Vorfahren in der Wollkämmerei gearbeitet hatten. Dieses Kind war bei der Großmutter aufgewachsen, die zu Hause nur Polnisch sprach. Das war übrigens ein ganz kluges Kind. Es hat gleichzeitig mit dem Lesenlernen ganz schnell Deutsch gelernt und es hatte später recht gute Zeugnisse.
Kt.: In dieser extremen Weise war so etwas im Jahre 1955 wohl eine absolute Ausnahme. Ich selbst hatte im Jahre 1953 in Wilhelmsburg einen Freund, dessen Großmutter ebenfalls mit ihm nicht Deutsch, sondern nur Polnisch sprach. Er selbst sprach mit mir natürlich Deutsch. Wahrscheinlich hat er seine Oma auch schon gar nicht mehr so richtig verstanden. Ich weiß es nicht! Immerhin gab es in der Bonifatiusgemeinde noch in den 50er Jahren die Sonntagsmesse mit polnischer Predigt, die von einem polnischen Geistlichen gehalten wurde.

Während dieser Messen musste ich oft als Messdiener tätig sein, weil ich im Pfarrhaus „greifbar" war und andere Messdiener diese polnische Messe nicht besonders attraktiv fanden. --- Ist Ihnen der „polnische Einfluss" in der Schule noch anderweitig begegnet?

K.: Als ich im ersten Jahr an der Schule war, hat mich beeindruckt, dass im Mai - ganz selbstverständlich - die Tradition bestand, in der Klasse einen Maialtar aufzubauen. Auch der Rosenkranzmonat spielte eine große Rolle. Für den Maialtar hat mir ein Kind eine Madonnenfigur von zu Hause mitgebracht, eine Madonna mit Sternenkranz! Diese Figur musste auf dem Maialtar unserer Klasse stehen. Bei meiner wilden Klasse!! Ich hatte immer Angst, dass die Maria irgendwann zu Bruch gehen werde. Aber der Altar wurde sehr schön mit Blumen und Kerzen geschmückt. Auch mir selbst hat das damals gut gefallen! Und wir haben vor dem Altar morgens unser Klassengebet gesprochen, und mittags ... mittags habe ich die Figur in ein Schrankfach gelegt, damit die Putzfrau sie nicht umwerfen konnte. Also, diese Art der Marienfrömmigkeit, das war doch ein sehr „polnischer Einschlag"!

Kt.: An welche Mitglieder des Kollegiums, die schon ganz lange an der Schule waren, erinnern Sie sich?

K.: Kurz nachdem ich den Dienst angetreten hatte, gingen einige alte Kolleginnen und Kollegen in den Ruhestand. Vielleicht war die Überalterung seines Kollegiums auch der Grund, warum Herr Nolte an meinem Eintritt in die Bonifatiusschule so interessiert war. Die älteren Kolleginnen, das waren Frl. Ewen, Frl. Kraushaar, Frau Braumann, mehr Namen erinnere ich jetzt gar nicht. Wenn ich diese älteren Kolleginnen mit uns vergleiche - wie wir aussahen, als wir in den Ruhestand gingen - dann waren sie aber auch wirklich alt. Sie waren ganz in Schwarz gekleidet, sehr züchtig, und körperlich sah man ihnen an, wie „verbraucht" sie waren. Von den ganz alten Lehrerkollegen erinnere ich noch den Herrn Beirowski. Außer ihm gab es schon noch eine ganze Reihe älterer Kollegen, aber die blieben ja noch längere Zeit an unserer Schule.

Kt.: Können Sie mir zum Abschluss noch etwas über Ihre direkten Begegnungen mit Dechant Krieter erzählen?

K.: Es sind nur wenige Dinge, die ich da berichten kann. Aber Dechant Krieter muss mir ja doch wohl so wichtig gewesen sein, dass mein Mann und ich den Wunsch hatten, von ihm getraut zu werden. Als wir ihm diesen Wunsch angetragen haben, ging es ihm körperlich schon sehr schlecht. Er hat dann gesagt, dass er uns wohl trauen wolle - natürlich in St. Maria in Harburg, weil das ja meine Heimatgemeinde war - aber Edmund Mock (Pfarrer von St. Maria) solle doch bitte anschließend den Trauungsgottesdienst, die Brautmesse, halten. So ist es dann auch gekommen. Dechant Krieter hat meinen Mann und mich getraut.

Dann ist da noch die Begebenheit im Zusammenhang mit meiner Verlobung. Ich hatte ihm bei irgendeiner Gelegenheit unsere Verlobungskarte überreicht, und da tat er diesen Ausspruch: „Ach, Frl. Kempff, ich hätte so gerne gesehen, dass Sie Ihr Leben den Wilhelmsburger Kindern geweiht hätten!" Er ging also davon aus, dass ich als verheiratete Frau die Schule verlassen würde. Es war ja damals auch ganz selbstverständlich, dass man nach der Heirat seine Berufstätigkeit beendete, beziehungsweise dass man spätestens dann aufhörte, wenn das erste Kind erwartet wurde. So war es dann ja auch bei mir. Allerdings bin ich später wiedergekommen, und meine Heirat und meine Kinder waren meinem Lehrerberuf sehr förderlich.

Lisiewicz, Albin

geboren im August 1922
wohnhaft zur Zeit des Gespräches in Hamburg-Harburg

Gespräch am 27. 1. 2004

L. = Herr Liesiewicz   Kt. = Ulrich Krieter

Die in Klammern geschriebenen Wörter / Texte sind zum besseren Verständnis des Lesers eingefügt. Das Gespräch wurde mittels Diktiergerät aufgezeichnet.

Kt.: Herr Liesiewicz, wann und wo sind Sie geboren?
L.: Im August 1922 in Wilhelmsburg.
Kt.: Wo haben Sie und Ihre Eltern gewohnt?
L.: Mein Geburtshaus war neben „Stübens Volksgarten", am Anleger des Reiherstieg-Dampfers. „Stübens Volksgarten" war damals ein großes Vergnügungslokal. Da fanden auch Schwimm- und Segelfeste statt. Das war gegenüber der Hochbrücke. Später war mein Vater Hausmeister in der Katholischen Schule. Da haben wir in der „Alten Schule", heute Groß-Sand 3, gewohnt.
Kt.: Was haben Sie beruflich gemacht?
L.: Nach meinem Schulabgang bin ich zu Junckers in die Lehre gegangen. Ich habe den Beruf des Motorenschlossers gelernt. Und mit 19 Jahren wurde ich dann Soldat, ruck- zuck, gleich aus der Lehre heraus wurde ich Soldat.
Kt.. Was haben Sie nach dem Krieg beruflich gemacht?
L.: Nach dem Krieg wurde (die Firma) Junckers demontiert. Also bin ich zum Fernmeldebauamt gegangen. Da war ich ein paar Jahre. Wir haben Telefon-Freileitungen gebaut und so etwas. Aber da fand ich es zum Schluss nicht mehr schön. Da war einer dem anderen „sein Deibel". Darum habe ich gesagt: Hier haust du ab!", und habe mich zur Bundeswehr gemeldet. Ich war dann bei den Pionieren in Harburg. Bei der Flut 1962 hatten wir unseren großen Einsatz. Ich bin 18 Jahre lang bei der Bundeswehr gewesen, bis zur Pension. Anschließend war ich noch 12 Jahre bei Krupp-Maschinenbau.
Kt.: Ihre Lehre als Motorenschlosser haben Sie also bei Junckers in Wilhelmsburg gemacht.
L.: Ja, gleich nach der Lehre war ich dreieinhalb Jahre lang in Russland. Die ganze Geschichte vor Leningrad habe ich mitgemacht. Als der Krieg aus war, kam ich nach Hause, und die Bude war ausgebombt. Das heißt, im alten Schulhaus, in dem wir wohnten, war die Wohnung unbrauchbar geworden. Nun mussten wir in ein Klassenzimmer der Neuen Schule (an der Bonifatiusstraße) ziehen.

Kt.: Noch einmal zurück! Sie sind also direkt aus der Lehre zum Militär gekommen?
L.: Ja, 1941! Man hat zwar vorher, von der Firma aus, noch versucht, mich UK (unabkömmlich) zu stellen, aber das hat nicht einmal ein Vierteljahr lang geklappt. Wir waren ja schon vorher durch die SA-Stürme vormilitärisch ausgebildet worden. Wir waren verpflichtet, bei der SA anzutreten. Das ging genau nach Strichliste - Anwesenheit, Fehlen - da konnte man nicht wegbleiben!
Kt.: SA- Stürme?
L. : Ja, es gab in Wilhelmsburg zwei SA-Stürme. Ein SA-Sturm hatte seinen Sitz bei (der Gastwirtschaft) Hintze, genau hinter der Brücke, die über den Veringkanal führt, da bei dem heutigen Krankenhaus. Der zweite SA-Sturm saß in der Rotenhäuser Straße, an der Kreuzung mit der Georg-Wilhelm-Straße. Das Gasthaus hieß Schulte. Das war beim Sportplatz von Wilhelmsburg 09. Zur SA musste man in der Woche zwei- bis dreimal.
Kt.: Waren Sie denn Mitglied in der SA?
L.: Nein, aber zur vormilitärischen Ausbildung in der SA musste man, auch wenn man nicht in dem Verein war.

Das war eine Vorbereitung auf das Militär, damit die Grundausbildung schneller vonstatten gehen konnte. Da haben wir den ersten Schliff gekriegt. Anschließend ging es gleich zur Wehrmacht.

Kt.: Mussten Sie vorher in der Hitlerjugend sein?

L.: Nein, ich war in der „Marinejugend-Wilhelmsburg". Das war ein Segelverein. Darin waren alte Herrschaften Mitglied, wie Maas aus Wilhelmsburg und König hier aus Harburg, die mit dem Kreuzer „Emden" (im 1. Weltkrieg) untergegangen waren (aber sich gerettet hatten). Diese Herrschaften haben hier in Wilhelmsburg die „Marinejugend" gegründet. Diese Vereine wurden dann aber später alle durch die Nazis übernommen. Da kriegten wir - das müssen Sie sich mal vorstellen - einen Marineanzug in Blau mit Knoten und weißer Fliege und eine Hakenkreuz-Armbinde. Da sind die alten Herrschaften dann auch aus dem Verein ausgetreten. Wir von der „Marinejugend" hatten unsere Treffen am Buscher Weg, da bei der Dooven Elbe. Das war zuerst eine schöne Sache! Aber als das nachher von der HJ übernommen wurde, war das nicht mehr so gut. Gebietsführer der HJ war damals der Piersdorf, der in Harburg saß. Der hat dann natürlich das Regiment geführt oder wollte das noch steigern.

Kt.: Wenn man in solch einem Verein wie der Marinejugend war, konnte man also der eigentlichen HJ ganz gut entkommen?

L.: Nun ist folgendes passiert. Nun war ich ja in dem Verein (in der „Marinejugend"). Ich bin ja nicht gleich deswegen ausgetreten, weil wir jetzt die Armbinde tragen mussten. Im Verein war ich Gruppenführer, das heißt, ich hatte ein Boot mit acht Mann, und wir haben dann die Ausbildung in Rudern und Segeln gemacht. Immer sonntags war morgens Extradienst. Aber sonntags war für mich ja morgens auch Kirchgang angesagt. Ab und zu hat das so gepasst, dass man vor dem Dienst oder hinterher in die Messe gehen konnte, aber meistens klappte das nicht! So habe ich ein paar Mal bei der Marinejugend „blau gemacht" und bin nicht beim Dienst gewesen. Da dauerte es vielleicht ein halbes Jahr, dass sie es sich mit mir angeguckt haben, und dann war ich auf einem Verbandstreffen. Da waren wir alle da, und ich wurde „abgetakelt". Ich wurde aus dem Verein rausgeschmissen, die ganzen Embleme wurden mir abgenommen, auch das Koppelschloss. Da war ich natürlich ein bisschen geknickt. Ich habe gedacht: „Da habe ich (in der Marinejugend) den Gruppenführer gemacht, und werde nun so rausgeschmissen!" Na gut, da kam ich also mit dem Fahrrad nach Hause gefahren, und mein Vater kam gerade über den Hof. Da sagte er: „Wie siehst du denn aus?" „Ja", sagte ich, „Papa, die haben mich „abgetakelt." Da meinte er: „Mach dir man keine Sorge, zieh die Klamotten aus und dann snacken (=sprechen) wir nachher noch einmal darüber." Das haben wir dann auch gemacht, und damit hatte sich das Ding für mich erledigt.Ich wurde ja sowieso bald Soldat. Aber von der SA aus wollte man uns damals sogar noch in die SA- bzw. SS-Standarte „Feldherrnhalle" reinbringen.

Kt.: SA oder SS ?

L.: Das war erst eine SA-, aber später eine SS-Einheit

Kt.: SS-Einheit? Mit welchem Namen?

L.: Adolf Hitler

Kt.: Aha, Adolf Hitler. Dann gab es in Wilhelmsburg solch eine Einheit?

L.: Ne, die gab es in Wilhelmsburg selber nicht. Da haben - wie gesagt- die SA-Stürme die Ausbildung übernommen. Die SS war auf der Veddel.

Kt.: Wann genau sind Sie zum Militär gekommen?

L.: Am 16. Januar 1941. Die Lehre bei Junckers war von 1937 bis 1941. Erst bin ich nach Dänemark gekommen. Da wurden wir zusammengestellt, im Schloss Gottorff bei Schleswig.

Von dort aus haben wir von den Bauernhöfen die Pferde gekriegt. Die mussten wir nach Russland mitnehmen, 500 Pferde! Wir waren im Umgang mit den Gäulen ja alle nicht erfahren. Wir konnten mit denen gar nicht richtig umgehen, das war nicht das Gelbe vom Ei! Wir sind dann mit der Bahn über Litauen, Lettland, Estland bis vor Leningrad gekommen. Dann lagen wir vor Leningrad fest, im Kessel von Oranienbaum.

Kt.: Gehen wir doch noch einmal nach Wilhelmsburg zurück! Wann haben Sie geheiratet?
L.: Geheiratet habe ich am 26. 1. 1946.
Kt.: Wer hat Sie getraut?
L.: Dechant Krieter. Die Kirche war damals kaputt. Der Altar stand unter der Orgel, denn in den Bereich des alten Hauptaltars war eine Bombe eingeschlagen. Wir sind auch nicht durch die Tür zum Altar gegangen, sondern über die Trümmer. Da zeige ich Ihnen`mal ein Bild. (Herr Liesewiecz zeigt ein Bild der zerstörten Bonifatiuskirche) Da ist der Seitenflügel weg. Die Bombe hat so eben hinter der Sakristei eingeschlagen. Die Sakristei und der vordere Teil der Kirche waren nicht mehr zu gebrauchen.
Kt.: Wo haben Sie denn Ihre Frau kennen gelernt? Ist sie auch eine Wilhelmsburgerin?
L.: Ja, ich habe sie in Wilhelmsburg kennen gelernt. Sie war Mitglied in „Lioba". Das war die Mädchengruppe der Gemeinde. Die ganz kleinen Jungs waren übrigens in „Jung-Winfried". In „Jung-Winfried" unter Lehrer Beirowski haben wir noch gesungen: „ Bei deiner Fahn, o Jesulein, da möchte ich gern Soldate sein. Möchte retten in der Ferne ..." Das Lied hatte mit der (katholischen) Mission (in Afrika) zu tun. In „Jung-Winfried" wurde alle Monate dann auch eine Sammlung gemacht. Mit dem Geld wurde der „Krippenneger" gespeist. („Krippenneger" = In der Weinnachtszeit war in der Kirche eine Weihnachtskrippe aufgebaut. Zur Krippe gehörte in vielen Gemeinden früher die Figur eines knienden schwarzhäutigen Kindes, zu dessen Füßen sich eine Spardose befand.) Beide Vereine „Lioba" und „Jung-Winfried" hatten auch eigene Hemden und einen eigenen kleinen Wimpel. Die durften sie unter den Nazis aber nicht mehr tragen. Das wurde ja alles verboten.
Kt.: Ihre Heirat war sehr kurz nach Kriegsende. Haben Sie eine Feier gehabt?
L.: Ja, wir hatten damals ein Zimmer bei den Schwiegereltern. Da haben wir auch die Hochzeit gefeiert.
Kt.: Ist der Dechant zur Feier in die Familie gekommen?
L.: Ja, der Dechant war auch da, wohl so zwei drei Stunden.
Kt.: Ist der Dechant viel in den Familien gewesen?
L.: Ich glaube das eigentlich nicht. Aber hier war ja die Verbindung durch meinen Vater sehr nah, und der Dechant kannte mich ja auch schon, als ich ein Junge war. Er hat mir, als ich Jugendlicher war, auch `mal gesagt: „ Du, Albin, hör `mal zu! Der Tomolek - das war der Heizer für die Kirche - der wird immer so geärgert. Versuch doch `mal, dass dieses dauernde Ärgern durch die Kinder aufhört!" Na ja, das habe ich dann so gut ich konnte versucht. Aber ich war ja auch nicht erwachsen, dass ich da ein Machtwort hätte sprechen können. Außerdem hat der Tomolek selbst dafür gesorgt, dass er etwas hochgenommen wurde.
Kt.: War der Heizer Tomolek geistig eingeschränkt?
L.: Ja, das kann man sagen. Er war auch so ein bisschen verwahrlost. Eigentlich hat er in einem Haus an der Alten Schleuse gewohnt. Dem mussten sie zweimal die Bude ausmisten, unter Krieter.
Kt.: Was heißt das, „Ausmisten unter Krieter"?
L.: Der Tomolek hatte so hoch den Dreck in der Wohnung. (Herr L. macht ein Handzeichen.) Der hat alles da liegen gelassen. Da hatten sich die Nachbarn wohl beschwert, und Krieter hat dann einen Großangriff auf seine Wohnung gemacht.

Von der Gemeinde waren die Leute da und haben mit Forken den Dreck aus dem Fenster geworfen und weggeräumt. Das war eine tolle Aktion!
Kt.: Welche Aufgabe hatte der Herr Tomolek genau?
L.: Er hat die Heizung der Kirche bedient, entschlackt und das Material gefahren. Die Kirche wurde noch mit Kohlenruß beheizt. Tomolek hat sehr oft im Heizungsraum geschlafen. Seine Arbeit machte er oft nachts um 12, oder wie es ihm gerade passte. Er hatte keine feste Arbeitszeit, aber war er tagsüber wohl drei- bis viermal im Heizungsraum zu Gange. Außerdem hat Tomolek den Blasebalg für die Orgel getreten. Der Tomolek flog fast jedes Mal mit dem Blasebalg in die Luft, weil er so ein Leichgewicht war.
Kt.: Von den Kindern wurde er also viel geärgert.
L.: Ja sicher! Er ließ sich auch leicht reizen. Wenn die Kinder ihn ärgerten, jagte er mit seinem Krückstock hinterher. Vor dem Pfarrhaus war eine kleine Wiese. Wenn Kinder auf diese Wiese gingen, kam Tomolek angelaufen und schrie: „Wollt Ihr wohl von heilige Wiese!" Für die Kinder war das natürlich ein Spaß! (Herr L. lacht herzlich.) Zu Silvester haben sie ihm die Knallkörper in den Heizungsraum gehauen. (Herr L. lacht wieder.)
Kt.: Aber Krieter hat versucht, ihn zu schützen?
L.: Ja, Krieter hat auch dafür gesorgt, dass Tomolek sein Mittagessen kriegte. Da war damals die Gastwirtschaft an der Ecke Rotenhäuser Straße / Veringstraße. Mit dem Wirt - zuerst Odsche Meier, dann ein anderer - hatte Krieter abgesprochen, dass Tomolek da sein Mittagessen gekriegt hat und einen Schnaps. Das hat Andreas (Karl-Andreas Krieter) bezahlt. So hat er dafür gesorgt, dass Tomolek überhaupt etwas Warmes in den Bauch kriegte.
Kt.: Und der Wirt war katholisch?
L.: Odsche Meier nicht, der zweite Wirt ja, ich komme nicht auf seinen Namen. Wir sind von der Kolpingsfamilie aus - z. B. nach der Maiandacht - viel in dieses Gasthaus gegangen. Da haben wir unsere Schorle getrunken und einen ausgeklönt. Wir hatten ja keine anderen Möglichkeiten.

Kt.: Etwas anderes! War die Gegend um die Kirche ausschließlich von Katholiken bewohnt?
L.: Ne, das war gemischt. Da hatten die Familien Tebbe und Trojok jede ein Geschäft, nebeneinander. Dann wohnten da die Warsztas, Nawrots, Matuszaks und Steinhoffs, ... ja, diese Katholiken wohnten da. Also doch eine ganze Menge Katholiken, und das zog sich dann so die Bonifatiusstraße hoch. Aber die Häuser, die heute da alle stehen, die gab es damals alle nicht. Das war ja viel offener.

Kt.: Haben Sie als Kind von Krieter einen Eindruck bekommen?
L.: Wir hatten damals ja sehr viele Vereine, zum Beispiel den Jünglingverein, die Kolpingfamilie, die Jungschar, wir hatten einen Josefverein und einen Hedwigverein, auch einen Elisabethverein. Im Elisabethverein waren alle die Mütterchen, die das Geld gebracht haben. Wenn Krieter etwas vorhatte, haben die älteren Damen ordentlich was (als Spende) reingehauen. Alle Vereine hatten ja auch ihre Versammlungen, und dann war Krieter da.
Kt.: Der Hewigverein war ein polnischer Verein?
L.: Ja, Jadwiga-Verein haben die auch gesagt. Der Josefverein war auch polnisch!
Kt.: Was für ein Verein war denn die „Jungschar" ?

L.: Da waren die Jungen drin, die 13 oder 14 Jahre alt waren. Und dann war da auch noch „Neu-Deutschland". Das waren recht viele (Mitglieder). Da waren alle die drin, die in die höhere Schule gingen und Abitur machen wollten oder das Abitur schon gemacht hatten. Die waren etwas älter, so um die 20 Jahre. Da waren Waldemar Rhein drin, Unterhalt, und ... na, nur die beiden sind mir in Erinnerung. Ach, Pachowiak war da auch drin!
Kt.: Das war aber alles vor dem Krieg ?
L.: Ja, Das war vorm Krieg.
Kt.: Gut, Krieter kam also in die Vereine. Dass er sich speziell um die Kinder gekümmert hätte...
L.: Ne, das kann man so nicht sagen.
Kt.: Sie selbst haben ja ganz in der Nähe des Pfarrhauses gewohnt.
L.: Da war nichts Besonderes. Man hat ihn gegrüßt. Die Kapläne beteten im Vorgarten ihr Brevier, gingen da auf und ab. Na ja, Krieter war oft beim Kolpingverein ..., es gab auch noch den Gesangverein. Das Leben in der Gemeinde war schon ganz enorm! Doch, das war wirklich so, ganz enorm! Stellen Sie sich `mal vor, dass es dann ja auch noch die Kinder gab, was das für ein „Hallo" war, tagsüber!
Kt.: Vor dem Krieg war das alte Gemeindehaus noch in Ordnung. Da hatte man dort noch Möglichkeiten, sich zu treffen.
L.: Genau! Da gab es ja auch den großen Saal.

Kt.: Ich möchte noch gern etwas über die Gottesdienste in der alten Zeit hören.
L.: Um 7 Uhr war die erste Messe, sonntags natürlich, danach waren noch zwei Messen!
Kt.: Wie war es alltags?
L.: Alltags war nur eine Messe. Das war ja nun meine Messe. Ich war immer so ein „Notproppen". Wenn die anderen Messdiener nicht da waren, dann pfiff der Kaplan Bank auf den Fingern und ... (Herr L. lacht.)
Kt.: ... dann musste der kleine Albin los! (Herr L. lacht.)
L.: Ja, dann musste ich mit „Karacho" rein in die Messdienerrosetten! Ja, der Kaplan Bank pfiff auf den Fingern! (Herr L. lacht herzlich.) Der klingelte auch `mal an der Haustür und stand dann in voller Soutane da und sagte: „ Albin, kein Messdiener ist da, du musst kommen!" Für mich war das nicht so schlimm. Zwar, wenn man noch „gepennt" hat, war das natürlich nicht so toll, aber das ging dann ruck-zuck, dann war man fertig. Das ging wie bei der Feuerwehr.
Kt.: Wie war die Sitzeinteilung in der Kirche?
L.: Ach ja, die war nach Geschlecht getrennt. Links waren die Frauen, rechts waren die Männer. Die Kinder saßen vorn in den ersten Bänken. Dann waren auch noch die Klassenlehrer dabei. Die Kinder liefen damals nicht wild herum, so wie heute! Da herrschte natürlich strenge Ordnung. Wenn da einer gebabbelt hat, dann kriegte er Bescheid.
Kt.: Haben Sie Krieter als Redner in Erinnerung?
L.: Ja..., gepredigt hat er. Und da komme ich auf einen Punkt (zu sprechen). Wir hatten ja damals während der Nazizeit diese Lauscher im Gottesdienst. Darauf hat er seine Predigt eingestellt. Er hat aufgepasst, dass er nicht zu viel und nicht zu wenig gesagt hat. Ich weiß aber auch, dass er einen Kontakt zu dem SA-Sturm bei Hintze hatte. Und zwar war der Sturmführer da ein „Auch-Katholik".
Kt.: Was ist das, ein „Auch-Katholik"?
L.: Ein „Auch-Katholik" ist immer nur dann katholisch, wenn das gerade angebracht ist. (Herr L. lacht.)

Als das passierte, das mit diesen Abhörgeschichten, da hat sich Krieter wohl 'mal mit diesem Sturmführer getroffen. Solche Sachen blieben ja unter der Hand, die wurden ja nicht laut. Nach dem Krieg musste jeder, der irgendwie eine Funktion gehabt hatte, entnazifiziert werden. Da er (der Sturmführer) Krieter in Frieden gelassen hatte, - mit den Lauschern - hat Krieter ihm nach dem Krieg auch das „Amen" gegeben. Mehr konnten sie beide nicht verdienen, beide nicht, er nicht und er nicht! Die haben sich beide in Frieden gelassen.

Als die Nazis an der Macht waren, war das ja auch so, dass die Versehgänge noch mit dem Fahrrad gemacht wurden oder mit der Straßenbahn. (Versehgänge = Besuche der Geistlichen bei Kranken und Sterbenden, um die Kommunion zu bringen und das „Sakrament der Krankensalbung" - heute „Sakrament des Lebens" genannt - zu spenden). Und ich war derjenige, der jeden Sonnabend die Fahrräder überholen musste, putzen, die Kette ölen, Luft überprüfen und so etwas. Man Vater hat immer zu mir gesagt: „Bevor du die Klamotten nicht in Ordnung hast, kommst du nicht in die Wanne!" (Herr L. lacht.)

Kt.: Der Krieter ist auch Fahrrad gefahren?
L.: Ne, das waren die Kapläne, Holling, Wosnitza und Bank! Später kauften sich die Kapläne ja diese Klein-Motorräder, diese „Wanderer". Da musste ich von den Fahrrädern auf die „Wanderer" umsteigen. (Herr L. lacht.)
Ja, aber zu den Versehgängen zurück. Die Nazis liefen doch überall umher, tags und nachts. Wenn dann ein Versehgang anstand, hat mein Vater, der das ja auch wusste, hin zum Veringplatz telefoniert. Da hatte Familie Strosina einen Grünhökerladen. Oder er hat bei der Autofirma angerufen, KFZ-Werkstatt und Fahrschule Seliger. Dann sind diese Katholiken rausgegangen und haben den Geistlichen bis zu seinem Ziel begleitet, damit er sicher war. Ach, es war eine Scheiß-Zeit damals.

Kt.: Wurden denn die Geistlichen bei ihren Versehgängen belästigt?
L.: Ja, wenn diese Nazis gemerkt haben, dass das ein Versehgang war, dann ja. Sonst natürlich nicht. Aber Sie können sich ja denken, wie das war. Wenn diese Lauscher in der Kirche gewesen waren, dann kannten sie den Geistlichen ja auch von seinem Gesicht her.
Kt.: Sie sind sich sicher, dass in der Bonifatiuskirche regelmäßig Lauscher waren?
L.: Ja, auch in der Marienkirche in Harburg waren welche! Da war ja der (Pfarrer) Mock. Der Mock hat den Lauschern gleich gesagt: „Ich kenne euch ganz genau! Ich weiß, warum ihr hier seid. Aber ihr könnt euch das gern anhören und es weiter erzählen!"
Kt.: Krieter war also vorsichtiger als Mock? Aus Angst?
L.: Ja, Krieter war vorsichtiger. Dass das aus Angst war, will ich gar nicht sagen. Er wollte einfach nicht, dass sein Laden gestört würde. Das ist doch klar! Es hätte ja auch nichts gebracht!
Kt.: Wissen Sie, ob irgendwann einmal die Nazis im Pfarrhaus waren?
L.: Ne, davon weiß ich nichts. Man sprach ja auch nicht viel darüber.
Kt.: Bücher der Borromäusbücherei im Gemeindehaus sollen einmal beschlagnahmt worden sein.
L.: Das kann sein. Die Frau Ernst und die Frau Plass haben die Bücher im Gemeindehaus ausgegeben. Aber von einer Beschlagnahme habe ich nichts mitgekriegt.
Kt.: Hat sich für Ihre Familie etwas verändert, als 1939 die Katholische Schule eine „Gemeinschaftsschule" wurde? Blieb Ihr Vater Hausmeister? Wann hat er als Hausmeister eigentlich angefangen?
L.: Als ich zur Schule kam, (also 1928) hatte mein Vater als Hausmeister gerade angefangen.

Nun war das so: Er war ja bei den Landesschützen hier, bei der Wehrmacht, und unter den Nazis wurden die Landesschützen in die SA eingegliedert. Mein Vater musste deswegen auch in den SA-Sturm rein. Da war er auch drin, war Mitglied. Das musste er ja sein!
1939, als die Schule „Gemeinschaftsschule wurde, ist er Hausmeister in der Bonifatiusstraße geblieben. Er hatte den Vorteil, dass damals in der Schule die Luftschutzübungen - die Ausbildung für das Löschen von Brandbomben - gemacht wurden. Da war der Herr (Lehrer) Rohde derjenige, der mit den Auszubildenden die Theorie gemacht hat. Und unser Vater hat dann das Praktische gemacht, z. B. die Brandbomben auf dem Schulhof gezündet, gelöscht und so weiter und so weiter, damit die Frauen wussten, wie man mit Brandbomben umgehen sollte. Man musste mit Sand löschen. Diese Ausbildung begann schon vor dem Krieg, aber nicht in dem Stil (= in der Intensität) wie später. Nachher war das natürlich gedrängter. Da musste dann jeder hin. Die Leute wurden angeschrieben und hatten zu erscheinen.

Kt.: Wissen Sie etwas über die Luftangriffe auf Wilhelmsburg? Sie selbst waren ja Soldat. Hat Ihr Vater Ihnen etwas erzählt?
L.: Mein Vater war ja zum Schluss selbst noch Soldat. Sein Geschütz stand auf der Hohen Schaar, er war bei der Flak. (Flugabwehrkanonen) Da war meine Mutter allein zu Hause. Die war von Vater eingewiesen, wo im Schulgebäude die Wasserleitungen waren, wie das Wasser abgestellt werden konnte und so weiter. Das wusste sie alles. Sie hatte so ein kleines Köfferchen. Da hatte sie alles bei sich. Und sie ist dann in den Bunker gegangen, in den großen Bunker. Zuerst ist sie auch in den Keller der Schule gegangen, aber später war das nicht sicher genug. Das ging nicht mehr. Meine Mutter hatte die Eigenschaft, dass sie durch nichts aus der Ruhe zu bringen war. Wenn es links und rechts von ihr knallte, dann ging sie ihren Weg. Sie ist oft spät losgegangen, weil sie bis zum letzten Moment im Schulgebäude geblieben ist und alles dicht machen wollte.

Kt.: Ich habe gehört, dass sich doch viele Leute bei Luftangriffen im Keller der Schule aufgehalten haben.
L.: Ja, das war aber nur zuerst. Der Keller war zwar mit Balken versteift, aber eine sichere Unterkunft war das nicht!

Kt.: Die Aufbauzeit nach dem Krieg haben Sie miterlebt?
L.: Ja, das Gemeindehaus war ziemlich kaputt. Die erste Etage war weg. Das Dach wurde nur provisorisch abgedeckt. Ein Pappdach wurde darauf gemacht, damit es nicht mehr reinregnete. Unten wohnte die Familie Czys. Ein großer Raum war im Gemeindehaus noch zu nutzen. Dann wurde in der Gemeinde zum „Schippen" aufgerufen, das heißt, Bombenlöcher wurden zugemacht. Das haben wir von Kolping und vom Männergesangverein aus gemacht. Dann haben wir auch aus Stein das Kolpingheim gebaut. Die Holzbude, die vorher da war, kam hierher zum „Höpen", auf mein heutiges Grundstück.
Die Steine, mit denen das Kolpingheim gebaut worden ist, habe ich mit dem LKW vom Veringplatz rangefahren. Ich war damals beim Fernmeldebauamt und hatte da einen LKW zu fahren. Am Veringplatz waren Türme von „geputzten Steinen", das heißt, von den Steinen aus zerstörten Gebäuden hatte man die Mörtelreste abgeklopft. Diese Steine durfte man sich wegholen, sie wurden günstig verkauft. Ich habe die Steine dann hier auf dem Gelände abgekippt. Die anderen Kolpingbrüder haben Holz besorgt, was jeder so konnte, und dann haben wir das Kolpingheim aufgebaut. Den Kirchen-Wiederaufbau hat eine Firma gemacht. Ich glaube, das war die Firma Zeyn damals.

Ich weiß das nicht so genau. Ich weiß auch nicht, wer den Wasserturm (das Wahrzeichen Wilhelmsburgs neben der Bonifatiuskirche) repariert hat. Das könnte die Firma Harriefeld gewesen sein, weil diese Firma den Wasserturm auch gebaut hatte.

Kt.: Wissen Sie etwas über die erste Ausmalung der Kirche nach dem Wiederaufbau?
L.: Ja, die verhungerten Apostel hinter dem Hauptaltar, die passten mir ja gar nicht! (Herr L. lacht.) Wer die gemalt hat, das weiß ich nicht.
Kt.: Angeblich ist ein Flüchtling in die Gemeinde gekommen und hat gesagt, dass er ein Künstler sei ...
L.: Wo sie „Flüchtling" sagen, fällt mir etwas ein: Nach dem Krieg kriegten wir in der Bonifatiusgemeinde einen Kaplan. Dieser Kaplan kam aus dem Osten. Der wurde nun bei uns eingesetzt. Den hatten wir ungefähr ein halbes Jahr lang. Da hat Krieter ihn entlarvt. Dieser Kaplan war gar kein Priester. Ganz schnell wurde der abberufen, zack, über Nacht! Was sie mit dem gemacht haben, weiß ich nicht, aber den hat Krieter entlarvt.

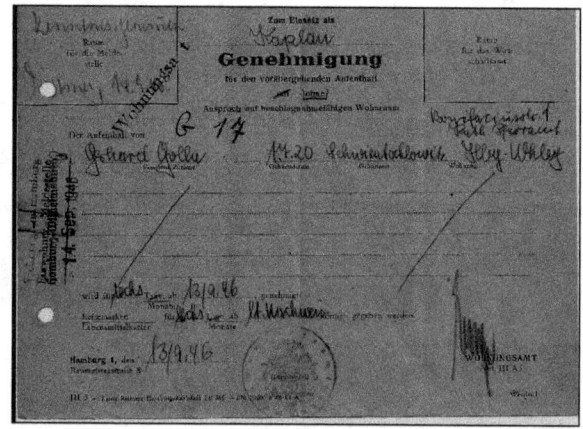

Abb. 52: Die Aufenthaltsgenehmigung für den „falschen Kaplan" Gerhard Golla

Er hat ihn wohl eine ganze Zeit lang beobachtet, von der Sakristei aus oder von oben, von der Orgelempore. Wie genau kann ich natürlich auch nicht sagen. Wahrscheinlich hat Krieter ihm auch ein paar Fragen gestellt. Der angebliche Kaplan hatte im Osten als Küster gearbeitet. Deswegen kannte der sich auch aus. (Herr L. lacht.) Der hat ja richtig Beichte gehört und die Messe gelesen.
Kt.: Zu welchen Kaplänen hatten Sie ein besonderes Verhältnis?
L.: Zu Bank hatte ich ein gutes Verhältnis, auch zu Wosnitza und Holling. Als die versetzt wurden - Holling nach Wolfsburg und Wosnitza nach Gebhardshagen - da habe ich für sie den Umzug gemacht! Herr Plass - das war mein Onkel - und ich haben die Möbel geschleppt. Damals war das VW-Werk gerade aufgemacht. Vom Kaplan Bank hat man später gesagt. „Der ist verunglückt!" Es ging aber (in der Gemeinde) durch die Runde, dass die Nazis den umgebracht haben.

Kt.: Können Sie sich an andere Kapläne erinnern?
L.: Da war noch der Krautscheidt. Das war der Motorrad-Kaplan. Der hatte eine BMW! (Kaplan Krautscheidt wohnte zwar im Pfarrhaus der St. Bonifatius-Gemeinde, war aber vom Bischof als Kaplan der „wandernden Kirche" eingesetzt., das heißt, er hatte Kinder, die in Heimen der Kinderlandverschickung oder junge Männer in Lagern des Arbeitsdienstes zu betreuen. Deswegen war er meistens außerhalb Wilhelmsburgs tätig. Für seine weiten Wege zur Arbeitsstätte benötigte er ein Motorrad.) Später waren da noch die Kapläne Hölsken und Goedde, Strzedulla und Stechmann.

Abb. 53: Von links (aus Sicht des Betrachters): Kaplan Bank, Pfarrer Krieter, Kaplan Krautscheidt und Kaplan Wosnitza; ein Foto aus dem Jahre 1938

Kt.: Was wissen Sie über den Bau des Krankenhauses Groß-Sand?
L: Ich weiß nur, dass früher, da, wo das Krankenhaus jetzt steht, bis zu den Wettern hin ein Privatgelände war. Da stand ein kleines Haus. Das war ein Blumenhöker, dem das Gelände gehörte. Dieses Grundstück wurde getauscht gegen die Wiese hier im „Höpen", gegen die Gemeindewiese. Ich habe ja mein Haus hier. Ich zeige Ihnen gleich mal, wenn wir aus dem Fenster gucken, den Umfang der Gemeindewiese. Die war gar nicht so klein. (etwa 3000qm)
Kt.: Ihr Vater hat später einen Teil der Gemeindewiese gekauft?
L.: Nein, unser Grundstück war neben der Gemeindewiese. Mein Vater hat sein Grundstück wohl 1932 gekauft, im selben Jahr als auch die Bonifatius-Gemeinde hier ihr Grundstück gekauft hat. Hier hatten auch noch zwei andere Katholiken ein Grundstück.
Kt.: Wie wurde die Gemeindewiese genutzt?
L.: Am Wochenende und an Feiertagen, zum Beispiel an Fronleichnam, ging man von der Gemeinde hierher. Da war die Wiese voll! Die Kinder haben Fußball oder Völkerball gespielt. Die Eltern konnten im Wald spazieren gehen. Hier war auch eine Holzbude mit ein paar Betten als Übernachtungsmöglichkeit. Wasser war da, Elektrizität war nicht da, aber eine Kochgelegenheit. Die Mädchen haben hier gekocht. Die haben gesungen und getan.
Dann konnten sie (die Gemeindemitglieder) auch Tanzen gehen, nebenan in die (Gastwirtschaft) „Waldquelle". Also das war schon eine tolle Sache! Die Wiese war sehr beliebt! Man musste von Rönneburg aus, von der Endstation der Straßenbahn, zu Fuß durch die Feldmark. Aber in den jungen Jahren war das ja kein Problem!

Kt.: War Krieter auch 'mal da?
L.: Ich meine ja, zu den Gemeindefesten, wie Fronleichnam, war er wohl 'mal da.

Abb. 54: Pfarrer Krieter mit der Marianischen Jungfrauenkongregation auf der Gemeindewiese im „Höpen"; ein Foto aus dem Jahre 1935

Sonst hat sich Krieter nicht viel um die Wiese gekümmert. Er hatte nämlich einen Mann aus Wilhelmsburg, der hier den „Wiesenmeister" machte. Der sorgte dafür, dass alles in Ordnung war. Der sah nach dem Rechten, hielt die Toiletten sauber, sorgte dafür, dass das Wasser aus den Gräben abfloss und so weiter. Er hatte die Schlüsselgewalt über die Bude. Er hat die Bude auch an Familien vergeben, wenn die dort Urlaub machen wollten. Das war ein Pole, und wir hatten in der Gemeinde ja auch viele Polen. Ich erinnere mich, dass der „Wiesenmeister" bei den Gemeindemitgliedern Werbung gemacht hat, dass sie nach Polen ziehen sollten. Einige haben das dummerweise tatsächlich gemacht. Die sind dann sozusagen vor die Wand gelaufen, als dann nachher der Krieg kam.

Kt.: Sie selbst, die Familie Liesiewicz, waren Sie oft auf Ihrem privaten Grundstück im Höpen?
L.: Wir hatten hier auf dem Grundstück zwei Lauben und haben unseren Urlaub hier verbracht. Und wir haben hier auch „geackert". Das ganze Grundstück haben wir jedes Jahr zweimal „auf den Spaten genommen". Wir haben Kartoffeln und alles Mögliche angebaut. Das war im Krieg und in den ersten Jahren danach natürlich gut. Nach dem Krieg habe ich hier mein Haus gebaut. Mein Bruder Berni wollte hier nicht bauen. Der war bei einer Firma in Segeberg beschäftigt und hat da gebaut.

Abb. 55: Jugendliche aus der Bonifatiusgemeinde vor der Hozbude im Höpen; rechts (aus der Sicht des Betrachters) sind die Brüder Berni und Albin Liesiewicz zu sehen.

Kt.: Können Sie mir zum Abschluss unseres Gespräches Ihren allgemeinen Eindruck von Krieter beschreiben?
L.: Ja,... so eigentlich ... ich könnte über ihn gar nicht klagen. Das wäre nicht korrekt. In seinem Verhalten war er an und für sich ziemlich ruhig. Die Sache mit seiner Schwester (Therese) war nicht so ganz gut. Die war die graue Eminenz, möchte ich 'mal sagen. Unter der hatten sie wohl alle zu leiden, die Kapläne, und er wohl auch!
Er musste wohl auch viel einstecken. Die (Therese) hatte die Eigenart, dass sie zwar dominant war, aber nach außen hin erst 'mal gar nicht so den Eindruck machte. Sie hat nur „die Vornehme gemacht", aber sie hatte es auch hinter den Ohren. Ich selbst habe als Kind ein paar Mal erlebt, wie sie mich angeraunzt hat. Wir haben als Jungs manchmal (vor dem Garten des Pfarrhauses) gebolzt. Da flog dann wohl 'mal der Ball in die Beete, in die Erdbeeren oder was es gerade war. Davon (von ihrem Geschimpfe) bin ich natürlich nicht gestorben. Aber ihren Einfluss hatte sie schon, und (Karl-) Andreas Krieter hatte wohl ganz schön mit ihr zu kämpfen.

Zweites Gespräch am 3. 3. 2004 ;

Kt.: Herr Liesiewcz, wurde die Bonifatiusschule nach 1933 mit Nazi-Fahnen beflaggt?
L.: Von der „Alten Schule" weiß ich das ganz genau. Die Flaggen hingen zum Wasserturm hin raus. Es hingen der „Gaunerzinken" (die Hakenkreuzfahne) und die Schwarz-Weiß-Rot-Fahne, die alte Reichsflagge am Gebäude der „Alten Schule". Bei der „Neuen Schule" waren zwei Fahnen-Masten.

Kt.: Hingen in der Schule an repräsentativer Stelle irgendwelche Bilder, zum Beispiel Ebert oder Hindenburg, Hitler, eventuell auch ein Bild vom Papst?
L.: Dass da ein Bild von „Adolf" hing, erinnere ich nicht. Aber da fällt mir etwas anderes ein: Wenn eine „Führer-Rede" (= Rede Adolf Hitlers) im Radio übertragen wurde, dann standen im Schulflur das Radio und ein Verstärker, und alle Schüler saßen auf den Treppenstufen und mussten sich die Rede anhören.
Kt.: Für die ganze Schule gab es nur ein Radio?
L.: Ja, es gab die „Goebbels-Schnauze", den „Volksempfänger". Der wurde in die Mitte gestellt und verstärkt. Die Treppenstufen kamen ja von rechts und links, und die Kinder mussten sich das Gerede, klassenmäßig zusammengefasst, anhören. Zu Beginn der Rede war es meistens etwas unruhig, aber dann griffen die Lehrer ein und sorgten für Ruhe.

L.: Weil Sie vorhin nach Bildern (im Schulgebäude) gefragt haben, fällt mir Folgendes ein: In den Klassenräumen hingen Kruzifixe. Da kam der Befehl, dass die Kruzifixe entfernt werden mussten. Da hat sich mein Vater (als Hausmeister) geweigert. „Das mache ich nicht", hat er gesagt, „meinetwegen schmeißt mich raus, das mache ich nicht!" Da kam ihm der Hausmeister der Schule in der Rotenhäuser Straße, von der Realschule, zu Hilfe. Das war ein Mann, der „gelb" war. (Herr L. nennt die Nazi-Farbe Braun „gelb".) Der sagte: „Siegfried, (gemeint ist Vater L., der Hausmeister) hör auf! Wenn du dich weigerst, schmeißen die dich raus! Ich nehme die Dinger für dich ab. Ich habe da keine Hemmungen, das ist kein Problem für mich. Hau` du man ab, geh` zum Rathaus und hol` die Post! In der Zwischenzeit mache ich das fertig. Dann hast du kein schlechtes Gewissen!" So ist es dann auch gelaufen.
Kt.: Wurde in der Schule mit „Heil Hitler" gegrüßt ?
L.: Wenn die Lehrer nicht unter Druck standen, bestimmt nicht! Das möchte ich nicht annehmen. Wenn der Schulrat kam, dann wurde wohl so gegrüßt, aber sonst nicht. Wir hatten den Rektor Hupe. Der war allerdings „ein bisschen braun angehaucht".

Kt.: Ihr Vater war der Praktiker beim organisierten Luftschutz, wie Sie mir im ersten Gespräch erzählt haben, der Lehrer Rohde machte den theoretischen Teil. Machten noch andere Leute aus der Schule bei den Luftschutzübungen mit, andere Lehrer vielleicht?
L.: Nein, im Kollegium waren ja Viele, die schon betagter waren, und es waren auch viele Frauen im Lehrerkollegium. Die Übungen sollten den Leuten zeigen, wie man mit Feuer umgeht.
Zuerst wurde alles theoretisch vorgetragen. Dann begann die Praxis. Die Brandbomben aus Elektrothermit waren nur mit Sand zu löschen. Da wurden die Böden mit Sand belegt, Eimer mit Sand wurden hingestellt, Schaufeln und sonstige Geräte. Dann ging man nach draußen und brannte die Dinger ab, damit man 'mal sah, welche Wirkung das Zeug hatte und wie das Löschen möglich war.
Kt.: Wurden diese Übungen auch mit Schulklassen gemacht?
L.: Nein, da kamen nur Erwachsene zusammen.

Lota, Franz

geboren 1919
wohnhaft zur Zeit des Gespräches in Hbg.-Wilhelmsburg

Gespräch am 23. 11. 2004

L. = Herr Lota   Kt. = Ulrich Krieter

Die in Klammern geschriebenen Wörter / Texte sind zum besseren Verständnis des Lesers eingefügt. Das Gespräch wurde mittels Diktiergerät aufgezeichnet.

Kt.: Herr Lota, wann und wo sind Sie geboren?
L.: Im Februar 1919 in Wilhelmsburg.
Kt.: Haben Ihre Eltern auch in Wilhelmsburg gewohnt?
L.: Also, als meine Eltern sich noch nicht kannten, haben sie nicht in Wilhelmsburg gewohnt. Mein Vater ist direkt aus Posen nach Wilhelmsburg gekommen, und meine Mutter kam irgendwoher aus Schlesien. Die haben sich dann hier in Wilhelmsburg kennen gelernt. Mein Vater ist damals als Arbeitskraft nach Wilhelmsburg gekommen, so wie jetzt die Türken. Er hat dann vierzig Jahre beim Staat gearbeitet, er war Maschinist am Wasserwerk.
Kt.: Wann haben Ihre Eltern geheiratet?
L.: Das kann ich Ihnen jetzt nicht so schnell sagen. Das müsste man nachrechnen. Ich kann Ihnen nur sagen, dass meine Eltern die goldene Hochzeit noch erlebt haben. Mein Vater war damals 81 Jahre alt.
Kt.: Haben Sie noch Geschwister?
L.: Ich habe zwei Schwestern gehabt, die waren älter als ich. Meine älteste Schwester ist erst im letzten Jahr gestorben. 93 Jahre ist sie alt geworden. Meine zweite Schwester ist vor 7 Jahren gestorben. Sie ist 83 geworden. Ich selbst bin früh zum Militär gegangen, 1936. Ich habe mich freiwillig zur Marine gemeldet. Da habe ich meine Frau in Stettin kennen gelernt. In Stettin hatten wir auch unsere Wohnung, eine Wohnung von der Marine. Geheiratet habe ich aber hier in Wilhelmsburg. Dechant Krieter hat mich getraut. Das war 1942. Das war im Krieg. Ich hatte Heiratsurlaub gekriegt, und hier in Wilhelmsburg haben wir uns trauen lassen. Nach dem Krieg haben wir bei meinen Eltern in der Veringstraße 173 zur Untermiete gewohnt. Meine Eltern haben uns aufgenommen. Meine Frau war schon während des Krieges, gegen Ende, nach Wilhelmsburg zu meinen Eltern geflüchtet Meine Eltern und meine Frau wussten damals gar nicht, wo ich war. Sie wussten nicht, lebt er noch, oder lebt er nicht mehr. Am Ende des Krieges war ja alles ein einziges Durcheinander. Da kam die Post nicht mehr an. Ich bin dann aus der Gefangenschaft zu meinen Eltern nach Wilhelmsburg zurückgekommen, und meine Frau und ich hatten bei meinen Eltern ein Zimmer. Später haben wir dann eine eigene Wohnung gekriegt.

Kt.: Wo in Wilhelmsburg haben Sie als Kind gewohnt?
L.: Da, wo heute das Reha-Gebäude vom Krankenhaus ist. Da war früher ein Haus. Die Straße hieß „Alte Schleuse". In dem Haus haben meine Eltern zuerst gewohnt. Da bin ich geboren. Das war eine sehr kleine Wohnung für uns. Meine Schwestern waren ja noch da und dazu die Großmutter, die Mutter meiner Mutter. Das war alles ziemlich beengt. Später sind meine Eltern, das war 1934, von der „Alten Schleuse" zur Veringstraße gezogen. Da hatten wir eine große Wohnung mit fünf Zimmern, eine ganze Etage.
Kt.: Sind Sie in die Bonifatius-Schule gegangen?
L.: Ja, ich bin in die „Neue Schule" gegangen. Die „Alte Schule" war auch noch in Betrieb, aber da hatten wir nur Werkunterricht und Gesang.
Kt.: Haben Sie alle Schuljahre in der Bonifatius-Schule gemacht?

L.: Ja, acht Jahre. Das war ja damals so. 1924 bin ich in die Schule gekommen. Ich bin sozusagen ein Jahr zu früh in die Schule gekommen, weil ich ja im Februar geboren bin und die Einschulung zu Ostern war. Zuerst habe ich Lehrer Buch gehabt, in den ersten zwei Jahren, und nachher Lehrer Hoffmann.
Meine Schwestern waren in den Klassen von Frau Kraushaar. 1932 bin ich in die Lehre gegangen. Ich habe Kupferschmied gelernt. In Harburg, in der Marienstraße, direkt gegenüber von der Marienkirche war der Betrieb.
Kt.: Mussten Sie während der Lehre auch in der Hitlerjugend sein?
L.: Ja, eigentlich schon, aber ich war nicht drin. Mein Vater war dagegen. Ich war damals in der „Marinejugend", das war vom „Stahlhelm" aus. Als die Nazis kamen, wurde die „Marinejugend" aufgelöst. Da wurde die „Marinejugend" zur „Marine-Hitlerjugend". Da habe ich nicht mehr mitgemacht.
Kt.: Ging das denn so einfach, oder hatte man Probleme, wenn man nicht mitmachte?
L.: Ja, mein Meister hat mir ein Schreiben aufgesetzt. Der Meister war sehr gegen die Nazis. Der hat geschrieben, dass ich keine Zeit für die Hitlerjugend hätte. Außerdem habe ich ja gesagt, dass ich mich zum Militär melden wollte. Da wurde das akzeptiert.
Kt.: Welchen Kontakt hatten Sie zur katholischen Gemeinde?
L.: Ich war in der „Sturmschar". Da habe ich gern mitgemacht. Wir waren 16 Mitglieder. Da war auch der dabei, der später Weihbischof wurde, der Heinrich Pachowiak.
Kt.: Hatten Sie zu Pastor Krieter irgendeinen Kontakt? Ist der vielleicht `mal in die Familie gekommen?
L.: Eigentlich nicht. Das haben die beiden Kapläne gemacht. Ich kann mich gut an Kaplan Dorenkamp erinnern. Der hat auch polnische Gottesdienste gehalten. Er hat in Wilhelmsburg extra polnischen Sprachunterricht genommen, dass er den Gottesdienst in Polnisch machen konnte. Aber getraut hat uns Dechant Krieter. Als meine Frau nach Wilhelmsburg zu meinen Eltern geflüchtet war, da hat der Dechant auch `mal meine Eltern besucht und somit auch meine Frau.
Kt.: Erinnern Sie sich an Gemeindefeste, zum Beispiel zu Fronleichnam?

Abb. 56: Fronleichnam 1936; ein Altar, der vor dem Pfarrhaus aufgebaut war.

L.: Wir sind bei der Prozession von der „Sturmschar" als Gruppe mitgegangen.
Kt.: Fand die Prozession auf der Straße statt?
L.: Also da fand nur eine Straßenüberquerung statt, von der „Alten Schule" zur „Neuen Schule" und zum Gemeindehaus. Das Gemeindehaus stand ja da, wo nach dem Krieg das Gemeindehaus neu gebaut worden ist. Da waren die Altäre für die Prozession, und auf dem Schulhof.
Kt.: Gab es bei der Fronleichnamprozession irgendwann einmal Belästigungen durch Andersgläubige?
L.: Nie! An so etwas kann ich mich nicht erinnern.
Kt.: Wo feierte die Gemeinde nachmittags?
L.: Das war dann in Stillhorn, bei „Sohre" (später Witt), mit Kinderbelustigungen und so weiter.
Kt.: Sagt Ihnen der Name „Höpen" etwas?
L.: Da war unser „Heim", im „Höpen". Da sind wir zu Fuß hinmarschiert, von Wilhelmsburg aus! Im Winter haben wir Schlitten mitgenommen. Früher war es ja richtig Winter, mit viel Schnee, nicht so wie die Winter heute. Wir sind fast jeden Sonntag in den Wald marschiert, mit allen Mann. Nachher, als die Nazis da waren, war das schwieriger. Ich glaube, da haben wir das noch ein Jahr so gemacht, und dann haben sie uns aufgelöst. Da durften wir nicht mehr zusammen auftreten.
Kt.: Hatten Sie als katholische „Sturmschar" denn eine Uniform?
L.: Na, was heißt Uniform? Wir hatten hellblaue Hemden und graue Kniehosen aus Manchester-Stoff, schwarze Strümpfe und Wanderschuhe.
Kt.: Haben Sie im „Höpen" übernachtet?
L.: Ja, wir waren da ja meistens zu den Festtagen, auch einmal Weihnachten. Einmal haben wir auch eine große Fahrt mit Fahrrädern zum Harz gemacht. Dahin war der eine Kaplan oder Pfarrer von uns versetzt worden, auf seinen Namen komme ich nicht. (Das war wahrscheinlich Pfarrer Schmidts, der 1934 nach Osterode am Harz versetzt wurde.) Da haben wir ihn besucht. Wir sind mit Fahrrädern hingefahren.
Kt.: Waren Sie denn auch in anderen Vereinen der Gemeinde? Welche Vereine gab es überhaupt?
L: Kolping. Aber da war ich nicht Mitglied. Bei den Frauen gab es einen Marienverein. Meine Schwestern und meine Mutter waren im Elisabethverein

Kt.: Nach dem Krieg waren Sie wieder in Wilhelmsburg. Dann haben Sie ja miterlebt, wie das Gemeindehaus neu gebaut wurde?
L.: Ja, das weiß ich noch. Vor dem Krieg, hatten wir von der „Sturmschar" auch ein „Heim" neben dem Gemeindehaus. Das hatten wir uns von der „Sturmschar" selbst gebaut.
Kt.: Haben Sie vom Krankenhausbau nach dem Krieg etwas mitbekommen?
L.: Ja, da habe ich sogar etwas gestiftet! Da ging damals eine Liste herum. Auf der war alles aufgeschrieben, was die einzelnen Sachen kosteten, zum Beispiel ein Stuhl. Und dann konnte man die Sachen stiften. Ich habe zum Beispiel einen Stuhl gestiftet. Der kostete 42 Mark. Das war damals viel Geld.
Das Krankenhaus war ja zuerst klein, es hatte nur wenig Betten, vielleicht 60 Betten.
Kt.: Erinnern Sie sich an die Nonnen?
L.: Ja, gut sogar! In der ersten Zeit des Krankenhauses war ja auf jeder Station eine Nonne die Oberschwester. Die anderen Arbeiten im Krankenhaus haben auch Nonnen gemacht, Bibliothek, Küche, Wäsche und so.

Insgesamt war ich selbst sechs Mal als Kranker im Krankenhaus Groß-Sand. Zuletzt, das ist aber auch schon 12 Jahre her, habe ich mir beide Kniegelenke machen lassen. Das ist gut gelaufen. Nach drei Wochen war ich draußen.

Kt.: Haben Sie nach dem Krieg mit der Gemeinde noch besonders engen Kontakt gehabt?
L.: Nein, überhaupt nicht mehr!
Kt.: War Ihre Frau eigentlich katholisch?
L.: Nein, die war evangelisch. Vor unserer Heirat sind meine Frau und ich zu Dechant Krieter gegangen und haben ihm gesagt, dass wir heiraten wollten. Da wollte meine Frau katholisch werden. Da hat der Dechant zu ihr gesagt: „Wenn Sie das nicht unbedingt wollen, dann muss das nicht sein. Die Hauptsache ist, dass Sie beide Ihre Kinder katholisch erziehen und sie zur Katholischen Schule schicken." Das haben wir dann ja auch gemacht.
Kt.: Ihre Kinder sind also nach dem Krieg in die Katholische Schule gegangen?
L.: Ja, auch in die Bonifatius-Schule. Mein zweiter Sohn, der schon tot ist, ging dann in Kirchdorf in die Oberschule.
Kt.: Wie viele Kinder hatten Sie?
L.: Drei, zwei Söhne und eine Tochter. Meine Tochter ist auch schon tot.
Kt.: Das tut mir Leid. Ihr ältester Sohn lebt aber noch?
L.: Ja, in Schleswig-Holstein, in Heide. Er besucht mich so alle vier Wochen.

Kt.: Noch eine Frage: Haben Sie nach dem Krieg etwas mit der Politik in Wilhelmsburg zu tun gehabt?
L.: Nein! Ich war nur im Sportverein, im Fußballverein Wilhelmsburg 09. Während des Krieges, wenn ich in Urlaub war, habe ich da als Gastspieler gespielt. Das ging damals.
Kt.: Da habe ich noch eine Frage. Es gab ja die DJK-Sportvereinigung. Wissen Sie davon etwas?
L.: Ja, da war ich auch Mitglied. DJK, ja! Das war vor dem Krieg. Da habe ich Leichtathletik gemacht. Die DJK hatte aber auch Handball und Fußball. Aber beim Fußball war ich in 09!
Kt.: Auf welchem Sportplatz fand die Leichtathletik statt.
L.: Wir waren meistens oben am Reiherstieg. Da war WSV, das war ein reiner Fußballverein. Den Sportplatz von WSV haben wir mitgenutzt. Der Anton Biernat war wohl unser bester Mann. DJK, das war ja ein rein katholischer Sportverein. Heute ist das anders. Im Rheinland gibt es ja noch DJK, da können ja wohl alle eintreten. (gemeint ist: da können auch Nichtkatholiken eintreten)

Kt.: Zum Schluss möchte ich noch fragen, ob Sie mit Pfarrer Krieter irgendwann ein Erlebnis hatten, an das Sie sich besonders erinnern?
L.: Ja, das will ich Ihnen sagen.
Also nach dem Krieg hat die Katholische Gemeinde doch Hilfsgüter verteilt, Bekleidung und so weiter. Als ich noch in Gefangenschaft war, war meine Frau einmal da bei der Gemeinde. Das hat sie mir dann später erzählt. Sie hat für meine beiden Jungen Schuhe beantragt. Da hat der Dechant Krieter sie abgewiesen mit der Begründung, sie gehöre ja nicht zu der Gemeinde. „Wenn Sie nicht zur Gemeinde gehören, kann ich keine Hilfsgüter abgeben." Das hat er selbst gesagt. Darüber war ich natürlich sehr böse, als ich davon hörte. Meine Mutter war im Elisabethverein. Die hat damals bei dieser ganzen Spendensache mitgeholfen. Die Bekleidung wurde ja vor der Ausgabe überholt, es wurde genäht, und so weiter. Meine Mutter, die hat es dann nachher doch fertiggebracht, dass meine beiden Jungen jeder ein Paar Schuhe kriegten. Wie gesagt, da war ich von Pfarrer Krieter sehr enttäuscht.

Als ich in Gefangenschaft war, bin ich von einem katholischen Priester zum ersten Mal enttäuscht worden. Da kam damals ein Pfarrer zu uns ins Lager und hat eine Messe abgehalten. Alle haben ihn einzeln begrüßt. Von mir erfuhr er, dass ich sozusagen „Freiwilliger" in der Nazi-Armee gewesen war. Da hat er zu mir wörtlich gesagt: „Sie müssen ein Gelübde ablegen, damit Sie wieder in die kirchliche Gemeinschaft aufgenommen werden können." Da habe ich gefragt: „Was soll denn das?" Diese Geschichte habe ich dann später dem Dechant erzählt, und der hat gesagt: „ Das kann doch bald nicht angehen! Das kann man doch gar nicht sagen!"

Übrigens, bei der Beerdigung von Dechant Krieter war ich auch dabei! Der ist auf dem Friedhof Finkenriek beerdigt worden. Ja, bei seiner Beerdigung bin ich auch mitgegangen, meine Kinder auch.

Abb. 57: Das Grab des Pfarrers Krieter auf dem Friedhof „Finkenriek" in Wilhelmsburg

Matzat, Gertrud, geb. Grytka
und Grytka, Johannes

geboren 1927 und 1932
wohnhaft zur Zeit des Gespräches in Seevetal und Hbg.-Harburg

Gespräch am 7. 2. 2005

FM.= Frau Matzat   HG. = Herr Grytka   Kt. = Ulrich Krieter

Die in Klammern geschriebenen Wörter / Texte sind zum besseren Verständnis des Lesers eingefügt. Das Gespräch wurde mittels Diktiergerät aufgezeichnet.

Kt.: Darf ich zuerst fragen, wann Sie geboren sind?
FM.: Ich bin im März 1927 geboren.
HG.: Und ich im Januar 1932
Kt.: Sie sind beide in Wilhelmsburg aufgewachsen ?
HG.: Ja, beide. Die Eltern waren geborene Wilhelmsburger, beide vom Jahrgang 1893. Deren Eltern, unsere Großeltern, kamen beide aus Posen. Das muss um 1870 gewesen sein.
Kt.: Welchen Beruf hatten Ihre Eltern?
FM.: Mein Vater war Zimmermann und meine Mutter war Hausfrau. Mein Vater hat bei der DEA (Deutsche Erdölaktiengesellschaft) als Tischler gearbeitet.
Kt.: Pfarrer Krieter ist 1934 nach Wilhelmsburg gekommen. Dann haben Sie beide also Ihre Erstkommunion gefeiert, als Krieter Pfarrer in Wilhelmsburg war. Haben Sie da noch irgendwelche Erinnerungen?
FM.: Als er kam, 1934, war ich 7 Jahre alt. 1935 bin ich zur Erstkommunion gegangen. Da hat er uns betreut. In dieser Zeit hatte ich eigentlich mit ihm keinen persönlichen Kontakt. Ich war ja noch zu klein, noch ein Kind. Man hat ihn bei der Messe gesehen, auf der Kanzel, vor der Kirche, wenn man sich 'mal begrüßt hat, aber ansonsten war er wohl auch mehr eine Person, die hinter den Kulissen wirkte. Für die Öffentlichkeit, für den „roten Teppich", war er nicht geschaffen. Das mochte er wohl nicht! Es gab ja - glaube ich - auch nicht so viele Aktivitäten in den Gemeinden wie heutzutage. Da gab es ja nur den Kirchenvorstand, den Josefverein, die Marianische Jungfrauenkongregation, aber für dies alles war ich ja noch viel zu jung. Allerdings, bei einer Veranstaltung des Josefvereins, in dem unser Großvater war, war ich einmal dabei und habe Pfarrer Krieter da gesehen.
Kt.: An welche Kapläne können Sie sich erinnern?
FM.: Ich erinnere die Namen Dorenkamp, Bank, Surkemper. An Kaplan Bank kann ich mich besonders gut erinnern, wie der auf der Kanzel stand. Der war Kaplan, als ich Kind war. Auch die Kapläne Wosnitza und Holling erinnere ich noch gut.
HG.: Ich weiß es ganz genau, dass ich bei Pfarrer Krieter Kommunionunterricht hatte. Ich meine, dass er im Unterricht ziemlich streng mit uns war. Heutzutage ist der Kommunionunterricht ja ganz anders! Ich werde nie vergessen, wie Pfarrer Krieter zum Schluss zu uns gesagt hat: „ Wenn ihr jetzt am Weißen Sonntag zur Kommunion kommt, und es sollte so kalt sein, dass es schneit, dann dürft ihr nicht den Mund aufmachen. Keine Schneeflocke soll in euren Mund kommen, damit ihr ganz rein seid, wenn ihr zur Ersten Heiligen Kommunion geht!" Das werde ich nie vergessen! Ich weiß allerdings nicht mehr, wie das Wetter am Tage der Erstkommunion war. Ich glaube, es war ein schöner Frühlingstag.
Kt.: Sie konnten den Mund also ruhig aufmachen. (Alle Gesprächsteilnehmer lachen) Am „Weißen Sonntag", dem ersten Sonntag nach Ostern, war es ja meistens schon etwas wärmer.
FM.: Ja , wir lachen. Aber was die Eucharistie anging, da war Pfarrer Krieter ganz eigen! Ich kann mich ganz genau an eine Begebenheit erinnern. Da war ihm die geweihte Hostie auf den Boden gefallen. Anschließend hat er eine brennende Kerze genommen und hat auf die Stelle Kerzenwachs getropft. Also, er hatte eine enorme Ehrfurcht vor der geweihten Hostie.

Kt.: Sie haben beide in Wilhelmsburg auch die Schule besucht?
HG.: Ja, ein oder zwei Jahre lang habe ich noch die Katholische Schule besucht. Mein erster Lehrer war der Lehrer Mecke I, der ältere der beiden Mecke-Brüder.
FM.: 1939 - glaube ich - kam die Gemeinschaftsschule. Ich bin in der Bonifatiusstraße geblieben, aber die Kreuze verschwanden aus allen Klassenräumen. Und Schülerinnen aus anderen Schulen kamen zu uns in die Schule Bonifatiusstraße. Ein Teil unserer vorherigen Klassenkameradinnen kam in andere Schulen. Das wurde mit dem kürzeren Weg von der Wohnung zur Schule begründet. Im Grunde genommen sollte aber unsere Religion kaputt gemacht werden. Es gab dann in der Schule keinen Religionsunterricht mehr. Den machte seitdem Kaplan Wosnitza im Gemeindehaus, außerhalb der Schulzeit.
HG.: Ich habe einmal in meine alten Schulzeugnisse geguckt. In den ersten beiden Schuljahren findet sich da noch eine Zensur für das Fach Religion, danach nicht mehr. Da unser Elternhaus direkt gegenüber der Kirche lag, Veringstraße 58, blieb auch ich in der Schule Bonifatiusstraße. Unser Haus grenzte an den Schulhof. Für uns Grytkas gab es immer nur eins, Kirche und Schule, Schule und Kirche.
FM.: Die ganze Gegend war sowieso ziemlich katholisch. Die Vorfahren der Katholiken in Wilhelmsburg waren ja alle aus Polen gekommen, als die Wollkämmerei eröffnet wurde. Da wurden Gastarbeiter gesucht. Damals ist auch mein Großvater mütterlicherseits gekommen. Der hat hier Arbeit bekommen. Er hat auch meine Großmutter gefunden, die zwei Jahre nach ihm nach Wilhelmsburg gekommen ist. Sie haben geheiratet und wohnten dann in der Fährstraße. Die Häuser stehen heute noch. Da wurde meine Mutter geboren und auch die anderen Kinder - meine Tanten - wurden da geboren.
HG.: Das waren Wohnungen von der Schiffszimmerer-Innung. Die sind nach dem Krieg wieder in alter Weise aufgebaut worden.

FM.: Da fällt mir eine Sache ein, die sich nach den großen Luftangriffen auf Hamburg zugetragen hat: Meine Großmutter (Marianna Michalski, geb. 8.1.1870) litt sehr unter Kreislaufstörungen. Im Krieg wollte sie bei Alarm nicht in den Luftschutzkeller gehen. Da ist mein Großvater zur NSV (Nationalsozialistische Volkswohlfahrt) gegangen. Die hatten ja versprochen, dass sie die „Alten Leute" alle nach draußen - in sichere Gebiete, wo sie sich auch erholen könnten - bringen würden. Das haben sie im Fall meiner Großmutter versprochen. Als sie meine Großmutter dann abholten, haben die Leute von der NSV aber nicht gesagt, wohin sie meine Großmutter bringen würden. Als meine Mutter erfuhr, dass Großmutter von der NSV abgeholt worden war, war sie außer sich! „Wo ist Oma?" Da ist unser Onkel Josef, der war Tischlermeister und hat sich in der Kirche immer sehr engagiert, - im Kirchenvorstand usw. - der ist also zu Pfarrer Krieter gegangen. Die Beiden haben gemeinsam recherchiert und herausgefunden, dass unsere Großmutter im Landeskrankenhaus Lüneburg untergebracht war. Das war eine psychiatrische Klinik. Das ist sie ja heute noch. Onkel Josef und Pastor Krieter haben damals dafür gesorgt, dass Großmutter zu uns zurückgekommen ist. Man hat sie also aus der psychiatrischen Klinik herausgelassen. Das war gar nicht so einfach, aber Pfarrer Krieter hat wohl Einfluss gehabt. Ich erinnere mich, dass meine Mutter in diesem Zusammenhang von Pfarrer Krieter gesprochen hat: „Ohne den wäre Oma nicht wieder zurück gekommen."
Ich weiß nicht mehr, ob Pfarrer Krieter allein oder mit Onkel Josef zusammen das erreicht hat. Es ist ja alles so lange her. Aber ich weiß, dass meine Oma in einer Zwangsjacke steckte, als sie in Lüneburg gefunden wurde. Oma sprach ja mehr Polnisch als Deutsch, und deswegen haben die Leute in der Klinik wohl gedacht, dass Oma „tüttelt" (geistesgestört ist).

Ich möchte nicht wissen, wo Oma gelandet wäre, wenn sie aus dieser Klinik nicht herausgeholt worden wäre.
Kt.: Diese Einweisung nach Lüneburg ist geschehen, weil ihre Oma nicht in einen Luftschutzkeller wollte?
FM.: Ja, mein Großvater kriegte seine Frau nicht in den Keller runter. Sie wollte nicht! Deswegen war er zur NSV gegangen. Die haben sich ja damals viel um alte Leute gekümmert. Nachdem meine Oma zurück war, hat sich meine Mutter bei der NSV beschwert: „Was haben Sie denn da gemacht? Diese Frau hat doch „das Goldene Mütterkreuz" bekommen!" Damals trat „Adsche" (=Adolf Hitler) doch dafür ein, dass die Mütter möglichst viele Kinder haben sollten. Und trotzdem haben die von der NSV so etwas getan!

Kt.: Lassen Sie mich noch einmal etwas zu Ihrer Schulzeit fragen. Erinnern Sie Dinge, die typisch für die nationalsozialistische Zeit waren? Gab es z. B. Flaggenappelle?
HG.: Ja, die haben wir auch gehabt.
FM.: Wir kamen alle in die „Kinderlandverschickung". Das war allerdings freiwillig. Die Kinder sollten alle möglichst von den Bombardierungen ferngehalten werden.
HG.: Ich war während der vierten, fünften und sechsten Klasse, also einige Jahre, in der „Kinderlandverschickung".
FM.: Du warst doch in der Tschechoslowakei.
HG.: Ja, ich war auch in Böhmen und Mähren.
Kt.: Wo waren Sie, Frau Matzat?
FM.: Ich war in Oberbayern, in einem Heim, das von Nonnen geleitet wurde. Eigentlich gehörte das Haus der Landesversicherungsanstalt - München, aber die mussten das Heim für die Kinderlandverschickung freigeben. Der Ort hieß Alzing. Mit dem Zug sind wir bis Bergen gefahren und dann weiter über Adelholzen nach Alzing. Dorthin war auch meine Schwester mitgeschickt worden. Ach, die Nonnen in diesem Heim waren ja so nett und so lieb zu uns Kindern!
Kt.: Waren Lehrer aus Wilhelmsburg mit den Kindern dort?
FM.: Ja, unsere Klassenlehrerin war bei uns. Wir waren so etwa 25 Kinder. Unter diesen Kindern waren zehn, die schon im letzten Schuljahr, in der 8. Klasse, waren.

Die sollten im Februar aus der Schule entlassen werden. Wir sind im November dorthin gefahren und wir „Großen" mussten schon im Februar zurück. Das war 1941. Anschließend musste ich ins „Pflichtjahr". Jedes Mädchen, das weiter die Schule besuchen wollte, musste damals ein „Pflichtjahr" machen. Deswegen war ich ein Jahr lang in Pommern auf einem Bauernhof. Als ich wiederkam, ging es mit der Bombardierung Hamburgs los.

Kt.: Herr Grytka, waren Sie während der Angriffe auf Hamburg außerhalb?
HG.: Also, ich bin 1942, als meine Schwester im „Pflichtjahr" auf dem Bauernhof in Pommern war, auf dem selben Bauernhof gewesen. Wir haben beide da gelebt. Dann musste ich wieder nach Hause und bin danach noch einmal für 8 oder 12 Wochen nach Bayern auf einen Bauernhof gekommen, hinter Bamberg.

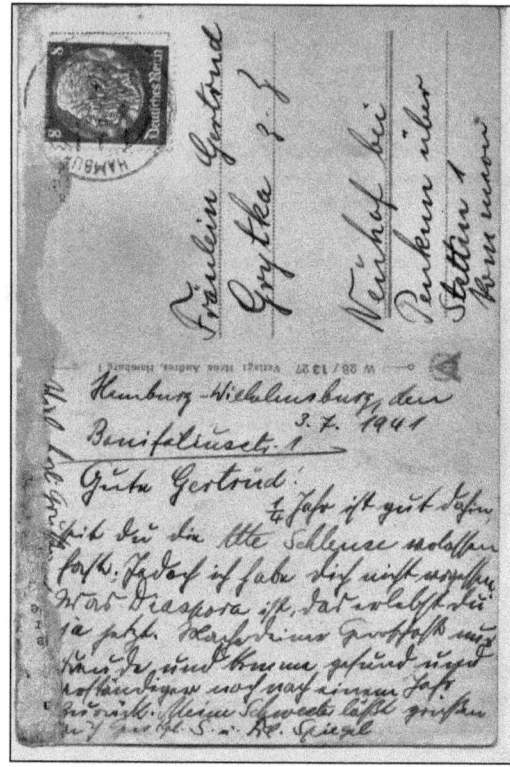

Abb. 58: Pfarrer Krieter schickte die abgebildete Postkarte an Gertrud Grytka (= Frau Matzat) nach Pommern.

Der Text lautet:

Hamburg-Wilhelmsburg, den 3.7.1941, Bonifatiusstr.1
Gute Gertrud! Ein ¼ Jahr ist gut dahin, seit du die Alte Schleuse verlassen hast. Jedoch ich habe dich nicht vergessen. Was Diaspora ist, das erlebst du ja jetzt. Mache deiner Herrschaft nur Freude und komme gesund und noch verständiger nach einem Jahr zurück. Meine Schwester lässt grüßen, auch Herr Kaplan S. und Frl. Spiegel.

FM.: Ach ja, mit unserer Mutter warst du da (auf dem Bauernhof bei Bamberg) und mit Hanna. Das ist unsere Schwester.

HG.: In Bayern hat es mir nicht gefallen. Wir Stadtkinder kannten das Leben auf solch einem Bauernhof nicht, z. B. barfuß in einem Kuhstall zu stehen. Unsere Mutter hat uns dann auch bald da weggeholt. Danach erst bin ich in die Tschechei gekommen, ich weiß nicht mehr, warum und weshalb ich wieder aus Hamburg wegmusste. Wir sind zu dritt von Hamburg bis Prag gefahren und dann von Prag nach Trelau. Während der Zeit in Trelau stand die Leibeserziehung für uns Jungen an erster Stelle, auch Fahnenschwenken war angesagt. Schule hatten wir da auch, aber da habe ich ganz schlechte Zeugnisse bekommen. Vielleicht auch, weil ich mehrfach heimlich in der Klosterkirche - da gab es auch ein Nonnenkloster - die Messe gedient habe. Dabei bin ich einmal erwischt worden. Anschließend wurde ich gleich degradiert. Das durfte es nicht geben, dass ein deutscher Junge sich als Messdiener betätigte. Na ja, da war ich dann bis Kriegsende. Meine Eltern wussten gegen Kriegsende gar nicht mehr, ob ich noch lebe. Mit einem Leiterwagen, den zwei Pferde zogen, sind wir Jungen zusammen mit zwei Krankenschwestern von Zwiesel, das war nicht weit von Trelau entfernt, zu Fuß nach Hamburg gekommen. Da waren wir acht Wochen unterwegs. Unsere erwachsenen Begleiter haben uns bis kurz vor Harburg gebracht. Allein sind wir dann zu Fuß weitermarschiert. Auf der Elbbrücke war die Grenze. Da waren die Tommies.

Die haben uns aber durchgelassen, und dann ging ich - das weiß ich noch wie heute - die Bonifatiusstraße hinauf. Da konnte ich - den Blick so schräg gerichtet - bis zu unserem Haus gucken. „Gott sei Dank, das Haus steht ja noch", habe ich gedacht. Aber gerade die Seite, in der wir gewohnt hatten, war weg. Die hatte einen Volltreffer gekriegt.
FM.: Ich weiß noch wie das war, als du gekommen bist!
HG.: Ja, das war mein Kriegserlebnis. Fast ein Jahr lang war ich von zu Hause weg.

Kt.: Und Sie, Frau Matzat, waren Sie zu dieser Zeit in Wilhelmsburg?
FM.: Ich lag zu der Zeit, als unser Haus einen Volltreffer bekam, gerade wegen einer Blinddarmoperation im Krankenhaus, in Wintermoor. Mein Vater und eine Frau aus dem Hause waren bei dem Angriff unten im Keller unseres Hauses. Sie sind „verschüttet" worden. Und meine Mutter und meine Schwester waren zu diesem Zeitpunkt im großen Bunker in Wilhelmsburg. Mein Vater hatte sogar noch Glück, als er verschüttet wurde. Er arbeitete ja bei der DEA. Die Firma hatte (auf dem Betriebsgelände) einen eigenen, kleinen Rundbunker. In den ging mein Vater normalerweise. Aber an diesem Tag musste er nicht arbeiten und war zu Hause gewesen. Deswegen war er in den Luftschutzkeller unseres Hauses gegangen. Der Bunker der DEA wurde an diesem Tag von einer Luftmine so getroffen, dass er anschließend total zerstört war. Alle Leute, die dort Zuflucht gesucht hatten, waren tot. In unserem Haus hat mein Vater also zwar auch eine Bombe auf den Kopf gekriegt, aber er hat wenigstens überlebt. Unser Haus wurde im linken Teil zerstört, aber der Luftschutzkeller lag unter der rechten Hausseite. Ich selbst habe im Krankenhaus durch eine Krankenschwester, die in der Bonifatiusstraße wohnte und in Wintermoor beschäftigt war, gehört, dass unser Haus getroffen worden war. Als die sagte: „Ich glaube, euer Haus ist kaputt", war ich nicht mehr zu halten. Ich wollte nach Hause. Als ich ankam, sah ich, dass tatsächlich alles kaputt war. Aber ein paar Wochen später kam Hannes dann zurück. Da waren wir alle wieder zusammen.
Kt.: Frau Matzat, als die Kirche Ihren Bombentreffer bekam, waren Sie in Wilhelmsburg, nicht wahr?
FM.: Bei diesem Angriff waren wir im Bunker. Aber an dem Tag, an dem die Kirche den Volltreffer bekam, wollte meine Schwägerin heiraten. An diesem Tag wurde also nicht nur ihre Wohnung zerbombt, auch ihr Hochzeitskleid, alles, alles war weg! Meine Schwägerin und ihr zukünftiger Mann sind über die Straßenbahnschienen vor der Kirche, die ja alle hoch aus der Straße herausragten, hinübergestiegen, über Blindgänger weg, ins Pfarrhaus. Da hat der Pfarrer Krieter die beiden dann im Pfarrhaus getraut, so in den Kleidern, die sie anhatten, als sie aus dem Bunker kamen. Das war ihr Hochzeitstag! Das war am 31. März 1945.
Kt.: Können Sie über die Gottesdienste während der letzten Kriegsjahre und während der ersten Nachkriegszeit etwas sagen?
FM.: Die Kirche war ja kaputt. Die eine Seite, wo der Marienaltar gestanden hatte, war ganz kaputt. Der Hauptaltar wurde später dann dort aufgebaut, wo der Eingang der Kirche gewesen war.
HG.: Ja, das linke Kirchenschiff war durch den Bombentreffer ganz weg. Da hat man später eine Mauer hochgezogen und die Seitenwand geschlossen. Ich glaube, die Baufirma Stein hat diese Bauarbeiten ausgeführt. Vorher haben wir für diesen Zweck erst einmal die „Steine gekloppt". Vorher war der nicht beschädigte Hauptaltar in den hinteren Teil der Kirche versetzt worden. Unter der Orgelempore war er vor Wind und Wetter einigermaßen geschützt. Als die Seitenwand der Kirche hochgezogen war, wurde alles wieder umgedreht. Der Altar kam wieder vorne hin, an seine alte Stelle.

FM.: Aber mir fällt dabei etwas ein. Kurz vor dem Kriegsende, hat Pfarrer Krieter noch vorn an der alten Stelle zelebriert. Der Altar stand also noch vorne. Wir selbst haben vorne in der ersten Bank gesessen. Links hatte die Kirche keine Wand, und dann schossen die Engländer aus der Gegend vor Harburg immer nach Hamburg rein. Jedes Mal, wenn die geschossen haben, gab es das typische helle Geräusch. Dann sind wir in unseren Bänken jedes Mal runter in Deckung gegangen.

Also, erst nach Kriegsende haben wir „die Steine gekloppt". Dann wurde gleich die Wand zugemacht. Zu dieser Zeit hatte unsere Cousine, Erika Seeler, Hochzeit. Ich sehe es noch vor mir, wie sie da steht. Das war alles so provisorisch.

Vor dem Krieg, ganz früher, (vor der neuen Ausmalung der Kirche in den Jahren 1938 /1939) hatten wir hinter dem Altar ja so wunderschöne, große bunte Fenster. Das waren wunderschöne Fenster, ein großes und zwei kleinere. Die waren so herrlich bunt, wenn die Sonne durch das Glas schien.

HG.: An die schönen, bunten Fenster erinnere ich mich auch noch.

Abb. 59: Vor der Neugestaltung der Wand hinter dem Hochaltar (vom Sommer 1938 bis Herbst 1939) befanden sich dort Glasfenster. Die Schließung dieser Fenster und die neue Ausmalung wurden notwendig, weil die Wand durch eindringendes Wasser geschädigt war.

Kt.: Das muss vor 1938 gewesen sein, denn in diesem Jahr wurde die Wand hinter dem Altar umgestaltet. Die Fenster wurden weggenommen und durch ein großes Wandgemälde mit den heiligen Missionaren Ansgar und Bonifatius ersetzt. Wissen Sie, warum man diese Veränderungen vorgenommen hat?

FM.: Das weiß ich nicht. Wir waren ja noch Kinder.

HG.: Es war wohl einfach ein neuer Kunstgeschmack.

FM.: Aber ich muss sagen, dass unsere Kirche immer sehr schön war. Zum Beispiel hingen zu Fronleichnam Tannen-Girlanden von der Decke herab. Auch die Kanzel und die Orgel waren immer mit Tannengirlanden geschmückt. Alles hat so schön gerochen. Im Chorraum wurde im Mai der Maialtar aufgebaut!
Ich habe noch einige Fotografien, die zeigen, wie schön alles war. Ich muss sagen, dass der Pfarrer Krieter auf den Schmuck der Kirche großen Wert gelegt hat. In dem Zusammenhang muss ich auch eine Frau Kinne erwähnen. Die hat dafür gesorgt, dass immer genug Blumenschmuck da war. Manchmal waren es mir sogar fast zu viele Blumen.

HG.: Wir haben uns in der Kirche immer sehr wohl gefühlt. Das hat auch Einfluss auf unsere Kinderspiele gehabt. Unter uns drei Geschwistern war ich der „Prinz". Ich hatte als Junge eine bevorrechtigte Stellung. Wenn wir zu Hause „ Heilige Messe" gespielt haben, war ich der Pastor. Meine Schwestern haben dann gebetet „wie der Teufel komm raus". „Heilige Messe" haben wir ganz oft gespielt. Wie gesagt, für uns galt: Wohnung, Schule, Kirche! Das war ein Dreieck, in dem sich unser Leben abspielte. Unsere Mutter hat die Kirche sauber gemacht. Auch im Pfarrhaus hat sie sauber gemacht. Wir als Kinder haben in der Kirche einmal pro Woche im gepflasterten Mittelgang die Rillen zwischen den Steinen mit Nagelbürsten gesäubert. Da hatten wir sozusagen unseren „Kirchentag".
Manchmal bin ich auch auf die Kanzel gegangen und habe von da oben „gepredigt". Einmal kam dabei der Pastor Krieter zufällig rein. Danach hat er zu meiner Mutter gesagt - meine Mutter hieß Pelagia, er hat sie aber immer mit Paula angesprochen: „ Paula, dein Hannes, das wird noch 'mal ein Pfarrer!" (HG. lacht herzlich.) Aber ich bin leider kein Pfarrer geworden!
Beim Stichwort „Predigen" fällt mir ein: Krieter war kein großer Prediger. Wir haben uns oft gelangweilt. Also, wenn seine Predigt zum Schluss ging, dann kam er immer auf Maria zu sprechen. Das war in jeder Predigt seine Hauptperson. Wenn er anfing, von Maria zu reden, wusste man, dass die Predigt bald vorbei war.

Kt.: Herr Grytka, wenn Sie sogar zu Hause „Heilige Messe" gespielt haben, dann waren Sie bestimmt auch Messdiener in Wilhelmsburg.
HG.: Ja, das war eine wunderschöne Zeit, als ich Messdiener war. Die Kapläne haben die Messdienerausbildung gemacht.
Kt.: Gab es für die Messdiener auch Freizeitveranstaltungen ?
HG.: Nein, das war damals nicht so wie heute, wo den Kindern dauernd etwas geboten werden muss. Eigentlich war da nur die „Messdienerstunde", in der wir ausgebildet wurden.

FM.: Ich war in der „Lioba-Gruppe" von Karla Pachowiak. Sie war unsere Gruppenführerin. Besonders gut hat uns immer gefallen, wenn wir zum „Höpen" gingen. Da hatte die Gemeinde eine Wiese und ein Häuschen. Wir waren mit der „Lioba-Gruppe" auch manchmal übers Wochenende dort. In dem Häuschen waren Etagenbetten. Von dort aus sind wir durch die Felder zu Fuß zur St. Franz-Josef-Kirche in Harburg zur Messe gegangen. Einmal ist unsere Mädchengruppe mit den Kaplänen Wosnitza und Holling per Straßenbahn zum Höpen gefahren. Ich erinnere mich, dass Kaplan Wosnitza uns bei dieser Gelegenheit gemahnt hat, ihn nicht mit „Herr Kaplan" anzusprechen. Warum er das verlangt hat, weiß ich nicht mehr. Vielleicht hat er das gewollt, weil die katholischen Vereine nur religiöse Aufgaben wahrnehmen durften, nicht aber Freizeitunternehmungen, wie Ausflüge oder sportliche Betätigungen. Wir sind manchmal auch mit der ganzen Familie zur Gemeindefeier da draußen gewesen.

Kt.: Fronleichnam haben Sie wirklich im „Höpen" gefeiert? Ich habe von anderen gehört, dass Fronleichnam nicht im „Höpen" gefeiert wurde. Das sei viel zu weit weg von Wilhelmsburg gewesen. Man habe nicht morgens in Wilhelmsburg den Gottesdienst und die Prozession haben und am gleichen Tag im „Höpen" feiern können.
FM.: Doch, doch! Die kirchliche Feier war natürlich in Wilhelmsburg, aber das Kinderfest nachmittags fand im „Höpen" statt. (Von Wilhelmsburg bis Rönneburg fuhr auch die Straßenbahnlinie 33)
Wir hatten zu Fronleichnam auf dem Schulhof der „Neuen Schule", vor dem Pfarrhaus und vor der „Alten Schule" die Prozessionsaltäre, und die Prozession führte über die Straße. Der Prozessionsweg über die Straße ist aber nachher verboten worden (im Jahre 1939). Danach durfte die Fronleichnamsfeier nur noch auf dem Bezirk rund um die Kirche stattfinden. Dieser Bezirk war ja sowieso durch eine Mauer von der Straße und sonstigem öffentlichen Grund abgetrennt. Das war eigentlich das einzige Verbot, das die Nazis gegen unsere Gemeinde erlassen haben.
Aber noch einmal zu der Gemeindewiese im „Höpen"! Das war eine schöne Sache! Pfarrer Krieter hat das Gelände ja verkauft, als das Krankenhaus gebaut werden sollte. Als ich das Gelände im „Höpen" später wieder gesehen habe, da war ich sehr enttäuscht. Der Wald war abgeholzt. Auf der schönen, grünen Wiese standen Häuser. Also, ich war so sehr enttäuscht, das glaubt man gar nicht!

Kt.: Haben Sie, Frau Matzat, eigentlich Kontakt zur Haushälterin von Pfarrer Krieter gehabt, zu seiner Schwester Therese?
FM.: Ich habe oft mit Margret Krieter, der Nichte von Therese und von Pfarrer Krieter, im Pfarrhaus oder im Garten des Pfarrhauses gespielt. Die Margret kam in den Schulferien (aus Münster) zu Besuch ins Pfarrhaus. Auch Margrets jüngerer Bruder kam mit ihr zu Besuch, aber mit dem habe ich weniger gespielt. Der war zu klein.
Kt.: Und Therese Krieter?
FM.: Ich war oft bei Therese! Sie ist mit mir gerne mit der Straßenbahn nach Hamburg gefahren. „Trudi", hat sie immer gefragt, „Trudi, wollen wir nach Hamburg fahren?" Trudi wollte natürlich immer. Ich war damals wohl so elf oder zwölf Jahre alt. Das war vor dem Krieg oder zu Anfang des Krieges. Ich ging da noch zur Schule, und Hamburg war da noch nicht zerstört. In Hamburg sind wir ins Café Wilms - gegenüber vom Thalia-Theater - gegangen. Wir haben dort Kaffee getrunken, und sie hat eine Zigarette geraucht.
Kt.: Eine Zigarette hat sie geraucht?
FM.: Ja! Pfarrer Krieter war ja auch Raucher. Er hat kräftig Zigarren geraucht!
Kt.: Ja, das weiß ich natürlich.
FM.: Ob Therese im Pfarrhaus auch geraucht hat, das weiß ich allerdings nicht! Nach dem Café-Besuch sind wir an der Alster spazieren gegangen. Ich weiß noch, dass sie mir einmal im Alsterhaus einen braunen Wollrock gekauft hat. Ein anderes Mal hat sie mir ein blaues, seidenes Kleid gekauft. Im Pfarrhaus durfte ich auch zu ihr ins Zimmer. Da hatte sie in einem Schuhschrank ganz viele Schuhe stehen, und ich habe jedes Paar Schuhe anprobiert. Ich bin darin umherstolziert und habe sie gefragt: „Frl. Krieter, wenn ich groß bin, kriege ich dann auch so ein Paar Schuhe?" „Ja, die kriegst du auch", hat sie gesagt. Sie hat mir einmal auch eine wunderschöne, blaue Ledertasche geschenkt. Manchmal kam sie auch mit zu uns in unsere Wohnung. Wir wohnten ja ganz in der Nähe. Dann hat sie sich auf einen Stuhl gesetzt, ihre Füße auf eine kleine Fußbank gestellt und dann ist sie eingeschlafen. „Es war so gemütlich bei euch", hat sie dann gesagt. Ja, sie war oft bei uns. Und ich habe mich mit Therese wirklich gut verstanden.

Im Pfarrhaus war ich manchmal auch bei Frl. Spiegel, der Pfarrsekretärin. Die wohnte oben unterm Dach. Die hat mir das Stenografie-Schreiben beigebracht, bevor ich zur Handelsschule ging.

HG.: Ich erinnere mich auch an ein Erlebnis mit Frl. Krieter. Das war nach dem Krieg. Wir hatten ja nichts zu essen. Da sind wir morgens alle auf einem Lastwagen zum Blaubeerenpflücken in die Heide gefahren. Wir Kinder hatten beim Pflücken natürlich flinke Hände. Und Frl. Krieter konnte sich so schlecht bücken. Da kam sie immer zu uns, zu Johanna und zu mir, und sagte: „Hier habt ihr auch ein Stück Zucker! Gebt mir 'mal einen Becher Blaubeeren ab!" (Alle Gesprächsteilnehmer lachen)

FM.: Ja, Therese ist auch mit uns „Kohlen klauen" gegangen. Die hatten im Pfarrhaus ja auch keine Kohlen, und der Pfarrer Krieter hat immer gefroren! Als der Pfarrer (1939) Jubiläum hatte, hat mein Vater ihm eine hübsche Ofenbank gebaut. Damals gab es ja keine Zentralheizung. Die Bank hat der Pfarrer direkt neben den Ofen gestellt und dann immer darauf gesessen. Ich erinnere mich, dass Pfarrer Krieter sehr oft einen Schal um den Hals trug.

HG.: Er wollte sich wohl vor Erkältungen schützen. Seine Stimme war sowieso nicht sehr kräftig, eigentlich ganz piepsig.

Kt.: Haben Sie nach dem Krieg weiter Kontakt zur Gemeinde gehabt?

HG.: Ja, wir haben immer Kontakt zur Bonifatiusgemeinde gehabt, bis wir aus Wilhelmsburg weggezogen sind.

FM.: Ich war nach dem Krieg noch in der Gruppe von Karla Pachowiak. Wir haben doch „Steine gekloppt"! Als Karla dann aus Wilhelmsburg wegging, war ich noch in der „Marianischen Kongregation". Darin waren die Jungmädchen, die so um die zwanzig Jahre alt waren. Der Elisabethverein war etwas für die älteren Frauen. Der Verein hatte eine ganze Menge Mitglieder, aber alle Frauen waren schon älter. Den Verein gab es noch zu der Zeit, als ich vor 16 Jahren aus Wilhelmsburg weggegangen bin.

Abb. 60: Frauen des Elisabethvereins auf einem Ausflug nach Fleestedt im Jahre 1955

Matuszczak, Ewald und Elke

geboren 1931 und 1936
wohnhaft zur Zeit des Gespräches in Hamburg-Wilhelmsburg

Gespräch am 8. 3. 2004

HM. = Herr Matuczak FM.= Frau Matuczak Kt. = Ulrich Krieter

Die in Klammern geschriebenen Wörter / Texte sind zum besseren Verständnis des Lesers eingefügt. Das Gespräch wurde mittels Diktiergerät aufgezeichnet.

Kt.: Herr Matuczak, wann sind Sie geboren?
HM.: Im März 1931 in Wilhelmsburg.
Kt.: Und Sie, Frau Matuczak?
FM.: Im August 1936, in Hamburg.
Kt.: Herr Matuczak, Sie sind also in Wilhelmsburg aufgewachsen und auch zur Schule gegangen?
HM.: Ja, ich bin 1937 in die Bonifatiusschule gekommen. Und zwar hatte ich seinerzeit noch Unterricht in der „Alten Schule", Groß-Sand. Mein Lehrer war der Herr Kaufhold. In der Bonifatiusschule war ich aber nur 2 Jahre lang, weil dann die Konfessionsschulen aufgelöst wurden. Danach musste man zu der Schule gehen, die dem Wohnort am nächsten war. Das war (für mich) die Schule II, in der Georg-Wilhelm-Straße, früher Hindenburgstraße.
Kt.: In der Bonifatiusschule hatten Sie Religionsunterricht?
HM.: Ja, beim Lehrer Kaufhold. In den ersten Schulklassen hat man ja normalerweise nur einen Lehrer.
Kt.: Ist der Lehrer Kaufhold mit der Klasse zur Schule II mitgegangen?
HM.: Nein! In unserer Klasse (in der Bonifatiusschule) waren wir so um die 30 Kinder gewesen. 10 Kinder aus unserer Klasse sind zur Georg-Wilhelm-Straße gekommen. Wir wurden nach Wohnort der Eltern verteilt. Ich habe damals in der Fährstraße, Nummer 47, gewohnt. Das war kurz vor dem Veringplatz.
Kt.: Haben Sie, als Sie nun in Schule II waren, Religionsunterricht in der Bonifatiusgemeinde gehabt?
HM.: Ja, nachmittags haben wir - einmal pro Woche - im Gemeindehaus Religionsunterricht gehabt, beim Kaplan Holling. Der andere Kaplan hieß Wosnitza.
Kt.: Hatten Sie damals irgendwelche Kontakte zum Pfarrer Krieter?
HM.: Persönliche noch nicht, weil ich ja noch kein Ministrant war. Man kannte ihn ja als Pastor, aber für die Kleinarbeit waren die Kapläne zuständig.
Kt.: Wann sind Sie denn Messdiener geworden?
HM.: Das muss 1943 gewesen sein.
Kt.: Also war schon Krieg. Gab es noch viele Messdiener?
HM.: Ich habe neulich gerade ein Bild gefunden. Wir waren so um die 20. Darunter war auch Johannes Rataj, der später Priester geworden ist. Dann waren da die beiden Eckmanns, Helmut Strosina und ... Na, ja, alle Namen fallen mir jetzt natürlich nicht ein. Die Messdienerausbildung hat der Kaplan gemacht.

Kt.: Einmal etwas anderes! Mussten Sie bei der HJ mitmachen?
HM.: Also das hieß DJ, bis zum 14. Lebensjahr, Deutsche Jugend. Meine Mutter hat mich immer gehänselt: „`DJ` bedeutet dumme Jungs", hat sie gesagt.
Kt.: Haben Sie denn mitmachen müssen?
HM.: Man musste mitmachen! Ich war so ziemlich der einzige (Junge), der keine Uniform hatte. Meine Mutter hat gesagt: „Für so etwas gebe ich kein Geld aus!" Na ja, wir waren fünf Kinder zu Hause. Die Uniform musste man selbst anschaffen. Das war (in unserer Familie) unmöglich!
Kt.: Haben Sie bei der DJ besondere „Abenteuer" erlebt?

HM.: Abenteuer bei der DJ? Das kann man eigentlich nicht sagen. Es war ja oft Alarm. Man hat viel Zeit im Bunker verbracht.
Kt.: Waren Sie im großen oder im kleinen Bunker?
HM.: Im großen Bunker! Der lag näher. Bei Voralarm ging es los. Man hörte ja im Radio: „Norddeutschland, Richtung Hamburg", und bei Alarm war man längst unterwegs oder schon im Bunker. Man hatte seinen bestimmten Weg, es war ein ganz schönes Gedränge auf dem Weg zum Bunker. Im Bunker hatte man seinen „festen Platz". Das hat sich so ergeben. Man war immer auf den einen Platz gegangen und dann blieb man da auch in der nächsten Zeit. Es waren immer dieselben Leute da, aus der Nachbarschaft. Andere haben gar nicht erst versucht, den Platz zu nehmen. Man hat sich dann geholfen und hat zusammen Angst gehabt, der eine mehr, der andere weniger.
Kt.: Sie sind als höchstens 13- oder 14-jähriger Junge doch nicht allein zum Bunker gelaufen?
HM.: Meistens waren wir zu dritt, meine Mutter, meine jüngere Schwester und ich. War der Alarm abends, war die ganze Familie da, auch mein Vater.

Kt.: Ich habe gelesen, dass in der Nähe des Bunkers Gefangene gearbeitet und gewohnt haben!
HM.: Ja, vor dem großen Bunker, wenn man von der Evangelischen Kirche (der Emmausgemeinde?) kommt, links, da waren Baracken. Wenn man von der Weimarer Straße - da waren ja die kleinen Häuser - weiter geht, dann sah man dahinter einen schmalen Weg. Der führte etwas nach unten. Da war früher 'mal ein Sportplatz, der in den dreißiger Jahren neu gebaut worden war, aber nie benutzt worden ist. Darauf waren - wie gesagt - Baracken. Darin waren Kriegsgefangene bzw. Fremdarbeiter untergebracht. Das war also genau gegenüber dem Bunker, aber die durften bei Luftangriffen nicht in den Bunker rein.
Kt.: Woran haben Sie erkannt, dass es Fremdarbeiter waren, an der Sprache?
HM.: Nein, das wusste man eben. Woher sie genau kamen, wusste man nicht.
Kt.: Wie waren die Fremdarbeiter gekleidet?
HM.: Sie hatten ärmliches Zeug an, sie waren aber nicht einheitlich gekleidet.
Kt.: Sie trugen keine einheitliche Gefangenenkleidung?
HM.: Nein, die mit der einheitlichen Kleidung, das waren ja die KZler! Die sind manchmal durch die Straßen gegangen, um Blindgänger zu entschärfen. Wenn etwas passierte, dann sind die „ mit hochgegangen".
Kt.: Wo haben Sie diese KZler gesehen?
HM.: Entsprechend wo Blindgänger lagen wurden die KZler gruppenweise durch die Straßen geführt. Ich habe zum Beispiel welche in der Veringstraße gesehen, auch in der Fährstraße.
Kt. : Wie groß war so eine Gruppe ungefähr? War eine Wachmannschaft dabei?
HM.: Ja, vorne und hinten waren Wachsoldaten. Die Gruppen waren unterschiedlich groß.
Kt.: Konnte man zu den „Fremdarbeitern" Kontakt aufnehmen?
HM.: Man konnte denen schon 'mal eine Scheibe Brot zustecken. Da waren die sehr dankbar. Offiziell durfte man das ja nicht, aber das ging schon. Die Wachmannschaften waren auch nicht alle so schlimm, die haben auch schon einmal ein Auge zugedrückt.
Kt.: Auch bei den KZlern?
HM.: Ja, man hatte ja auch schon ein Auge dafür, wer und wie die Bewacher waren.
Kt.: Die KZler durften bei Luftangriffen bestimmt nicht in den Bunker, oder?
HM.: Nein, die kamen ja auch nicht von hier. Die gehörten wohl zu (dem KZ) Neuengamme und wurden mit Lastwagen herangefahren.

Kt.: Haben Sie Erinnerungen an die Zerstörung der Bonifatiuskirche?
HM.: Das war am Karsamstag 1945. (31. 3.1945) Da ist die Kirche ziemlich getroffen worden. Ich weiß genau, wann das war. Wir hatten nämlich das Osterfeuer vor der Kirche angemacht, da kam Alarm. Da sind wir natürlich weggelaufen. Nachher haben wir gesagt: „Wir haben das Feuer nicht ausgemacht, und jetzt haben sie (die englischen Flugzeuge) das Licht gesehen und die Kirche bombardiert." Als Kinder haben wir das so gedacht. Das war garantiert nicht der Grund, aber so hat man sich als Kinder seine Gedanken gemacht.

Kt.: Welche Häuser der Gemeinde waren kaputt, und welche Schäden hatte die Kirche?
HM.: Das Gemeindehaus war sozusagen weg. Die Kirche war an der Seite der Sakristei getroffen. Das Pfarrhaus war gar nicht getroffen, es hatte nur kleinere Schäden. Wir konnten nach der Zerstörung der Kirche im Pfarrhaus noch umherlaufen, die Treppe hoch und den Kaplan Kruse in seinem Zimmer besuchen.
Kt.: Haben Sie mitgemacht, als aufgeräumt wurde?
HM.: Manchmal, mit den Messdienern, haben wir die Trümmer beseitigt, die Steine geputzt und weggetragen und zum Wiederverwenden gestapelt. Wir haben auch Bombentrichter zugeschaufelt.

Ich selbst musste in der letzten Kriegszeit immer mit Dechant Krieter nach Harburg zu Beerdigungen. (Katholische) Beerdigungen gab es ja in Wilhelmsburg gar nicht! So drei-viermal im Monat musste ich mit Dechant Krieter nach Harburg und dann wieder zurück. Nach dem Krieg hat Dechant Krieter zu mir gesagt: „Ja, Ewald, wenn ich dich sehe, dann muss ich immer an unsere Beerdigungen denken!"
Kt.: Sind Sie mit der Straßenbahn nach Harburg gefahren?
HM.: Die Bahn fuhr ja nicht! Meistens mussten wir zu Fuß rüber, manchmal sind wir wohl auch mit einem Auto mitgenommen worden, aber meistens ging es zu Fuß bis zum Harburger Friedhof, oben an der Bremer Straße.
Kt.: Das war ja eine weite Fußwanderung!
HM.: Das war früher nichts Besonderes und auch nicht schlimm.
Kt.: Aber Dechant Krieter war damals nicht mehr so ganz jung!
HM.: Das stimmt, aber er war ganz gut zu Fuß.
Kt.: War Dechant Krieter während dieser Wege durch seine Kleidung als Priester zu erkennen?
HM.: Nein, das nicht! Das Kreuz, das bei der Beerdigung getragen wurde, haben wir nicht von Wilhelmsburg mitgenommen. Das war in der Kapelle in Harburg.
Kt.: Aber die ganze sonstige Ausrüstung für die Beerdigung musste doch mitgenommen werden.
HM.: Die Priester- und Messdienergewänder hatten wir in einem Koffer dabei.
Kt.: Haben Sie den Koffer getragen?
HM.: Wir waren ja immer zwei Messdiener, die mitgingen. Ich hatte zwar verschiedene (Messdiener-) Kollegen, aber bei Beerdigungen war immer ich dabei. Beerdigungen waren für mich sozusagen reserviert. Da ist noch etwas zu Dechant Krieter zu sagen: Bei Beerdigungen gibt es (von den Angehörigen) für die Messdiener immer ein bisschen Geld. Das durften wir natürlich behalten. Das war für Dechant Krieter selbstverständlich. Er hat uns nach der Beerdigung aber immer gefragt, ob wir etwas Geld gekriegt hätten. Wenn nicht, dann hat er in die eigene Tasche gefasst und uns Messdienern selbst etwas gegeben.

Kt.: Fanden die Beerdigungen in der Woche statt?
HM.: Ja, in der Woche. (Das war mit der Schule kein Problem), denn die Schulen waren ja geschlossen worden. 1944, im Frühjahr, glaube ich, wurden alle Schulen dicht gemacht. Da brauchte man nicht mehr in die Schule zu gehen. Eigentlich hätte ich bis 1945 zur Schule gehen müssen. Ich habe deswegen auch keinen Schulabschluss. Viele Kinder waren zur Kinderlandverschickung weg, aber ich wollte das nicht!
Kt.: Ging das so einfach?
HM.: Hm, wer nicht wollte, brauchte auch nicht, gezwungen haben sie niemanden! Es sind etliche aus der Gemeinde hier in Wilhelmsburg geblieben, z.B. die Eckmänner.
Kt.: Haben Sie denn nach dem Krieg eine Lehre machen können?
HM.: Ja, im Januar 1945 habe ich an einem Berufvorbereitungslehrgang teilgenommen. Der Lehrgang war in der Buddestraße, am Bahnhof, und sollte sechs Wochen dauern. Nach vier Wochen war aber schon Schluss, weil dauernd Alarm war. Erst am 1. April 1945 fing ich dann mit einer Lehre an. Am 27. März 1945 war ich vierzehn (Jahre alt) geworden, vier Tage später habe ich die Lehre begonnen. So ein kleiner Kerl war ich! (Herr M. macht ein Handzeichen)
Kt.: Welchen Beruf haben Sie dann begonnen?
HM.: Bankangestellter, Kaufmann. Und das war noch im Krieg!
Kt.: Haben Sie erlebt, wie die Engländer hier eingerückt sind?
HM.: Ja, da war zwar Ausgehverbot, aber als junger Mensch hält man sich ja nicht daran. Man ist trotzdem auf die Straße gegangen. Da fuhren die vielen Panzer und Lastwagen über die Georg-Wilhelm-Straße in Richtung Veddel. Das haben wir beobachtet. Und plötzlich fuhr einer der Panzer aus der Reihe raus und in die Fährstraße hinein. Da waren wir aber weg und verschwunden!!

Kt.: Frau Matuczak, nun zu Ihnen! Sie sind nicht in Wilhelmsburg aufgewachsen.
FM.: Ich bin in Rahlstedt aufgewachsen und in Wandsbek zur Schule gegangen. Danach habe ich im Heidberg-Krankenhaus Krankenschwester gelernt. Da habe ich mein Examen gemacht. Kurz vorher hatte sich herausgestellt, dass ich (im Krankenhausdienst) mit meinem Rücken Probleme bekommen würde. Der damalige Personal-Oberarzt wollte sich selbständig machen. Da hat er mich gefragt, ob ich nicht Lust hätte, mit ihm eine Praxis in Wilhelmsburg zu eröffnen, in der Weimarer Straße. Ich bin mitgegangen. Wir haben dann gemeinsam diese Praxis eingerichtet und eröffnet.
Kt.: Wie hieß dieser Doktor?
FM.: Dr. Schmitz! Der hatte dann die erste internistische Praxis in Wilhelmsburg. Wir hatten alle möglichen modernen Sachen, wie z. B. Röntgen- oder EKG-Einrichtungen. Das war kurz nach dem Krieg etwas Besonderes. Ich habe damals in der Praxis ein Zimmer gehabt und dort gewohnt. Der Doktor Schmitz war katholisch. Da ich so etwas wie das „Kind im Hause" war, war ich ab und zu auch bei ihm zu Hause eingeladen. Er wohnte mit seiner Familie in Eppendorf. Ich war zum Mittagessen eingeladen, aber wir sind vorher zusammen zur Messe gegangen. Damals war ich evangelisch. Aber plötzlich hatte ich den Wunsch, katholisch zu werden. Daraufhin bin ich zu Dechant Krieter gegangen, habe bei ihm etwas Unterricht gehabt und bin dann am 22. März 1958 konvertiert. Dechant Krieter hat mich noch einmal getauft, für den Fall, dass die Evangelischen das nicht richtig gemacht haben sollten (FM. Lacht.)
Kt.: Fand diese Taufe öffentlich statt?
FM.: Nein, nicht im Rahmen einer Messe oder so! Familie Dr. Schmitz und die andere Familie, die auch noch im Haus wohnte, waren bei der Taufe anwesend.

Die andere Familie war die Familie Unterhalt. Herr Dr. Schmitz und Frau Unterhalt waren meine Taufpaten. Dann, eines Abends haben mein Mann und ich uns kennen gelernt.
HM.: Nach der Fastenandacht!
Kt.: Das wird spannend! Aber einen Augenblick noch, ich möchte noch einmal zum Konvertitenunterricht zurück. Sie sind also selbst auf den Dechant Krieter zugegangen?
FM.: Ja, der Unterricht war nicht häufig, nur einige Male. Der Unterricht fand bei ihm, in seinem Arbeitszimmer im Pfarrhaus, statt.
Kt.: Können Sie sich an spezielle Unterrichtsthemen erinnern?
FM.: Eigentlich nicht. Die Sakramente ... na, so etwas. Wichtig war ihm auch die Messe. Aber er hat dann immer so gesagt: „Das kennst du ja schon.", oder, „Lies das `mal in der Bibel nach!"
Kt.: Empfanden Sie Dechant Krieter als „verbissenen" Katholiken? Hat er zum Beispiel die Unterschiede zwischen dem evangelischen und katholischen Glauben besonders hervorgehoben?
FM.: Also er war bestimmt nicht verbissen! Da war er ganz anders als man es damals bei den Menschen oft gehabt hat. Ich war in der evangelischen Emmausgemeinde gewesen, sogar ein verhältnismäßig aktives Mitglied. Als ich konvertieren wollte, fragten mich evangelische Bekannte: „Wie kann ein denkender Mensch katholisch werden?"
Kt.: War damals in der Emmausgemeinde der Pastor Kollhoff tätig?
FM.: Ja, der hat diese Frage aber nicht gestellt. Der war auch - wie der Dechant - ein recht toleranter Mann.
Kt.: Hatte Ihre Konversion etwas mit Ihrer Heirat zu tun?
FM.: Nein, da kannte ich meinen Mann ja noch gar nicht. Darauf lege ich großen Wert. (FM lacht.)
HM.: Wir haben uns erst hier in der Bonifatiusgemeinde kennen gelernt. Ich wusste gar nicht, dass meine Frau evangelisch gewesen war.
FM.: Nach der Fastenandacht haben wir uns kennen gelernt, am 20. März.
HM.: Nach der Fastenandacht haben sich die Jugendlichen regelmäßig getroffen.

Kt.: Herr Matuczak, in welcher Jugendgruppe haben Sie mitgemacht?
HM.: In keiner, ich bin von Anfang an zu Kolping gegangen, schon 1945.
Kt.: Wer hat Sie beide nun getraut?
HM.: Kaplan Strzedulla. Leider, leider! Ich hätte mich lieber von Dechant Krieter trauen lassen.
Kt.: Wie kam das, dass er sie nicht getraut hat ?
HM.: Weil Dechant Krieter gesagt hat: „Och, der Ewald ist in Kolping, die Trauung lass man den Präses (der Kolpingsfamilie) machen. Darauf hätte ich mich heute nie eingelassen! Der Kaplan hatte zu eigenartige Ansichten!
FM.: Ja, der war sehr verkrampft, zum Beispiel, was das Verbot der Sonntagsarbeit anging.
Kt.: Na gut, der Dechant hat die Trauung also an Kaplan Strzedulla delegiert.

FM.: Übrigens noch etwas zu Dechant Krieter: Ich heiße Elke (mit Vornamen) . Aber er hat zu mir gesagt: „Du bist für mich Elisabeth!" Dann hat er mich später auch immer nur Elisabeth genannt. Heute feiere ich meinen Namenstag tatsächlich am Elisabethtag, obwohl der Name Elke eigentlich von Adelheid kommt und es - glaube ich - eine heilige Adelheid gibt. Aber Adelheid akzeptiere ich nicht! Dechant Krieter hat damals zu mir Elisabeth gesagt, und ich finde, dass die heilige Elisabeth eine so tolle Frau gewesen ist! Die bewundere ich!

Mlotek, Hilde, geborene Warzsta

geboren 1923
wohnhaft zur Zeit des Gespräches in Hbg.-Wilhelmsburg

Gespräch am 9. 12. 2003

Ml. = Frau Mlotek   Kt. = Ulrich Krieter

Die in Klammern geschriebenen Wörter / Texte sind zum besseren Verständnis des Lesers eingefügt. Das Gespräch wurde mittels Diktiergerät aufgezeichnet.

Kt.: Darf ich fragen, wann Sie geboren sind?
Ml.: Im Juli 1923
Kt.: Und Ihr Geburtsname ist ...
Ml.: Warzsta.
Kt.: Sie wohnen heute in Wilhelmsburg-Kirchdorf. Wo wohnten Sie als Kind, wo wohnten Ihre Eltern?
Ml.: Wir wohnten in der Veringstraße, Nummer 169. Das war genau gegenüber der Kirche. In dem Haus war auch eine Schlachterei. Das ist ja auch heute noch so, aber im Haus ist jetzt nur ein Lager. Das Haus existiert noch. Meine Mutter hat bis zuletzt in diesem Haus gewohnt.
Kt.: Was haben Sie früher beruflich gemacht?
Ml.: Also, ich bin 1938 aus der Schule gekommen. Dann musste ich ein Jahr lang zum Bauern, zum „Arbeitsdienst". Als ich zurückkam, war schon der Krieg angefangen. Da bin ich dienstverpflichtet worden und musste in der „Phönix" (in Harburg) in der Reifenherstellung arbeiten. Das war schön!
Nachher - zu Kriegsende 1944 / 1945 - habe ich in den Zinnwerken gearbeitet, in der Neuhöfer Straße. Das war die Hütte, die Zinnhütte.

Kt.: Die Zinnwerke haben auch die Kirchenglocken ...
Ml.: Ja, das stimmt! Da standen die Glocken alle. Unsere Glocken von St. Bonifatius auch! In den Zinnwerken hatte ich Glück, dass ich da in die Küche gekommen bin. Und da kriegten wir - das ist auch interessant, das war Ende 1944, ins Jahr 1945 rein - da kriegten wir 100 Judenfrauen. Die mussten wir mit Essen versorgen. Da kamen die SS-Offiziere und wollten unserem Küchenchef vorschreiben, was wir kochen sollten. Der hat sie rausgeschmissen. Das war eine Sensation! „Der Chef bin ich hier", hat er den Offizieren gesagt, „und ich koche, nicht Sie!" Und dann hat er zu uns Frauen gesagt: „So, und wir werden die Judenfrauen gut bekochen! Wir haben nicht viel, aber wir werden sie satt kriegen." Und wir haben gemacht, was wir konnten. Die haben ja nichts zum Anziehen gehabt, keine Strümpfe, keine Schlüpfer, gar nichts! Sie hatten nur diesen gestreiften Kittel, und sie trugen ein Kopftuch, weil sie 'ne Glatze hatten.
Kt.: Und diese Frauen waren wirklich jüdische Frauen?
Ml.: Ja, Juden, alle Frauen waren Jüdinnen, und die haben wir dann mit Essen versorgt. Wir selbst waren ja auch nicht reich, aber wir haben von dem Wenigen, das wir hatten, für die Judenfrauen herangeschleppt. Die hatten ja nichts, nicht einmal Schlüpfer! Ein Posten, der uns beobachtet hatte, hat dann zu uns gesagt: „Warum gebt ihr denen so viel? Die brauchen das nicht mehr!" „Wieso?", haben wir gefragt. „Ja, wisst ihr denn nicht, wo die hinkommen?" Ich sagte: „Erzähl uns das 'mal!" „Ja, die werden doch vergast! " Da haben wir Frauen zum ersten Mal das Wort „vergasen" gehört. Wir waren entsetzt!
Ich habe übrigens auch noch 'ne Adresse gehabt, von einer jüdischen Frau aus Blankenese. Die Adresse ist mir aber verloren gegangen. Ich bin ja ausgebombt worden. Ich meine, wir in den Zinnwerken haben die Judenfrauen gut behandelt. Was später mit ihnen geschehen ist, weiß ich nicht.

Kt.: Sind Sie nach 1945 noch berufstätig gewesen?
Ml.: Nein, ich war zu Hause, bis mein jüngster Sohn 16 Jahre alt war. Da habe ich noch einmal angefangen zu arbeiten. Ich habe mich bei MAN (Maschinenwerke Augsburg-Nürnberg) beworben. Die haben mich auch eingestellt. Und ich habe noch 'mal gelernt. Wissen Sie, das war gerade die Zeit, als der Computer aufkam, mit diesen Lochbändern und mit Lochkarten. Das habe ich alles noch gelernt. Bis ich 60 geworden bin, habe ich da gearbeitet, 20 Jahre lang! Das war eine schöne Zeit! Und ich muss sagen, ich hab' gedacht: „Das wirst du nie kapieren!" Aber man lernt es doch! Heute ist in Sachen Computer alles viel weiter entwickelt, nicht? Aber den Anfang, den habe ich noch mitgemacht. Ja, bis 60 habe ich gearbeitet, jetzt bin ich 80 Jahre alt.
Ja, und mein Mann, der war Lokführer. Im Wilhelmsburger BW (Bahnwerk) war seine Dienststelle. Wilhelmsburg, das war doch früher der größte Güterbahnhof.
Kt.: Der Verschiebebahnhof ...
Ml.: Ja, heute ist da ja auch nichts mehr los, gar nichts! Aber da war damals seine Dienststelle. Mein Mann wurde mit 57 Jahren pensioniert. Er hatte vom vielen Stehen eine Thrombose bekommen. Dann konnte er gar nicht mehr stehen. Da war er für die Bahn nicht mehr tragbar, und da haben sie ihn pensioniert. Er hat bis zu seinem Tod noch ein paar schöne Jahre gehabt. Ich vermisse ihn heute noch!
Kt.: Sie hatten Kinder?
Ml.: Ja, zwei Söhne.

Kt.: Ich möchte Sie gern nach Ihren Eltern fragen. Ihr Vater war von Beruf...
Ml.: Mein Vater war Bauhandwerker bei (der Baufirma) Harriefeld. Und davor war er wohl bei Vering, aber das weiß ich nicht so genau. Aber ich weiß, dass der Vering unserer Gemeinde das Grundstück geschenkt hat, auf dem die Kirche steht, und auch das Grundstück für die „Alte Schule".
Kt.: Ja, das stimmt. Das habe ich genauso in der Chronik der Bonifatiusgemeinde gelesen.
Ml.: Und als unsere Kirche gebaut wurde, da war mein Vater unter den Bauarbeitern, er hat mit gebaut. Auch beim Bau des Wasserturms hat er mitgearbeitet. Das hat er uns immer gesagt.
Kt.: Wie viele Kinder hatte Ihre Mutter, bzw. wie viele Geschwister hatten Sie?
Ml.: Meine Eltern hatten zehn Kinder. Ich bin das zehnte Kind, die Jüngste von den Geschwistern. Vier Geschwister sind als Kinder gestorben, wir waren also zu sechst. Meine Geschwister sind mittlerweile alle verstorben. Der letzte Bruder ist vor einem Vierteljahr gestorben. Er ist 93 Jahre alt geworden. Jetzt bin ich von den Geschwistern allein übrig.
Kt.: Ihre Mutter hatte also zehn Kinder ...
Ml.: Ja, sie hat auch das „goldene Mutterkreuz" bekommen. Das hat sie aber nie umgebunden. Nur wenn es 'mal nützlich sein konnte, dann war es gut. Mein Vater kam ja aus der Provinz Posen. Als Adolf (Hitler) da einmarschierte, hatten wir dort dort ja Verwandte. Der eine Bruder meines Vaters hat sich dann an uns gewandt. Unsere Adresse in Wilhelmsburg hatten sie ja. Sie sollten nämlich von ihrem Grund und Boden verschwinden. Deswegen haben sie uns gefragt, ob wir da nicht etwas für sie tun könnten. Und dann haben wir, meine Schwester und ich - unsere Brüder waren ja an der Front, mein Vater lebte nicht mehr, nur Mutter war da - da haben wir beiden Mädchen an unseren Führer nach Berlin (Hitler) geschrieben. Wir haben geschrieben, dass der Grund und Boden - da in Posen - unser Erbe sei. Ja, und dann kriegten wir Bescheid, dass wir selbst dahin ziehen sollten (in die Provinz Posen). Aber nie im Leben wollten wir dahin ziehen!

Dann haben wir zurückgeschrieben, dass wir im Moment nicht dahin ziehen könnten. Wir hätten 4 Brüder, die für unseren Führer, für Volk und Vaterland kämpften. Die erwarteten von uns, dass wir zu Hause seien, wenn der Sieg erkämpft sei. Was für einen Quatsch wir geschrieben haben! Aber es hat geklappt. Allerdings, unsere Mutter mit ihrem goldenen Mutterkreuz musste dahin - nach Polen damals - und musste alles regeln. Unsere Mutter hat uns (später) erzählt, dass in dem Ort alle stramm standen, wenn sie mit ihrem Mutterkreuz ankam. Sogar die SS-Leute standen stramm, weil sie das goldene Mutterkreuz hatte. (Frau Mlotek lacht.) Das hat sie ausgenutzt. Sie hat den Bruder meines Vaters dort als Verwalter eingesetzt. So ging das mit dem Mutterkreuz. Aber, Sie können mir glauben, dass wir Angst hatten, unsere Mutter würde gar nicht zurückkommen. Wir waren heilsfroh, als unsere Mutter wieder zu Hause war.

Was die uns alles erzählt hat! Auch dem Pastor Krieter hat sie alles erzählt! Wir wohnten ja direkt neben der Kirche, und Pastor Krieter hat oft mit unserer Mutter gesprochen.

Kt.: Frau Mlotek, Sie haben auch die Katholische Schule in Wilhelmsburg besucht?
Ml.: Ja, wir alle - alle Geschwister - waren in der Bonifatiusschule.
Kt.: Welche Lehrer hatten Sie?
Ml.: Ich hatte Frl. Kraushaar als Lehrerin. Und der Rektor hieß Hupe. Das war ein Nazi, ein Nazi war das, der Hupe.
Kt.: Der Rektor war ein Nazi? Der Rektor der Katholischen Schule?
Ml.: Und wie der Nazi war! Ich will Ihnen das erzählen. Wir sollten ja alle in den BDM rein. (BDM = Bund Deutscher Mädel). Aber ich durfte von zu Hause aus nicht, von meiner Mutter aus! Ja, und dann musste ich jede Woche zum Rektor in sein Zimmer runterkommen. Und dann wurde ich immer gefragt: „Warum bist du nicht in der Hitlerjugend?" Ich habe immer nur einen Satz gesagt, den vergesse ich bis heute nicht: „Ich habe kein Interesse!" Und dann wollten sie mir in den Mund legen, dass meine Mutter wohl hinter meinem Verweigern stecken würde. Das habe ich aber nie zugegeben! Wir wussten ja, wenn ich das zugegeben hätte, dann wäre meine Mutter abgeholt worden, nicht? So bin ich auch nicht in der Hitlerjugend gewesen. Eigentlich wäre ich sogar ganz gern in die Hitlerjugend eingetreten. Die haben Ausflüge gemacht. Die haben alle möglichen schönen Sachen gemacht. Und über das Böse an Hitler haben wir Kinder doch nicht nachgedacht! Aber meine Mutter wollte nicht, dass ich eintrete. Nein, um Gottes Willen, das wollte sie nicht!
Kt.: Und das war wirklich machbar? Dann hat der Rektor Hupe also klein beigegeben?
Ml.: Ja, das hat er! Aber ein Nazi war er trotzdem! So habe ich ihn in Erinnerung.
Kt.: War der Rektor denn katholisch?
Ml.: Ja, bis 1939 war die Schule ja katholisch. Alle Lehrer waren katholisch. Ich bin 1938 aus der Schule gekommen, da war die Bonifatiusschule noch eine Katholische Schule. 1939 / 1940 wurde sie dann gemischt (eine Gemeinschaftsschule), also genau im Jahr nach meiner Schulentlassung.
Kt.: Ist der Rektor Hupe auch noch Rektor gewesen, als die Bonifatiusschule Gemeinschaftsschule geworden war?
Ml.: Ja, bis er zum Kriegsdienst eingezogen wurde. (Rektor Hupe starb 1943 an Kehlkopfkrebs.)
Kt.: Waren eigentlich die anderen Mädchen Ihrer Schulklasse im BDM?
Ml.: Ja, fast alle! Wir haben in der Klasse nur drei oder vier Mädchen gehabt, die von zu Hause aus nicht eintreten durften.
Kt.: Wo kamen die Mädchen vom BDM zusammen?

Ml.: Ja, die kamen in der Rotenhäuser Straße zusammen, in der Realschule. Da waren ja auch die Turnhalle und der große Sportplatz.
Kt.: Über die Jungen, die in der Hitlerjugend waren, wissen Sie wahrscheinlich nicht so viel?
Ml.: Mein Bruder Paul, der gefallen ist, der war nicht in der Hitlerjugend. Der war ja älter als ich. Der kam 1935 - in diesem Jahr starb mein Vater - in die Lehre bei der Baufirma Harriefeld. Die Firma Harriefeld, das war für unsere Familie die „Familienfirma". Alle meine Brüder haben bei Harriefeld gelernt. Alle vier! Nein, Paul war nicht in der Hitlerjugend. Und meine Schwester auch nicht! Die besuchte die Haushaltsschule. Und mein ältester Bruder, der arbeitete in den Zinnwerken als Tischler. Mein Bruder Thomas war arbeitslos, von 1928 bis 1933 war ja die Arbeitslosenzeit. Damals gab es doch die „Stahlhelmer" - haben Sie davon schon 'mal etwas gehört? (Der „Stahlhelm, Bund der Frontsoldaten" wurde 1918 gegründet. 1933 gliederten die Nationalsozialisten den Wehr-Stahlhelm - Männer bis zum 35. Lebensjahr - in die SA ein.) Also, da sagte mein Vater zu Thomas: „Du musst beim „Stahlhelm" sein, dann bekommst du auch Arbeit!" Mein Vater war ja auch arbeitslos. Da ist mein Bruder Thomas beim „Stahlhelm" eingetreten, und tatsächlich, er bekam Arbeit. Als aber Adolf (Hitler) an die Regierung kam, da haben sie alle „Stahlhelmer" in die SA reingenommen. So war mein Bruder nun in der SA. Der war wütend und wollte das nicht. Und das Lokal für die SA war Hintze. Kennen Sie Hintze? Also zur „Alten Schleuse" (ein Straßenname in Wilhelmsburg) über die Brücke musste man gehen, und dann war auf der rechten Seite 'ne Kneipe. Da war Hintze! Und da hatte die SA ihren Standort. Und mein Bruder sollte ja immer zum Dienst kommen. Der ist aber nicht hingegangen! Ums Verrecken, der ist nicht hingegangen! Und dann haben sie ihn rausgeschmissen. Das wollte er ja auch! Nein, nein, bei der SA mitmachen, nix! Das weiß ich noch gut. Da war er 'mal von der Arbeit gekommen - hat geschlafen - und die kamen an. Die wollten ihn holen, aber er ist nicht gegangen! (Frau Mlotek kichert.)

Kt. Wurde die Bonifatiusschule eigentlich entsprechend den Nazi-Vorschriften beflaggt?
ML.: Wir hatten die Hitlerflagge und auch Schwarz-Weiß-Rot. Auf jeder Seite vorne an der Schule, zur Bonifatiusstraße, stand ein Fahnenmast. Der Hausmeister hatte die Aufgabe, die Fahnen hochzuziehen und einzuholen.
Kt.: Der Hausmeister, Herr Liesiewicz, war in der SA und auch im organisierten Luftschutz, nicht wahr?.
Ml: Ja, das stimmt.
Kt.: War in der Schule ein Luftschutzraum?
Ml.: Ja, in der Schule war ein Luftschutzkeller, der richtig ausgebaut war. Das war unten im Keller, und von draußen führte eine Treppe hinunter. Meine Mutter - und auch Pastor Krieter - ging da immer rein. Wir selbst sind zum großen Bunker gelaufen. Wir haben unserer Mutter immer gesagt, dass sie mit uns zum Bunker kommen sollte. Sie hat darauf gesagt: „Der liebe Gott beschützt uns!"
Kt.: Trugen Lehrkräfte in der Schule Nazi-Uniform?
Ml.: Rektor Hupe haben wir ab und zu in Uniform gesehen.
Kt.: Gab es auch noch andere Lehrer in Uniform?
Ml.: Ich kann mich an keinen anderen Lehrer erinnern. Die meisten Lehrer waren ja auch sehr religiös.
Kt.: Gab es in der Schule den Gruß „ Heil Hitler" ?
Ml.: Ja, montags mussten wir doch alle immer draußen auf dem Schulhof antreten. Die Flagge wurde gehisst. Dann mussten wir das „Deutschlandlied" und das „Horst-Wessel-Lied" singen. Na klar, da hieß es nur „ Heil Hitler".

Kt.: Wer hat diesen Appell geleitet?
Ml.: Der Rektor. Da fällt mir ein: Wir hatten jedes Jahr im Sommer ein Schulfest aller Schulen von Wilhelmsburg. Da sind die Schulkinder zu „Stübens Volksgarten" marschiert. Da war neben dem Garten auch ein großer Sportplatz. Da mussten sich alle Schulen aufstellen, und dann haben wir auf dem Sportplatz nach Musik Gymnastik gemacht. Vorne stand einer, der uns dirigiert hat. Anschließend musste jede Schule irgendetwas vorbringen. Ich weiß, dass unsere Klasse `mal einen Tanz aufgeführt hat, davon zeige ich Ihnen gleich ein Foto. Das habe ich noch. Insgesamt war das wunderschön! (Frau Ml. zeigt das Foto.)
Kt.: Alle Mädchen tragen ja auf dem Foto einheitlich ein knielanges, weißes Kleid.
Ml.: Das hatte ich mir geborgt. Die meisten anderen Mädchen waren ja im BDM, da hatten sie das weiße Kleid als Uniform.
Kt.: Ich meine, dass die Uniform beim BDM ein blauer Rock und eine weiße Bluse waren.
Ml.: Ja, aber für Feste hatte jedes Mädel im BDM auch ein weißes Kleid. Also bei diesem Schulfest hieß es natürlich auch „Heil Hitler", und wir mussten auch singen.
Kt.: Wurde auch in den Klassenräumen mit „Heil Hitler" gegrüßt?
Ml.: Nein, bei unserer Lehrerin Frl. Kraushaar nicht! Sie hat morgens „Guten Morgen" gesagt und dann haben wir uns alle hingestellt und haben gebetet, auch bei Schulschluss. Auch die anderen Lehrerinnen haben nicht mit „Heil Hitler" gegrüßt.
Kt.: Gab es am Führergeburtstag (20. April) schulfrei?
Ml.: Ja, aber da gab es immer eine Veranstaltung der Hitlerjugend los. Die marschierten dann natürlich, und natürlich auch die SA. Ich hab`s doch schon gesagt. Wir hatten bei der Alten Schleuse, hinter der Brücke, die Gastwirtschaft Hintze. Das war das Stammlokal der SA von Wilhelmsburg. Das andere SA-Lokal war am Veringplatz, das „Deutsche Haus" von Wichmanns. Die Wichmanns waren ganz schwere Nazis. Da hat auch die SS verkehrt. Die Auswandererhallen auf der Veddel waren damals SS-Kasernen geworden. Einige Männer von der SS kamen gern zu Wichmanns ins „Deutsche Haus". Wenn du ins „Deutsche Haus" kamst, musstest du „Heil Hitler" sagen. Meine Schwester ging gern zum Tanzen dahin. Sie durfte das zwar nicht - von unseren Eltern aus - sie ist aber doch gegangen. Das „Deutsche Haus" war - wie gesagt - am Veringplatz. In der Nähe waren das Geschäft „von Riegen", dann ein Fischgeschäft, ein Schuhgeschäft, gegenüber war eine Drogerie.
Kt.: Gab es in der Schule sonnabends politischen Unterricht?
Ml.: Ja, sonnabends gab es richtige Schulungen.
Kt.: Können Sie sich an bestimmte Themen erinnern?
Ml.: Ich muss Ihnen ganz ehrlich sagen, dass ich da gar nicht richtig hingehört habe. Aber eins weiß ich noch: Frl. Kraushaar sollte uns „aufklären", bevor wir aus der Schule kamen. Das war von oben angeordnet, hat sie gesagt.
Kt.: Sexuelle Aufklärung?
Ml.: Ja. Wir waren ja doof. Wir wussten nichts. Das vergesse ich bis heute nicht. Sie war ganz ernst und sagte noch einmal, dass sie von oben den Befehl habe, uns aufzuklären. Sie hat das Thema angefangen mit dem Text aus der Bibel zu Mariä Verkündigung. (Maria erfährt durch den Engel Gabriel, dass sie die Mutter Gottes werden solle.) Dann hat sie das ganze Thema so „umspielt", wie und was ... Ich war zum Schluss genauso schlau wie vorher. (Frau Ml. Lacht.) Aber es waren Mädchen in der Klasse, die gelacht haben, drei Stück! Die waren „aufgeklärt" und die haben über die Lehrerin gelacht. Diese drei Mädchen hat Frl. Kraushaar rausgeschmissen.
Kt.: Wurden in der Schule kostenlos Nazi-Broschüren verteilt?
Ml.: Ja, das kam mal vor. Aber dafür haben sich wohl nur die interessiert, die in der HJ waren. Die Mehrzahl war ja drin.

Kt.: Wurde in der Schule etwas im Zusammenhang mit dem „Winterhilfswerk" gemacht?
Ml.: Daran kann ich mich nicht erinnern. Wegen des „Winterhilfswerks" kam aber jeden Sonntag der „Blockwart" zum Sammeln an die Tür unserer Wohnung. Meine Mutter hat sich oft mit ihm angelegt. Viel hat er von uns nicht gekriegt.
Kt.: Haben Sie die „Kinderlandverschickung" miterlebt?
M.: Ja, mein Vater war ja 1935 gestorben. Da ging es unserer Familie nicht so gut. Da bin ich zweimal von der Schule zur Erholung verschickt worden. Einmal war ich im Harz und einmal war ich in der Lüneburger Heide, jedes Mal 4 Wochen lang. Da habe ich vielleicht Heimweh gehabt!
Kt.: Ist die ganze Klasse verschickt worden?
M.: Nein, ich alleine! Das sollte für mich zur Erholung sein.
Kt.: Dass ganze Klassen verschickt wurden, das hat es ja erst später gegeben, als Sie schon nicht mehr zur Schule gingen.
M.: Richtig, aber unsere ganze Klasse ist 'mal mit Frl. Kraushaar „im Höpen" gewesen. Das Grundstück gehörte der Bonifatiusgemeinde. Da war so ein schönes Holzhaus. Es war schön groß, lag am Wald. Da sind wir mit der ganzen Klasse 'mal für eine Woche hingefahren. Wir haben uns selbst verpflegt, gekocht. Da haben wir auch geschlafen, in Etagenbetten. Das war wunderschön. Das Grundstück am Höpen war dann später - das hat Dechant Krieter immer gesagt - der Grundstock für das Krankenhaus-Grundstück (gemeint ist: für den Kauf des Krankenhaus-Grundstückes). Pastor Krieter hat den „Höpen" ja zu diesem Zweck verkauft.

Kt.: Ich glaube, dass wir jetzt genug zum Thema „Nazizeit" gesprochen haben. Also etwas Anderes! Erinnern Sie sich an Ihr erstes Erlebnis mit Pfarrer Krieter?
Ml.: Ja, das war 1934. Ein Jahr später ist mein Vater gestorben. Meine Mutter und mein Vater, die waren ganz begeistert von ihm. Und ich muss sagen, dass Pfarrer Krieter sich wirklich viel um die Familien in seiner Gemeinde gekümmert hat. Wie hat der uns beigestanden, als mein Vater gestorben war! Meine Mutter hat immer gesagt: „Wenn Pastor Krieter nicht gewesen wäre, dann wäre es uns ganz dreckig gegangen!" Was meine Mutter im Einzelnen von ihm gekriegt hat, weiß ich nicht, aber er hat uns sehr geholfen, das weiß ich! Damals gab es doch keine Hilfe vom Staat. Ein Sozialamt gab es nicht! Und wie viel Geld hatten wir? Eine halbe Waisenrente - das waren ein paar Mark - und das Geld, das mein ältester Bruder verdiente. Der hat uns ernährt. Mein ältester Bruder war nicht verheiratet, aber die anderen Brüder waren schon verheiratet Als unser Vater gestorben ist. So konnte nur er uns helfen, bis er dann 1937 selbst geheiratet hat.

Kt.: Sie haben gesagt, dass Pfarrer Krieter zu Ihnen nach Hause gekommen ist. Gab es dafür einen besonderen Anlass?
Ml.: Nein, das weiß ich nicht. Er wollte wohl wissen, wie es uns ging. Der hat geholfen, wo er konnte. Wissen Sie, ich will Ihnen 'mal 'was erzählen! Früher ging man doch jeden Morgen zur Messe. Und eines Morgens kommt meine Mutter von der Messe zurück - wir waren gerade aufgestanden - und sagt zu uns: „Stellt euch das 'mal vor! Pastor Krieter stand heute in Hausschuhen am Altar! Die Therese (gemeint ist Therese Krieter, die Haushälterin von Pastor Krieter) stand hinten (in der Kirche) und hat zu mir gesagt. „Nun gucken Sie sich das 'mal an! Da hat er sein letztes Paar Schuhe verschenkt!" Ja, da hat Pastor Krieter keine Schuhe mehr gehabt! Er hat in Hausschuhen am Altar gestanden! Wie meine Mutter das erzählt hat, das vergesse ich nicht.

Ja, er hat überall geholfen, und wissen Sie 'was, die Leute haben damals darauf gar nicht so achtgegeben! Wir hörten nur immer wieder von unserer Mutter, wie er geholfen hat. Übrigens, unsere Mutter hat in der Gemeinde auch viel mitgemacht, beim Helfen!
Kt.: Wie das? Im Elisabethverein?
Ml.: Ja, das war ja der wichtigste Verein für die Frauen in der Gemeinde. Die haben doch nur für wohltätige Zwecke gearbeitet!
Kt.: An welche anderen Vereine in der Gemeinde erinnern Sie sich?
Ml.: Ich selbst war in „Lioba". Das war der Verein für die Mädchen. Cilla Rohde hat „Lioba" geführt. Die Cilla mochten wir gerne, und sie hat sich auch gern mit uns einfachen Mädchen abgegeben. Ihre Schwestern waren etwas eingebildet. Der Vater (der Rohde-Mädchen) war Lehrer. Der hat damals die Hilfsschule geleitet. Die Hilfsschulkinder hatten Unterricht in einer Baracke hinter der Schule.
Kt.: War die Hilfsschule auch katholisch?
Ml.: Ja, auch die Hilfsschule.

Kt.: Zurück zu den Vereinen! Welche weiteren Vereine gab es in der Gemeinde?
Ml.: Da waren noch der Männerverein und der Gesellenverein - Kolping hieß das damals noch nicht - , und dann waren da auch noch die polnischen Vereine. Die Polen hatten ihren Josefverein und den Hedwigverein. Ja, damals gab es immer noch die polnische Messe um Viertel vor 8 (Uhr). Wir hatten in der Gemeinde den Kaplan Dohrenkamp. Der konnte Polnisch!
Kt.: Waren die Polen denn eine eigene Gruppe in der Gemeinde?
Ml.: Ja, die waren für sich! Und zwar - wollen wir es 'mal so sagen - die aus Posen gekommen sind, die waren Deutsche. Posen war ja damals eine deutsche Provinz. Mein Vater hat immer gesagt: „Wir sind Deutsche!" Obwohl mein Vater und meine Mutter polnisch sprechen konnten, haben wir zu Hause nur Deutsch gesprochen.
Kt.: Es gab aber viele Gemeindemitglieder, die sich als Polen fühlten?
Ml.: Ja, richtige Erzpolen waren wohl dazwischen. Die Leute, die unsere Gemeinde gegründet haben, die kamen ja aus Posen, aus Westpreußen, aus Schlesien. Das waren ja damals deutsche Provinzen, aber viele Leute sprachen Polnisch. Aber diese Gebiete waren ja immer schon ein Zankapfel; doch schon zu der Zeit von (Kaiserin) Maria-Theresia, nicht? Damals hat man die Gebiete den Polen doch weggenommen. Und heute ist es doch genauso. Heute hat man sie uns Deutschen weggenommen. Vielleicht kommen die Gebiete ja 'mal wieder zu uns zurück.
Aber noch einmal zu den Vereinen! Meine Brüder waren im Gesellenverein. Die haben viel Theater gespielt. Im Gemeindehaus war eine Bühne. Unten im Parterre war die Küche. Im Ersten Stock waren links der Hort und rechts der Kindergarten. Die Bühne war oben im Saal. Wenn die Gesellen Theater spielten und wenn eine Kinderrolle im Stück vorkam, dann musste ich immer mitspielen. Ich war dann immer „mittenmang dazwischen". Das vergesse ich auch nicht! Und wenn die Gesellen Maskerade gemacht haben, das war toll! Einmal wollten meine Brüder mich mitnehmen, aber meine Mutter hat gesagt: „ Nix! Nix ist's mit der Maskerade, die bleibt zu Hause!" (Frau Mlotek lacht.)
Früher hatten wir in der Gemeinde ja auch Rosenmontagsfeste, vor dem Krieg. Nach dem Krieg hat Pastor Krieter das wieder eingeführt. Rosenmontag haben wir bei „Stüben" gefeiert. (Stüben war eine bekannte Gaststätte am Vogelhüttendeich.) Jedes Jahr am Rosenmontag war das! Und am Dienstag haben die Polen „Podka Schojek" gefeiert.

Abb. 61 : Ein Foto von einer Laienspiel-Aufführung des Gesellenvereins im alten Gemeindehaus.

Kt.: Was heißt denn „Podka Schojek"?
Ml.: Das weiß ich auch nicht! (Frau Mlotek lacht.) Nur das Wort weiß ich noch! Ja, das mit den Festen war immer schön! Wir sind auch immer higegangen. Und um Punkt Eins war am Rosenmontag Schluss! Durch solche Feiern wird eine Gmeinde doch zusammengehalten. So lange wir Krieter als Pfarrer hatten, hat es die Feste immer gegeben.
Kt.: Sind Sie mit Ihren Mann zu den Festen gegangen?

Ml.: Ja, aber da fällt mir noch etwas ein, was ich Ihnen unbedingt erzählen muss. Als ich meinen Mann heiraten wollte, da wollte der sich nicht kirchlich trauen lassen, obwohl er katholisch war, zur Katholischen Schule gegangen war und alles! Wir waren also zuerst nicht kirchlich getraut. Pastor Krieter wusste, dass ich darüber traurig war. Immer wenn ich mit Pastor Krieter sonntags nach der Kirche gesprochen habe, hat er zu mir gesagt: „Hilde, mach dir keine Gedanken, ich bete für dich." Jedes Mal hat er das zu mir gesagt! Als mein Sohn neun Jahre alt war, sollte der zur Kommunion. Da habe ich meinen Mann endlich bekehrt. Er wollte sich nun sogar kirchlich trauen lassen. Wir sind dann beide zu Pastor Krieter gegangen. Der freute sich und hat zu mir lachend gesagt: „Hilde, du musst mir doch Recht geben. Meine Gebete haben geholfen! Aber wir wollen hier nicht viel herumreden." Damit wollte er sagen, dass wir nicht zum „Brautunterricht" kommen müssten. Damals gab es doch vor der Heirat die „Brautstunde" für die Paare, die heiraten wollten. Das wollte er mit uns nicht machen. Na, aber kirchlich trauen, das wollte er uns natürlich. Damals gab es einmal im Monat die „Heilige Stunde". Und da habe ich gesagt: „Ja, Herr Pastor, es würde mir gut passen, wenn wir beide nach der „Heiligen Stunde" getraut werden könnten."

Pastor Krieter war damit einverstanden. Mein Bruder und sein Sohn Michael sollten unsere Trauzeugen sein. Unsere Mutter wusste nichts davon, dass wir nun kirchlich heiraten wollten. Abends sind mein Mann und ich dann zur Trauung losgezogen. Wir wohnten am Vogelhüttendeich. Und ich sagte zu meinem Mann: „Du musst jetzt vor der Trauung zur Beichte gehen, da kommst du wohl nicht drum herum!" Auf dem ganzen Weg - vom Vogelhüttendeich bis zur Kirche - habe ich mit ihm gebetet und ihm erklärt, wie man beichtet. Zum Schluss habe ich ihn noch gefragt: „Soll ich dir deine Sünden noch aufzählen?" (Frau Mlotek lacht.) Das habe ich nachher alles Pastor Krieter erzählt, und der hat gelacht. Aber - wie gesagt - nach der „Heiligen Stunde", zu der meine Mutter gekommen war, weil sie sowieso immer hinging, wurden wir getraut. Meine Mutter hat vielleicht gestaunt! Die hat vor Freude bald einen Herzschlag gekriegt!
Kt.: Hat Pastor Krieter ihren Mann anschließend noch besonders „bekehren" wollen?
Ml.: Nein, überhaupt nicht! Die haben sich über alles andere unterhalten, über den Beruf meines Mannes und so. So einer war Pastor Krieter, nicht nur so auf's Beten eingestellt, nein, überhaupt nicht!
Kt.: Frau Mlotek, bitte noch einmal zurück zum Jahr 1934! Können Sie mir Ihren eigenen Eindruck von Pastor Krieter schildern? Sie waren ja damals noch ein Kind.
Ml.: Zu uns Kindern war er sehr gut. Aber er verlangte auch, wenn wir in der Kirche waren, dass wir uns korrekt verhielten. Auch in der Schule - beim Katechismusunterricht - war er ein strenger Lehrer. Aber er war kinderlieb.
Kt.: Woran konnte man das erkennen?
Ml.: Och, wir haben doch oft 'mal etwas von ihm geschenkt gekriegt. Wir begegneten ihm ja oft auf der Ecke (Veringstraße). Wenn er in der Familie zu Besuch war, hat er uns Kinder immer so herzlich gedrückt, ob das Jungs waren oder wir Mädchen. Er hatte auch Verständnis für uns Kinder. Wissen Sie, wir hatten doch eine Kohlen-Heizungsanlage für die Kirche. Da gab es den Heizer Tomolek. Den haben wir Kinder immer geärgert. Vor dem Pfarrhaus - zur Kirche hin - war eine Wiese. Da haben wir gern gespielt. Aber nach Meinung vom Tomolek durften wir darauf nicht spielen. Der Tomolek hat uns Kindern gesagt: „Das ist heilige Wiese!" Und dann hat er uns mit einem Knüppel verjagt. Einmal ist er hinter mir hergelaufen bis in unsere Wohnung! Zu meiner Mutter hat er dann gesagt - dazu muss man wissen, dass ich früher ganz weiße Haare hatte - : „Der weiße Teufel da!" Damit meinte er mich. (Frau Mlotek lacht.) Ja, wie Kinder so sind, wir haben den Heizer Tomolek oft geärgert! Der hat wohl auch oft in der Heizungsanlage geschlafen, obwohl er auf der „Alten Schleuse" (Straßenname) irgendwo ein Zimmer hatte. Der war immer dreckig.
Kt.: Und was hat die Geschichte vom Heizer Tomolek nun mit Pastor Krieter und seiner Liebe zu Kindern zu tun?
Ml.: Pastor Krieter hatte Verständnis dafür, dass wir Kinder gern auf der Wiese gespielt haben. Er hat wohl auch gegrient, wenn wir den Tomolek geärgert haben. Aber wenn wir es zu bunt getrieben haben, dann hat er uns gesagt: „Das ist nicht schön, dass ihr den Mann so ärgert!" - Der Tomolek hat übrigens auch in der Kirche den Blasebalg der Orgel getreten.
Kt.: Wahrscheinlich war der Herr Tomolek nicht fähig, einen richtigen Beruf auszuüben. Heute würde man sagen, dass er behindert war?
Ml.: Ja, das stimmt, aber Pastor Krieter hat ihn ganz gut versorgt und ihn vor uns Kindern geschützt, wenn wir es zu bunt getrieben haben.
Kt.: Hat Pastor Krieter eigentlich die Wege zu Fuß gemacht, wenn er in die Familien gegangen ist?
Ml.: Ja, alle Wege hat er zu Fuß gemacht, auch weite Wege. Man hat ihn überall gesehen, ob das am Veringplatz war oder am Vogelhüttendeich, überall konnte man ihm begegnen.

Kt.: Kannten ihn auch die Nichtkatholiken?
Ml.: Also, er ist von allen Leuten in Wilhelmsburg sehr geachtet worden, auch von den evangelischen Pastoren! Ich vergesse nie, (wie es war), als der Sarg vom verstorbenen Pastor Krieter in der Bonifatiuskirche stand. Da ging die Kirchentür auf, und die vier evangelischen Pastoren kamen in ihrem vollen Ornat durch den Mittelgang unserer Kirche. Sie gingen ganz langsam den Mittelgang hoch, bis zu seinem Sarg, und haben sich verbeugt. Ich könnte heute noch heulen, so gerührt war ich! Also so etwas! Das vergesse ich nie! Also, Pastor Krieter hat schon damals - wie es heute so heißt - „Ökumene gemacht".

Ich weiß auch - also das ist ein Gerede - dass er in der Nazizeit zusammen mit dem evangelischen Pastor von der Emmausgemeinde etwas gemacht hat. (Pastor Koloff) Da soll auch der Dr. Gebauer, der später Chefarzt des Krankenhauses geworden ist, dabei gewesen sein. Die drei Männer haben - das hat meine Mutter immer erzählt - vielen Menschen geholfen. Sie sollen auch Menschen versteckt haben. Der Dr. Gebauer hatte in der Villa neben dem Pfarrhaus seine Praxis. Zusätzlich hat er das Krankenhaus in der Wollkämmerei geleitet, das im Krieg ausgebombt worden ist. Also, als der Dr. Gebauer zum Kriegsdienst eingezogen wurde, übernahm ein anderer Arzt die Praxis in der Villa. Der hatte eine jüdische Frau und zwei Kinder. Die Frau sehe ich heute noch vor mir. Sie trug beim Einkaufen den Judenstern, hier, an dieser Stelle. (Frau Mlotek zeigt auf ihre Bluse.) Die Frau wurde in den Läden - überall bei uns auf der Ecke - gut behandelt. Da hat kein Mensch etwas Schlechtes gesagt. Wir haben sie alle geachtet. Eines Tages aber war sie verschwunden, mit ihren Kindern. Da hat meine Mutter zu uns gesagt. „ Pastor Krieter und der Dr. Gebauer, die haben die Frau versteckt."
Kt.: Das weiß man aber nicht genau, oder?
Ml.: Ja, genau weiß man das nicht, aber das Gerede war da und ging so. Das weiß ich genau!

Kt.: Wissen Sie, ob irgendwann einmal die Gestapo im Pfarrhaus war?
Ml.: Nein! Aber etwas anderes! Im Gemeindehaus wohnten doch die Nonnen. Die „Barmherzigen Schwestern vom Heiligen Vinzenz" waren das damals. Später - im Krankenhaus - hatten wir ja die Katharinenschwestern. Also die Nonnen damals, die Barmherzigen Schwestern, hatten einen Hort und einen Kindergarten. Beide mussten sie schließen, und die Nonnen mussten dann in der Küche des Gemeindehauses für die „Organisation Todt" kochen. Die „Oganisation Todt", die für den Bau der beiden großen Bunker zuständig war, zog ins Gemeindehaus ein. (Die „ Organistion Todt" war eine militärisch organisierte Bautruppe, die den Namen ihres Führers Fritz Todt (1891-1942) trug.) Da ist meine Mutter jeden Morgen ins Gemeindehaus gegangen und hat den Schwestern geholfen, beim Gemüseputzen und so.

Kt.: Ganz zu Anfang unseres Treffens, als das Diktiergerät noch nicht eingeschaltet war, sagten Sie, in Wilhelmsburg habe es ein Lager für russische Kriegsgefangene gegeben. Sie hätten diese Kriegsgefangenen in der Veringstraße gesehen.
Ml.: Ja, die waren oben am Schlengendeich untergebracht.
Kt.: Aber Sie haben sie in der Veringstraße gesehen?
Ml.: Ja, die mussten in den Firmen (die in der Veringstraße waren) arbeiten. Meine Mutter hat für die Gefangenen manchmal Essen besorgt. Das bekam sie bei den Nonnen im Gemeindehaus. Sie hat es den Gefangenen gegeben, wenn die an unserer Ecke - in der Veringstraße - vorbeikamen.
Kt.: Und die Wachtrupps?

Ml.: Das war gefährlich, aber der eine von den Offizieren, der hatte ein Auge auf meine Schwester geworfen. Mit dem ist meine Schwester auch schon `mal ins Kino gegangen, aber mehr war da nicht! Meine Schwester ist mit dem Offizier ins Kino gegangen, weil sie meine Mutter schützen wollte. Wir hatten doch Angst um unsere Mutter. Wir haben ihr oft gesagt, dass sie vorsichtiger sein sollte. Aber sie hat sich nicht beirren lassen. Die hat immer laut ihre Meinung gesagt und auch Manches getan, was eigentlich verboten war. Also, wenn ich an diese Zeit denke, dann wird mir heute noch ganz bange. Das war eine schwere Zeit für uns!

Kt.: Haben die russischen Gefangenen beim Bau der beiden großen Bunker mitgearbeitet?
Ml.: Nein, die Bunker waren schon vorher fertig. Genaues weiß ich da nicht. Aber etwas Anderes: Vor dem Bunker war doch ein großes Spülfeld, den „Spüler" nannten wir das Feld. Da wurden eines guten Tages in einem ganz großen Feuer Bücher verbrannt. Das habe ich nie vergessen! Ja, und kurze Zeit danach wurde der große Bunker gebaut. (Die beiden Luftschutzbunker wurden 1942 / 43 gebaut. Die Bücherverbrennung erfolgte wahrscheinlich schon im Mai 1933)

Kt.: Sind Sie selbst bei Luftangriffen im Bunker gewesen?
Ml.: Ja, wir beiden Mädchen, ja! Wenn tagsüber die Angriffe kamen, sind wir zum Bunker gelaufen. Unsere Mutter ist nicht mitgekommen. Die ging in den Keller der Schule. Der war gut ausgebaut. Der Pastor Krieter ging auch nicht in den großen Bunker. Er ging auch in den Luftschutzkeller der Schule.

Kt.: Warum? Um in der Nähe der Kirche und des Pfarrhauses zu bleiben?
Ml.: Der Keller in der Schule war ja ganz gut ausgebaut. Da gingen viele Leute hinein, alle von unserer Ecke.

Kt.: Frau Mlotek, mich interessieren noch die Kapläne. An wen können Sie sich erinnern?
Ml.: Den Kaplan Dohrenkamp haben wir immer „Don Boschja" genannt. Der konnte ja auch Polnisch. Der war auch so dünn! Wir hatten auch `mal einen Kaplan Grobecker. O, der war beim Katechismusunterricht vielleicht streng! Der hat uns immer an den Ohren gezogen! Später gab es das ja nicht mehr. Am liebsten mochte ich Kaplan Bank. Auch Kaplan Holling mochte ich gern. Die beiden haben die Jugendgruppen geleitet und waren schon etwas freier (in ihren Ansichten und ihrem Verhalten). Den Kaplan Wosnitza mochten wir Kinder nicht so gern. Der war so fromm und langweilig!

Kt.: Erinnern Sie sich noch an andere Personen, die für die Gemeinde wichtig waren?
Ml.: Ich erinnere mich an den Herrn Ulitzka. Ganz früher hat der Herr Ulitzka im Gemeindehaus die Kirchensteuer eingesammelt. Im Gemeindehaus hat er dafür Bürozeiten gehabt, und dann kamen die Gemeindemitglieder und haben bei ihm eingezahlt. Der war auch im Kirchenvorstand. Als das Krankenhaus gebaut worden ist (im Jahre 1950), war der Herr Ulitzka ein ganz wichtiger Mann. Sein Vater war ganz früher in der Wollkämmerei Meister oder so etwas Wichtiges gewesen.

Kt.: Frau Mlotek, ich danke Ihnen für das Gespräch.

Müller, Marianne, geb. Krieter

geboren im August 1922
wohnhaft zur Zeit des Gespräches in Hilkerode bei Duderstadt

Gespräch am 31. 3. 2004

M. M.: = Marianne Müller, Tochter von Otto Krieter und Cousine von Ulrich Krieter

Kt. = Ulrich Krieter

Die in Klammern geschriebenen Wörter / Texte sind zum besseren Verständnis des Lesers eingefügt. Das Gespräch wurde mittels Diktiergerät aufgezeichnet.

Kt.: Marianne, zu Beginn frage ich immer nach dem Geburtsjahr.
M.M.: Ich bin im August 1922 in Hilkerode geboren.
Kt.: Kannst du dich an Besuche von Onkel Karl (= K.-A. Krieter) in einer Zeit erinnern, als du selbst noch ganz jung warst?
M.M.: Ja, Onkel Karl kam immer so zwei, drei Tage zu Besuch nach Hilkerode. Meistens brachte er Leute aus Hamburg mit. Ich erinnere mich an die Familie Ulitzka. Der Herr Ulitzka war in Wilhelmsburg im Kirchenvorstand.
Kt. Das muss also nach 1934 gewesen sein. Erinnerst du dich an noch frühere Besuche?
M.M.: Nein, aber wir sind in den Sommerferien oft nach Harburg gefahren, mein Bruder (= Karl-Otto Krieter) und ich. Im Duderstädter Internat waren viele Jungen aus Harburg, die das Gymnasium in Duderstadt besuchten. Mein Bruder ging ja auch in Duderstadt auf das Gymnasium. Wenn die Harburger in den Sommerferien nach Hause fuhren, sind wir mit denen nach Harburg mitgefahren. Wir haben im Zug immer viel Spaß gehabt. Onkel Karl und Tante Therese (= Haushälterin und Schwester von K. A. Krieter) wohnten damals in einer Villa bei den Schwestern. In Harburg haben wir dann unsere Ferien verlebt. Außerdem habe ich in Harburg immer gleich Freundinnen gefunden. Wir sind oft zur Badeanstalt an der Außenmühle gegangen.
Kt.: War denn in der Villa der Schwestern genug Platz für Besucher?
M. M.: In der Villa hatten Onkel Karl und Tante Therese eine Etage für sich. Es war nicht allzu viel Platz. Deswegen hat er ja später auch das Haus (= Reeseberg 16) gebaut. Wir konnten aber trotzdem zu Besuch kommen. Es war schön in Harburg! Ich erinnere mich an eine schöne Geschichte. Tante Therese war einmal morgens schon früh zum Einkaufen weggegangen. Wir Kinder lagen noch im Bett, das heißt, wir waren noch nicht angezogen. Tante Therese hatte im Zimmer einen Korb stehen. Darin lag etwas, das wie eine Apfelsine aussah. Ich habe hineingebissen. Das war aber Seife! Dann haben wir die Seife weggetan, damit Tante Therese es nicht merken sollte. Sie hat es aber doch herausgekriegt. „Du Naschkatze!", hat sie zu mir gesagt.
Kt.: Wo hat Tante Therese denn eingekauft?
M.M.: Da erinnere ich mich besser an die Zeit in Wilhelmsburg. Von Wilhelmsburg aus fuhr sie gern mit der Straßenbahn 33 zur Markthalle nach Hamburg. Da hat sie eingekauft. Die Halle war nicht weit entfernt vom Hamburger Hauptbahnhof. Zum Bahnhof ging es von der Halle aus einen kleinen Berg hinauf. Wie hieß denn diese Halle bloß noch?
Kt.: Wahrscheinlich war es die Deichtor-Markthalle. Aber das war ja ein weiter Einkaufsweg.
M.M.: O ja, da hatte sie immer viel zu schleppen. Vor allen Dingen hat sie da Fleisch gekauft, zum Beispiel hat sie gelegentlich einen Puter mitgebracht. Aber auch Erdbeeren hat sie mitgebracht, immer gleich körbeweise. Tante Therese hat dann wirklich viel zu schleppen gehabt. In Wilhelmsburg hatte sie ja immer drei Herren (= Geistliche, ihren Bruder und zwei Kapläne) zu versorgen, manchmal waren es sogar vier. Sie musste ja für das Essen sorgen.

Deswegen hat sie hinter dem Pfarrhaus auch einen Hühnerstall gehabt. Von der Küche aus und vom Esszimmer konnte man auf den Auslauf der Hühner sehen.
Neben dem Haus hatte sie einen Garten mit Gemüse und mit einigen Apfelbäumen, auch Erdbeeren und Johannisbeeren hatte sie da. Da hat der alte Tomolek, der für die Kirchenheizung zuständig war, auch für sie gearbeitet. Dem musste ich oft sein Frühstück in die Waschküche bringen. Da hat der gegessen. O, der sah vielleicht immer aus, wie ein Landstreicher!
Kt.: Ich habe von dem schon viel gehört. Der hat oft auf den Kohlen im Heizungskeller geschlafen. Da konnte er ja auch nicht besonders sauber aussehen.
M.M.: Stimmt! Dann war auch am Gemeindehaus noch ein Garten. Aber allzu viel ist da nicht gewachsen, es war mehr ein Obstgarten.

Kt.: Onkel Karl ist im November 1934 nach Wilhelmsburg als Pfarrer versetzt worden. Bei deinem ersten Besuch in Wilhelmsburg wirst du also 13 Jahre alt gewesen sein.
M.M.: Ja, ich bin gerne nach Wilhelmsburg gefahren. Wenn bei uns in Hilkerode im Herbst die Feldarbeit getan war, durfte ich hinfahren. Das hat immer Spaß gemacht. Ich habe im Zimmer von Tante Therese geschlafen, mit ihr zusammen. Sie hatte ihr Bett auf der einen Seite, ich auf der anderen. Onkel Karl hat uns immer geweckt. Tante Therese kam ja morgens nicht so gut aus den Federn. „Liebe Schwester, steh doch auf!", hat er sie dann angebettelt. Tante Therese und ich haben abends - am Tag vorher - immer schon den Frühstückstisch für die Herren fertig gedeckt. Die Geistlichen lasen morgens die Messe und gingen danach ins Esszimmer und tranken Kaffee. Den Kaffee hat morgens die Frau Spiegel, die Pfarrsekretärin, gekocht. Wenn Onkel Karl zum Wecken zu uns beiden ins Zimmer kam, dann ist er auch zu mir ans Bett gekommen. Um sich einen Spaß zu machen, hat er zum Beispiel gesagt: „Marianne hat geträumt von ihrem künft'gen Manne." Onkel Karl war doch so! Jeden Morgen hat er einen neuen Spruch gereimt! Ich bin dann ja gleich aufgestanden, aber zu Tante Therese musste Onkel Karl häufig mehrmals kommen. „Ach, Therese", hat er dann gesagt, „du bist ja immer noch nicht aufgestanden."
Kt.: Das war für Onkel Karl natürlich eine Belastung, aber an sich hat er seine Schwester wohl doch gern gehabt, oder?
M.M.: O doch, das hat er!
Kt.: Es gab also keine Streitigkeiten zwischen den beiden?
M.M.: Manchmal haben sie sich ein bisschen gezankt. Meistens war Frau Spiegel der Grund. Nach dem Willen von Tante Therese sollte ich selbst möglichst gar nicht mit der Frau Spiegel sprechen. Wenn ich es doch tat, hat Tante Therese gleich schon Angst gehabt. Tante Therese war in Bezug auf Onkel Karl und mich richtig eifersüchtig auf die Frau Spiegel! Richtig eifersüchtig! Wenn ich bei einer Meinungsverschiedenheit zur Frau Spiegel gehalten hätte, hätte ich es mir mit Tante Therese verdorben. Innerlich habe ich aber oft gedacht. „Mensch, so schlimm ist die Frau Spiegel ja gar nicht!"
Tante Therese und ich sind - als ich so 15 oder 16 Jahre alt war - viel ausgegangen. Dagegen hat Onkel Karl nie etwas gesagt, obwohl das ja immer Geld gekostet hat. Manchmal hat er nur gesagt: „Ach, ihr Weltkinder!" Nachher hatte ich ja in Hamburg sogar schon einen Freund. Einmal war einer sogar im Pfarrhaus, ein Adolf Dressler aus Hannover. Der hat Onkel Karl höflich gebeten, ob er abends mit mir ausgehen dürfe. „Aber pünktlich wieder abliefern!", war die Antwort. „Ich habe die Verantwortung für meine Nichte. Und das verlange ich von Ihnen". Wir sind dann trotzdem zu spät wieder zurück in Wilhelmsburg gewesen. O, da war Onkel Karl böse!

Der Adolf Dressler hat sich dann am Telefon entschuldigt, aber Onkel Karl hat ihm gesagt: „Ich finde das gar nicht gut von Ihnen. Sie hatten Pünktlichkeit versprochen und haben sich nicht daran gehalten!" Also, da war Onkel Karl konsequent. Das war ja auch richtig. Im Übrigen ist die Sache mit dem Dressler bald darauf sowieso in die Brüche gegangen.

Kt.: Also gezankt haben sich Tante Therese und Onkel Karl schon manchmal. Aber richtige tiefgehende Streitigkeiten gab es nicht?
M.M.: Nein, überhaupt nicht! Im Gegenteil, Tante Therese ging sogar jeden Abend zu ihm ins Schlafzimmer und hat ihn zugedeckt. Ja, das hat sie auch gemacht! Allerdings, morgens aufstehen konnte sie wirklich schlecht.
Für mich ging es nach dem Aufstehen los, die Zimmer sauber zu machen. Damals waren noch Kohleöfen im Haus. Wir mussten also Kohle in Kohleschütten aus dem Keller holen. Dann wurden die Öfen fertig gemacht, die Asche weggetragen und so weiter. Jeder Kaplan hatte zwei Zimmer, ein Arbeitszimmer und ein Schlafzimmer. Im Schlafzimmer mussten wir neues Waschwasser in die Waschschüsseln füllen. Es gab ja in den Zimmern noch kein fließendes Wasser. Der Spiegel über der Waschschüssel musste geputzt werden. Staub musste weggewischt werden. Das ging alles in Windeseile.
Mir hat es Spaß gemacht, die Zimmer sauber zu machen. Die Fußböden wurden gebohnert, der Teppich in Onkel Karls Arbeitszimmer gesäubert. Freitags kam eine Putzfrau, Frau Kutzerat, dann wurde alles besonders gründlich gemacht. Während der Woche habe ich die Putzarbeiten meistens allein erledigt.

Abb. 62: Pfarrer Krieter und seine Kapläne Wosnitza, Bank und Krautscheidt (aus Sicht des Betrachters von links) im Garten des Pfarrhauses. Die Frauen (ebenfalls von links) sind: Hedwig Seifert, Therese Krieter und die Pfarrsekretärin Hedwig Spiegel. Ein Foto aus dem Jahre 1938.

Auch Frau Spiegel hat damals noch im Haushalt ein wenig geholfen. Auch deswegen hat sie mit Tante Therese manchmal etwas „auf Kriegsfuß" gestanden.
Kt.: Hat Frau Spiegel denn im Pfarrhaus gewohnt?
M.M.: Ja, immer, oben unter dem Dach. Da hatte sie auch ihr Büro. Übrigens hat die auch noch ihre Nichte ins Haus geholt, Hedwig Seifert. Auf dem Boden war noch ein Zimmer. Da hat die Nichte geschlafen. Frau Spiegel und ihre Nichte waren dann Gegner von Tante Therese. Ich musste immer zu Tante Therese halten, obwohl ich die beiden anderen auch ganz nett fand. Mein Gott, war das immer ein Zirkus! Und Onkel Karl stand dann dazwischen. Zu Tante Therese hat er dann gesagt: „Die (Frau Spiegel) macht doch für mich alles! Sei doch ein bisschen nett zu ihr!" Ich habe zu Tante Therese gesagt: „Lass sie doch in Ruhe! Lass sie doch machen, was sie wollen!" Tante Therese hat Onkel Karl und Frau Spiegel aber dann so lange bearbeitet, bis die Nichte ausgezogen ist.
Später, als Tante Therese ein „Hausmädchen" hatte, haben die (jeweiligen) „Hausmädchen" auch da oben unter dem Dach gewohnt, zum Beispiel die Maria Rust und die Maria Böning aus Hilkerode. Frau Spiegel war zu dieser Zeit aus dem Pfarrhaus ausgezogen und hatte ihre Wohnung und ihr Büro in der „Alten Schule".

Kt.: Du bist also ziemlich regelmäßig im Herbst zu Besuch in Wilhelmsburg gewesen?
M.M.: Ja, mehrere Jahre lang, bis dann im Krieg zum ersten Mal die Bomben fielen. Da habe ich Angst gekriegt und wollte nach Hause. Immerzu war in Wilhelmsburg nachts Alarm. Wir sind immer nach unten in den Kohlenkeller gegangen. Da bin ich so schnell wie möglich nach Hause gefahren. Ich hatte solche Angst!
Kt.: 1939, als Onkel Karl sein 25jähriges Priesterjubiläum gefeiert hat, waren fast alle Verwandten nach Wilhelmsburg zur Feier gekommen. Da gibt es ja Fotos. Du und deine Schwester Hedwig waren auch da.
M.M.: Ja, sogar mein Bruder war da. Der war ja damals Soldat.
Kt.: Auf den Fotos sind auch Kapläne zu sehen. An welche Kapläne erinnerst du dich?
M.M.: Kaplan Bank, Kaplan Wosnitza, Kaplan Holling. Der Kaplan Holling spielte so gern Klavier. Das war ein besonders netter Mann.
Kt.: Du hast erzählt, dass die Kapläne morgens nach dem Lesen der Messe ins Esszimmer gingen und ihren Kaffee tranken. Hatte Tante Therese dieses Esszimmer damals schon so möbliert wie ich es von 1952 kenne?
M.M.: Ja, da waren das große Büffet und die Kredenz. Ich weiß noch genau, wie alle Möbel gestanden haben. In der Mitte war der große Esstisch. Darum standen Stühle. Die Sitze warem mit Leder bezogen. In der Ecke waren ein Sofa und ein kleiner Eckschrank. Daneben war ein kleiner Tisch. An der einen Wand hing ein großes Ölbild, „Das letzte Abendmahl". Im Esszimmer stand auch das Klavier, auf dem Kaplan Holling so gern gespielt hat. Der machte nach seinem Frühstück die Tür des Esszimmers auf und spielte für das ganze Haus. Ich sollte übrigens auch lernen, das Klavier zu spielen. Tante Therese hat dafür extra den alten Herrn Mecke (= der ältere der beiden Brüder Mecke; beide waren Lehrer an der Katholischen Schule in Wilhelmsburg) gebeten, ins Pfarrhaus zu kommen. Aber ich habe immer gesagt: „Ich kann das nicht und will das auch nicht." So ist für mich daraus nichts geworden, aber Tante Therese selbst hat eine Zeit lang Klavierunterricht genommen.
Sie hat eine Zeit lang auch Ölbilder gemalt, richtig große Bilder. Wahrscheinlich ist Tante Therese von meiner Patentante, die Kunstmalerin war, zum Malen angeregt worden. Tante Therese hat gesagt: „Was die kann, das kann ich auch!" Und dann hat sie mit dem Malen angefangen. Sie hat zum Beispiel ein schönes Selbstporträt und ein großes Bild vom Harz gemalt, mit dem Brocken im Hintergrund.

Kt.: Beide Bilder kenne ich. Ich finde, dass sie nicht schlecht gemalt sind. Tante Therese hatte da wirklich eine Begabung! Ich weiß, dass sie Leinwand und sonstige Malutensilien noch im Jahre 1952 in ihrem Schlafzimmer stehen hatte.
Kannst du mir jetzt weiter über den Tagesablauf im Wilhelmsburger Pfarrhaus berichten?

M.M.: Spätestens nach dem Lesen der Hl. Messe hat Onkel Karl Tante Therese und mich aus dem Bett gejagt. Er hat dann gefrühstückt und ist - wie alle Herren - zum Religionsunterricht in die Schule gegangen. Jeder der Herren hatte vor seinem Zimmer eine Tafel, in die er einen Stöpsel stecken konnte. Daran konnten wir ablesen, wohin der (jeweilige) Herr gegangen war. Wenn jemand an die Tür des Pfarrhauses kam und nach einem der Herren fragte, konnten wir Auskunft geben, wo der war oder wann der wieder zurück sein würde. Das Mittagessen wurde immer gemeinsam um ein Viertel nach zwölf Uhr eingenommen. Meistens waren alle Herren zum Mittagessen da. Tante Therese legte großen Wert auf Pünktlichkeit beim Mittagessen. Ach, und in der Küche war vorher immer große Hektik. Tante Therese konnte wirklich gut kochen, aber vor dem Essen war sie immer so nervös. Ach, und ich selbst musste ja auch immer am Mittagessen der Herren teilnehmen. Tante Therese saß immer an einem Ende des Tisches, Onkel Karl gegenüber, die Herren und ich saßen an den Seiten des Tisches. Besonders Onkel Karl sprach mich oft an: „Na, Marianne..." Dann musste ich ja auch antworten. Ach, ich bekam immer einen hochroten Kopf, wenn die Herren mich angesprochen haben. Satt gegessen habe ich mich immer erst nach dem gemeinsamen Mittagessen, in der Küche. Diese Teilnahme am gemeinsamen Mittagessen war mir wirklich peinlich. Tante Therese hat mir zwar gesagt: „Du musst immer denken, dass das alles nur „Kohlköpfe" sind", aber das war für mich ja nicht so leicht. Eigentlich waren alle Kapläne, die ich damals kennen gelernt habe, wirklich nette Herren. Nachmittags haben wir den Kaffeetisch für die Herren gedeckt. Jeder Herr konnte Kaffe trinken wann und wieviel er wollte.

Kt.: Ein gemeinsames Abendessen der Herren gab es nicht?
Die hatten abends ja unterschiedlich zu tun. Aber wir haben für abends immer alles fix und fertig hingestellt, Käse- und Wurstteller mit „Glocken" bedeckt, usw., und dann sind Tante Therese und ich oft „mit der Elektrischen" nach Hamburg „auf Schwutsch" gefahren. Manchmal sind wir auch mit den Kaplänen nach Hamburg gefahren, zum Beispiel ins Kino. Wir waren häufiger gemeinsam im UFA- Palast. Das hat Tante Therese natürlich gern getan. Ich erinnere mich an einen Film: „Napoleon ist an allem schuld." Die Kapläne haben sich einen Schlips vorgebunden und sind dann mit uns losgezogen.

Kt.: Du hast also, wenn du im Pfarrhaus zu Besuch warst, zwar als „Hausmädchen" gearbeitet, dafür wurdest du aber auch beköstigt und konntest einige schöne Dinge in der Stadt genießen, die es auf dem Dorf nicht gab ?
M.M.: Ja, ich durfte mit Tante Therese manchmal sogar ins „Café Vaterland" gehen. Einmal hat mir Tante Therese auch Schuhe gekauft. Sie selbst hatte sich die gleichen Schuhe gekauft, Schuhe aus Krokodilleder. O, die waren teuer! Oft ist sie zu Onkel Karl gegangen: „Karl, ich brauche Geld!" Der hat dann gesagt: „Was, schon wieder? Was du dir vorstellst!"

Kt.: Während des Krieges bist du also nicht mehr in Wilhelmsburg zu Besuch gewesen ?
M.M.: Das stimmt. Nachdem die Bomben fielen, hatte ich zu große Angst. Ich bin erst nach dem Krieg wieder in Wilhelmsburg gewesen. 1952 habe ich in Wilhelmsburg meinen Mann, Karl Müller, geheiratet. Eigentlich wollte Onkel Karl selbst uns trauen, aber dann hatte er einen Termin in Hildesheim. So hat uns der Kaplan Goedde getraut. Anschließend sind mein Mann und ich noch acht Tage im Pfarrhaus zu Besuch geblieben.

Kt.: Zu deinem Sohn aus erster Ehe, Karl Brämer, hatten Onkel Karl und Tante Therese ein besonders enges Verhältnis, nicht wahr?

M.M.: Onkel Karl wohl nicht in besonderem Maße. Der hatte ja gar keine Zeit. Aber Tante Therese hat viel für unseren Karl getan. Karl war oft in Wilhelmsburg zu Besuch. Und als Tante Therese später monatelang hier in Hilkerode, im Holztal, wohnte, da hat unser Karl fast ausschließlich bei ihr gewohnt. Hier, bei uns Müllers, hat er sich nie so richtig wohl gefühlt. Es war für ihn als Neunjährigen ja auch nicht leicht, als ich geheiratet habe, und er sich total umstellen musste. Er ist dann lieber zum Opa (= Otto Krieter, Bruder von K.- A. Krieter) gegangen und hat sich da aufgehalten. Und, wie gesagt, wenn Tante Therese im Holztal war, dann hat unser Karl bei ihr gewohnt.

Kt.: In ihrem Haus im Holztal haben Onkel Karl und Tante Therese seit dem Sommer 1961 den Ruhestand verbracht.

Abb. 63: Das Haus in Hilkerode, in dem Karl-Andreas Krieter mit seiner Schwester Therese seine wenigen Urlaubstage und - später - den Ruhestand verbrachte.

M.M.: Ja, da ist er jeden Tag zu uns ins Dorf runtergekommen. Morgens hat er in der Hilkeröder Kirche die Messe gelesen. Tante Therese hat ihn immer zur Kirche begleitet. Ach, jeder Junge wollte bei Onkel Karl die Messe dienen, weil er den Messdienern immer Trinkgeld gegeben hat. Onkel Karl war ja gutmütig! Tante Therese hat doch in Wilhelmsburg immer gesagt: „Ich muss aufpassen, dass er nicht alles weggibt! Ja, das weiß ich noch aus Wilhelmsburg. Wenn da einer zum Betteln kam, dann hat Onkel Karl gesagt: „Therese, mach 'mal ein paar Brote fertig. Gib dem 'mal was! Mach das 'mal!" Sie hat dann immer gejammert: „Der gibt alles weg! Der gibt alles weg!"

Na ja, wenn Onkel Karl dann hier in Hilkerode morgens die Messe gelesen hatte, dann besuchte er anschließend viele Leute im Dorf. Er ist oft zu Hannes Schaaf gegangen und besonders gern zu Theodor Sommer.

Wenn die Leute im oberen Dorf ihn auf der Straße gesehen haben, haben sie ihn oft ins Haus geholt und ihm einen Kaffee angeboten. (Die Einwohner von Hilkerode unterteilten ihren Ort in ein oberes und ein unteres Dorf.) Die Leute mochten ihn alle gern. Ja, so sind Tante Therese und er morgens ein bisschen im Dorf herumgegangen und dann sind sie wieder zu sich ins Holztal zurückgekehrt. Leider hat er vom Ruhestand ja nicht viel gehabt. Er ist ja schon bald so schwer krank geworden, dass er nach Wilhelmsburg zurückkehren musste, direkt in das Krankenhaus, das er selbst gebaut hat. Im Krankenhaus Groß-Sand ist er dann im Februar 1963 gestorben.

Abb. 64: Diesen Blick auf seinen Geburtsort Hilkerode, konnten Karl-Andreas Krieter und seine Schwester genießen, wenn sie sich - in der Zeit seines Ruhestandes - von ihrem Haus im Holztal ins Dorf begaben. Die Postkarte stammt aus dem Jahre 1960.

Kt.: Welche Charakterseiten sind dir an Onkel Karl in besonderer Erinnerung?
M.M.: Er war ein ganz gutmütiger und zufriedener Mensch, der es mit allen anderen Menschen gut meinte. Zu mir hat er einmal gesagt: „Man muss im Menschen immer das Gute sehen! Jeder Mensch hat gute Seiten!"
Er war auch etwas schalkhaft, lustig. Wie gesagt, er hat mich jeden Morgen mit einem anderen lustigen Spruch begrüßt. Kleine Scherze hat er gerne gemacht. Die Leute in der Gemeinde haben ihn gern gemocht.
Ach, in Wilhelmsburg waren ja auch so viele polnische Leute. Die haben ihm sogar die Hand geküsst. Das mochte er nicht so gerne. Ich wüsste nicht, dass er irgendeinen Feind gehabt hätte. Er hat im Gegenteil viele Freunde gehabt. Ich erinnere mich besonders an den Herrn Ulitzka, der viel für die Kirche getan hat. Und Onkel Karl hatte immer - auch als er in Harburg Pastor war - viele Leute, die für seine Kirche Geld spendeten.

Nowacki , Erna

geboren im April 1923
wohnhaft zur Zeit des Gespräches in Hbg.-Harburg

Gespräch am 5. 2. 2004

N.: = Frau Nowacki   **Kt. = Ulrich Krieter**

Die in Klammern geschriebenen Wörter / Texte sind zum besseren Verständnis des Lesers eingefügt. Das Gespräch wurde mittels Diktiergerät aufgezeichnet.

Kt.: Frau Nowacki, wann sind Sie geboren?
N.: Im April 1923
Kt.: Anschließend frage ich immer nach dem Beruf.
N.: Ich war erst Sekretärin, dann Hausfrau.
Kt.: Heute wohnen Sie in Harburg, früher haben Sie in Wilhelmsburg gewohnt und sind dort auch geboren?
N.: Genau.
Kt.: Wo haben Ihre Eltern gewohnt?
N.: In der Fährstraße.
Kt.: Welchen Beruf hatten Ihre Eltern?
N.: Meine Mutter war Hausfrau, und mein Vater hat auf der Werft gearbeitet, bei der Reiherstieg-Werft.
Kt.: Sind Ihre Eltern aus Polen gekommen?
N.: Nein, mein Vater ist in Hamburg geboren und meine Mutter in Schneidemühl, also im polnischen Korridor.
Kt.: Beide Eltern waren katholisch?
N.: Ja, beide waren katholisch.
Kt.: Waren die Eltern in der katholischen Gemeinde tätig?
N.: Meine Mutter war Mitglied im Elisabethverein. Dadurch bin ich dann da wohl auch tiefer mit der Gemeinde in Verbindung gekommen. Andere Vereine gab es ja wohl gar nicht, oder?
Kt.: O, es gab eine große Menge von Vereinen. Für die jüngeren Frauen gab es zum Beispiel die „Marianische Kongregation".
N.: Ja, da waren wir auch drin. (Frau N. lacht.) Ja, das war ja vor der Ehe. (Frau N. lacht wieder) Die hieß ja auch „Jungfrauenkongregation".
Kt.: Auf der Seite der Männer gab es natürlich den „Jünglingsverein"...
N.: Also einen „Jünglingsverein" gab es zu Zeiten meines Vaters. Mein Mann war in „Jungkolping". Das waren die, die ihre Lehre noch nichtabgeschlossen hatten. Und danach war er im Kolpingverein.
Kt.: Da Ihr Mann 1922 geboren ist, wird er so um das Jahr 1938 herum in „Jungkolping" gewesen sein. Da war Pastor Krieter schon in Wilhelmsburg.
N.: Ja, wir beide haben ihn ja noch im Katechismusunterricht gehabt, ich glaube im letzten Schuljahr. Ich bin ja wohl 1937 ausgeschult worden, ja, denn 1939 fing der Krieg an.
Kt.: Sie waren immer in der Katholischen Schule, in der Bonifatiusschule?
N.: Ja, und mein Mann auch.
Kt.: Welche Lehrer hatten Sie?
N.: Ich habe den Lehrer Rhein gehabt, und mein Mann hatte den Lehrer Beirowski. Lehrer Rhein war damals schon alt. Sogar meine Eltern waren schon bei ihm zur Schule gegangen! Davon habe ich sogar noch alte Bilder! Herr Rhein war wohl sehr für die Musik. Auf dem Bild steht er da als Tambourmajor. Er hat viel gemacht. Er war ein sehr, sehr guter Lehrer. Wir haben sehr viel bei ihm gelernt, Vieles, das ich heute noch weiß (Frau N. lacht).
Kt.: Haben Sie auch den Lehrer oder Rektor Hupe kennen gelernt?
N.: Ja, natürlich...

Kt.: Ja, den Rektor Hupe müssen Sie mir schon noch ein bisschen näher schildern. War er ein Nazi?
N.: Ja..., aber - wenn ich das so sagen darf - wir als Kinder haben davon nicht viel gemerkt. Wenn er so eindeutig ein Nazi gewesen wäre, dann hätte er mir Schwierigkeiten gemacht. Wir waren in der Klasse - in den beiden letzten Klassen - ungefähr 43 Schülerinnen, also wir waren sehr viele Kinder. Und es gab doch den BDM. (Bund Deutscher Mädel) Und alle waren stolz - auch unsere katholischen Mädchen -, dass sie beim BDM so schicke Uniformen tragen durften. Aber ich durfte das nicht! Mein Vater hat das verboten! Ich durfte nicht in diesen Verein, obwohl alle da rein mussten. Das war für mich als Kind natürlich komisch. Ich fühlte mich als Außenseiterin.
Kt.: Wurde man in der Schule deswegen bedrängt...
N.: Das wollte ich nämlich sagen. Bei uns in der Schule passierte das nicht! Später schon! Ich bin nämlich anschließend auf eine private Handelsschule in Hamburg gegangen. Das war eine Privatschule und hat viel Geld gekostet, aber da erst ging das los! Da kam unser Buchhaltungslehrer und fragte als erstes, wenn er in die Klasse kam - das war ein Sadist - : „Wer ist nicht im BDM?" Und ich musste aufstehen und fühlte mich blamiert. Dieser Lehrer ist doch auch von meinem Geld bezahlt worden, aber er führte sich so auf! Also das war schlecht! Ich finde meinen Vater so mutig! Den hätten sie ins KZ stecken können. Und eigentlich war er ein stiller Mensch. Er hat es verboten, dass ich in den BDM eintrat!
Kt.: Hatten Sie eigentlich Brüder?
N.: Nein, zwei Geschwister sind gleich nach der Geburt gestorben, bevor ich geboren wurde. Ich war Einzelkind.
Kt.: Wie war es mit Ihrem Mann und der HJ ?
N.: Der durfte auch nicht ! Nicht einen Tag lang war der dabei! Meinem Mann ging das (mit den Nazis) eigentlich mehr gegen den Strich als mir. Als Kind hat man ja nicht so richtig darüber nachgedacht. Außerdem bin ich, als ich mit dem Beruf anfing, in einer Firma gelandet, da gab es kein „Heil Hitler", wenn wir reinkamen. Da wurde richtig mit „Guten Morgen" und „Guten Tag" gegrüßt und beim Weggehen hieß es: „Tschüß". Das war wirklich wunderbar in dieser Firma.

Kt.: Wie war es denn mit den Kindergottesdiensten? Wurden die vielleicht von den Nazis gestört?
N.: Da muss ich Ihnen etwas erzählen. Ich war schon Jugendliche, halb erwachsen, da hieß es mit einem Mal: „Du musst da rein!"; das hieß dann Pflicht-BDM. Daran ging nun kein Weg mehr vorbei. Mein Vater konnte auch nichts mehr dagegen machen. Außerdem, wenn er sich auch da noch gewehrt hätte, hätten sie ihn wohl wirklich noch abgeholt. Das Risiko musste man nicht eingehen! Bei dem Pflicht-BDM hatten wir eine Führerin, die Erna Lau hieß. Das war eine ganz liebe Frau. Die „Heimabende" haben sie auf den Sonntagvormittag verlegt, und zwar ins Wilhelmsburger Gymnasium an der Rotenhäuser Straße, in die Aula. Um viertel nach zehn konnte man da hören, wie die Kirchenglocken anfingen zu läuten. Um halb elf war das Hochamt. Ich war inzwischen so mutig, - ich weiß nicht woher - dass ich zu der Frau Lau gesagt habe: „Ich muss jetzt in die Kirche!" Und es gab von ihr aus keine Probleme! Ich war zwar erst eine halbe Stunde da beim „Heimabend", aber als die Glocken läuteten, durfte ich gehen. Es gab keine Schwierigkeiten!
Kt.: Diese Frau Lau hat also gar keine Schwierigkeiten gemacht.
N.: Überhaupt nicht! Trotzdem, sie war Nazi mit Leib und Seele! Das einzig Unangenehme (das mir im Zusammenhang mit den Nazis passiert ist) war die Gronesche Handelsschule in Hamburg.

Kt.: Hat man sich als Katholik nicht doch ein bisschen unsicher gefühlt?
N.: Nein, ich nicht, auch in der Jugend nicht. Wir haben von der Kirche her unsere Veranstaltungen gehabt. Wir haben zum Beispiel Wanderungen gemacht. Damals gab es ja den „Höpen" noch.
Kt.: Ja, wenn Sie mir davon erzählen könnten. Dass es den „Höpen" gab, habe ich nämlich bisher nur durch die Gespräche mit Zeitzeugen der Bonifatiusgemeinde herausgefunden.
N.: Ja, der „Höpen" war eine wunderbare Sache für die Jugend. Davon will ich gern erzählen. Als Kinder waren wir ja schon in „Lioba". „Lioba" hieß der Verein tatsächlich! (Frau N. schüttelt sich vor Lachen!) „Lioba", war das nicht so eine Kameradin vom heiligen Bonifatius? Die ist doch mit dem Bonifatius rumgezogen, nicht wahr?
Kt.. Meines Wissens war sie mit Bonifatius verwandt und hat ihn unterstützt. Im Missionsgebiet mit ihm herumgezogen ist sie nicht! Mit dem Verein „Lioba" sind Sie dann im „Höpen" gewesen?
N.: Ja, wir sind sogar manchmal zu Fuß dahin gezogen. Und zwar hatten wir ja damals die Vinzentinerinnen im Wilhelmsburger Gemeindehaus. Unter den Schwestern war eine, die mit uns zu Fuß dahin gezogen ist. Später sind wir alle mit dem Fahrrad dorthin gefahren.
Kt.: Nicht mit der Straßenbahn?
N.: Eigentlich nicht, aber es stimmt. Mit der Straßenbahn konnte man auch hinfahren, bis Rönneburg. Man ging dann anschließend durch die Felder. Das war ein wunderschöner Weg.

Abb. 65: Reigentanz der Gruppe Lioba im Höpen. Das Mädchen ganz rechts (aus Sicht des Betrachters) ist Karla Pachowiak, die spätere Pfarr-Referentin. Deutlich zu sehen ist der Wimpel der Gruppe. Als diesaes Foto aufgenommen wurde, war es religiösen Gruppen schon verboten, Uniformen zu tragen und einen Wimpel zu haben.

Kt.: Sie haben die Baracke, die es da gegeben hat, auch genutzt?
N.: Also „Baracke" darf man dazu nicht sagen! Das hört sich gar nicht schön an! (Frau N. lacht.) Das war eine schöne Holzbude mit allem Drum und Dran. Es gab da sogar Etagenbetten - für die Jungs hauptsächlich, die in den Ferien mal eine Woche lang da geblieben sind. Wir Mädchen haben da eigentlich nicht übernachtet. Man ging an den Wochenenden hin. Und an Fronleichnam oder anderen Festtagen waren viele aus der Gemeinde da. Es wurde ja damals mit diesen einfachen Knippsapparaten viel fotografiert. Ich habe da noch viele Bilder. Es gab doch diese „Lioba"-Uniform, giftgrüne Trägerröcke haben die Mädchen getragen, aber wirklich giftgrün, und eine Bluse dazu. Ich selbst habe keine Uniform gehabt, aber ich habe die Bilder. Darauf ist Karla Pachowiak noch zu sehen und viele andere, die schon verstorben sind. Karla ist noch heute meine Freundin.
Auf der Wiese im „Höpen" haben wir dann Reigen getanzt, und so weiter. Das war richtig schön.
Kt.: War eine Erwachsene dabei?
N.: Ja, die ist schon tot, Frau Luzie Thielmann. Die hat zuletzt in Tötensen gewohnt. Die ist vor einem Jahr gestorben. Die war ein paar Jahre älter als wir und die hat das mit uns gemacht. Ach, (Frau N. lacht.) einen Wimpel hatten wir auch! Den mussten wir dann bis zum „Höpen" hin tragen. (Frau N. lacht.) Ja, so war das damals! Das würde heute auch keiner mehr tun!
Kt.: Ist denn Pastor Krieter auch `mal im „Höpen" aufgetaucht?
N.: Kaum, da tauchten mehr die Kapläne auf. Damals war das der Kaplan Bank, den die Nazis später ja umgebracht haben. Kaplan Bernhard Bank! Das war einer, der gegen die Nazis kein Blatt vor den Mund genommen hat. Das weiß ich noch! Den habe ich so verehrt, dass ich meinen ältesten Sohn sogar nach ihm benannt habe. (Frau N. lacht herzlich.)
Kt.: Wie ist der Kaplan Bank umgekommen?
N.: Er war aus Wilhelmsburg in eine dörfliche Umgebung versetzt worden. Wir in Wilhelmsburg hatten aber noch Kontakt zu ihm. Als Bernhard Bank nach Niedersachsen in die Dörfer versetzt worden war, hat er für seine weiten Wege so eine Art Motorrad benutzt; kein richtiges Motorrad, sondern so ein billigeres Modell. Die Kapläne hatten ja auch kein Geld! Er ist zu Tode gekommen, weil sie ihm ein Seil über den Weg gespannt haben, so dass er mit diesem Motorrad verunglücken musste. Ich, ich mag gar nicht daran denken, heute noch nicht!
Kt.: Wissen Sie, ob Kaplan Bank während seiner Zeit in Wilhelmsburg Probleme mit den Nazis gekriegt hat?
N.: Nein, aber wenn, dann haben die Geistlichen ja sicher auch nicht so viel darüber geredet. Ich weiß, dass in unserer Kirche immer Leute standen, die als Spitzel die Messe und Predigt mitgehört haben. Das habe ich wohl in Erinnerung. Das waren Leute, die nicht zur Gemeinde gehörten. Jeder wusste, warum die da waren. Die Spitzel haben auch gar keinen Wert darauf gelegt, unerkannt zu bleiben. Durch ihre Anwesenheit wollten sie wohl Angst verbreiten. Die Geistlichen und die Gläubigen sollten sich überwacht fühlen.

Kt.: Die Kapläne, die Sie kennen gelernt haben, waren also Kaplan Bank, Kaplan Holling und Kaplan Wosnitza.
N.: Zu Wosnitza! Da hatten wir ja die sogenannte „Jungfrauenkongregation" und - nachdem vorher alles sehr locker gewesen war, wir haben Spiele gemacht, usw. - da war es bei Wosnitza mit einem Mal ganz anders. Es gab ja von den Nazis die Vorschrift, dass alle Vereinigungen in den katholischen Gemeinden nur noch existieren durften, wenn sich alles auf religiöser Basis abspielte. Da war der Kaplan Wosnitza der Richtige!

Das war ja nun ein Superfrommer! Mit einem Mal ging es bei der Kongregation nur noch religiös zu, und ich weiß auch noch, dass mir das eigentlich gar nicht gefallen hat! Man konnte nicht mehr locker lachen. Man konnte nicht mehr fröhlich sein. Man hat nur da gesessen, und Wosnitza hat uns irgendwas vor.... Na ja, wir waren einfach zu jung, als dass uns das gefallen hätte. Wir hatten ja in dieser Zeit sowieso nicht so viel zu lachen. Unsere Jugend hat ja eigentlich nie richtig stattgefunden, und dann ging das hier in der Kongregation auch noch so ... . Also mir hat das nicht mehr gefallen! Aber weil man sonst nirgends hingehen konnte, bin ich eben doch noch weiter zur „Jungfrauenkongregation" gegangen.

Kt.: Glauben Sie, dass der Kaplan Wosnitza vielleicht Angst davor hatte, dass es in der „Jungfrauenkongregation" Spitzel gäbe?

N.: Eigentlich nicht! Wir hatten zwar ein Mädchen dabei, die einen Bruder hatte, der in der SS war. Der ist übrigens auch, wenn er hier in Wilhelmsburg war, in SS-Uniform zum Gottesdienst gekommen. Ich weiß über das Elternhaus der beiden auch nichts, aber ein Spitzel war dieses Mädchen wohl nicht!

Kt.: Frau Nowacki, Ihr Mann war damals ja in „Jungkolping" oder „Kolping". Wie war es da?

N.: Bei denen war es toll, das muss ich sagen. Die sind, glaube ich, gern hingegangen. Die haben zum Beispiel mit uns zusammen Theater gespielt. Wir haben mal „Kolpings Leben" aufgeführt, im alten Gemeindehaus noch, bevor es ausgebombt war. Da gab es ja eine schöne Bühne. Im alten Gemeindehaus gab es einen „kleinen Saal" und einen „großen Saal". Da waren dienstags immer die Zusammenkünfte. Wir von der „Marianischen" waren im „kleinen Saal" und die Kolpingsbrüder waren oben im „großen Saal". Zusammen durften wir normalerweise nicht sein. (Frau Nowacki lacht.) Ich erinnere mich, dass wir einmal gleichzeitig - aber trotzdem getrennt - Fasching gefeiert haben. Wir „Marianischen" mit unserem Kaplan Wosnitza, und die Jungen von „Jungkolping" mit Kaplan Holling. Aber immerhin durften wir zusammen Theater spielen. Wer das Theaterstück einstudiert hat, weiß ich nicht mehr, vielleicht einer von den Kaplänen? Ich erinnere mich auch nur an dieses eine Stück: „Kolpings Leben".

Kt.: Bitte noch einmal zum Thema Nazizeit zurück! Haben Sie irgendwann einmal gehört oder gar selbst erlebt, dass in Wilhelmsburg Kriegsgefangene oder „KZ-Insassen" durch die Straßen geführt wurden?

N.: Ich habe erlebt, wie Zwangsarbeiter behandelt wurden, die sie alle aus Polen, aus der Ukraine, aus Russland, sogar aus Lettland geholt hatten. Die arbeiteten ja auch in unserer Firma, - „Reiherstieg-Holzlager" - auf Neuhof. Die Zwangsarbeiter hatten da auch ihre Unterkunft. Wir durften mit denen keinen Kontakt haben. Wenn ich heute so darüber nachdenke, muss ich gestehen, dass ich über das Leben dieser Zwangsarbeiter damals gar nicht genug nachgedacht habe. Aber da war ein Pole, der konnte Geige spielen. Und ich hatte ein Klavier zu Hause und habe gern Klavier gespielt. Unser Klavierstimmer war uns durch den Krieg irgendwie abhanden gekommen. Da habe ich diesen Polen einmal einfach mit nach Hause genommen. Mit nach Hause genommen! Stellen Sie sich das vor! Der hat mein Klavier gestimmt, und wir haben Musik gemacht. Wenn das jemand mitbekommen hätte! Wenn man heute darüber nachdenkt, kann man das kaum glauben!

Kt.: Waren Sie da schon verheiratet, als Sie diesen Zwangsarbeiter mit nach Hause genommen haben?

N.: Da war ich schon verheiratet.

Kt.: Hat dieser Zwangsarbeiter weiter Kontakt zu ihrer Familie halten können?

N.: Ich weiß nicht mehr, wie oft er da war. Ich weiß nur, dass wir ja eigentlich keinen Kontakt mit Zwangsarbeitern haben durften. Wir haben aber dennoch Kontakte gehabt, auch innerhalb der Firma, und nicht nur ich! Wir haben denen manchmal etwas zugesteckt. Wir haben immer etwas mehr Essen zu unserer Arbeit mitgenommen und das Essen dann den Zwangsarbeitern gegeben.
Kt.: Konnte man diese Nahrungsmittel einfach so, ohne Schwierigkeiten, übergeben?
N.: Ja, bei uns in der Firma, ja!
Mit den „richtigen KZlern" habe ich auch etwas erlebt. Warum die im KZ waren, weiß ich ja nicht. Die hatten damals wirklich diese gestreiften Sachen an (wie man sie heute oft auf Fotos oder in Dokumentarfilmen aus der damaligen Zeit sieht). Kennen Sie den Bunker in Wilhelmsburg?
Kt.: Ja sicher!
N.: Da habe ich das erlebt! In dem Bunker bin ich nur ein einziges Mal gewesen. Meine Schwiegermutter hat noch in spätem Alter ein Kind bekommen, sie war 43. Als die Bombenangriffe auf Hamburg stattfanden - das war ja die schlimmste Zeit - da war sie ausgebombt. Sie hat deswegen bei ihrem Schwager, ganz bei uns in der Nähe, gewohnt. Die hatten meine Schwiegermutter aufgenommen. Für mich war sie mit ihren 43 Jahren damals eine ganz alte Frau! Eine ganz alte Frau! Als die Sirenen heulten, bin ich zu ihr runtergelaufen, habe mir ihren Kinderwagen mit dem kleinen Jungen - der war ja noch ein Baby - geschnappt und bin mit ihr zusammen zum Bunker gerannt. Und da erinnere ich mich an eine Sache mit den „KZlern": Es gab ja immer Voralarm - da lief man los - und danach kam der eigentliche Alarm. Wir waren noch nicht im Bunker, da sahen wir, wie „KZler" vor dem Bunker mit Pferden arbeiteten. Was das für eine Arbeit war, das weiß ich nicht. Ich war ja vorher nie da gewesen! Am Bunker war ein unglaubliches Gedränge. Am Kinderwagen brach sogar ein Rad ab, das weiß ich auch noch. Und dann wurden die KZ-Leute zurückgedrängt, und die Pferde kamen in den Bunker. Das hat mich empört! Die Pferde wurden in den Bunker gebracht, aber diese Menschen durften nicht hinein. Aber sonst bin ich nicht in diesem Bunker gewesen. Ich bin immer zu Hause geblieben und da in den Keller gegangen.

Kt.: Haben Sie miterlebt oder erfahren, dass die Bonifatiuskirche von Bomben getroffen wurde?
N.: Ich weiß, dass die Sakristei getroffen worden ist. Aber sonst habe ich davon nicht viel mitgekriegt, denn mein Mann war ja im Krieg, und ich bin viel hin- und hergereist. Wenn er zum Urlaub in Deutschland war, bin ich zu ihm gereist. Er war gegen Ende des Krieges Ausbilder. Er musste 16jährige Jungen ausbilden. Da war er in Schleswig-Holstein. Ich bin zu ihm hingefahren. In der Firma habe ich dafür immer frei bekommen. Das ist auch etwas ganz Besonderes gewesen, das gab es sonst nicht, solch eine tolle Firma! Ich durfte eine Woche dahin fahren. Auf dem Rückweg - das war aber schon 1945 - war ich mit dem ganzen Tross zusammen; mit dem Tross von Soldaten und halben Kindern. Mein Mann musste ins Emsland. Da waren schon die Engländer. Da ist mein Mann dann auch noch in Gefangenschaft gekommen. Anderthalb Jahre war er in Gefangenschaft. Durch das alles war ich eigentlich völlig ausgelastet, auch im Kopf! Da habe ich mich um die Angriffe auf die Kirche nicht gekümmert. Ich weiß nur, dass wir Frauen vom Elisabethverein - solange die Sakristei noch stand - uns mit dem Dechanten so alle vier oder alle acht Wochen getroffen haben. Da wurde besprochen, was auf sozialem Gebiet zu tun war. Es gingen ja alle ins Pfarrhaus, die in Not waren. Alle, die krank waren, die alt oder allein waren, die nicht mehr konnten, die meldeten sich im Pfarrhaus und bekamen nach Möglichkeit Hilfe.

Der Dechant kam dann zu uns in den Elisabethverein und hat uns die Notfälle genannt und hat gefragt: „Wer macht dies, wer macht das?", und dann wurden die Aufgaben verteilt. Ich muss sagen, dass der Elisabethverein sehr aktiv war. Ich hatte einige Leute zu betreuen, obwohl ich ja selbst schon drei Kinder hatte! Ich war immer mit dem Fahrrad unterwegs.
Kt.: Können Sie mir ein Beispiel von dieser Arbeit geben?
N.: Ja, von einer Sache habe ich auch gerade meiner Tochter erzählt. Das war so schrecklich! Damals war ich gerade erst 35 oder 36 Jahre alt.
Kt.: Das war dann aber nicht mehr in der Kriegszeit.

N.: Ja, rechnen wir doch mal! (Frau N. lacht.) Also ich war 35 oder 36 Jahre alt, das weiß ich genau.
Kt.: Dann ist das 1958 oder 1959 geschehen, wovon Sie jetzt erzählen wollen.
N.: Richtig, dann war das nach dem Krieg. Na klar, ich hatte ja schon die drei Kinder! Aber was ich erzählen wollte: Ich wurde vom Elisabethverein zu einer Familie geschickt, in der sich der Vater gerade das Leben genommen hatte. Der war Direktor in einem großen Stahlwerk am Reiherstieg gewesen. Warum der Mann sich das Leben genommen hat, weiß ich nicht. Die Familie - die Frau und zwei entzückende Kinder - wohnte in einem wunderschönen Einzelhaus, ein Haus der Firma natürlich. Jetzt stand die Familie vor dem Nichts! Die mussten aus dem Haus raus! Das war für mich ganz schlimm, diesen Besuch zu machen, weil ich überhaupt nicht wusste, wie ich mich verhalten sollte. Ich sollte der Familie Pakete bringen und musste nun mit der Frau besprechen, wie am Besten geholfen werden könnte, was am Notwendigsten wäre. Man kann ja nicht einfach nur etwas zusammenpacken und dann damit hinfahren und es abliefern! So ging das ja auch nicht! Also das war sehr schwierig für mich!
Kt.: Das glaube ich! Die anderen Aufgaben waren nicht so schwierig?
N.: Ich hatte auch sehr alte Leute zu betreuen; allein lebende alte Frauen, die waren so an die 80 Jahre alt. (Frau Nowacki lacht) Ach du meine Güte, die waren ja so alt wie ich heute! Aber die waren doch anders, klapperig und abgearbeitet.
Kt.: Ja, das kann ich mir vorstellen. Leute im Alter von 80 Jahren damals; das war schon ein Riesenunterschied zur heutigen Zeit!
N.: Ja, zu diesen alten Leuten ist man auch hingegangen, ohne dass man etwas als Geschenk mitgebracht hätte, einfach so zum Gespräch. Darüber freuten die sich auch! - Also, wir Frauen vom Elisabethverein waren schon ganz aktiv!

Kt.. Ich erinnere mich noch gut an Frau Kinne.
N.: Ja, die war auch im Elisabethverein, meine Schwiegermutter auch, meine Mutter auch! Meine Mutter war besonders aktiv im Elisabethverein, als Frau Rhein - die war ja auch Lehrerin - den Elisabethverein noch leitete. Da war ich noch Kind. Die Arbeit hat sich so in der Familie fortgesetzt.

Kt.: Ja, nun wäre es vielleicht doch ganz interessant, speziell über Pastor Krieter zu sprechen. Wo haben Sie selbst ihn erlebt?
N.: Beim Elisabethverein und .... Na, das gehört ja eigentlich nicht hier hin, aber ich will es doch erzählen: Eine meiner Töchter war damals so acht oder neun Jahre alt. In der Kirche ist doch auch heute noch vor der Ausgangstür so ein Schriftenstand. Immer, wenn meine Tochter damals aus der Kirche kam und den Schriftenstand sah, hat sie sich - obwohl sie ja noch so jung war - geärgert, dass der Schriftenstand immer voller Schriften war. Niemand hatte etwas mitgenommen.

Dass man diese Schriften eigentlich kaufen musste, davon wusste meine Tochter nichts. Sie hat gedacht, dass man sich die Schriften bei Interesse mitnehmen sollte. Eines Tages ging sie nach der Schule in die Kirche - die waren damals ja noch offen - und hat den ganzen Schriftenstand leer geräumt. Sie hat die Schriften in ihren Schulranzen getan und gedacht: „Wenn die Leute das nicht mitnehmen, dann nehme ich die mit und verteile sie in der Veringstraße." (Frau N. lacht herzlich.) Aber dann sind ihr wohl Bedenken gekommen. Sie hat die Schriften erst 'mal unter der Matratze in ihrem Bett versteckt. Ich wusste nichts davon. Nun kam der Sonntag. Meine Tochter war in der Messe, und der Dechant hat gepredigt und hat am Ende der Predigt gesagt: „Wir sind bestohlen worden!" (Frau N. lacht herzlich.) Bestohlen worden! „Unser ganzer Schriftenstand ist leer." (Frau N. kichert.) Und meine kleine Tochter, die ist wohl zur Salzsäule erstarrt. Die konnte sich überhaupt nicht mehr rühren! „Bestohlen", dieses Wort! Das wäre ihr ja nie in den Sinn gekommen! Zu Hause hat meine Tochter nichts gesagt. Aber als ich die Betten neu beziehen musste, da kamen die ganzen Dinger zum Vorschein! (Frau N. schüttelt sich vor Lachen.) Da hat mir meine Tochter das alles gebeichtet. Da habe ich zu ihr gesagt: „ Nun gut, mein liebes Kind, du packst jetzt die ganzen Sachen wieder in deinen Schulranzen. Du legst sie aber nicht einfach wieder in den Schriftenstand zurück, sondern du gehst ins Pfarrhaus und erzählst deine Geschichte. Anders geht das nicht!" Können Sie sich vorstellen, was für eine Angst das Kind hatte? Ja, aber das musste sein! Sie ist dann losgegangen und ist beim Dechant Krieter gelandet und hat ihm die Geschichte erzählt. Früher haben wir ja immer gesagt: „Dir werden dir Ohren lang gezogen!" Da hat der Dechant meine kleine Tochter so ganz sachte am Ohr angefasst und hat zu ihr gesagt. „Ach, du mein armes Häschen!" (Frau N. lacht sich „kaputt".) „Ach, du armes Häschen!" Sie hat ihm Leid getan! Das vergisst meine Tochter nie!
Kt.: Das ist ja eine schöne Geschichte. Dabei haben sie ihn doch sehr „hautnah" erlebt.
N.: Doch, wir haben ihn „hautnah" erlebt. Unsere Familie und er, wir waren eigentlich „vertraut" miteinander. Er wusste eigentlich alles über uns und unsere Familie. Er kannte alle Namen. Die Kinder konnte er zuordnen. Es war eine „Vertrautheit" da, aber nicht nur zu unserer Familie. - Er war auch so gutmütig! Seine Gutmütigkeit war schon fast strafbar!
Kt.: Wie das?
N.: Na, meine Tante, die ist viel im Pfarrhaus gewesen, weil sie zusammen mit anderen Frauen die Kirche sauber gemacht hat. So hatte sie auch Kontakt zur (Schwester des Dechanten) Therese. Wir anderen hatten vor Therese ja alle Angst. Ich glaube sogar der Dechant selbst hatte vor Therese Angst. Im Nachhinein muss ich aber sagen: „Die durfte gar nicht anders sein!" Um es ganz krass zu sagen. „Wenn die nicht aufgepasst hätte, dann hätte der Pastor Krieter eines Tages nackt vorm Altar gestanden!" Der hat ja alles weggegeben! Und es gab damals ja noch viele Bettler. Die kamen, weil sie wussten, was der Pastor für einer war. Die haben laufend am Pfarrhaus geklingelt. Und ich muss Ihnen sagen, ich habe den Dechanten selbst erlebt, - und nicht nur ich, sondern alle, die gerade in der Messe waren - wie er in Pantoffeln vorm Altar gestanden hat. Er hatte keine Schuhe mehr! Da hatte Therese nicht aufgepasst! Also, er hat alles weggegeben! Therese musste energisch sein! Aber in der Zeit damals haben wir immer gedacht: „ Der Pastor ist unter Thereses Pantoffel!" (Frau N. lacht laut.)
Aber zur Rechtfertigung seiner Schwester Therese muss ich noch eine weitere Geschichte erzählen. Das muss 1947 gewesen sein, denn mein Mann war aus der Kriegsgefangenschaft schon zurück. Da hat meine beste Freundin, Sieglinde Pollak, unseren Schulfreund Karl-Heinz Wellner geheiratet. Es war ein bitter kalter Winter. Die Siggi stand da in ihrem weißen Kleid und hat schrecklich gefroren.

Und die Schwester des Dechanten, Therese, hatte eine Pelzjacke. Da ist sie ins Pfarrhaus gegangen, hat die Pelzjacke geholt und die Jacke der Siggi, die am Altar stand, um die Schulter gelegt. Das war auch Therese Krieter! Ihren Bruder hat sie allerdings ganz schön im Griff gehabt. Da bin ich mir sicher.

Zurück zum Dechanten! Als die Krankenhausgeschichte kam, da fingen wir an, ihn zu bewundern. (gemeint ist der Bau des Krankenhauses Groß-Sand) Wie der das gemacht hat!! Er ist von einer Firma in die andere gezogen! Er ist in alle Betriebe (Wilhelmsburgs) gegangen, hat gebettelt und hat dafür geworben, dieses Krankenhaus zu bauen! Ich habe ihm vorher nie zugetraut, dass er das schaffen könnte. Danach habe ich ihn bewundert. Übrigens habe ich so ziemlich als eine der ersten Frauen in diesem Krankenhaus krank gelegen.

Kt.: Woher wussten Sie denn, dass Pastor Krieter in die Firmen gegangen ist, um Geld für den Krankenhausbau zu bekommen?
N.: Das wussten wir! Wir haben doch in der Gemeinde gelebt, wir waren tief damit verbunden!

Kt.: Kannten Sie auch seine Mitarbeiter beim Bau des Krankenhauses, zum Beispiel den Herrn Ulitzka?
N.: Ja, Ulitzka kannte ich gut. Ich komme heute noch ab und an 'mal mit einer Tochter von ihm zusammen, mit der Gisela.
Kt.: Wissen Sie etwas von Dr. Dudek?
N.: Gehört habe ich von ihm, aber gekannt habe ich ihn nicht! Familie Ulitzka, ja, die kannte ich. Herr und Frau Ulitzka wohnten zum Schluss im Altenheim Maximilian Kolbe. Die beiden alten Leute hatten da gemeinsam eine kleine Wohnung - und nebenan hat meine Mutter gewohnt.
Kt.: Frau Nowacki, ich danke Ihnen ganz herzlich für dieses Gespräch.

Pachowiak , Karla

geboren im Juli 1920
wohnhaft zur Zeit des Gespräches in Hildesheim

Gespräch am 2. 3. 2004

P.: = Frau Pachowiak   Kt. = Ulrich Krieter

Die in Klammern geschriebenen Wörter / Texte sind zum besseren Verständnis des Lesers eingefügt. Das Gespräch wurde mittels Diktiergerät aufgezeichnet.

Kt.: Frau Pachowiak, wann sind Sie geboren?
P.: Im Juli 1920
Kt.: Können Sie jetzt bitte etwas über Ihren beruflichen Werdegang sagen, auch über Ihre Schulausbildung?
P.: Ich war erst in Wilhelmsburg auf der Volksschule. Nach zweieinhalb Jahren haben mich meine Eltern nach Hamburg zu den Ursulinen (=katholische Ordensschwestern) geschickt. Bei den Ursulinen habe ich 1937 die Mittlere Reife gemacht. Ich bin ein bisschen spät in die Schule gekommen. Als ich zur Schule gekommen war (im Jahre 1927), wurde ich im Juli schon 7 Jahre alt. Ich war zart und schüchtern.
Kt.: Zweieinhalb Jahre waren Sie nur in der Wilhelmsburger Volksschule?
P.: Ja. Die Ursulinen hatten damals in Hamburg eine sogenannte Vorschule, vor der Sexta (1. Klassenstufe des Gymnasiums). Da ich schüchtern war, und da man für die Sexta eine Aufnahmeprüfung machen musste, hatten meine Eltern - obwohl ich in der Schule gut war - etwas Sorge, ich könnte die Prüfung vielleicht nicht bestehen. Ich war übrigens nicht die einzige, die in diese Vorschule geschickt wurde. Aus unserer Klasse waren es vier (Mädchen). Das lag auch - positiv gemeint - an dem Klassenlehrer, der uns sehr gefördert hat. Wir sollten so den Sprung zur Sexta erleichtert bekommen. Der Lehrer hieß Paul Kobold. Als wir schon im Hamburg waren, ist der nach Harburg an die dortige Katholische Schule gegangen. Der hatte in Wilhelmsburg irgendwie Ärger gehabt.
Kt.: Während Ihrer Schulzeit haben Sie Pastor Krieter also gar nicht erlebt, es sei denn nachmittags in Wilhelmsburg. Pastor Krieter ist 1934 nach Wilhelmsburg gekommen.
P.: Es gab damals ja die „Marianische Kongregation". Da bin ich mit 14 Jahren eingetreten. Zu dieser Zeit war Pfarrer Krieter schon in die Gemeinde gekommen. Er kam damals gelegentlich zu unseren Versammlungen, obwohl die „Marianische Kongregation" an und für sich von den Kaplänen betreut wurde. Dadurch war man schon etwas vertrauter (mit ihm). Ein Kaplan hatte die sogenannte „Lioba", die Kindergruppe für Mädchen, gegründet. Da war ich vom 10. Lebensjahr an ebenfalls (Mitglied). Obwohl ich in Hamburg die Schule besucht habe, war ich nachmittags und abends mit der Gemeinde in Wilhelmsburg verbunden. Das lag an meinen Eltern. Meine Mutter war Vorsitzende des Elisabethvereins. Mein Vater war im Männerverein.
Kt.: Kann man Ihre Eltern als Ur-Wilhelmsburger bezeichnen?
P.: Ja, die haben zwar 1914 in Harburg geheiratet, aber weil mein Vater seine Arbeitsstelle in Wilhelmsburg hatte, - ich weiß nicht, ob er damals schon Lokomotivführer war - haben meine Eltern sich in Wilhelmsburg eine Wohnung genommen. Ursprünglich haben beide, meine Mutter und mein Vater, in Harburg gewohnt.
Kt.: Zurück zu Ihnen! Hieß die „Marianische Kongregation" nicht „Marianische Jungfrauenkongregation"?
P.: Doch, an dem Namen haben wir damals keinen Anstoß genommen. Die verheirateten Frauen waren im Elisabethverein. Die sorgten für hilfsbedürftige Menschen. Die Organisation des Vereins ist eine interessante Sache. Der Verein wirkte in der ganzen Gemeinde, und die Gemeinde war in mehrere Bezirke eingeteilt. Für jeden Bezirk gab es eine Vorsitzende. Sie hatte einmal die Aufgabe, die Mitgliedsbeiträge einzusammeln und zu verwalten.

Zum anderen hatte sie die Aufgabe, in ihrem Bezirk die armen, hilfsbedürftigen Leute ausfindig zu machen. Die Bezirksvorsitzenden kamen dann zu meiner Mutter und sagten (zum Beispiel): „Die Frau Sowieso muss unbedingt etwas zu Weihnachten haben." Dann wurden zu Weihnachten bei dem Bäcker Ballhausen sogenannte „Klöben" bestellt, und alle Genannten bekamen dann einen Klöben und noch irgendein anderes Geschenk.
Kt.: Erinnern Sie noch Namen der Bezirksvorsitzenden des Elisabethvereins?
P.: Ich erinnere mich an eine Frau Kaiser. Die war vor meiner Mutter Leiterin des Elisabethvereins. Sie war bedeutend älter und hat deswegen die Leitung an meine Mutter übergeben.
Kt.: Eine Frau Rhein ist Ihnen nicht bekannt?
P.: Doch, die war Lehrerin wie ihr Mann. Sie hat gar nicht begreifen können, dass ich nicht Lehrerin werden wollte. Sie hat mich immer wieder deswegen gefragt. Ich habe ihr geantwortet: „Ich möchte nicht nur belehren, ich möchte mit Kindern auch umgehen!" Ich bin dann ja später das Fröbelseminar in Hamburg besucht, wo man zur Kindergärtnerin ausgebildet wurde. Nach der Mittleren Reife habe ich aber zuerst die „Höhere Handelsschule" in Hamburg besucht. Das war in dieser Zeit praktisch. So brauchte ich nicht zum Arbeitsdienst. Ich habe an dieser Schule aber schnell gemerkt, dass diese Ausbildung nicht das war, was ich wollte. Manches war so langweilig! Beim Rechnen bin ich einmal sogar eingeschlafen. Da ging es um Dreisatzaufgaben. Ich hatte Dreisatzaufgaben schon so oft gehabt und auch anderen geholfen, die diese Aufgaben nicht konnten. Die kapiert man entweder oder eben nicht. Aber diese Aufgaben waren so langweilig. Da habe ich eben ein bisschen geschlafen. Ich hatte ja auch meine Gruppe, ging morgens zur Messe, schrieb die Listen des Elisabethvereins für meine Mutter, da war ich manchmal schon recht müde.

Kt.: Bitte noch einmal zu den Vereinen!
P.: Im weiblichen Bereich gab es für Mädchen von 10 bis 14 Jahren - wie gesagt - die Gruppe „Lioba". Danach folgte die „Marianische Jungfrauenkongregation", jüngere und ältere Abteilung. Die jüngere ging bis 18, die ältere ab 18 Jahren bis zur Ehe. Danach kam der Elisabethverein.
Kt.: Gab es für Frauen nicht auch einen Chor?
P.: Ja, Frau Kraushaar hatte so etwas wie einen Chor. Frau Kraushaar ist ja eine berühmte Lehrerin aus dieser Zeit. Aber ein richtiger Chor ... ? Es gab einen Männergesangverein, das weiß ich sicher.
Kt.: Jetzt also zur Männerseite!
P.: „Jung-Winfried" war für die Kleinen da. Dann gab es die „Jungschar". Danach die „Sturmschar" und den „Jungmännerverein". Die Mitglieder im „Jungmännerverein waren so wie es der Name sagt. Die gaben sich gesetzt und steif. Die Mitglieder in der „Sturmschar" waren anders. Die gingen auf Fahrt, trugen kurze Hosen, taten nicht so erwachsen. Daneben gab es für die höheren Schüler auch „Neudeutschland". Da war mein Bruder Mitglied. Er hatte den Verein in der Schule in Hamburg kennen gelernt und dann zusammen mit Reinhold Pabel die Wilhelmsburger Abteilung gegründet. Es gab aber auch Doppelmitgliedschaften, also Schüler des Gymnasiums konnten durchaus auch in der „Sturmschar" sein.
Kt.: Es folgten dann der Gesellenverein, der Männerverein und der Männergesangverein?
P.: Der Männerverein hieß „Winfridia". Der Name kommt von Winfrid, Bonifatius.
Kt.: Es gab natürlich auch hier viele Doppelmitgliedschaften.
P.: Ja, bestimmt!

Kt.: Nach den Vereinen möchte ich gern ein wenig über die Pfarrer und Kapläne sprechen.
P.: Bei Pfarrer Algermissen war ich noch ein ganz kleines Kind. Pfarrer Schmidts war der Vorgänger von Krieter.
Wir hatten damals wenigstens zwei, wenn nicht drei Kapläne. Da war auch der Kaplan Krautscheidt für die sogenannte „wandernde Kirche". Damit meinte man die Gläubigen, die arbeitsbedingt eine Zeit lang in einer Gemeinde waren, aber dann wieder weggingen. Vom Bistum Hildesheim gab es für die „wandernde Kirche" eine Referentin, Maria Fuchs. Mit der Einrichtung „Wandernde Kirche" wollte man wohl die Katholiken ansprechen, die durch die neuen Industrieansiedlungen aus ihrer Heimat kurzzeitig oder auf Dauer weggegangen sind.

Abb. 66: Kaplan Johannes Dorenkamp (von 1920 bis 1935 in St. Bonifatius) in der Gruppenstunde der Marianischen Jungfrauenkongregation, jüngere Abteilung. Das Mädchen ganz links (aus Sicht des Betrachters) ist Karla Pachowiak. Die erwachsene Frau ist ihre Mutter, Paula Pachowiak.

Kt.: Zu den anderen Kaplänen! Ist Ihnen Bernhard Bank in Erinnerung?
P.: O ja, aber parallel oder vor ihm gab es Kaplan Dorenkamp. Den darf man nicht vergessen. Auf Initiative von Kaplan Dorenkamp hat die Bonifatiusgemeinde in Harburg, am „Höpen" eine Wiese gekauft. Dahin konnten die Wilhelmsburger am Sonntag gehen. Da draußen traf man sich. Das war in der Nähe von Fleestedt. Auf diese Wiese war eine Holzhütte gebaut, mit Schlafgelegenheiten. Wir konnten da mit zehn Mädchen übernachten, allerdings zu zweit in einem Bett. Übers Wochenende sind wir oft da gewesen und am Sonntagmorgen nach Wilstorf, zur Messe (in die Franz-Josef-Kirche) marschiert.
Kt.: Dadurch hat Pastor Krieter möglicherweise schon vom „Höpen" erfahren, als er noch Pastor in St. Franz-Josef war?
P.: Ja, ich bin mir sicher, dass er schon als Pastor in St. Franz-Josef von der Wiese im „Höpen" etwas wusste.

Kt.: Und der Kaplan Dorenkamp hat nach Ihrer Überzeugung initiert, dass die Bonifatiusgemeinde die Wiese im „Höpen" gekauft hat?
P.: Ja, dem hätten wir das nie zugetraut, weil er so dürr und ausgehungert aussah. Dass der so viel Sinn für die Jugend hatte, das hatten wir nicht erwartet.
Kt.: Aber wie kann ein Kaplan solch einen Kauf initiieren?
P.: Wie das mit dem Erwerb genau gewesen ist, weiß ich nicht. Aber zwei oder drei Familien hatten neben dem späteren Gemeindegrundstück eigene Grundstücke, z. B. die Familie Liesewicz. Dadurch ist Dorenkamp wohl auf diese Wiese aufmerksam geworden. Er hat sicher den Gedanken gehabt, dass das ein Ausflugsort für die Wilhelmsburger Gemeinde werden könnte. Für mich persönlich war der „Höpen" besonders günstig, weil mein Onkel in Fleestedt ein Haus besaß, ein schönes, großes Haus. Das hatte der Bruder meines Vaters zusammen mit seinen Geschwistern da gebaut, auch für die Großmutter.
Kt.: Dieses Haus Ihres Onkels war also nicht weit von der Gemeindewiese entfernt.
P.: Es war so in der Nähe, dass ich aus dem Gemüsegarten dort für meine Gruppe leicht etwas zum Essen holen konnte. Später habe ich 'mal mit meiner Gruppe in dem Haus übernachtet, auf dem Heuboden!
Kt.: Die „Lioba"-Mädchen hatten auch eine Uniform, nicht wahr?
P.: Ja, einen grünen Trägerrock und eine weiße Bluse und ein grünes Bolero-Jäckchen.
Kt.: Wer hat das „Design" gemacht?
P.: Ja ... das muss wohl die Frau eines Lehrers gewesen sein, ich komme nicht auf den Namen. Sie war auch meine Gruppenführerin.
Kt.: Interessant ist die damalige Begeisterung für Uniformen, auch bei Mädchen!
P.: Ja, das war damals so! Wir Wilhelmsburgerinnen waren ganz stolz darauf! Wir gingen ja zu Viert zur Schule in Hamburg. Dann saßen wir in der Straßenbahn mit unserem grünen Trägerrock, und die Klassenkameradinnen waren ganz neidisch. Eine Hamburgerin, mit der ich Freundschaft geschlossen hatte, sagte immer. „ Ich komme zu euch in die Gruppe!" Aber wegen der weiten Entfernung ist das dann doch unterblieben.
Kt.: Musste in „Lioba" eigentlich auch Beitrag gezahlt werden?
P.: Irgendwie habe ich 5 Pfennig als Beitrag in Erinnerung, mehr war das sicher nicht!
Kt.: Sie sind mit ihrer „Lioba"-Gruppe also per Straßenbahn von Wilhelmsburg nach Rönneburg gefahren?
P.: Ja, danach ging es zu Fuß durch Feld und Wald, in Uniform und mit Wimpel. Im Dritten Reich war so etwas ja verboten. Aber wir haben „Maria zu lieben" und andere Kirchenlieder gesungen. Wir sind mit unserem Wimpel von Rönneburg losgezogen und haben dabei Kirchenlieder gesungen. Das war so 1935 / 36. (Frau Pachowiak lacht.)
Kt.. Da hätten Sie ja auch Ärger bekommen können!
P.: Ja, ja, wir hätten schon Ärger bekommen können, denn die Kirchengemeinden durften in Gemeindegruppen nur rein religiös arbeiten. Diese Anordnung war nach 1933 ganz schnell gekommen. Offiziell waren alle Jugendgruppen außerhalb der DJ und HJ verboten. Aber wir waren ja ein „Betklub". Damit konnten wir uns herausreden. Aber man musste schon vorsichtig sein! Ich bin ja auch einmal zur Gestapo bestellt worden, weil ein Mädchen aus meiner Gruppe zu unvorsichtig war und im Betrieb etwas erzählt hat.
Kt.: Das sollten Sie etwas genauer erzählen!
P.: Ist Ihnen der „Mölders-Brief" ein Begriff?
Kt.: Vom Fliegeroberst Mölders habe ich 'mal etwas gehört.
P.: Oberst Mölders hat vor seinem letzten Flug einen Abschiedsbrief geschrieben, an seine Eltern und Freunde, unter anderen an seinen Seelsorger, den Propst von Stettin. Dieser Brief gelangte auch ans Militär.

Mein Bruder war damals schon Priester. Er hatte als Soldat noch den Feldzug nach Polen mitgemacht, war dann 1940 ganz schnell zum Priester geweiht worden, und war danach beim Militär in Frankreich. Mein Bruder bekam also den Mölders-Brief in die Hand. Mölders schreibt darin: „Viele der so genannten „Lebensbejahenden", die uns noch zu Anfang der großen Schlachten verlachten und verspotteten, holen sich jetzt bei den „lebensverneinenden" Katholiken Mut und Kraft. Sie beneiden uns, dass wir über dieses irdische Leben leichter hinwegkommen als sie, die mit allen Fasern ihres Herzens am Leben hängen. Sie haben den Spott und Hohn im Angesicht unserer seelischen Stärke, die wir allein unserem Glauben verdanken, verlernt. Viele sind bekehrt und setzen das Ideal höher als alle irdischen Schätze und Verlockungen. Und ich glaube, dass hierin ein tieferer Sinn des Krieges liegt." Der Oberst ließ in seinem Brief auch durchblicken, dass er sich selbst als baldiges Opfer des Krieges sah. Den Nazis war der Brief ein Dorn im Auge. Sie haben die Verbreitung dieses Briefes verboten. Es war ja sowieso jede Art von Vervielfältigung verboten. Solche (diktatorischen) Staaten haben ja immer furchtbare Angst! Mein Bruder hatte mir den Mölders-Brief geschickt. Ich hatte ihn dann durchgepaust und weitergegeben. Ein Exemplar hatte der Kaplan gekriegt, das war ein Jesuitenpater damals gemint ist Pater Kruse). Und auch in der Kongregation hatte ich den Brief gezeigt. Also, es hatten mehrere (Personen) ein Exemplar. Und dann hat eine aus der „Marianischen Kongregation" den Brief in ihrem Betrieb gezeigt und ganz stolz gesagt: „Ja, guckt 'mal, solche Leute haben wir Katholiken!" Da wurde im Betrieb sofort reagiert: „Der Brief ist verboten! Mal her damit! Woher haben Sie diesen Brief? " Sie hat dann gesagt, sie habe den Brief von ihrer Freundin Anni G. bekommen. Die Anni G. - auch eine aus der „Marianischen Kongregation" - wurde dann zur Gestapo bestellt. Sie hat da zuerst behauptet, sie habe den Brief auf der Straße gefunden. Dann hat die Gestapo erst einmal den Kaplan kommen lassen und der - ich nehme ihm das nicht übel - hat dann zugegeben, dass er den Brief von mir hatte. Man hätte diese Lüge, dass der Brief auf der Straße herumgelegen habe, sowieso nicht aufrecht erhalten können. Daraufhin wurde ich zur Gestapo bestellt, zum Berliner Tor in Hamburg. Jetzt musste ich ja beide herausreißen, sowohl Anni G. als auch den Kaplan. Da habe ich gedacht: „Wenn sie euch vor das Gericht holen", steht in der Bibel, „überlegt nicht, was ihr sagen sollt, der Herr wird es euch eingeben." Da ist mir eingefallen, dass Anni G. ja so ein schweres Hüftleiden hatte. Außerdem hatte sie die Eigenart, Sätze nie richtig zu Ende zu sprechen. Nun habe ich behauptet, dass Anni G. den Brief wahrscheinlich gar nicht richtig verstanden habe. Ich sagte (zu dem Gestapomann): „Sie haben sicher gemerkt, dass die Anni nur halbe Sätze spricht. Und sie war sicher sehr aufgeregt. Anni hat bestimmt nicht verstanden, was Sie von ihr wollten. Aber das haben Sie ja sicher gleich gemerkt." Da hat sich der Gestapobeamte in seiner Ehre getroffen gefühlt und sofort geantwortet: „Ja sicher habe ich das sofort gemerkt." Damit war die Sache mit Anni erledigt. Aber nun hatte ich die Sorge, dass ich zu weit gegangen sei. Menschen mit Behinderungen wurden doch vergast, weil sie angeblich nichts wert waren. Da musste ich meine Aussagen natürlich wieder ein bisschen zurückholen. Zum Glück ist die Sache gut gegangen.
Kt.: Wie ging es mit dem Kaplan, dem Jesuitenpater?
P.: Der Beamte hatte bei meinem Verhör das Protokoll des Gespräches, das er mit dem Pater geführt hatte, neben seine Schreibmaschine gelegt. Er tippte mit dem „10-Finger-Suchsystem" und stellte mir die Fragen in derselben Reihenfolge (wie beim Verhör des Paters). Da konnte ich, „über Kopf" lesend, sehen, was der Pater ausgesagt hatte. Wenn ich selbst dann zur Aussage dran war, habe ich das Entsprechende auch ausgesagt.

Kt.: Mussten Sie beim Verhör stehen.
P.: Nein, ich konnte das im Sitzen lesen. Ich saß gegenüber. Ich wollte ja auf keinen Fall irgendwelche neuen Gedanken in das Verhör hineinbringen. In meiner Firma - Reiherstieg-Holzlager - musste ich natürlich sagen, dass ich von der Gestapo verhört worden war. Das war nicht so angenehm, aber die Firmenführer waren zwar in der Partei, aber sie waren keine Nazis. Ich lebte dann einige Tage in Ängsten, was wohl geschehen würde. Dann bekam ich Nachricht, dass die Sache niedergeschlagen sei. Nun konnte ich das meinen Eltern sagen. Ich hatte ihnen bis dahin nichts von dem Verlauf des Verhörs erzählt.
Kt.: Sind Sie schriftlich zum Verhör bestellt worden, oder haben Beamte Sie abgeholt?
P.: Ich bin nicht abgeholt worden. Ich habe eine schriftliche Aufforderung bekommen.[2]

Kt.: Wissen Sie sonst noch etwas über andere Aktionen der Gestapo in Bezug auf die Bonifatiusgemeinde?
P.: Nein, aber wer betroffen war, ist ja immer sehr vorsichtig gewesen. Solche Dinge wurden nicht groß erzählt.
Kt.: Vom Schicksal des Kaplans Bernhard Bank haben Sie nichts gehört?
P.: Der war schon von Wilhelmsburg versetzt, da ist er morgens mit dem Motorrad zum Gottesdienst gefahren und dort nicht angekommen. Seine beiden Brüder, die ja auch Geistliche waren, haben gesagt. „Wir wollen ihn nicht zum Märtyrer machen." Aber sein Tod war schon unnatürlich. Er war doch ein großer, stattlicher junger Mann.

---

[2] Das Tragische an dem von Frau Pachowiak geschilderten Geschehen ist die Tatsache, dass der so genannte „Mölders-Brief" eine Fälschung des britischen Geheimdienstes war. Im Folgenden wird aus de.wik.org/wiki/Möldersbrief zitiert: Der so genannte Mölders-Brief war ein Schriftstück, das „durch den britischen Secret Intelligence Service im Januar 1942, unmittelbar nach dem Unfalltod des populären Luftwaffenoberst Werner Mölders, im Rahmen der psychologischen Kriegsführung (durch Abwurf aus Flugzeugen in ganz Deutschland) in Umlauf gebracht wurde und sich in kürzester Zeit verbreitete.
In dem angeblichen Schreiben an einen Stettiner katholischen Propst namens Johst wies sich der Kriegsheld und Träger des Ritterkreuzes des Eisernen Kreuzes kurz vor seinem Tod scheinbar als gläubiger Katholik mit einer tiefen religiösen Überzeugung aus, der Distanz zum Nationalsozialismus hielt. In zahllosen Abschriften tauchte dieses Schriftstück im gesamten deutschen Reichsgebiet und an der Front auf. Der Brief wurde vor allem von katholischen und evangelischen Bevölkerungsschichten aufgegriffen und wurde als eindrucksvolles Dokument des katholischen Widerstandes gegen das NS-Regime interpretiert. Der Brief lieferte auch Zündstoff für das Gerücht, Mölders sei wegen seiner katholischen Gesinnung im Rahmen des antichristlichen Feldzugs der NSDAP im Auftrage Himmlers abgeschossen worden. Heutzutage gilt als gesichert, dass Mölders Opfer eines Motorendefektes seines Flugzeugs geworden ist. Der Brief wurde zur Legende und hatte vor allem in katholischen und evangelischen Kreisen eine hohe Publizität. Er löste große Nervosität bis in die höchsten Spitzen des Regimes aus. Ein Kopfgeld von 100.000 RM war für die Ergreifung des Verfassers ausgesetzt. Auf Vervielfältigung und Weiterverbreitung des Briefes standen Verhaftung und Einweisung in ein Konzentrationslager. ... An die Echtheit des Möldersbriefes wurde in Deutschland auch nach dem Krieg noch lange geglaubt. Erst im Jahre 1962 räumte der britische Geheimdienst ein, den gefälschten „Möldersbrief" seinerzeit lanciert zu haben."

Kt.: Wissen Sie, ob Pfarrer Krieter selbst einmal Ärger mit den Nazis bekommen hat?
P.: Das wüsste ich nicht.
Kt.: Hatten Sie den Eindruck, dass Krieter sich in besonderem Maße vor den Nazis geduckt hat?
P.: Nein! Wenn ich zurückdenke, habe ich den Eindruck, dass das Gemeindeleben unter ihm ganz normal weiterlief. Er war ja unbeschreiblich gutherzig und beliebt. Bei seinem Requiem (= Sterbemesse nach seinen Tode, vor der Bestattung) war die Bonifatiuskirche in Wilhelmsburg so voll wie selten, etwa so wie zu Weihnachten. Er war außerordentlich väterlich. Für mich von Bedeutung war, dass er von demselben Geburtsjahrgang wie meine Mutter war, 1890. Dadurch war er für mich einfach wie ein Vater. Wir Mädchen und jungen Frauen haben ihn später alle „Papa Krieter" genannt. Er war so zugänglich, ganz anders als seine Schwester. Ich konnte wirklich mit allem, was mich bewegte, zu ihm kommen, ganz egal, ob es persönliche Probleme waren oder ob es mit meinen Gruppen zu tun hatte. Ich war ja ziemlich aktiv, und man hatte neue Ideen.

Kt.: Erinnern Sie sich an solch eine neue Idee?
P.: Das muss 1941 gewesen sein, oder Anfang 1942, aber nicht später. Im alten Gemeindehaus hat es ja einen großen Saal mit einer schönen Bühne gegeben. Der Saal war aber nun mit allen möglichen Dingen vollgestellt. Auch der Elisabethverein nutzte den Saal für die Aufbewahrung von Kleiderspenden und ähnliche Zwecke. Meine Gruppe und ich wollten aber gern ein Theaterspiel einüben und aufführen: „Hedwig", hieß es. Das Stück passte gut in die damalige Zeit hinein. Da habe ich dann Pfarrer Krieter gefragt, ob wir nicht in der Kirche spielen dürften. Da hatte er zuerst große Bedenken. Wenn wir übten, dann würden wir ja am Altar rumlaufen, und es würde sicher auch laut sein in der Kirche und so weiter. Zunächst war er nicht dafür.
Ich bin dann mit Pfarrer Krieter ungefähr so umgegangen, wie ich es mit meiner Mutter tat, wenn ich ihr etwas abschmeicheln wollte. Ich habe gesagt: „Ach, Herr Pfarrer, überlegen Sie es sich doch noch einmal! Es ist auch ein ganz frommes Spiel!" Da hat er gesagt: „Wenn ich es dir nicht erlaube, dann bist du ja so traurig. Na, überlegen wir doch beide noch einmal." Da haben wir beide noch einmal überlegt. Ich bin kurze Zeit danach wieder zu ihm hingegangen, und dann hat er schließlich gesagt: „Ach, mach` was du willst, reiß` die Kirche ab, aber bau` sie auch wieder auf! Mach` was du willst, mach` das, mach` das, du lässt mir ja doch keine Ruhe!" (Frau P. lacht herzlich) Aber das hat er so im Guten gesagt, nicht wütend oder böse. Ich konnte wirklich mit ihm umgehen wie mit meinen Eltern. Deswegen habe ich zu ihm gesagt: „Herr Pfarrer, ich mag keinen Ärger! Und wenn Sie es nicht wollen, dann machen wir es nicht!" „Doch," sagte er, „wenn ihr es nicht macht, dann bist du doch so traurig! Nun erzähl mir doch 'mal etwas mehr über das Stück!" Da habe ich ihm den Inhalt erzählt und dann hat er gesagt: „ Da hast du allerdings Recht! So ein frommes Spiel kann man in der Kirche aufführen. Gut, gut, du hast meinen Segen!"
Was dann geschah, war wirklich großartig! Ich musste ja nun meine Leute holen, die das Stück spielen sollten - darunter waren (die späteren Priester) Joachim Ernst und Wolfram Trojok - und als wir nun übten, geschah das Wunderbare. Ohne dass ich das angeregt hätte, waren wir alle erst einmal in den Kirchenbänken, haben gebetet und dann erst haben wir mit dem Üben angefangen. Ich finde das ganz interessant! Es war natürlich die Zeit, wo man das Gebet zum Leben brauchte. Es gab schon die Luftangriffe auf Hamburg. Wie oft wurde man in der Nacht durch Alarm geweckt! So wurde dieses Laienspiel „Hedwig" fast zu einem Gebet.

Da die eigentlich gedachte Spielerin mit der Rolle nicht gut zurechtkam, sagten mehrere Jugendliche schließlich zu mir: „Ach, Karla, spiel du doch die „Hedwig", du spielst sie ja jetzt schon beim Einüben!" So kam es, dass ich die „Hedwig" gespielt habe. Joachim Ernst spielte einen Priester, und Trojok war der Ritter. Natürlich gab es auch noch andere Schauspieler. Es kamen sogar immer mehr zur Gruppe hinzu, die uns helfen wollten. Adelheid Ernst wollte zum Beispiel nicht auf der Bühne spielen, aber sie hat dann die Aufgaben der Souffleuse übernommen.
Kt.: Kam das Stück bei der Gemeinde gut an?
P.: Ja, zur Aufführung war die Kirche voll, und die Gemeinde hat richtig mitgelebt! Die Leute unten haben geschluchzt! Ich musste so Acht geben, dass ich nicht auch mit Heulen (Weinen) anfing! Wir haben natürlich mit großem Gefühl gespielt. Aber das Stück war in dieser Zeit einfach bewegend! Der Erfolg war so groß, dass wir das Stück auch in Harburg aufgeführt haben, in der St. Franz-Josef-Kirche. Und dann haben wir das Stück noch einmal im Marienkrankenhaus in Hamburg aufgeführt. Danach wollte ich nicht mehr! Die psychische Belastung wurde zu groß. Wir waren ja keine Schauspieler. Und wenn man sich bei jeder Aufführung so einbringt bis zu den Tränen, dann geht das schließlich nicht mehr. Und wenn man das nicht tut, dann taugt die Aufführung nichts!
Kt.: Meinen Sie, dass die Idee von einer Theateraufführung in der Kirche damals so neu war, dass Pfarrer Krieter mit der Genehmigung innere und äußere Hürden überwinden musste? Heute gehört beispielsweise die Aufführung von Krippenspielen zur Weihnachtszeit doch zum Standard jeder Kirchengemeinde.
P.: Damals war es schon ein Problem, dass Leute überhaupt am Altar rumliefen. Da hat Pfarrer Krieter wirklich Schranken übersprungen!
Kt.: Schranken, die es damals allgemein in den Gemeinden gab, oder Schranken seiner eigenen Persönlichkeit?
P.: Allgemein vorhandene Schranken! Ich glaube seine Mitpriester in Harburg, die beiden Brüder Mock, die wären nicht so leicht einverstanden gewesen.

Zweites Gespräch mit Frau Pachowiak, am 2. 4. 2004

Kt.: Pfarrer Ernst hat mir gestern gesagt, dass er beim Dechant Krieter neuere liturgische Ansätze vermisst hat.
Fr.P.: Ja, das war nicht so seine Sache. Das machten dann die Kapläne. Aber liturgische Neuerungen hat er zugelassen und befürwortet. Die Kapläne durften das! Das fand ich so gut an Dechant Krieter. Jochen Ernst hat Ihn natürlich auch etwas anders erlebt als ich. Er ist ja sechs oder sieben Jahre jünger als ich. Und als Jochen Ernst Schüler und Student war und den Pfarrer Krieter erlebt hat, da war Herr Pfarrer (Krieter) wahrscheinlich auch schon etwas müde. Er war damals wohl ziemlich überarbeitet. Das war ja auch die ganz schlimme Zeit.
Kt.: Beim Religionsunterricht der Oberschüler, hat Pfarrer Ernst berichtet, ist Dechant Krieter sogar gelegentlich eingeschlafen.
Fr.P.: (lacht) Davon weiß ich nichts. Aber etwas anderes: Pfarrer Krieter und ich haben Kommunionunterricht gegeben. Der Pfarrer hatte die Jungen, ich die Mädchen. Das waren sehr viele Kinder, ich meine, je 50, jedenfalls sehr viele Kinder. Mir machte das nichts aus, ich kam mit den Mädchen gut zurecht. Aber beim Pfarrer da ging es Drunter und Drüber in der Kirche. Da hat er zu mir gesagt: „Ach, weißt du was, du nimmst die Jungen auch. Du kriegst das schon hin!" Das war in der Tat seine Schwäche! Das konnte er nicht. Aber ich glaube, das lag daran, dass er einfach zu gut war. Er konnte nicht mal ein strenges Wort sagen.

Und zugegeben, von seinen Predigten waren wir auch nicht so überwältigt! Wenn der Unterricht natürlich genauso war, dann war der auch langweilig, nicht so interessant. Seine Stärke lag sicher im Umgang mit dem Einzelnen. Nun, das war nun einmal so, und das hat er sicher auch gemerkt, aber bewundernswert finde ich, dass der Pfarrer (Krieter) dann andere Personen, die etwas besser konnten, so anerkannt hat! Das, finde ich, ist doch eine menschliche Größe! Ich habe nie erlebt, dass er mich kritisiert hat, dass er gesagt hat: „ Das kannst du so nicht machen, das musst du anders machen!"

Kt.: Noch einmal gefragt, wann hat der Pfarrer Krieter Sie eigentlich als Pfarrreferentin angestellt?
Fr.P.: Das war im Mai 1945, nach dem Zusammenbruch des Dritten Reiches. Vorher war ich ja dienstverpflichtet, bin dann krank geworden, so dass ich nicht mehr volle Zeit arbeiten konnte. Da hat der Dechant zu mir gesagt: „Du kannst die „Missio Canonica" erst einmal bei mir anfangen, und dann setze ich mich mit den Jesuiten in Hamburg in Verbindung. Dann kam auch der Kaplan Kruse! (Kaplan Kruse war Jesuitenpater) Der hat mich auf den Erwerb der „Missio Canonica" vorbereitet.
Ja, der Dechant und Pater Kruse, die konnten gut miteinander! Pater Kruse, das war auch so ein bescheidener Mensch! Ich bin dann aber später regelmäßig zu den Jesuiten, zum Schlumpp, gefahren und habe da an einem Kurs teilgenommen. Ich habe da auch die Prüfung gemacht. Die war aber nur für das Bistum Osnabrück gültig, und ich brauchte sie ja für Hildesheim. Aber so wie der Dechant war, hat der gesagt: „Du kannst das so gut, das kriege ich schon beim Bischof durch." Dann hat er dem Bischof einen guten Brief geschrieben, und ich bekam die Missio auch für Hildesheim.

Kt.: Erzählen Sie bitte noch einmal die Geschichte von Ihrem Unterricht bei Kaplan Kruse und von den Sorgen, die sich Pfarrer Krieter um Sie beide gemacht hat.
Fr.P.: Ja, das ist eine köstliche Geschichte! Also, Kruse wollte noch studieren. Als ich dem erzählte, dass ich die „Missio Canonica" machen wollte, sagte er: „Ach, dan mache ich das mit meinen Mitbrüdern vom Schlump zusammen. Ich bereite Sie vor, und Sie gehen dann anschließend zum Kursus bei den Jesuiten am Schlump." Entsprechend ging ich einmal pro Woche zum Kaplan Kruse. Wir arbeiteten in seinem Zimmer, gegenüber dem Arbeitszimmer des Pfarrers.
Der Kaplan saß dann da, und ich saß - ziemlich weit entfernt von ihm - hier. Zwischen uns war das Buch. Dann kam der Pfarrer (Krieter) `rein und sagte. „ Ach, Herr Kaplan, Sie hatten da so ein schönes Buch. Das möchte ich mir gern ausleihen." Dann hat er sich das Buch geholt und dabei gesehen, dass wir uns nicht umarmten. Nach ein paar Wochen kam er dann noch einmal und brauchte wieder ein Buch, ausgerechnet als ich da war. Ich kam doch nur einmal pro Woche! Danach hat Pfarrer Krieter sich aber beruhigt. Er hat auch nie etwas zu mir (diesbezüglich) gesagt. Ich habe das nur so gespürt. Aber ich finde sein Verhalten irgendwie sogar klug. Wir waren doch beide jung. Der Kaplan war nur neun Jahre älter als ich. Es war auch eine Zeit, in der es einfach schön war, wenn man jemanden hatte, der einen mochte, weil ja rings um einen Feinde waren. Und da war es vom Pfarrer wohl klug, lieber `mal zu gucken, ehe da etwas verkehrt ging.
Kt.: Welche Aufgaben hatten Sie als Pfarrreferentin?
Fr.P.: Ich habe vor allem Religionsunterricht gegeben. Ich habe die Kommunionkinder gehabt, ich bin in die Schule gegangen und ich habe alle Kinder unterrichtet, die nicht in die katholische Schule gingen, Oberschüler, aber auch Hauptschüler. Das waren etwa 30. Die wohnten weiter weg, z.B. in Neuhof oder am Bahnhof.

Die hatten einmal pro Woche Unterricht, und die kamen auch regelmäßig! Das hat viel Freude gemacht, denen Unterricht zu geben.

Kt.: Hat der Dechant Sie im Unterricht gelegentlich besucht?

Fr.P.: Nein, aber er muss wohl manchmal – draußen vor der Tür stehend - „zugehört" haben. Irgendwann hat er nämlich 'mal zu mir gesagt. „ Du könntest 'mal in meine Gruppe gehen und da über „die Erbsünde" sprechen. Das ist für mich so ein heikles Thema, und du kannst das so gut!" Er hatte aber nie in meinem Unterricht hospitiert. Wie gesagt, da hat er wohl irgendwann vorher „draußen zugehört". Die Behandlung des Themas „Erbsünde" habe ich übrigens bei Pater Kruse gelernt.

Kt.: Sind Sie meiner Meinung, wenn ich behaupte, dass Pfarrer Krieter kein theologischer Theoretiker war, sondern lieber praktische Seelsorge betrieb? „Heikle Themen" umging er einfach.

Fr.P.: Ich glaube, das war früher so. Solche Themen ließ man lieber ruhen.

Kt.: Während andere geistliche Herren dies als Unmöglichkeit empfanden, hatte Pfarrer Krieter, wie ich von Pfarrer Ernst gehört habe, auch keine Bedenken, am Gründonnerstag eine Trauung durchzuführen.

Fr.P.: Ich finde das auch nicht bedenklich.

Kt: Welche liturgischen Bedenken da auch immer sein mögen, so ist es in meinen Augen doch vorrangig, den Wunsch eines Paares nach einer kirchlichen Trauung zu erfüllen, oder?

Fr.P.: Dieser Meinung bin ich auch!

Abb. 67: Das Foto entstand bei der Primizfeier von Heinrich Pachowiak im Jahre 1940. Rechts und links (aus Sicht des Betrachters) sind die Eltern des Primizianten zu sehen. Rechts neben dem Primizianten steht Pfarrer Krieter.Vor ihm rechts steht Kaplan Johannes Surkemper (von 1940 bis 1941 in St. Bonifatius) Der Geistliche links ist Johannes Hellmold. Als Pfarrer Krieter in St. Franz-Josef (in Harburg) Pastor war, wuchs J. Hellmold in dieser Gemeinde auf. Er wurde 1938 zum Prieter geweiht. Am 17. Oktober 1943 wurde er Pastor in der St. Franz-Josef-Gemeinde.

Kt.: Noch etwas anderes! Sie hatten mir erzählt, dass Pfarrer Krieter Ihren Bruder (den späteren Weihbischof Heinrich Pachowiak) in Fleestedt getroffen hat und dass er Ihren Bruder damals dafür gewinnen konnte, Priester zu werden. Wann war das etwa?
Fr.P.: Ja, das muss so 1933, 1934 gewesen sein. Mein Bruder ist noch zum Gymnasium gegangen. Pfarrer Krieter war damals noch Pastor in St. Franz-Josef. Getroffen haben wir ihn in Fleestedt, wo unser Onkel Felix - auch ein Pachowiak - wohnte; anlässlich des Geburtstages meiner Großmutter. Bei dieser Gelegenheit hat Pfarrer Krieter meinen Bruder angesprochen, ob der nicht Theologie studieren und Priester werden wolle. Er hat meinen Bruder mit dieser schwierigen Frage erreicht, obwohl wir doch nur im Familienkreis in Fleestedt zusammen waren. Man muss doch über die Menschenkenntnis (des Pfarrers Krieter) staunen! Als Pfarrer Krieter dann in Wilhelmsburg Pfarrer war, hat mein Bruder wohl zuerst auch bei ihm Religionsunterricht gehabt. Aber wie der Pfarrer so war, hat der den Unterricht dann an einen Kaplan weitergegeben. Er war sich selbst wohl im Klaren, dass das Unterrichten nicht seine Stärke war.

Kt.: Wir hatten bei unserem letzten Gespräch auch über weibliche Gefangene in Wilhelmsburg gesprochen.
Fr.P.: Ja, ich weiß darüber nicht viel. Ich habe ja in der Firma „Holzlager-Reiherstieg" gearbeitet. Wenn ich mit dem Fahrrad nach Hause fuhr, überholte ich manchmal so eine Kolonne von Frauen, die da in gestreiften Kleidern gingen und bewacht wurden. Ich bin an den Frauen nur vorbeigefahren, was für mich sehr schwer war und mich sehr mitgenommen hat. Aber ich habe nie erlebt, dass da eine Frau schlecht behandelt worden wäre. Die gingen vom Lager zu ihrer Arbeitsstätte oder umgekehrt. Man hatte ja auch nicht den Mut, einmal zu fragen. Man beobachtete das ja auch nicht, was mit ihnen geschah. Man wusste nicht, wohin sie gebracht wurden.

Kt.: Fällt Ihnen noch etwas ein, das wir ansprechen sollten?
Fr.P.: Ja, das „Krankenhaus Groß-Sand". Das hat Pfarrer Krieter ja gebaut und er hat dann die Katharinen-Schwestern geholt. Das hat ihm in der Gemeinde sehr viel positives Echo gebracht. Das war auch eine ganz große Leistung. Und mutig war das in der Zeit damals, wo doch finanziell noch so wenig da war.
Kt.: Meinen Sie, dass die Gemeinde den Bau des Krankenhauses befürwortet hat?
Fr.P.: Ja, die Gemeinde hat das gern getragen. Ich weiß das durch meine Mutter, die in der Gemeindearbeit immer viel mitgedacht und mitgearbeitet hat. Sie war ja Vorsitzende im Elisabethverein und im Fürsorgeverein.
Kt.: Wie ist denn der Plan des Krankenhaus-Baues in der Gemeinde bekannt geworden? Hat Pfarrer Krieter seine Absicht vorher öffentlich gemacht?
Fr.P.: Dass er seine Absicht, das Krankenhaus zu bauen, in der Gemeinde vorher bekannt gemacht hat, glaube ich nicht. Das wurde mit einem Mal gebaut. Das war einfach da. Aber nachher hat das in der Gemeinde sehr viel Zustimmung gefunden. Das weiß ich genau. Und aus der Gemeinde haben dann viele Mädchen im Krankenhaus die Krankenpflege erlernt, zum Beispiel die beiden Töchter von Erna und Paul Nowacki, Renate und Regina.
Kt.: Es geht ja das Gerücht, dass der Dechant das Krankenhaus gebaut hat, ohne den Bischof Josef-Godehard informiert zu haben.
Fr.P.: Das ist möglich. Bei Bischof Josef-Godehard musste man das auch ohne großes Nachfragen machen, sonst entstanden Schwierigkeiten.

Schwalfenberg, Margret, geb. Nolte;

geboren im Juli 1939
wohnhaft zur Zeit des Gespräches in Hbg.-Rahlstedt

Gespräch am 28. 7. 2004

S.: = Frau Schwalfenberg   **Kt. = Ulrich Krieter**

Die in Klammern geschriebenen Wörter / Texte sind zum besseren Verständnis des Lesers eingefügt. Das Gespräch wurde mittels Diktiergerät aufgezeichnet

Kt.: Frau Schwalfenberg, wann und wo sind Sie geboren?
S.: Im Juli 1939 in Hamburg, im Marienkrankenhaus
Kt.: Sagen Sie mir etwas zu Ihrer Schulausbildung?
S.: Ich habe in Wilhelmsburg (Bonifatiusschule) die Volksschule besucht und im Anschluss daran zwei Jahre die Handelsschule in Harburg.
Kt.: In Wilhelmsburg haben Sie sämtliche Schuljahre erlebt?
S.: Nein, die ersten in einer Dorfschule in Niederbayern. Meine Mutter und meine Schwestern waren mit mir drei Jahre lang nach Hailing, in der Nähe von Passau, evakuiert.
Kt.: Ihr Vater war zu dieser Zeit im Krieg?
S.: Ja, 1946 kam er aus der Gefangenschaft zu uns und hat in Hailing für kurze Zeit die Dorfschule übernommen. Er hat dann aber versucht, so schnell wie möglich wieder nach Hamburg zurück zu kommen. Übrigens war er in diesem Dorf auch für die Entnazifizierung zuständig. Er musste die Angaben der Bauern aufnehmen. Das war wohl zum Teil recht lustig. Die Bauern wollten immer nichts besessen haben. Mein Vater hat dann gesagt: „Na, ein paar Hühner werdet ihr ja wohl gehabt haben!"
Kt.: Noch einmal zurück zu Ihrer eigenen Person! Ihr Beruf?
S.: Ich war früher kaufmännische Angestellte bei der deutschen Bank in Hamburg. Da habe ich auch meinen Mann kennen gelernt. 41 Jahre sind wir jetzt verheiratet.
Kt.: Wann sind Ihre Eltern geboren?
S.: Mein Vater, Andreas Nolte, ist am 18. Juli 1902 in Hilkerode (Eichsfeld, bei Duderstadt) geboren und meine Mutter, Klara Nolte, geborene Senft, ist am 8. April, auch im Jahre 1902 geboren. Meine Mutter ist in Harburg geboren und aufgewachsen. Da waren 10 Kinder in ihrer Familie. Mein Vater hatte vier Geschwister.
Kt.: Ihre Mutter hat also zur St. Franz-Josef-Gemeinde in Harburg gehört?
S.: Ich denke schon! Ich weiß, dass in der Maretstraße das Geschäft der ältesten Schwester meiner Mutter war. Darin hat meine Mutter eine Zeit lang als Verkäuferin gearbeitet. Das war zu der Zeit, als Vater und Mutter - über diese Schwester meiner Mutter - sich kennen lernten. Damals war mein Onkel, Georg Nolte, Pastor in St. Franz-Josef. Das war dann auch die Verbindung. Vater kam zu Besuch zu seinem Bruder und lernte meine Mutter kennen.
Kt.: Ihr Onkel Georg Nolte war als Pastor der Vorgänger von meinem Onkel, Karl-Andreas Krieter. Mein Onkel hat 1923 die Nachfolge von Pastor Nolte angetreten. Ihre Mutter war damals 21 Jahre alt und wird zur Gemeinde St. Franz-Josef gehört haben.
S.: Ja, das denke ich schon, dass es so war. Die Schwester meiner Mutter hatte jedenfalls Kontakt zu Pastor Nolte und so hat mein Vater auch seine Frau kennen gelernt.
Kt.: Ein näherer Kontakt ihres Vaters zu Karl-Andreas Krieter - während der Zeit, die sie in Hamburg verbracht haben - hat sich dann also wohl schon 1923 ergeben. Da beide Männer in Hilkerode geboren sind, kannten sie sich aber mit Sicherheit auch schon von Hilkerode her. Allerdings war Karl-Andreas Krieter 12 Jahre älter als ihr Vater. In jedem Fall aber werden die beiden Eichsfelder zueinander Verbindung gehabt haben, wenn ihr Vater längere Zeit in Harburg gewesen sein sollte.[3]

---

[3] Aus einem Artikel der Wilhelmsburger Zeitung (3. 7. 1959) zum Tode von Andreas Nolte geht hervor, dass Andreas Nolte 1922 als Junglehrer nach Harburg gekommen und bis 1929 in Harburg geblieben ist.

S.: Ja das ist möglich, denn Vater hat damals in Harburg eine Bäckerlehre gemacht, obwohl er die Lehrerausbildung schon hinter sich hatte. Das weiß ich genau, weil wir das immer so lustig fanden. Er hatte eine Bäckerlehre gemacht, aber in der Küche bei uns zu Hause ließ er sich nie blicken!

Kt.: Eine Handwerkslehre haben damals viele Lehrer gemacht. Die waren ausgebildete Lehrer, wurden aber nicht angestellt, weil der Staat kein Geld hatte. Zur Überbrückung haben sie dann eine Lehre angefangen und sind später oft Berufsschullehrer geworden. Mein Schwiegervater, der übrigens auch Eichsfelder war - aus Rhumspringe- , hat das auch so gemacht. Wenn ihr Vater also längere Zeit in Harburg war, dann ist es vielleicht sogar so, dass Karl-Andreas Krieter Ihre Eltern getraut hat. Wann haben Ihre Eltern denn geheiratet?

S.: Ich müsste in unserem Familienbuch nachgucken. Ich habe ja noch den ganzen Stammbaum unserer Familie. Da müsste es drin stehen! (Wie Frau Schwalfenberg später telefonisch mitteilte, findet sich im Familienbuch die Eintragung, dass ihre Eltern am 7. 7. 1931 im Standesamt Harburg-Wilhelmsburg geheiratet haben. Damals war Karl-Andreas Krieter der zuständige Pastor.)

Kt.: Wenn die Trauung nach 1923 stattfand, ist es wahrscheinlich, dass Karl-Andreas Krieter ihre Eltern getraut hat.

S.: Oder einer der Brüder meines Vaters, Onkel Georg oder Onkel Venantius hat sie getraut. Der jüngste Bruder meines Vaters war ja auch Geistlicher, Venantius Nolte. Also, ich weiß wirklich nicht, von wem meine Eltern getraut sind. Ich weiß aber, dass Vater dann in Harburg sehr aktiv im Sport war, in der DJK-Harburg.

Abb. 68: Die Leichtathletikgruppe der DJK-Harburg. Ganz links - aus Sicht des Betrachters - steht Andreas Nolte.

Kt.: Aha, ich weiß, dass die DJK ihre Harburger Abteilung im Jahre 1924 gegründet hat. Vielleicht war Ihr Vater Gründungsmitglied! Er wäre damals 22 Jahre alt gewesen. Das passt also. (DJK = Deutsche Jugendkraft; ein katholischer Sportverband, der noch heute existiert und seine Zentrale damals in Düsseldorf hatte.)

S.: Das passt! Ich weiß, dass er in Harburg sehr viel mit dem Sport zu tun hatte, weil davon immer erzählt wurde.

Kt.: Welche Sportart hat er betrieben?

S.: Ich glaube, er war ganz gut in Leichtathletik. Etwas anderes könnte ich mir nicht vorstellen. Davon habe ich auch nichts gehört. Wir (Familie Schwalfenberg) hatten eine Bekannte, die jetzt leider verstorben ist. Deren Mann hat mit Vater zusammen Sport getrieben. Davon hat sie immer erzählt.

Kt.: Wie kam es, dass Ihr Vater aus Harburg weggegangen ist?

S.: Moment, lassen Sie mich nachdenken! Bevor er nach Wilhelmsburg kam, war er ja schon Schulleiter in der Schule der St. Franziskus-Gemeinde gewesen, in Barmbek.

Kt.: Aha, das ist jetzt also die Zeit nach der Bäckerlehre?

S.: Ja, eine Zeit lang war er Bote bei Stinnes. Dann ist er Lehrer gewesen an der Alsteruferschule, dem damaligen katholischen Gymnasium Hamburgs. Bei seiner 2. Lehrerprüfung soll es Schwierigkeiten gegeben haben, weil man seine schriftliche Arbeit nicht einordnen konnte zwischen Gymnasium und Volksschule.

Kt.: Ihr Vater war also zuerst Lehrer am katholischen Gymnasium in Hamburg (seit 1929), danach Schulleiter in Hamburg-Barmbek (ab Ostern 1931) und dann ist er 1947 nach Wilhelmsburg gekommen?

S.: Ja, nachdem meine Eltern geheiratet hatten, war er in Hamburg-Barmbek Schulleiter. Damals war er der jüngste Schulleiter! In der Nazizeit ist er natürlich abgesetzt worden. Die katholischen Schulen wurden ja von den Nazis geschlossen.

Kt.: Ist er danach an eine andere Schule gekommen? Das muss nicht so gewesen sein. Die Nazis haben die Lehrkräfte nach der Verstaatlichung katholischer Schulen manchmal an ihren Schulen belassen.

S.: Richtig, die Schule wurde verstaatlicht, aber Vater blieb dort als Lehrer. Und 1942 wurde Vater dann zum Kriegsdienst eingezogen. 1946 ist er aus der Gefangenschaft zu uns nach Hailing gekommen.

Kt.: Wann kam die Familie nun nach Hamburg zurück?

S.: War 1946 / 1947 dieser schreckliche Winter? Ja? Dann sind wir Anfang 1947 aus Bayern zurückgekommen, haben in Hamburg gewohnt und mein Vater ist dann aufgrund eines Rufes Ihres Onkels (Karl-Andreas Krieter) als Lehrer nach Wilhelmsburg an die Bonifatiusschule gekommen. Das muss 1947 gewesen sein.

Kt.: Ihr Vater hat an der Bonifatiusschule am 1. Januar 1949 den Rektorposten übernommen. Vorher war Herr Wilhelm Rohde dort Schulleiter. Herr Rohde ist in Pension gegangen, als Ihr Vater Rektor in der Katholischen Schule Wilhelmsburg wurde.

S.: Das kann gut sein. Der Herr Rohde war damals schon recht alt, als unsere Familie nach Wilhelmsburg kam.

Abb. 69: Rektor Nolte und sein Kollegium im Jahre 1950. Die Namen aller auf dem Foto abgebildeten Personen ließen sich recherchieren.

Obere Reihe von links: Hr. Adamczyk, Herr Elssner, Frl. Kraushaar, Hr. Kowallik, Hr. Nolte, Frl. Ewen, Frau Braumann, H. Proksch, Frau Rhein, Fr. Adamczyk (damals noch frl Demus) Hr. beirowski, Hr. Grunwald
Am Flügel: Hr. Dormeier, Hr. Dr. Rada
Sitzend von links: Frl. Heidenreich, Kaplan Rademacher, Frl. Kolberg, Dechant Krieter, Frl Redepenning, Frl. Matzen

Kt.: Ihr Vater und Karl-Andreas Krieter haben dann in der Bonifatius-Gemeinde sehr eng zusammengearbeitet.
S.: Ja, gemeinsam haben sie das neue Gemeindehaus aufgebaut. (Einweihungsfeier am 26.2.1956) Das heißt, dass Vater viele Verhandlungen geführt hat mit dem Hamburger Senat, der Baubehörde und so weiter. Er hat auch durchgesetzt, dass das neue Gemeindehaus sowohl der Gemeinde als auch der Schule zu Gute kam, sogar in erster Linie der Schule. Das wurde gleich so konzipiert. In dem neuen Gemeindehaus war ein großer Saal, der gleichzeitig Turnhalle war. Vorher fand der Turnunterricht (der katholischen Gemeindeschule) in der Turnhalle des Gymnasiums Rotenhäuser Straße statt. Im neuen Gemeindehaus waren unten Küchen, die eben auch von der Schule genutzt wurden, und oben waren - vor dem Saal - noch zwei Räume, die als Klassenräume genutzt werden konnten.
Kt.: Durch dieses Konzept, das Gemeindehaus auch als Schulgebäude zu nutzen, hat die Gemeinde auch öffentliche Gelder für den Bau des Gemeindehauses bekommen. Für dieses Projekt hat sich Ihr Vater also sehr stark gemacht?

S.: Ja, das weiß ich noch. Vorher war ja auch der Bau des Krankenhauses abgelaufen. Da hat mein Vater sich auch sehr engagiert. Er war auch Kuratoriumsmitglied des Krankenhauses. Da war er ganz aktiv. Mein Vater war eigentlich immer aktiv! Den kenne ich gar nicht anders.

Kt.: Ihr Vater hatte übrigens auch beim Bau des Kolpingheimes seine Verdienste. Aber neben der Beschäftigung mit dem Bauwesen und seiner Arbeit als Schulleiter war ihr Vater - meines Wissens - auch noch anderweitig aktiv, z. B. war er im Kirchenvorstand der Bonifatiusgemeinde und Vorsitzender des „Katholischen Lehrerverbandes Hamburg".[4]
S.: Richtig! Er war auch Mitglied in der „Unabhängigen Schulkommission" in Hamburg. Außerdem war er in der Politik tätig. Nach seinem Tode haben wir in der Familie festgestellt, dass er in 18 Institutionen tätig gewesen war. Davon wussten wir zum Teil gar nichts. Wir haben zwar mitgekriegt, dass Vater sehr viel zu irgendwelchen Sitzungen weg war, aber im Einzelnen wussten wir natürlich nicht Bescheid. Uns genau zu informieren, das hielt er nicht für so wichtig. Aber „Lehrerverband" das war mir immer ein Begriff!

Kt.: Was die Politik angeht, so war er in der CDU, nicht wahr?
S.: Ja, er war im Ortsausschuss Wilhelmsburg Fraktionsführer der CDU und Stellvertreter des Ortsamtsleiters.
Kt.: Im Ortsausschuss soll er auch gut mit dem evangelischen Geistlichen Kuhnert ausgekommen sein, der übrigens auch in der CDU-Fraktion war.
S.: Ja, zu den evangelischen Geistlichen bestand immer ein guter Kontakt! Ich weiß aber nicht mehr den Namen der Geistlichen. Die evangelischen Geistlichen haben uns oft zu Hause besucht. Die katholischen Geistlichen übrigens auch! Die Kapläne Hölsken und Gödde waren oft bei uns zu Hause.
Kt.: Im Ortsausschuss war Ihr Vater sehr anerkannt.
S.: Ja, irgendwelche Leute haben `mal zu ihm gesagt: „Schade, Nolte, dass du in der falschen Partei bist!"

Kt.: Wo war Ihr Vater sonst noch aktiv?
S.: Na, doch besonders in der Kolpingfamilie Wilhelmsburgs!
Kt.: Richtig, da war er der weltliche Präses! Da habe ich schon viel von seinen Aktivitäten gehört! Was hat er sonst noch in der Gemeinde gemacht?
S.: Na, er war doch auch noch Organist der Gemeinde!
Kt.: Hat er eigentlich auch einen Chor geleitet?
S.: Damals gab es meines Wissens in der Gemeinde einen gemischten Chor, den der Lehrer Dormeier leitete. Ja, einen Kinderchor gab es, der bei Hochzeiten singen musste. Manchmal waren das nur meine Schwester und ich. Wenn er `mal wieder vergessen hatte, die Schulkinder zum Singen bei einer Hochzeit zu bestellen, dann kam er nach Hause und sagte: „Mutter, ich brauche die Kinder!" Das passierte immer samstags mittags! Mutter war dann „ hoch begeistert", dass er uns so von der Arbeit in der Küche abhielt. Dann haben wir beiden allein bei den Hochzeiten gesungen. Bei der Gelegenheit habe ich Karl-Andreas Krieter immer erlebt. Der hatte eine Standardpredigt, die wir bald kannten: „Endlich ist der Tag gekommen, auf den ihr euch so lange schon gefreut habt ..." Ja, da haben wir also singen müssen: „So nimm denn meine Hände" und „Segne, du Maria ..." Das waren die Standardgesänge. Wenn wir allein singen mussten, weil Vater das Bestellen der Kinder vergessen hatte, verlangten wir eine höhere Gage.

---

[4] Seit 1947 war Andreas Nolte Erster Vorsitzender des „Katholischen Lehrervereins Hamburg-Unterelbe". Im August 1958 wurde Andreas Nolte zum Schulreferenten für die katholischen Schulen Hamburgs ernannt. In dieser Funktion vertrat er die gemeinsamen Interessen aller katholischen Schulen Hamburgs gegenüber der Schulbehörde. Ihm „ist es namentlich zu danken, dass die Lehrer im katholischen Kirchendienst anstellungs-, beamten- und besoldungsrechtlich ihren Kollegen im hamburgischen Staatsdienst vollkommen gleichgestellt sind." (Zitat aus Dörnte, G., Katholische Schulen in Hamburg, 1832-1939, Diss. Phil., Hamburg 1984, S.312

Dann bekamen wir nicht wie sonst 20 Pfennige, sondern 50 Pfennige. Ich habe die Alt-Stimme gesungen und meine Schwester den Sopran.
Kt.: Warum haben eigentlich nur zwei Schwestern gesungen, Sie waren doch vier Schwestern in der Familie!
S.: Richtig! Regina, Maria, Elisabeth, Margret, das war die Reihenfolge. Aber die Großen waren dann irgendwie unterwegs.
Kt.. Für den Vater nicht greifbar.
S.: Richtig, es waren immer nur Elisabeth und ich, die gesungen haben.
Kt.: Eine schöne Aufgabe!
S.: Richtig, besonders wenn man sich dadurch vor der Küchenarbeit drücken konnte.
Kt.: Und Ihr Vater hat zum Gesang georgelt?
S.: Ja sicher! Zu Trauungen hat er natürlich die Orgel spielen müssen!
Kt.: Das geschah also samstags nachmittags.
S.: Natürlich! Ach, und dann musste er manchmal noch in der Messe sonntags um 17 Uhr die Orgel spielen. Darüber waren wir als Familie immer sehr erbost, weil dann natürlich alle Unternehmungen flach fielen. Sonst war es so, dass er sonntags schon um 7 Uhr in der ersten Messe die Orgel spielen musste. Diese Messe besuchten immer meine Eltern, wir Kinder die nachfolgenden Messen. Bei uns wurde sonntags morgens von 8 Uhr bis 11 Uhr 30 gefrühstückt, bis die Letzte von uns vier Mädchen in der Messe gewesen war und irgendwann auftauchte.
Kt.: War der zweite Organist der Gemeinde übrigens der Lehrer Dormeier?
S.: Ja, das stimmt! Vater spielte sonntags die Frühmesse und Herr Dormeier das Hochamt.

Kt.: Ich würde gern noch etwas über die Wohnsituation hören, als die Familie Nolte nach Wilhelmsburg gekommen ist.
S.: Meine Güte, was war das zuerst für eine Wohnung! Als wir von Hamburg nach Wilhelmsburg umgezogen sind, sind wir zuerst in die „Alte Schule" gezogen. Das Gebäude ist ja jetzt dem Krankenhaus angeschlossen. In der Schule gab es für uns zwei riesige Räume, die Toilette war auf dem Hof. Einen Raum nutzten wir mit sechs Personen als Schlafraum, Sonst erinnere ich mich kaum. Es war jedenfalls sehr ungemütlich. Dann wurden die beiden Räume irgendwann umgebaut. Vier Zimmer wurden daraus gemacht. Dazu gab es ein winziges Bad. Die Toilette war noch immer außerhalb der Wohnung, im Flur, vor einer Wohnung, die gegenüber eingerichtet worden war.
Kt.: Bei diesem Umbau muss ihr Vater hinsichtlich der Planung ja auch mitgewirkt haben. In der „Alten Schule" wurden später Wohnungen für noch weitere Lehrer der Katholischen Schule eingerichtet, für Ärzte und Krankenschwestern.
S.: Ja, das ist richtig. Über uns haben damals zwei Ordensschwestern gewohnt. Die waren von dem Orden (des Hl. Vinzenz von Paul), der vor dem Krieg und im Krieg seine Schwestern als Kindergärtnerinnen im Gemeindehaus eingesetzt hatte.
Und unter uns hatte die Pfarrsekretärin, Frl. Spiegel, das Pfarrbüro. Die Ärmste haben wir immer mit unserem Rollschuhfahren geärgert. Sie litt unter Migräne. Wir Kinder wussten gar nicht, was Migräne ist, und waren recht rücksichtslos. Wir waren eine ganze Bande, die immer ums Haus zog. Das muss auch furchtbar für Frl. Spiegel gewesen sein! Unsere Rollschuhe hatten doch noch Metallräder. Frl. Spiegel kam dann manchmal stöhnend heraus und beschwerte sich.
Später ist unsere Familie dann umgezogen in das Haus Bonifatiusstraße 3. Wir hatten die Wohnung über der Praxis von Dr. Gebauer.

Kt.: Sprechen wir doch noch einmal über die Schule! Ist da noch etwas Besonderes zu erwähnen?
S.: Kritische Zeiten in unserer Familie waren immer die Ferien, weil Vater dann nicht ausgelastet war. Das war immer schlecht für uns!
Kt.: Wurde eigentlich in den Ferien eine Reise mit der Familie unternommen?
S.: Damals machte man das ja noch nicht. Vater fuhr vielleicht 'mal nach Hilkerode oder nach Nörten-Hardenberg zu seinem Bruder, Georg Nolte. Der war über die Station Bremerhaven-Lehe als Pfarrer nach Nörten-Hardenberg gekommen.
Kt.: Aber die Familie fuhr nicht mit nach Hilkerode?
S.: Nein, nach dem Krieg war ich während der großen Ferien manchmal allein zu Besuch in Hilkerode, bei meinem Onkel Karl und bei meinen Cousinen. Davon war ich begeistert! Ich hatte zwar in Hilkerode immer furchtbar Heimweh, aber schön war es trotzdem!
Kt.: Geschlossene Familienaufenthalte in Hilkerode gab es also nicht?
S.: Mit vier Kindern? Das ging damals noch nicht! Mit vier Kindern reiste man nicht. Außerdem war das Haus der Verwandten sowieso voll.
Kt.. Und sportliche Aktivitäten des Vaters gab es in den Ferien nicht?
S.: Nein, zu der Zeit war er ja schon etwas fülliger geworden. Nach dem Krieg war es ein allgemeines Bedürfnis, gut und viel zu essen. Da hat man enorm aufgeholt. Mein Vater war ja ganz dünn aus dem Krieg zurückgekommen. Nach dem Krieg war er ganz schmal. Aber dann hat er stark an Gewicht zugelegt.
Kt.: Ich denke, dass bei den vielen Aufgaben Ihres Vaters auch nicht viel Zeit für das Reisen oder für Sport übrig geblieben wäre.
S.: Das stimmt! Er hatte auch nie Zeit, zum Arzt zu gehen. Das hätte seinen sehr frühen Tod vielleicht verhindern können. Mit 57 Jahren ist er gestorben, da war ich 20 Jahre alt.[5] Er kam aus der Schule, und meine Eltern wollten zur Hochzeit meines Cousins reisen. Da waren sie eingeladen. Sie konnten erst mittags losreisen, weil damals sonnabends noch zu Schule war. Morgens hatte mein Vater schon einen Schüler losgeschickt, Tabletten von zu Hause zu holen. Er nahm immer Gallen-Tabletten. Mama hatte es mit der Galle, und deswegen war er überzeugt, dass er es auch mit der Galle habe. Dabei hatte er schon mehrere Herzinfarkte hinter sich, aber das hatte man nicht erkannt. Er ist also vom Mittagstisch aufgestanden und wollte sich für die Reise umziehen. Dabei ist er umgefallen. Wir hatten sofort den Arzt (Dr. Gebauer) da, weil der unter unserer Wohnung die Praxis hatte. Das Krankenhaus wurde auch sofort alarmiert. Die Helfer konnten aber nichts mehr erreichen. Mein Vater starb geradezu an einem Herzriss, der urplötzlich gekommen war. Ich selbst kam damals zu spät, um ihn noch lebend anzutreffen. Ich kam aus der Bank. Ich war, wie immer, mit der Straßenbahn gefahren. Als ich nach Hause kam, da waren sie schon dabei, Wiederbelebungsversuche zu machen, aber es war ja alles zu spät. Das war natürlich ein Schock für unsere Familie und auch für die Gemeinde. Da erinnere ich mich noch sehr an diese erste Messe am Sonntagmorgen, als Dechant Krieter in die Stille hinein sagte: „Andreas Nolte ist tot." Das war ein Schock für alle! Er war ja erst 57 Jahre alt, als er gestorben ist.
Kt.: Hat Dechant Krieter die Beerdigung gehalten?
S.: Mein Onkel Venantius Nolte, Dechant Krieter und Domdechant Stuke aus Hildesheim haben das Levitenrequiem gehalten. Onkel Venantius hat ihn beerdigt. Am Grab hat auch Dechant Krieter eine Rede gehalten. Es war eine unwahrscheinliche Beteiligung. Ich glaube, es waren über tausend Leute bei der Beerdigung meines Vaters da.

---

[5] Andreas Nolte starb am 27. Juni 1959 und wurde am 3. Juli 1959 auf dem Friedhof Finkenriek in Hamburg- Wilhelmsburg beerdigt.

Kt.: Was passierte mit der Familie anschließend? Die blieb ja nicht in der Bonifatiusstraße 3 wohnen, oder?
S.: Wir sind da noch längere Zeit wohnen geblieben. Wir haben da auch die Flut 1962 erlebt. Irgendwann darauf sind Mama und meine Schwester (Elisabeth) wieder in die „Alte Schule" gezogen, weil in unsere Wohnung - im Haus Bonifatiusstraße 3 - ein Oberarzt des Krankenhauses einziehen sollte. Elisabeth war ja mittlerweile an der Bonifatiusschule Lehrerin geworden. Bis zum Tode meiner Mutter haben die beiden da gewohnt. Meine Mutter starb sieben Jahre nach meinem Vater, also 1966. Meine ältesten Schwestern und ich waren da schon verheiratet. Ich habe meinen Mann 1962 geheiratet. Wir drei waren also schon aus dem Haus.

Kt.: Ich wollte noch nach Freunden der Familie fragen.
S.: Also, wir hatten immer viel Besuch, auch von früheren Kollegen aus der Franziskus-Zeit in Hamburg. Vaters Namenstag wurde immer groß gefeiert; Andreas, am 30. November. Sein Geburtstag, der immer in die großen Ferien fiel, wurde nicht gefeiert, aber der Namenstag! Da hatten wir mit den Vorbereitungen drei Tage lang zu tun. Allein 18 Leute aus dem Kollegium in Wilhelmsburg kamen. Da hatten wir immer genug zu tun.
Kt.: Und wo wurde gefeiert?
S.: In unserer Wohnung!
Kt.: Nicht im Gemeindehaus?
S.: Da wurde die Silberhochzeit gefeiert. 1956, da war ich 17 Jahre alt.
Kt.: Gut, besonders an Festtagen gab es also viel Besuch in der Familie. Gab es denn sonst mit Gemeindemitgliedern Kontakte festerer Art?
S.: Nein, da waren höchstens die Geistlichen. Die Kapläne kamen eigentlich jeden Sonnabend zum Kaffee, bevor sie „ins Holz gingen". Hölsken und Gödde, die beiden !
Kt.: Die „gingen ins Holz" ?
S.: Ja, so nannten sie das. Sie meinten damit, dass sie zum Beichtehören in den Beichtstuhl gingen.
Kt.: Hölsken und Gödde kamen, an andere Kapläne erinnern Sie sich nicht?
S.: Rademacher, aber der kam eigentlich wenig. Der war der Vorgänger von Hölsken. Später kamen die Kapläne Schmidt und Kobold in die Gemeinde, aber zu denen hatten wir nicht den Kontakt.
Kt.: Hat Ihre Familie eigentlich Kontakt gehabt zu Therese Krieter, der Schwester und Haushälterin des Pfarrers Krieter?
S.: Nein, nicht in besonderem Maße. Die war nie zu Besuch.
Kt.: Ich habe gedacht, dass Kontakt bestand hätte, weil sie ja auch aus Hilkerode kam.
S.: Also, das kann ich nicht sagen. Vater war natürlich oft „dienstlich" im Pfarrhaus. Da wird er sie bestimmt getroffen haben, aber zu uns hatte sie keinen besonderen Kontakt. Man hat sie auch in der Gemeinde nicht oft gesehen.

Kt.: Wie sind Ihre persönlichen Erinnerungen an den Pfarrer Krieter?
S.: Eigentlich habe ich keine besonderen Erinnerungen. Gut, er war einfach da. An eine Sache erinnere ich mich aber doch! : Meine Freundin und ich (Renate Deinert) haben immer viel Blödsinn gemacht. Wir waren ja immer im Bereich der Kirche beschäftigt. Wir haben da gespielt. Das war ja auch interessant. Damals gab es den fast eingebrochenen Turm der Kirche. Das war ein Spielparadies, obwohl wir da eigentlich nicht spielen durften. Auch auf den Kirchboden durften wir nicht, was wir aber doch gemacht haben.

Da sagte dann der Dechant Krieter schon mal zu uns: „Das müsst ihr nicht tun!" Aber er war immer ganz liebevoll mit uns, so väterlich. Einmal hat er zu uns gesagt: „ Ihr müsst nicht immer „Kalle" zu mir sagen!" (Kalle ist die in Hilkerode übliche Koseform des Namens Karl.) „Kalle-Dechant", das war so ein Begriff für mich, wahrscheinlich weil mein Vater zu Hause immer von „Kalle-Dechant" sprach. Das hatte ich also übernommen, und der Dechant hat das wohl irgendwann einmal von mir gehört. „Ihr müsst nicht immer Kalle zu mir sagen", hat er uns dann ermahnt. Das weiß ich noch, dass uns das sehr peinlich war, als er uns das gesagt hat. Aber sonst hat man ihn so als ruhigen, niemals bösen Mann erlebt - selbst wenn wir mal einen Streich machten. Er war so richtig väterlich. So habe ich ihn in Erinnerung. Ansonsten hat man ihn natürlich voller Respekt angesehen, wie alle anderen Geistlichen auch. Damals hatte man noch Respekt, na klar, so wurden wir ja auch von zu Hause angehalten. Das war selbstverständlich, dass man Geistliche mit Abstand - so als ob sie eine Stufe höher gestellt seien - ansah. Aber man hatte beim Dechant nie das Gefühl, dass man ängstlich zu sein hatte. Nein, Gebieterisches und Angsteinflößendes strahlte er absolut nicht aus!

Kt.: Kann man sagen, dass Ihr Vater und Dechant Krieter befreundet waren? Geduzt haben sie sich jedenfalls!
S.: Ja, Freundschaft? Sie haben viel zusammen gearbeitet. Eine besondere Freundschaft wurde für mich nicht auffällig. Es war einfach selbstverständlich, dass sie viel zusammen waren. Dechant Krieter war auch nicht sehr oft bei uns zu Hause. Ich weiß, dass er zu Festen vorbeiguckte. Das sicher, aber einfach ohne Anlass zu uns zu kommen und länger zu bleiben, das war nicht der Fall.

Stryakowski, Anton

geboren im April 1911
wohnhaft zur Zeit des Gespräches in Hbg.-Wilhelmsburg

Gespräch am 17. 12. 2003

St. = Herr Stryakowski   Kt. = Ulrich Krieter

Die in Klammern geschriebenen Wörter / Texte sind zum besseren Verständnis des Lesers eingefügt. Das Gespräch wurde mittels Diktiergerät aufgezeichnet.

Kt.: Herr Stryakowski, wann sind Sie geboren?
St.: Im April 1911
Kt.: Ich möchte auch gern erfahren, welchen Beruf Sie früher ausgeübt haben.
St.: Ich bin Schlosser gewesen.
Kt.: Und Sie haben immer hier in Wilhelmsburg gewohnt?
St.: Ja, ich bin hier geboren, bin hier zur Schule gegangen, bin hier getraut worden, alles hier.
Kt.: Und wo haben Sie genau gewohnt?
St.: Ich habe erst in der Rotenhäuser Straße 100 gewohnt, vorne bei der Kirche, und dann bin ich zum Reiherstieg gezogen. In der Rotenhäuser Straße war ich noch als Kind, wir mussten nachher da ausziehen, mit meinen Eltern, zum Reiherstieg hin. Da habe ich dann bis zu meiner Hochzeit gewohnt. Dann sind wir zur Sanitastraße gezogen, als wir geheiratet haben, zur Sanitastraße!
Kt.: Wissen Sie, in welchem Jahr Ihre Heirat war?
St.: Ja, das war ... 36, 1936 haben wir geheiratet.
Kt.: Da war Pastor Krieter schon in Wilhelmsburg?
St.: Pastor Krieter war damals schon als Pastor da, und der hat uns getraut. Er hat uns auch oft besucht. Ja, wir haben oft Besuch gehabt von Pastor Krieter. Ja, der hat uns sehr gut gekannt.
Kt.: Ist er nur zu Ihrer Familie gekommen?
St.: Er ging auch zu meinen Schwiegereltern. Er war ... überall war er. In unserer Familie war er richtig heimisch
Kt.: Das wollte ich vorhin schon fragen. Was waren Ihre Eltern von Beruf?
St.: Mein Vater war Arbeiter. Der hat bei Schlick gearbeitet, in der „Palmine". Der ist 1900 hier nach Wilhelmsburg gekommen, aus Polen.
Kt.: Und Ihre Mutter war zu Hause?
St.: Mutter war Hausfrau, ja.
Kt.: Und Ihre Eltern waren katholisch?
St.: Ja, klar!
Kt.: Wann haben Sie persönlich denn Pastor Krieter kennen gelernt ?
St.: Von dem Tag an, wo er hier war! Ich kann mich noch an den Tag entsinnen, wo er hier eingeführt wurde, in der Bonifatiuskirche. Er kam ja aus Harburg, nicht? Ja, das weiß ich noch genau! Wie er hier eingeführt worden ist, weiß ich ganz genau! Die ganzen 17 Jahre (Anmerkung: Es waren 27 Jahre!) oder wie lange er hier war, kenne ich ihn ganz genau. Zu den Primizen war er auch da! Zu den Primizen! Wir hatten ja damals Pachowiak, Joachim Ernst, Schulz, Rataj und Trojok, die Priester geworden sind. Da war ich immer mit dabei. Ich habe davon Bilder gemacht. Ich habe damals fotografiert, wie sie (in einer Prozession) vom Gemeindehaus zur Kirche gegangen sind, mit Pastor Krieter und allen. Aber die Bilder sind wohl alle weg.
Kt.: Oh, einige Bilder habe ich! Die kann ich Ihnen zeigen. Ich habe sie in alten Büchern gefunden. Dann haben Sie diese Aufnahmen gemacht?
St.: Kann sein. Meine Bilder sind weg! Ich habe sie damals alle fotografiert. Und ich habe mich auch gewundert, der Primiziant Pachowiak, der hat zum ersten Mal eine Predigt gehalten.

(Heinrich Pachowiak, später Weihbischof von Hildesheim, hatte 1940 in St. Bonifatius Primiz.) Allerhand! Das hätte keiner gedacht in unserer Familie! Er ist ja später auch Weihbischof geworden. Wir haben uns später auch 'mal getroffen mit Pachowiak. Wir haben uns in Hildesheim getroffen.
Da sind wir einmal wochentags hingefahren, mit meinem Schwager. Und da waren wir in der Krypta (des Domes) unten, und da kam Pachowiak rein. Da hat der sich gewundert, dass wir da waren.

Abb. 70: Heinrich Pachowiak, von 1958 bis 1992 Weihbischof des Bistums Hildesheim; verstorben 22.11.2000

Kt.: Haben Sie denn ein persönliches Verhältnis zu ihm gehabt?
St.: Ne, zu ihm nicht! Nur zu Pastor Krieter, der kam ja oft zu uns.
Kt.: Wann kam er denn so? Alltags oder am Sonntag?
St.: In der Woche. Manchmal kam er, wenn ich aus der Arbeit nach Hause gekommen war. Es war ja nicht weit für ihn. Wir wohnten an der Realschule, und er kam ja dann von der Kirche. Ach, damals war ja alles noch katholisch! Die ganze Veringstraße war ja katholisch!
Kt.: Ist er lange geblieben, wenn er auf Besuch kam?
St.: Och ja. Er hat auch mit uns gegessen. Das hat er! Volkstümlich war er, also da kann man nichts anderes sagen.
Kt.: Erinnern Sie sich denn auch noch an andere Geistliche?

St.: Da war der Algermissen, aber weit, ganz weit (liegt das für mich) zurück. Dann war da der Dr. Offenstein, aber der war nur ganz kurz hier. Dann waren die Kapläne da. Kruse (von 1942 bis 1945), Kaplan Thienel (von 1922 bis 1929) ... Wer war da noch?
Kt.: Na, die Namen sind ja auch nicht so sehr wichtig ... Herr Stryakowski, erzählen Sie doch ein wenig von den Vereinen, die es in der Gemeinde gab.
St.: Da war der Gesellenverein. Ich habe 1936 geheiratet, und 1936 bin ich auch in den Verein eingetreten. Ne, gar nicht wahr! 34 war das! Ja, vor der Heirat. Und dann war ich in der „Deutschen Jugendkraft". Ich habe da Fußball gespielt. DJK! Lange habe ich da in der ersten Mannschaft gespielt. Wir haben eine gute Mannschaft zusammengehabt. Das war 1934! Und dann haben wir uns erst `mal die Mädels geholt, die Mädels von der Marianischen Kongregation, die haben wir uns dann geholt. (Herr Stryakowski lacht herzlich.) Ja, ha ha, das war 1934! Und komischerweise, ich hatte meine Frau vorher nicht gekannt. Wir haben uns kennen gelernt, als wir ein Sportfest von der DJK hatten, in Harburg. Und da war sie auch da. Von da an sind wir immer zusammengeblieben. Dann sind wir zwei Jahre „zusammen gegangen" - ja, ab und zu auch `mal ein bisschen auseinander, kam ja mal vor -, aber dann haben wir uns verlobt, und dann haben wir geheiratet. Wir waren 67 Jahre verheiratet. Meine Frau ist vor kurzer Zeit gestorben, jetzt im März.
Kt.: Oh, das tut mir Leid!
St.: Am 18. März, das ist ein Tag vor dem Geburtstag meiner Mutter.

Kt.: Bitte noch einmal zur DJK! Gab es da eine Wilhelmsburger Abteilung?
St.: Ja, es gab eine Wilhelmsburger Abteilung. Harburg hatte extra eine. Die hatten alle eine eigene Abteilung! Harburg-Zentral hatte eine Mannschaft, Eimsbüttel hatte eine. Also wir haben unter uns gespielt. Und nachher, als die Nazis kamen, da mussten wir ja ... Da waren wir mit den anderen Vereinen zusammen, mit den bürgerlichen. Da wurden wir einfach dazwischen geschoben.
Kt.: Und das fanden Sie nicht so gut? Sportlich waren die DJK-Mannschaften doch sicher nicht besonders stark?
St.: Oh, wir hatten eine sehr gute Mannschaft zusammen!! Wir konnten mit allen anderen mithalten! Wir haben auch gegen 09 (= SV Wilhelmsburg von 1909) gespielt, gegen Viktoria Wilhelmsburg, aber nachher brach der Krieg aus.

Kt.: Ich möchte gern einmal nach dem Gesellenverein in der Bonifatiusgemeinde fragen. Sie waren doch Mitglied? Was haben Sie da gemacht?
St.: Im Gesellenverein haben wir Theatergruppen gehabt. Schön! Schöne Theaterspiele haben wir aufgeführt! Und Gesellschaftsspiele haben wir gemacht. Ausfahrten ... Barkassentouren auch!
Kt.: Wer war der Präses?
St.: Ja, ich hatte ja mehrere. Der letzte war Werner Waschkowski. Der ist neulich gestorben.
Kt.: War nicht immer der Pastor der Präses?
St.: Nein! Es gab ja den „Weltlichen Präses" und den „Geistlichen Präses". Geistlicher Präses waren die Kapläne, nicht der Pastor! Der Kaplan Holling war geistlicher Präses ... und Kaplan? ... ach, da waren doch mehrere.

Kt.: Welche Vereine gab es denn sonst noch?
St.: Da gab es die Marianische Kongregation, da gab es sämtliche polnischen Vereine, Hedwigverein, Josefverein, Stanislausverein. Ja, die hatten schöne Fahnen, alle! Ja, damit sind sie durch die Wilhelmsburger Straßen marschiert.

Kt.: Durch die Straßen marschiert?
St.: Ja, so war das damals! Fronleichnam sind wir durch die Straßen marschiert, und wir hatten dann auch nachmittags unser Fest in „Stübens Volksgarten". Da sind wir auch hinmarschiert. Ja, mit Fahnen voran!
Kt.: Hat es da nicht `mal Ärger mit den andern Leuten gegeben?
St.: Ne, ne, nie! Da gab es keinen Ärger! Wenn wir sonntags zur Kirche gingen, da war ja die ganze Veringstraße in der Kirche! Das waren ja alles Kirchgänger! Die gingen alle zur katholischen Kirche. Heute sieht man überhaupt keinen mehr! Damals hatten die anderen ja nichts zu melden. Das Schöne war immer, wenn der katholische Pastor und der evangelische Pastor sich begegnet sind; die haben sich doch nicht einmal gegrüßt! Ha, ha, da ging der eine auf der einen Seite, der andere auf der anderen Seite! Die haben sich gar nicht angeguckt!
Kt.: Ja? War das alle Jahre so?
St.: Ja, so war das früher!! Nachher war ja alles anders.
Kt.: Haben Sie das `mal erlebt, dass Pastor Krieter nicht grüßte?
St.: Ne, Pastor Algermissen! Bei dem konnte man das sehen. Nachher hat sich das alles ja gelegt.

Kt.: Waren Sie eigentlich auch Messdiener?
St.: Ich war Obermessdiener! Ha, ha, ha, ja, Obermessdiener! Da waren wir hinter dem Altar. Da waren doch die großen Fenster, gestiftet von Frau Bodicke achtzehnhundert? ... Wann war das noch, ... das war vor dem Umbau! (Der Umbau der Altarseite erfolgte 1938.) Die ganze Sakristei ist doch im Krieg weggekommen, ausgebombt worden! Wir haben da noch gebuddelt! Wir haben doch die Kelche von Pastor Krieter, von Dechant Krieter, die haben wir doch rausgeholt. Och, was haben wir da noch alles rausgeholt!!
Kt.: Da haben Sie selbst mitgearbeitet?
St.: Ja! Ich war ja kein Soldat. Da war ich hier.
Kt.: Wie kam das, dass Sie kein Soldat waren?
St.: Ich war auf der Werft! Ich bin freigestellt worden. Das mit der Sakristei war ja Ostersonnabend (1945), als wir ausgebombt worden sind, ich meine die Kirche ausgebombt worden ist. Die ganze Sakristei war weg! Und die Wand hinter dem Hauptaltar war beschädigt! Da haben wir nachher auch gegraben. Da konnte man ganz unten drunter. Da haben wir eine Bierflasche gefunden. (Die hatte einen Aufkleber ...) Da war noch Bier mit „h" geschrieben! Da war sogar noch was drin! Die hat im Sand da unten gelegen. Ganz schöner weißer Sand war da unten! Und dann haben wir das wieder aufgebaut. Und die Frauen, die haben Steine geputzt. Aber nur bestimmte Frauen!! Es waren nicht alle da. Die Frauen, die zu erwarten gewesen wären, die sind nicht gekommen! Die waren gar nicht da! Ich will ja keine Namen nennen: Die leben alle nicht mehr, aber es war so, das können Sie mir glauben! Die haben sich gedrückt. Ja, ja, wie das so ist!
Kt.: Hat denn wenigstens der Pastor mitgemacht?
St.: Ja das hat er! Aber er hatte ja auch genug andere Sorgen! Da kamen ja die Flüchtlinge. Sogar Kapläne kamen als Flüchtlinge. Da kam `mal ein Kaplan, der gar kein Kaplan war!! Das war einer, der war Küster gewesen! Und da hat der, ha, ha, vollkommen die Messe gelesen. Aber Krieter hat ihm gesagt, er soll `mal ein Hochamt machen, wo er singen musste. Aber da hat der gesagt: „Ich kann nicht singen:" So ist es dann rausgekommen, aber nach `ner bestimmten Zeit erst. Das hat `ne Zeit gedauert. Ha, ha, der hat doch Beichte abgehört, alles! Der kam auch irgendwoher aus dem Osten, und dann hat er gesagt, er ist Flüchtling. Das war nach dem Krieg.

Kt.: Was war eigentlich mit dem Gemeindehaus?
St.: Das ist ja auch ausgebombt, ganz und gar, bis zur unteren Etage.
Kt.: Sind Sie selbst eigentlich im Krieg ausgebombt worden?
St.: Ne, ich habe Glück gehabt. Ich war nicht im Krieg, ich bin auch nicht ausgebombt worden, aber dafür habe ich immer mein Haus voll gehabt mit meinen Verwandten, die ausgebombt worden sind.
Kt.: Die sind alle zu ihnen gekommen?
St.: Ja, die haben wir dann alle aufgenommen.

Kt.: Einmal zum Pfarrhaus! Wer hat da gewohnt?
St.: Ja, da war der Krieter, und dann haben oben unter dem Dach der Bruno Nawrot und seine Schwiegereltern gewohnt. Die Schwiegereltern kamen von Rothenburgsort, die waren da ausgebombt (Familie Ostrowski). Die haben da im Pfarrhaus gewohnt. Lange haben die da gewohnt.
Kt.: Fällt Ihnen sonst noch etwas ein? Vielleicht etwas, das besonders schön war?
St.: Der Pastor Krieter hat damals im „Höpen" (bei Rönneburg / Meckelfeld) ein Grundstück und eine Baracke gekauft, für unsere Gemeinde. (Das Grundstück wurde bereits unter Pfarrer Schmidts im Jahre 1932 gekauft! Die „Baracke" wurde von der katholischen Jungmännergruppe „Sturmschar" unter Pfarrer Krieter gebaut.) Da konnten wir unseren Urlaub verleben. Da liegt doch noch der große Stein bei der Bonifatiuskirche, der Findling. Der Findling stammt vom „Höpen". (Der Stein liegt - wenn man vor dem Haupteingang der Kirche steht - vor der Wand des linken Seitenschiffes. Seit dem Jahre 2009 liegt daneben der Grabstein des Pfarrers Krieter, der sich ehemals auf dem Friedhof Finkenriek befand.)

Abb. 71: Der Findling, der heutzutage an der Seite der Bonifatiuskirche gelagert ist, erinnert an das „weltliche" Fronleichnamfest, das 1935 auf der Gemeindewiese im Höpen stattfand.

Kt.: Ein Grundstück und eine Baracke hat Pastor Krieter gekauft? Davon habe ich noch nie etwas gehört.
St.: Ja, da in der Baracke waren eine Küche und Schlafräume. Draußen waren Bänke und alles. Das war wunderschön. Da haben auch die Kinder von der Schule aus Klassenreisen hin gemacht.
Kt.: Zur Baracke sind Sie aber auch privat mit Ihren Familien gefahren?
St.: Ja, wenn eine Familie von Bonifatius hinwollte, dann hat die beim Pfarrer Bescheid gesagt. Und wenn der Termin frei war, konnte man da eine Woche oder 14 Tage bleiben. Aber man musste das wieder schön sauber abgeben, dass der Nächste dann wieder da reinkam. Das war eine schöne Sache! Fronleichnam sind wir da auch mit der ganzen Gemeinde gewesen. Nachmittags sind wir da (mit der Straßenbahn) hingefahren. Schulfeste wurden da auch gemacht. Das war schön! Das war eine schöne Ecke! Da habe ich auch fotografiert. Wir hatten überhaupt schöne Sachen in der Gemeinde, das kann man nicht anders sagen!

Kt.: Herr Stryakowski, ich bedanke mich herzlich, dass Sie mir so freundlich und ausführlich aus der alten Zeit erzählt haben. Ich wünsche Ihnen alles Gute.

Swoboda, „Jonny" und Martha Swoboda, geborene Honisch

geboren 1920 und 1924
wohnhaft zur Zeit des Gespräches in Hbg.-Wilhelmsburg

Gespräche am 22. 1. 2004 und am 6. 3. 2004

HSw. = Herr Swoboda   FSw.= Frau Swoboda   Kt. = Ulrich Krieter

Die in Klammern geschriebenen Wörter / Texte sind zum besseren Verständnis des Lesers eingefügt. Das Gespräch wurde mittels Diktiergerät aufgezeichnet.

Kt.: Zu Anfang frage ich immer nach den Geburtsjahren.
HSw.: Ich bin im April 1920 geboren.
FSw.: Ich im März 1924.
Kt.: Von Beruf sind Sie gewesen ...
HSw.: Industriekaufmann
FsW.: Ich war Modistin, Hutmacherin.
Kt.: Sie sind beide in Wilhelmsburg geboren?
HSw.: Beide in Wilhelmsburg! Aufgewachsen bin ich in Neuhof, Meisterstraße 20, also in Alt-Neuhof, gleich hinter der Drehbrücke, die über den Reiherstieg führt.
Kt.: Da waren die Zinnwerke?
HSw.: Nein, die waren doch hier in Wilhelmsburg, am Anfang der Neuhofer Straße. Die Neuhofer Straße ging bis zum Reiherstieg, und gleich dahinter, da war Alt-Neuhof.
Kt.: In Neuhof sind Sie auch aufgewachsen?
HSw.: Ja, da habe ich gewohnt bis zur Heirat.
FSw.: Ich bin zuerst in der Veringstraße aufgewachsen. Dann haben meine Eltern hier (unser heutiges Haus, Dreieck 6) gebaut. Da war ich vielleicht vier Jahre alt. Und ich bin immer noch hier. Ich habe das Haus von den Eltern übernommen.
Kt.: Sie haben dann natürlich auch von Anfang an Kontakt zur Bonifatius-Gemeinde gehabt?
HSw.: Ja, also damals - so weit die Erinnerung zurückgeht - war es so, dass ich doch eigentlich in Neuhof wohnte und ich noch ein ganz kleines Kerlchen war. Da haben die Eltern Sorge gehabt, ob ich den Schulweg - bis zur Bonifatiusschule - überhaupt schaffen könnte. Darum wollten die zuerst in die Neuhofer Schule einschulen, aber weil meine Geschwister ausnahmslos in die Bonifatius-Schule gingen, war das für mich selbstverständlich, auch dorthin zu gehen: „ Das schaffe ich!", habe ich gesagt. Das habe ich dann auch geschafft! Und ich muss im Nachhinein sogar sagen: „Ich bin froh darüber!" Ich fand diese Schule immer gut. Zusätzlich zu den Neuhofer Kindern, den Kameraden in meiner Wohngegend, habe ich dann hier in der Bonifatiusschule einen breiten Zustrom von neuen Bekanntschaften gehabt. Ich kann mich wirklich voller Dankbarkeit auch an gute Lehrer erinnern - von einigen Ausnahmen abgesehen, die es überall gibt.

Kt.: Welche Lehrer hatten Sie?
HSw.: Eigentlich habe ich nur zwei Lehrer gehabt. Das war der alte Konrektor Johannes Mecke. Sein Bruder Heinrich hatte die Parallelklasse. In der vierten Klasse bekamen wir einen neuen Lehrer, das war der Lehrer Tebbe. Der Tebbe war ein ganz ausgezeichneter Lehrer! Der verstand es, die Sachen den Jungs beizubringen! Der hatte sie alle im Griff. Konrektor Johannes Mecke war ein herzensguter Mann. Bei ihm konnten wir so ungefähr alles tun und lassen, was wir wollten, aber der Tebbe, der hat nachher mit uns - wie man so sagt - „gebimst". Daran kann ich mich noch gut erinnern, wie es war, als er uns ein Jahr lang gehabt hatte. Ein Jahr lang hatte er uns Kinder beobachtet und dann sagte er: „ So, heute wollen wir mal Fraktur reden." Dann hat er diejenigen genannt, die sich anstrengen mussten und danach diejenigen, die ohne Schwierigkeiten durchkommen würden. Dann sagte er: „Ihr habt jetzt die Chance, euch ein Jahr lang auf den Hosenboden zu setzen und zu lernen. Wenn ihr das nicht schafft, müssen wir uns leider trennen."

Und dann hat er die Kinder ausgesiebt, die das Pensum nicht geschafft haben. Der Rohrstock wurde ganz selten dabei benutzt, (Herr Swoboda lacht), aber wenn, dann richtig!
Kt.: War das eine reine Jungenklasse?
HSw.: Wir waren eine reine Jungenklasse, und der Mecke I - wie er hieß, der Heinrich Mecke - hatte eine gemischte Klasse. Und dann bestand noch eine reine Mädchenklasse.
FSw.: Bei Frl. Kraushaar.
HSw.: Wir hatten eine Jungenklasse, eine Mädchenklasse und eine gemischte Klasse. Das waren damals ganz geburtenstarke Jahrgänge. Als ich eingeschult wurde - das war noch im Gebäude der „Alten Schule" - da saßen wir mit 60 Kindern da! Da war ich - wie gesagt - beim Konrektor Mecke, Mecke II war das. Das war ein Mann, der sehr weich veranlagt war. Der hatte die künstlerische Ausrichtung, Schönschrift usw.; darauf hat er besonderen Wert gelegt. Mit dem richtigen Lernen setzte später der Tebbe ein. (HSw. lacht) Der brachte uns das vor allem das Rechnen bei!

Kt.: Frau Swoboda, Sie waren auch in der Bonifatiusschule?
FSw.: Ja, auch hier. Erst hatten wir Lehrer Belte. Dann kamen wir in die „Alte Schule". Da hatten wir ein Frl. Neugebauer. Das war eine furchtbar strenge Lehrerin. Die hat immer nur rumgeschimpft und getan. Da lief manches Kind, wenn es welche (Schläge) gekriegt hatte, gleich raus (aus der Klasse), nach Hause. Und dann kam einmal der Rektor und hat gefragt, ob das auch so war; ob es stimmt, dass sie (die Lehrerin) das und das gemacht hat, und da haben wir alle - vor Angst - gelogen! Wir haben uns nicht beschwert. Aber nach dem Frl. Neugebauer hatten wir Frl. Kraushaar. Die hat später (nach dem 2. Weltkrieg) noch in der „Alten Schule" gewohnt. Das war eine strenge, aber eine gerechte Lehrerin. Das ist natürlich wunderbar gewesen. Die hat niemanden vorgezogen! Keiner hat ihr die Tasche getragen, um sich Vorteile zu verschaffen.

HSw.: Ja, die Kraushaar und der Tebbe, das waren damals die herausragenden Lehrkräfte! - Ich möchte noch einmal etwas von Tebbe erzählen. Ich denke gerade daran. Da ging es um den (Lehrsatz des) Pythagoras. Da sagte er: „ Ich sag euch den Lehrsatz vor. Ich sag´ ihn so oft vor, bis der Letzte das begriffen hat. Aber dann wird jeder gefragt! Jeder muss den Pythagoras dann aufsagen, und wer das nicht kann, der kann gleich vortreten, (HSw. und FSw. lachen) der kriegt welche mit dem Rohrstock. So manchen hat es dann erwischt. Ich war ziemlich hinten, fast als Letzter dran. (HSw. lacht) Ich hatte ihn schon so oft gehört, ich konnte ihn dann! Ja, so wurde damals der Unterricht gestaltet!

Kt.: Wie war es damals mit den Gottesdiensten in der Schule? Alle Schüler waren doch katholisch. Da gab es doch sicher auch Schul-Gottesdienste?
HSw.: Ja, ja, jeden Sonntag war Kirche. Da musste jeder antanzen.
FSw.: Und am Montagmorgen, da musste jeder sagen, ob er auch da gewesen war. Es wurde gefragt: „Wer war da? Wer war nicht da?" Und es wurde aufgeschrieben, Buch geführt.
HSw.: Aber ich meine, das kann kein Lehrer kontrollieren. Also alles hat aufgezeigt. Damit war es gut. Aber im Allgemeinen muss man sagen, dass die Kinder sowieso fast hundertprozentig am Sonntag in der Kirche waren. Die Kirche war voll, voll bis in die Gänge hinein!
FSw.: Wenn man in der Kirche saß, musste man still sein. Wehe, wenn ein Mädchen ´mal gesprochen hat!

Kt.: Hier nebenan wohnte der Lehrer Rohde. (Dreieck 8) War der auch Lehrer an der Bonifatiusschule?
FSw.: Ja, der hatte die Hilfsschulklassen.
Kt.: Ich habe gehört, dass es Hilfsschulklassen in einem Nebengebäude gab.
HSw.: Ja, richtig, in den Baracken, neben der „Neuen Schule"! Übrigens waren auch die normalen Schüler eine Zeit lang in den Baracken. Da war es ganz gemütlich. Im Winter war da ein Koksofen in Betrieb. Der stank und räucherte. Die eine Seite der Baracke war heiß, die andere war kalt. Im Übrigen war da auch noch ziemlich lange die Mädchenklasse drin. Ein Klassenraum wurde damals von Lehrer Rohde für die Hilfsschule abgezweigt. Aber alles war Katholische Schule, auch die Hilfsschule.

Kt.: Aber sagen Sie mir doch etwas über die Sitzordnung in der Kirche. Was wir bisher besprochen haben, bezog sich ja wahrscheinlich auf die Kindermesse oder wurde diese Messe für alle, auch für die Erwachsenen, gehalten?
HSW.: Da waren auch die Erwachsenen dabei. Aber in den vorderen Bänken saßen die Kinder, klassenweise. Die Kinder mussten alle nach vorn, links die Mädchen, rechts die Jungen. Die Eltern waren in den Bänken hinten oder standen in den Gängen. Die Frauen waren auch immer auf der linken Seite, die Männer rechts.
FSw.: Es standen sehr viele Männer hinten. (lachend) Die mussten das Weihwasserbecken halten. (In katholischen Kirchen befinden sich hinten, am Kircheneingang, kleine, mit geweihtem Wasser gefüllte Becken. Beim Eintritt in die Kirche tauchen Katholiken die Fingerspitzen der rechten Hand in das Becken und bekreuzigen sich anschließend. Natürlich sind diese Becken fest istalliert und müssen nich „gehalten" werden.)

Kt.: Sie sind sicher beide hier in der Bonifatiuskirche zur Erstkommunion gegangen?
FSw.: Ja, beide, aber zu der Zeit von Pastor Schmidts. Das war der Vorgänger von Pastor Krieter.
Kt.: Vor Pastor Schmidts war Dr. Offenstein der Pastor von St. Bonifatius, nicht wahr?
HSw.: O ja, Dr. Offenstein. Das war ein ganz großer Prediger. Wir hatten in Neuhof einen Schlachtermeister, „von Hacht" hieß der. Der war evangelisch. Der war einer der Wenigen, die damals ein Auto hatten. Er fuhr oft die Neuhofer Straße hinunter, wenn wir zur Kirche gingen. Der fuhr an uns vorbei und mit einem Male sehe ich „von Hacht" in unserer Kirche. Ich habe noch einmal hingeguckt, aber da steht tatsächlich „von Hacht", und neben ihm steht seine Frau! Ich habe das meinen Eltern sofort erzählt. Und irgendwann haben die Eltern den „von Hacht" `mal angesprochen, dass er ja auch in die katholische Kirche gehe. Und da hat der gesagt, dass er in die Kirche gehe, weil er den Dr. Offenstein predigen hören wollte. Der „von Hacht" ging fast jeden Sonntag in die Bonifatiuskirche, bloß um den Dr. Offenstein zu hören!

Kt.: Ich möchte jetzt gern etwas ausführlicher über die Zeit des Nationalsozialismus sprechen. In den Anfangsjahren gab es in Wilhelmsburg wohl keine besonders aktive Gruppe von Nazis?
Hsw.: O, ja, doch die gab es, auch bei uns in der Schule! Ich ging bis 1934 hier zur Schule. 1933, mit der Machtübernahme von Hitler, da hatte der Hupe, der damals Rektor war, plötzlich das Parteiabzeichen
FSw.: Und er hatte den braunen Anzug an!

HSw.: Und in unserer Klasse war einer, dessen Eltern waren erst Kommunisten gewesen, total! Der machte vor 1933 in der Klasse für seine KPD Reklame. Über Nacht, über Nacht war der braun! Das kommt ja von den Eltern. Die Eltern waren auch umgeschwenkt. Dann hatten wir einen anderen, der war zwei, drei Klassen höher, Waczlawik hieß der. Der ging auch hier in die Katholische Schule. Über Nacht war der braun und war sehr bald hier „Oberbannführer für Harburg – Wilhelmsburg". Den ganzen Kreis hatte der dann bald unter sich. So schnell war man damals umgeschwenkt. Aber gut, man kennt das ja!
FSw.: In der Schule gab es doch eine Nazi-Zeitschrift für Kinder, die man sich halten musste. Da hat mich die Lehrerin Neugebauer angesprochen, warum ich denn die Zeitschrift „Hilf mit" nicht kaufen wollte. Die kostete ja wohl 10 Pfennige. Da habe ich gesagt: „ Nein, die kaufe ich nicht. Wir sind fünf Kinder in der Familie. Das geht nicht." Da hat die mir vorgeworfen: „Ja, ein Haus habt ihr, aber die Zeitschrift „Hilf mit", die könnt ihr nicht kaufen!"
Und dann gab es so blaue Kerzen. „Norwegerkerzen" nannte man die. Die sollte man auch kaufen. Das hatte alles schon so mit Nazitum zu tun. Ich habe mich immer rausgeredet: „ Das macht dann meine große Schwester, die kauft etwas:" Aber ich kriegte von der Lehrerin immer irgendwie Vorwürfe zu hören. Zu Hause habe ich davon nichts erzählen wollen. Da hat mein Vater zu mir gesagt: „Das musst du mir sagen! Dann gehe ich `mal hin und sage der Lehrerin die Meinung." Genauso war es, als ich einmal im Diktat so viele Fehler gehabt hatte und das Diktat unterschreiben lassen sollte. Ich hatte ja so eine Angst, das Diktat meinem Vater zu zeigen! (FSw. lacht) Da muss ich meine Sünden jetzt einmal sagen! Da bin ich dann morgens in die Schule gegangen und als alle zeigen sollten, dass die Eltern das Diktat unterschrieben hatten, da habe ich gesagt: „Mein Vater unterschreibt so einen Schmierkram nicht!" (FSw. lacht herzlich) ... Das habe ich gesagt, weil ich vor der Lehrerin Angst hatte!

Kt.: Das verstehe ich. Aber noch einmal: In der Katholischen Schule waren also Lehrkräfte und Schüler, die für die Nazis waren?
HSw.: Ja, die Nazipartei hatte überall das Sagen! Menschlich habe ich für Viele Nazianhänger Verständnis, weil ich die Zeit ja mitgemacht habe. Die Nazis haben es innerhalb kurzer Zeit fertiggebracht, Angst auszubreiten und die Menschen nach ihrem Willen auszurichten. Wer nicht parierte, der wurde ganz plötzlich abgeholt. Da genügte der geringste Anlass!
FSw.: Nur ein Witz, oder so etwas!
HSw.: Einen Witz, oder irgendetwas anderes `mal unbedacht erzählt, das genügte, dann fand man sich im Gefängnis wieder. Meinen Bruder haben sie auch eingesperrt. Mein Bruder hat über den (Karl) Kaufmann, unseren damaligen Hamburger „Reichsstatthalter", in der Firma einen Witz erzählt. Eine Viertelstunde später kam die „grüne Minna" und holte ihn ab. Da war einer dabei gewesen, der hatte sich ans Telefon gehängt, angerufen, ... eine Viertelstunde später waren die da. Mein Bruder hat dann wochenlang im Gefängnis gesessen, bis dann `mal wieder irgendein Großereignis kam und man die Leute wieder frei gelassen hat. Die waren ja so voll die Gefängnisse! Wenn die gesehen haben, dass das für die Inhaftierten erst `mal seine Schockwirkung gehabt hatte, haben sie die Leute wieder entlassen. Für die Zukunft haben die ihren Mund gehalten, wenn die erst einmal im Gefängnis gewesen waren! Und so hat man das ganze Volk eingeschüchtert.
Kt.: Sie meinen also, dass man auch in der Katholischen Schule mit den Nazis mitmachen musste?
HSw.: Die Lehrkräfte ahnten, was (bei Widerstand) auf sie zukommen würde, wenn sie nicht schon eigene Erfahrungen gemacht hatten.

FSw.: Man wurde ja auch gefragt. „Wer ist nicht im BDM (Bund Deutscher Mädel)? Warum gehst du da nicht hinein? Jeder musste dann aufstehen und sagen, warum er nicht mitmachte. Meine Freundin hat gesagt: „Meine Eltern erlauben das nicht!" Da habe ich sie noch angestoßen. Wie konnte sie das sagen! Ich habe gesagt: „Ich gehe lieber zu `Glaube und Schönheit`." Das war auch ein Nazi-Verein, aber der war nicht so schlimm, dass man da dauernd hingehen und antreten musste.

Der BDM hat das ja immer so gemacht, dass man während des Kindergottesdienstes vor dem Dr. Sowieso antreten musste. Da konnte man ja nicht zur Kirche gehen.

HSw: Ich glaube, der hieß Souché. Wissen Sie, Hitler hatte ja mit dem Vatikan das Konkordat abgeschlossen. Danach sollte man (auch im NS-Staat) seinen Pflichten als katholischer Mensch nachkommen dürfen. Das wurde aber alles ausgehebelt. Auch bei der Hitlerjugend musste man am Sonntag, morgens um 8 oder 9 Uhr, antreten. Das war meistens in der Kirchenallee, heute Mannesallee. Da wohnte damals der Dr. Souché. Der spielte in der SS eine große Rolle. Leutselig hat der dann in seiner schwarzen Uniform aus dem Fenster gewinkt, wenn die „Pimpfe" alle antraten. So nannte man ja damals diese Jungen. Dann ging es los. Dann wurde durch die Straßen marschiert bis zur Ecke der Veringstraße, in die Bonifatiusstraße hinein, und wenn man die Ecke an der Kirche hier erreichte, dann wurde lauthals ein Lied angestimmt. Die wussten ja ganz genau, dass da in der Kirche Gottesdienst war. Aber 3, 4 ... hieß es, und singend wurde an der Kirche vorbeimarschiert. Trotz Konkordat passierte das alles! Da war die Geistlichkeit machtlos, da waren die Lehrer machtlos, ...

FSw.: Und wenn man als Jugendliche eine Lehre machen wollte, und wenn man nicht so und so oft bei dem BDM gewesen war - das musste man in einem Buch nachweisen - dann kriegte man keine Stelle. Dann musste man losgehen und betteln: „Ich brauche die Unterschrift." Also alles ging nur mit Lug und Betrug.

HSw.: 1937 habe ich meine Lehre beendet. Vorher, das muss 1935 oder 1936 gewesen sein, da erzählte mir mein Freund: „Ja, hör `mal zu. Wenn du den Abschluss deiner Lehre haben willst, also (bei der Prüfung) nicht durchfallen willst, dann musst du einen Nachweis bringen, dass du in der Hitlerjugend bist und regelmäßig an den Heimabenden teilgenommen hast." Ich denke in dem Augenblick: „Meine Güte, dann war ja alles vergebens!" Aber ... (HSw. lacht) also, ich hatte Geige spielen gelernt und ich hatte Kontakt zum Fußballverein „09" (SV Wilhelmsburg von 1909). Ich selbst war erst in der DJK gewesen, aber der Verein wurde von den Nazis aufgelöst. Da habe ich über die Musik, die ich mit Gleichaltrigen gemacht habe, Kontakt zu „09" bekommen. Wir haben eine kleine Musikkapelle gehabt und haben bei „09" mitunter zum Tanz aufgespielt. Wir hatten einen dabei, den Siegfried, der spielte Cello. Dann gab es einen Struwe, dessen Familie am Vogelhüttendeich ein Spielwarengeschäft hatte, der war ein toller Klavierspieler. Der konnte auch Orgel spielen. Bei „09" gab es nun auch welche, die führend in der Hitlerjugend waren. Und über diese Leute habe ich dann nachgewiesen, dass ich „Dienst" gemacht hatte. Das hatte ich ja auch, mit Musik spielen. Das konnte ich dann meinem Oberscharführer vorlegen, und so hatte ich den Nachweis für die Prüfung am Ende der Lehre. Sehen Sie, solche Schikanen haben die sich ausgedacht. Das kann man sich heute gar nicht mehr vorstellen.

FSw.: Ich will auch noch etwas erzählen! Mein Vater (Herr Honisch) und mein Bruder haben im Gemeindehaus und im Pfarrhaus immer `mal geholfen, wenn es für Handwerker etwas zu tun gab. Die konnten ja beide alles. Dadurch hatten die guten Kontakt, mein Vater und Pastor Krieter. Da hat der einmal zu meinem Vater gesagt: „Können die Kapläne nicht `mal zu euch kommen?"

Dann sind die zu uns gekommen und haben alle Papiere der Gemeinde, die für die Nazis wichtig sein konnten, bei uns in der Heizung - im Keller- verbrannt. Einen ganzen Tag lang waren die Kapläne hier im Gange.
Kt.: Die eventuell gefährlichen Akten sind also alle hier im Haus verbrannt worden?
FSw.: Ja, hier im Heizungskeller! Das sollte ja geheim bleiben. Die haben die Sachen vom Pfarrhaus herübergebracht - das waren (Kaplan) Holling und (Kaplan) Bank.
HSw.: Das kann ich bestätigen, dass das so war. Eines Tages kam nämlich einer von den beiden Kaplänen zu uns in die (katholische Jugendgruppe) „Sturmschar" und sagte: „Ihr braucht keine Sorge zu haben, dass das (eure Mitgliedschaft in einer katholischen Gruppe) herauskommt, denn wir haben alles vernichtet, alle Karteikarten usw., alles. Wenn hier in der Gemeinde eine Durchsuchung kommt, die werden nichts finden!"

Kt.: Sie haben gesagt, dass die katholische Gruppe „Sturmschar" hieß. Meinen Sie nicht „Jungschar"?
HSw.: Nein, „Jungschar" hießen die Jüngeren, das waren die Kinder, die noch zur Schule gingen. Ich bin 1938 zum Arbeitsdienst gekommen, da war ich in der katholischen „Sturmschar".
HSw.: Und nebenbei lief noch der Gesellenverein! Der Gesellenverein war so ausgerichtet, dass man erst ab 18 Jahren da eintreten konnte. Vorher war man in den anderen Gruppen und wurde dann - langsam, aber sicher - überführt in den Gesellenverein. Der Gesellenverein wurde damals von den Nazis verfolgt. Deswegen ist man (auf katholischer Seite) auf die blendende Idee gekommen zu sagen: „ Wir nennen uns nun `Familie´." So ist der Name „Kolpingfamilie" für den Gesellenverein entstanden. Seitdem gibt es das „Kolpingwerk" mit den einzelnen Kolpingfamilien als Untergliederungen. So hat man die Gesetze (der Nazis) ausgehebelt.
Aber ich erinnere mich an das Jahr 1938. Da sollte in Rom ein großes Treffen der Gesellen sein. Damals gab es ja noch keine Flugzeugreisen. Und auch noch nicht das Reisen mit dem Reisebus. Man hat also die Züge benutzt, Sonderzüge. Das war nach der Machtübernahme in Wien (nach dem Anschluss Österreichs an das Deutsche Reich), also 1938. In Wien mussten alle Gesellen aus den Waggons heraustreten. Die Gesellen trugen damals auch eine besondere Kluft. Da hat man allen die Gürtel abgenommen! Da mussten sie also, um nach Hause zu kommen, die Hosen mit den Händen festhalten. Lauter Schikanen haben die (Nazis) sich ausgedacht.
Da erinnere ich mich noch an eine andere Sache. Vor der „Jungschar" gab es noch eine Gruppe für die noch kleineren Jungen: „Jung-Winfried". Als wir da drin waren, waren wir so etwa 10 Jahre alt.

FSw.: Ich will noch `mal erzählen, wie es war, wenn der Bischof in die Gemeinde kam. Von unserer Kirche aus bis zur Elbbrücke hin war doch alles geschmückt!
HSw.: Ja, der Bischof kam doch aus Harburg, von St. Marien, mit dem Auto über die Elbbrücke. An der Elbbrücke wurde er schon von dem ersten Jungen empfangen. Alle 50 Meter stand dann ein weiterer Junge. Wenn der Bischof mit dem Auto ankam, dann wurde gewinkt. Und bevor der Bischof hier an der Kirche ankam, da wussten wir längst Bescheid. Wenn sein Auto dann hier in die Straße einbog, dann standen alle Leute schon am Straßenrand und haben gewinkt. Alles war mit Girlanden geschmückt, im Pfarrhaus Tür und Eingang, im Gemeindehaus ...
FSw.: Wenn der Bischof heutzutage kommt, ist das alles ganz anders. Nicht `mal einen Stuhl bietet man ihm an, auf den er sich setzen kann.

Kt.: Bitte noch einmal zurück zu den Vereinen! Es gab in der Bonifatiusgemeinde doch auch den katholischen Sportverein DJK (Deutsche Jugendkraft).
HSw.: Ja, die DJK-Mannschaften in Hamburg haben ihre eigenen Meisterschaften ausgetragen, bis sie von den Nazis verboten wurden. Man kann übrigens sagen, dass der (Fußballverein) „Wilhelmsburg 09" aus dem katholischen Gesellenverein hervorgegangen ist. Es gab in Wilhelmsburg zwei Vereine: Victoria, darin waren hauptsächlich die Evangelischen, und „09", das waren die Katholischen. Da ging es immer hoch her, wenn die gegeneinander spielten. Die Straßen waren voll von Menschen. Alles zog zum Fußballplatz. Im Sport wurde praktisch die Rivalität Evangelisch-Katholisch ausgetragen.
Kt.: Vielleicht können wir jetzt alle Vereine zusammenfassend nennen, die es in der Bonifatiusgemeinde vor der Nazizeit gab?
HSw.: Da war der polnische Josefverein. Früher hatte es noch einen Stanislausverein gegeben, aber der war schon vor der Nazizeit aufgelöst worden. Es gab noch den Winfriedia-Verein, das war ein Männerverein. Dann gab es natürlich den Gesellenverein bzw. „Kolping". Auf der weiblichen Seite gab es „Lioba", die Marianische Jungfrauenkongregation, den Elisabethverein. Jeder Verein hat damals seine Fahne gehabt! Alles mit „Samt und Seide" damals. Wenn feierlicher Gottesdienst war, dann sind die Fahnenträger der Vereine in die Kirche eingezogen und haben sich am Hochaltar aufgestellt. Auch bei Prozessionen waren sie dabei. An Fronleichnam sind sie nachmittags mit ihren Fahnen durch die Straßen nach Stübens Volksgarten marschiert, wo man dann gefeiert hat.
Kt.: Das Umherziehen der Katholiken mit ihren Fahnen wurde nicht behindert?
HSw.: Nein, von niemandem, auch von den Evangelischen nicht. Das lief alles gut bis zur Nazizeit. Dann war das vorbei.
FSw.: Aber in der Nazizeit haben sich doch viele aus der Gemeinde noch im „Höpen" regelmäßig getroffen! Haben Sie schon `mal etwas vom „Höpen" gehört, Herr Krieter?
Kt.: Ja, davon habe ich bei anderen Gesprächen schon gehört. Im „Höpen" hatte die Gemeinde doch ein Wiesengrundstück gekauft.
HSw.: Das ist unter Krieter gekauft worden.(Das ist falsch! Der Kauf geschah unter Pfarrer Schmidts im Jahre 1932, auf Initiative von Kaplan Dorenkamp.) Bei der Kirche hier liegt noch ein großer Stein, der vom Grundstück im „Höpen" stammt. Da ist die Jahreszahl 1935 eingemeißelt.
FSw.: Das Grundstück „Höpen" wurde dann später getauscht für das Grundstück (in Wilhelmsburg), auf dem das Krankenhaus gebaut werden sollte. Das Grundstück im „Höpen" war eine große Wiese! Was haben wir da als Jugendliche schöne Zeiten erlebt! Das kann man gar nicht richtig erzählen, so schön war das! Auf der Wiese war auch ein Holzhaus, in dem wir übernachten konnten.
HSw.: Dieses Haus hatte die „Sturmschar" gebaut. Viele Jugendliche waren ja zu Beginn der dreißiger Jahre arbeitslos und hatten Zeit. Bevor wir (zum Militär) eingezogen wurden, waren wir jedes Wochenende da draußen. Wir sind mit dem Fahrrad hingefahren. Da konnten wir übernachten und von da aus haben wir dann weitere Radtouren gemacht, bis nach Buchholz und noch weiter. Das waren so schöne Stunden! Geld hatten wir ja damals nicht! Heute fliegen ja alle Leute mit dem Flugzeug in den Urlaub, aber für uns war der „Höpen" das Urlaubsziel! Da haben sich auch Mädchengruppen aufgehalten! Die Mädchengruppen durften da aber nicht gleichzeitig mit den Jungengruppen übernachten! Die Jungen haben meistens das Ganze da in Beschlag genommen, haben da übernachtet und sind die ganzen Wochenenden geblieben. Für die Mädchengruppen gab es deswegen selten die Gelegenheit, dort zu übernachten.

Kt.: Da das nun schon in der Nazizeit war, kann man wohl sagen, dass es den eigentlich verbotenen katholischen Gruppen so möglich war, sich weiterhin zu treffen, nicht wahr?
HSw.: Wir waren nicht als „Sturmschar" im Höpen, sondern als Freunde, die wir über die „Sturmschar" geworden waren.
FSw.: Aber wir waren von der Gruppe „Lioba" da; immer mit einer Älteren, z.B. Frau Plass. Und unter Aufsicht durften die Mädchen da auch übernachten. Ich selbst durfte das aber nie! Das haben mir meine Eltern nicht erlaubt. Abends musste ich immer nach Wilhelmsburg zurückfahren und morgens bin ich dann für 15 Pfennig mit der Straßenbahn bis Rönneburg gefahren und dann zu Fuß da hingegangen.
Kt.: Welche Straßenbahnlinie war das?
HSw.: Die 33! Die fuhr bis Rönneburg, und dann musste man zu Fuß durch die Felder. Mitunter war die Wiese im „Höpen" voller Leute aus Wilhelmsburg. Da fanden auch Gemeindefeste statt, zu denen Kaffee und Kuchen mitgebracht wurden. Das war ein richtiger Gemeindetreffpunkt. Wir haben uns da so wohl gefühlt, im Freien, im Grünen, Wälder rund herum! Für mich ist der „Höpen" der Himmel gewesen! Und für mich ist der „Höpen" immer mit dem Namen Krieter verbunden.

Kt.: Ich möchte jetzt gern fragen, wann und wie Sie Pastor Krieter näher kennen gelernt haben.
HSw.: Über die Schule, als er als Nachfolger von Pastor Schmidts kam. Da muss ich sagen, dass man schon als Kind zu ihm Vertrauen hatte, Respekt, aber auch Vertrauen! Da kam es nie vor, dass man ausgeschimpft wurde.
FSw.: Nein! Ich habe immer empfunden: Mich grüßt er! Er ist doch der Herr Pastor! Mich grüßt der! Er war immer ... ach, das kann man gar nicht richtig erzählen! Seinen Schal hatte er immer um, einen schwarzen Schal mit einem Silberfaden ... und wo man war, er hat unds Kinder immer gegrüßt! Manchmal eher als wir selbst ihn gegrüßt haben! Er war wie ein Vater! Wenn wir von „Lioba" zusammen waren, dann kam er auf einmal herein, guckte, und nahm sich die Zeit zu fragen: „Ist alles in Ordnung?" Er grüßte alle und dann ging er wieder. Und so gab er uns das Gefühl: Er ist immer für uns da!
Kt.: Und er kam nicht nur zu „Lioba", wo die jungen Damen so hübsch waren?
FSw.: (lacht) Nein, er ging auch zu Kolping ...
HSw.: Ich will ein Beispiel (aus den späten 50-er Jahren) nennen: Wir hatten bei Kolping 'mal einen Sonderabend, einen Geselligkeitsabend. Der war gespickt mit Döntjes und Vorträgen, mit Musik und so weiter. Da hat es dem Dechanten sichtlich so wohl getan und so gut gefallen, dass er von Anfang bis zum Schluss geblieben ist. Dass er so lange geblieben ist, war eine Sache, die ganz selten vorkam. Das war für die Kolpingfamilie direkt eine Ehre! Sonst, wenn wir so unsere Abende hatten, dann kam er 'rein und sagte nur: „Sitzen bleiben!" Wir hatten nämlich damals beschlossen: Wenn der Dechant kommt, dann stehen wir alle auf! Sobald er durch die Tür kam, sind wir alle aufgestanden. Aber er sagte in seiner Bescheidenheit immer nur: „Setzen, setzen, weitermachen!" Dann hat er da ein paar Minuten zugehört und dann gesagt: „Ich sehe, dass alles in Ordnung ist und alles gut klappt! Ich gehe dann wieder 'rüber ins Pfarrhaus!" „Jawoll", sagten wir dann alle, alle standen wieder auf, und er ging davon.
Kt.: Ist Pastor Krieter eigentlich viel zu Besuchen in die Familien gegangen?
HSw.: Also das wüsste ich nicht! Bei uns war er eigentlich nicht. Vielleicht ein- oder zweimal? Das machten die Kapläne! Der Kaplan Dorenkamp, der war zum Beispiel mehrfach bei uns. Er war ja auch gleichzeitig der Abgesandte des Pastors. Neuhof galt damals ja auch als sehr weit entfernt, und man musste alles zu Fuß machen.

Kt.: Hatte Pfarrer Krieter kein Fahrrad?
Hsw.: Das habe ich nie gesehen, dass Pastor Krieter auf dem Fahrrad gefahren ist.
FSw.: Das wüsste ich eigentlich auch nicht, dass Pastor Krieter viel zu einzelnen Familien gegangen ist. Die Kapläne kamen oft. Und Pastor Krieter hat zu seinen Kaplänen immer großes Vertrauen gehabt, obwohl das nicht immer berechtigt war. Es waren auch ein paar Kapläne da, die (seine Schwester) Therese wohl geärgert haben. Die sind einfach im Pfarrhaus nicht zum Mittagessen oder zum Frühstück gegangen und stattdessen sind sie zum Frühstück hier in die Nachbarschaft gegangen. Ich weiß, dass das oft passiert ist. Das hat Therese furchtbar geärgert. Das ging so lange, bis der (Rektor) Nolte `mal (zum Dechanten ) gesagt hat: „Du musst `mal ein Machtwort sprechen! So geht das nicht weiter!" Nolte hat das zu ihm gesagt, weil der Dechant einfach zu gutmütig war. Seine Schwester Therese musste hart sein! Es musste ja einer da sein, der Ellbogen hatte ...
HSw.: Die im Pfarrhaus bekamen das Frühstück damals ja wohl vom Krankenhaus geliefert, und dann war das den Kaplänen wohl nicht frisch genug, manches Mal. Und dann haben sie sich darüber aufgeregt.
HSw.: Das war eigentlich ganz schön traurig. Ich habe mich übrigens auch einmal von einem Kaplan gegen den Pastor Krieter vorschicken lassen. Da war ich als junger Kerl neu im Kirchenvorstand. Die Zusammenarbeit mit Pastor Krieter im Kirchenvorstand war eigentlich sehr gut. Aber da ist mir eine Geschichte passiert. Man war ja jung und unerfahren zur damaligen Zeit. Wir hatten einen Kaplan, der hatte sich hinter mich geklemmt, weil ihm in der Kirche eine Lampe gar nicht gefiel. Die war vorne bei den Tafeln der Liederanzeige angebracht worden, weil die Beleuchtung da so schlecht war. Da hat der Kaplan zu mir gesagt: „ Sag´ doch im Kirchenvorstand `mal was dazu. Das ist doch wohl unmöglich, so eine Karstadtleuchte zu montieren!" „Na gut", hab` ich gesagt, „das mach` ich!" Im Kirchenvorstand habe ich das dann so ähnlich wiedergegeben. Da geht der Pastor Krieter aber hoch!! Der lief rot an! (HSw. lacht lauthals.) Den hatte ich damit tödlich beleidigt! Aber ich habe ihm dann gesagt: „Nehmen Sie das doch nicht so tragisch, das war ja von mir nicht so böse gemeint!" Jedenfalls war das ganz schnell wieder ausgebürstet. Wir haben uns dann wieder vertragen (HSw. lacht herzlich.) und alles war wieder in Ordnung. Und ich glaube auch sagen zu können, dass Pastor Krieter große Stücke von mir hielt.
Kt.: Herr Swoboda, fällt Ihnen noch etwas ein, das Sie für besonders bedeutsam halten?
HSw.: Ja, die Zusammenarbeit von Pastor Krieter mit dem Rektor (der Katholischen Schule) Nolte und den Bau des Kolpingheimes. Nach dem Krieg begann für die Gemeinde in Wilhelmsburg eine ganz große Zeit. Damals haben der Pastor Krieter und der Rektor Nolte - die kamen ja beide aus dem Ort Hilkerode und kannten sich schon von früher - Großes geleistet. Wir selbst haben uns ja damals nicht sehr für Politik interessiert. Wir hatten von Hitler her die Nase voll. Da hörten wir einmal: „ Da ist der Rektor Nolte. Der ist von der CDU und spricht in der Bonifatiusgemeinde über Politik."
Da haben wir uns gesagt. „Ich gehe da `mal hin." Da bin ich mit meinen Brüdern da hingegangen, und wir waren fasziniert von dem Rektor Nolte. Das war ein sehr begabter Redner. Über ihn sind auch viele Evangelische zu CDU-Versammlungen in die Bonifatiusgemeinde gekommen. Und über diesen Weg kam ich dann als Erwachsener auch wieder mit unserem alten Pastor Krieter in Berührung. Die beiden - Nolte und Krieter - waren ein tolles Gespann! Da ging es wieder aufwärts. Der Nolte sammelte alles ein, was nach dem Krieg in Wilhelmsburg bodenständig werden wollte. Wir hatten damals in Wilhelmsburg viele Menschen, die als Flüchtlinge hier in die Gemeinde gekommen sind. Damals war nun das alte Gemeindehaus durch den Krieg zerstört.

Ein einziger Raum war nur notdürftig wieder hergestellt worden. Darunter wohnte noch die Familie Czys, als Hausmeisterfamilie, unter ärmlichsten Verhältnissen.

Da kam man in der Kolpingsfamilie auf die Idee, an der Stelle, wo früher die arbeitslosen Jugendlichen der „Sturmschar" sich eine Bretterbude gebaut hatten, nun ein „Kolpingheim" zu bauen. Es gab ja ganz viele Gruppierungen, die den einzigen Raum im zerstörten Gemeindehaus belegten. So brauchten wir von der Kolpinggruppe ein neues Heim.

Abb. 72: Das im Jahre 1948 von der Kolpingfamilie in Eigenhilfe gebaute Kolpingheim; im Hintergrund sind (rechts aus Sicht des Betrachters) die Katholische Schule und ein Turm der Bonifatiuskirche zu sehen.

Da haben sich ein paar Leute zusammengetan, Maurer, Zimmerleute. Sie haben erst einmal sondiert: „Können wir denn überhaupt das Material beschaffen" - es war ja vor der Währungsumstellung - und dann kam es zu einer Generalversammlung. Das war eine Versammlung, die steht mir noch heute vor Augen! Da saß vorn Pastor Krieter und nebenan der Rektor Nolte. Jetzt brandete alles auf! Wir hatten selbst ja nicht einmal eine richtige Wohnung. Wo die Häuser zerstört waren, da musste gearbeitet werden. Das Pro und Kontra für den Bau des Kolpingheimes wogte hin und her. Alles stand auf Messers Schneide. Bis zum Schluss Nolte aufstand und sagte: „Hier ist ein Wille, dass das Kolpingsheim gebaut wird, und wo ein Wille ist, da ist auch ein Weg! Packen wir es an!"

Und ich muss sagen, dass der Pastor Krieter dann voll dahinter stand. Dann wurden die Steine vom zerstörten Gemeindehaus sauber geklopft, nach und nach weiteres Material beschafft, und immer wurde freiwillig gearbeitet. Das ging so etwa zwei Jahre lang, bis das Heim einzugsfertig war. Von vornherein aber wurde von der Kolpingsfamilie auch gesagt: „Das Heim soll der Gemeinde voll zur Verfügung stehen. Jeder Verein, jede Organisation soll das Heim mitbenutzen dürfen, einschließlich der Katholischen Schule. Kleinere Klassen hatten da später Unterricht. Ich muss sagen, dass die Not die Menschen damals gezwungen hat, etwas zu tun. Und aus der Not heraus war damals eine große Aufbruchstimmung. In meinen Augen hat sich das Kolpingheim zu einem großen Segen für die Gemeinde entwickelt. Diejenigen, die damals in die Kolpingsfamilie eingetreten sind, haben alle die Treue zur Gemeinde gehalten.

Die Kolpingsfamilie war fest eingebunden in das Gemeindeleben, auf sie war immer Verlass. Dieses Werk kam allen Menschen in der Gemeinde zugute, bis heute! Noch heute trifft sich die Gemeinde nach dem Gottesdienst darin. Das Kolpingheim wird durch den Verein selbst sauber gehalten. Das große Gemeindehaus bleibt frei für andere Zwecke.

Abb. 73 : Die Kolpingfamilie St. Bonifatius im Sommer 1948 auf dem Platz vor der Ruine des alten Gemeindehauses „St. Willehadstift. In dem Haus, das hinter der Gruppe zu sehen ist, wohnte der Rektor der katholischen Schule Wilhelmsburgs, Wilhelm Rohde.

Kt.: Ich habe noch eine letzte Frage. Wissen Sie etwas von Gefangenen-Gruppen, die in der Kriegszeit durch die Bonifatiusstraße oder Veringstraße geführt worden sind?
FSw.: Also begegnet ist mir so etwas auch! Also nicht hier in der Bonifatiusstraße, aber in der Bauwiesenstraße. Da gingen Gefangene, die kaum laufen konnten, und die bekamen noch zusätzlich Schläge und Stöße mit dem Gewehrkolben. Da habe ich auch einmal zu einem (der Wächter) gesagt, dass er das sein lassen solle. Da hat der gesagt: „Pass man auf, dass du nicht auch noch welche abkriegst!"
Kt.: Diese Gefangenen wurden zur Arbeit geführt?
FSw.: Ja, die konnten gar nicht richtig laufen. Richtig schleppend gingen die daher. Aber wo die geblieben sind, das konnte man ja nicht sehen.
HSw.: Ich kann zu dem Thema zwei Dinge beisteuern. Ich war ja die ganzen Jahre als Soldat in Russland gewesen. Als ich damals einmal in Urlaub war, ging ich die Neuhofer Straße hoch. Da sah ich russische Kriegsgefangene, das war 1943. Die hatten da einen großen Graben ausgeschachtet und verlegten Kabel für die elektrische Beleuchtung. Ich war als Soldat bei den Funkern. Da hatten wir `mal einen russischen Kriegsgefangenen bekommen. Der war der Dolmetscher bei uns im Funktrupp. Wir hatten die Aufgabe, den gegnerischen Funk abzuhören. Von dem „Dolmetscher" hatte ich ein russisches Kriegslied gelernt. (HSw. singt den russischen Text vor.)

Als ich nun in Wilhelmsburg an diesen russischen Gefangenen vorbeikam, da hab' ich das Lied gesungen. Die ließen ihre Schaufeln fallen, die guckten mich an. Das war dann dem Posten aufgefallen. Ich selbst war damals auch in Uniform. Da sagte der Posten zu mir: „Kommen Sie 'mal her!" Ich sag dem: „Was heißt hier, kommen Sie 'mal her?" Der Posten: „Was haben Sie da mit den Russen gehabt, wieso gucken die mit einem Mal alle so hoch?" Ich sage: „Ich habe gesungen." Und dann habe ich ihm das Lied noch vorgesungen. Da sagt der: „Wenn ich Sie jetzt melde, dann sind Sie weg! Dann landen Sie im KZ!" Da habe ich dem nur gesagt. „Das tun Sie 'mal! Und wenn ich dann weg bin, dann dürfen Sie für mich nach Russland. Das werde ich noch hinterlassen, bevor ich im KZ lande." Da hat der sich abgewendet und nichts mehr gesagt.

Als ich nach Hause kam, da habe ich das meiner Mutter erzählt. Da hat die gesagt: „Ja, die armen russischen Kriegsgefangenen!" Und dann hat sie mir ein eigenes Erlebnis erzählt. Da war auch ein Trupp an ihr vorbeimarschiert. Die haben damals wohl bei den Ölwerken Schindler, heute BP, arbeiten müssen. Da sah sie, dass ein Posten auf die Kriegsgefangenen eingeschlagen hat. Da hat sie sich dazwischen geworfen und gesagt: „Das ist unerhört! Wenn ich wüsste, dass meine eigenen Kinder, die draußen sind, auch so behandelt werden, wie Sie hier die Kriegsgefangenen behandeln, dann wüsste ich nicht, was ich täte!" So hat sie den Posten angeschrieen. Der konnte nur antworten: „ Halten Sie die Klappe, sonst landen Sie im KZ!" Das war wohl damals das übliche Drohmittel. Das kann ich von meiner Mutter erzählen.

Und mein ältester Bruder - mein Halbbruder - war damals bei Schindler beschäftigt. Er war vom Kriegsdienst freigestellt worden, weil er sechs Kinder hatte und auch schon zu alt war. Mein Bruder hat für die Kriegsgefangenen etwas von seinem eigenen Brot versteckt. Und dann hat er denen ein Zeichen gegeben, sie sollten zur Toilette kommen. Er ist dann rausgegangen und wenn die zur Toilette gingen, dann hat er ihnen sein Brot gegeben. So haben damals viele von unseren Leuten den Kriegsgefangenen geholfen. Aber wo das Gefangenenlager genau war, das weiß ich nicht. Ich war ja die meiste Zeit damals nicht in Wilhelmsburg.

Zweites Gespräch mit Familie Swoboda

Kt.: Wissen Sie etwas über Herrn Ulitzka?

HSw.: Er ist in den dreißiger Jahren in den Kirchenvorstand gekommen. Damals wurde die Kirchensteuer ja noch freiwillig abgeführt. Herr Ulitzka stellte sich ganze Nachmittage, bis in den Abend hinein, zur Verfügung, um die Kirchensteuer einzusammeln.

Es war ein Dreigestirn (das nach dem Krieg für die Gemeinde tätig war): Dr. Dudek, seine rechte Hand Ulitzka und Dechant Krieter. Aus Kirchenvorstandssitzungen weiß ich, dass zwischen Dechant Krieter und Ulitzka ein enges Freundschaftsverhältnis bestand. Auch Dr. Dudek und Dechant Krieter waren eng befreundet. Ich meine sogar, dass es eine Duzfreundschaft war. Der von mir erwähnte Lehrer Tebbe war ebenfalls mit Ulitzka befreundet, seit der Jugend. Das war auch eine Duzfreundschaft. Das hat mir Lehrer Tebbe auf einem Klassentreffen, nach dem Kriege, erzählt. Die Tochter von Herrn Ulitzka, Gisela, fuhr lange Zeit gleichzeitig mit mir mit der Reiherstieg-Fähre nach Hamburg. Sie stieg immer eine Haltestelle vor mir ein, bei Kunow.

Kt.: Erzählen Sie mir jetzt bitte von der Vorführung des Charlie-Chaplin-Filmes durch Kaplan Bank? (im Jahre 1935)

HSw.: Er hat unsere Gruppe, wir waren wohl ein gutes Dutzend Jungen, zuerst zu strengstem Stillschweigen verpflichtet. Dann sind wir ganz erwartungsvoll in den großen Saal des Gemeindehauses gegangen. Bei der Vorführung des Filmes habe ich manchmal vor Lachen auf dem Fußboden gelegen. Ich konnte nicht mehr hingucken. Vor Lachen tat mir alles weh. Wenn ich dann doch wieder hochguckte, krümmte ich mich bald wieder vor Lachen. Ich erinnere mich daran, dass Kaplan Bank nach dem Film sagte: „Dieser Film darf eigentlich gar nicht gezeigt werden, weil Charlie Chaplin ein Jude ist. Juden sind unerwünscht." Das stand damals ja auch an den Schaufenstern der Geschäfte: „Kein Eintritt für Juden. Juden sind unerwünscht!" Es war das damals eine schlimme Zeit! Nun waren wir ja auch schon so etwa 14 oder 15 Jahre alt. Man ahnte schon, was da gespielt wurde.
Kt.: Die Filmvorführung des Kaplans war also recht leichtsinnig.
FSw.: Ja, besonders, weil so viele Jungen dabei waren.
HSw.: Ja wirklich, das hat mich gewundert. Es hätte (unter uns Jugendlichen) ja doch einer dabei sein können, der „singt". Dann wäre der Kaplan fällig gewesen!

Ich möchte noch von 1938 erzählen, als man den Juden die Schaufenster ihrer Geschäfte kaputtgeworfen und auch geplündert hat. In Neuhof war nichts geschehen. Aber als ich nachher mit meinen Freunden ins Gespräch kam, merkte ich, wie schockiert alle waren. Am Veringplatz hatten wir so einige jüdische Geschäfte, Sally Laser, Gutmann, dann einen Bücherladen, den Vorgänger von Romanowski, außerdem ein Porzellangeschäft.
FSw.: Vor der Post (in der Nähe des Veringplatzes) war auf der linken Seite Gutmann, das Riesengeschäft mit Spielwaren. Als Kind habe ich mir an den Fenstern dieses Geschäftes immer die Nase platt gedrückt.
HSw.: Sally Laser hat, glaube ich, Kleidung verkauft. Überall hat man damals die Scheiben eingeschmissen und das Inventar auf die Straße geworfen. Man hat gewütet! Eigentlich konnte man sich das als normaler Mensch gar nicht vorstellen.
FSw.: Das Geschäft „von Riegen", die junge Generation der Besitzer, waren ganz große Nazis. Die hatten an der Tür das Schild: „Hier sind Juden unerwünscht!"
Kt.: Wo war das Geschäft „von Riegen" ?
HSw.: Das war am Vogelhüttendeich, direkt am Veringplatz. Auf der rechten Seite ist heute ein Fitness-Studio. Die ganze Ecke gehörte damals zu „von Riegen". Gegenüber, wo jetzt die Deutsche Bank ist, war damals das „gehobene Gasthaus" Wichmann. Da wurde man nur mit „Schlips und Kragen" reingelassen, oder in SA- oder SS-Uniform. Am liebsten gesehen war die SS-Uniform. Als ich 17 oder 18 Jahre alt war, wollte ich mit einem Klassenkameraden bei Wichmann ein Bier trinken gehen. Da hat man uns gar nicht reingelassen, weil wir keinen Schlips hatten und auch keine Uniform. Auf der anderen Seite war das Stadtcafé, gegenüber der Post. Da war es genauso, nur SA oder - noch besser - SS waren erwünscht. Die SS war auf der Veddel kaserniert, in den Auswandererhallen. Ich glaube, die SS-Standarte „Adolf Hitler".

Kt.: Wissen Sie, ob nach der Machtergreifung der Nazis in der Bonifatiusschule Nazi-Flaggen gehisst wurden?
HSw.: Ja, 1934 wurde die Fahne aufgezogen.
FSw.: Das war aber die schwarz-weiße Fahne, noch nicht die Hakenkreuz-Fahne.
HSw.: Doch, das weiß ich, beide Fahnen wurden gehisst! Unter Rektor Hupe wurden einmal alle Klassen „rausgetrommelt", um eine „Führer-Rede" anzuhören. Als wir diese Rede hören mussten, da war in der Schule auch die Hakenkreuzfahne aufgezogen.
Kt.: Erzählen Sie doch bitte von der Rede!

HSw.: Unten, oder in der ersten Etage der Schule, war ein Lautsprecher aufgestellt. Alle Klassen saßen im Treppenhaus und mussten die Rede hören.
Wir hatten damals den Rektor Hupe. Den genauen Inhalt der Rede weiß ich heute nicht mehr, aber da war eine Stelle (in der Rede), in der Hitler etwas von Krieg sagte. Da hat er mir richtig Angst gemacht. Ich war jedenfalls nach Hause gekommen und habe das meiner Mutter erzählt, von der Rede und von allem, was sich da abgespielt hatte. Und ich habe ihr genau von dieser Stelle in der Rede erzählt, die mir so eine Riesenangst eingejagt hatte. Danach stand Hitlers Rede in der Wilhelmsburger Zeitung. Ich suchte diese Stelle, die mir so Angst gemacht hatte. In der Zeitung habe ich die Stelle dann zwar gefunden, aber jetzt war sie ganz anders wiedergegeben. Also haben die Nazis damals selbst gewusst, dass das, was der Führer da gesagt hatte, möglichst nicht in der Presse erscheinen durfte.
Kt.: Hingen in den Klassenräumen Bilder?
HSw.: Da hing nur das Kruzifix. Im Klassenraum von Konrektor Mecke hing das ABC in Kunstschrift. Ich hatte Ihnen ja erzählt, dass er eine künstlerische Ader hatte und ihm die Schönschrift so sehr am Herzen lag.
Kt.: Wurde in der Schule mit „Heil Hitler" gegrüßt?
HSw.: Nein!
Kt.: Trugen Lehrer in der Schule Nazi-Uniform?
HSw.: Rektor Hupe habe ich so in Erinnerung. Bei dem Radiohören im Treppenhaus trug Rektor Hupe die braune Uniform. Ja, ja, der Hupe kam mit Nazi-Uniform in die Schule. Ich weiß das, da waren wir entsetzt!
Kt.: Gab es Pflicht-Unterrichtsstoff?
FSw.: Als wir nach unserer Lehre die Prüfung machten, mussten wir ganz genau alles zum Nationalsozialismus beantworten können: Wann hat der Führer Geburtstag? Wer hat welchen Posten? Themen der Parteitage, und so weiter. Ach, was die alles wissen wollten! Wenn man die Fragen nicht beantworten konnte, konnte man die Gesellen-Prüfung nicht bestehen.
HSw.: Ja, ja, ich weiß, dass ich damals nach dem „Gesetz zur Ordnung der nationalen Arbeit" gefragt wurde. Ein Kollege, der vor mir geprüft worden war, hatte mir gesagt, dass bei seiner Prüfung danach gefragt worden war. Tatsächlich wurde auch ich nach dem Gesetz gefragt, und ich sollte sogar noch das Datum angeben können, wann das Gesetz erlassen worden war. Meistens kamen die Gesetze so im April heraus. Deswegen habe ich gesagt: „Das ist im April 1934 passiert." Das stimmte nicht genau, aber ich wusste ja wenigstens das ungefähre Datum. Richtig wäre irgendein Tag im Mai gewesen.

FSw.: Als ich nach meiner Lehre eine neue Stelle suchte, bin ich zum Arbeitsamt gegangen. Ich hatte durch eine Nachbarin gehört, dass es am Neuen Wall eine Stelle für mich gäbe, aber bei einem Juden. Da haben die Beamten auf dem Arbeitsamt gesagt: „Was, du, ein deutsches Mädchen, willst zu einem Juden gehen? Das kommt gar nicht in Frage!"
Diese Stelle habe ich nicht gekriegt.

Walczak , Peter

geboren im Jahre 1910
wohnhaft zur Zeit des Gespräches in Hbg.-Wilhelmsburg

Gespräch am 23. 1. 2004

W. = Herr Walczak   Kt. = Ulrich Krieter

Die in Klammern geschriebenen Wörter / Texte sind zum besseren Verständnis des Lesers eingefügt. Das Gespräch wurde mittels Diktiergerät aufgezeichnet.

Kt.: Herr Walczak, wann sind Sie geboren?
W.: Ich bin jetzt 93 Jahre alt, 1910 geboren, bei Kaiser Wilhelm!
Kt.: Sie sind in Wilhelmsburg geboren, und da auch aufgewachsen?
Wa.: Ja, bis heute bin ich Wilhelmsburger.
Kt.: Welchen Beruf hatten Sie?
W.: Laborant, bei der Shell. 46 Jahre war ich da. Als ich anfing, hieß die Shell natürlich anders. Das war nicht Shell! Wie hieß sie noch? Rhenania-Ossag, Mineralwerke! Ich habe in Wilhelmsburg meinen Beruf gelernt. 1924, mit 14 Jahren, hab' ich die Lehre angefangen. Ich bin dann zum Grasbrook versetzt (worden), dann war ich in der Nähe von Düsseldorf, dann bei Bremen und zum Schluss hier, am Grasbrook. Da bin ich weg (in Rente) gegangen, nach 46 Jahren.
Kt.: Wo haben Sie gewohnt?
W.: Meine Mutter hat am Vogelhüttendeich gewohnt. Mein Vater ist 1915 gefallen, bei Verdun. Ich bin da am Vogelhüttendeich aufgezogen worden und groß geworden. Dann sind wir umgezogen zur Schulstraße. Die hieß danach Kanalstraße, dann hieß sie Industriestraße. Jetzt heißt sie Karl-Kunert-Straße. Das war beim Rialto-Kino.
Kt.: Das war weit weg von der Kirche!
W.: Ja, Mutter hatte einen weiten Weg! Da hieß es dann: „Guck mal, die polnische Frau mit den Kindern, die geht zur Kirche!" Na ja, und von Neuhof kamen ja auch welche (auch Katholiken) zur Kirche. Swoboda! (hieß die Familie). Meine Mutter und die haben sich immer an der Neuhofer Straße getroffen und sind dann gemeinsam zur Kirche gegangen.
Kt.: Bei der Kirche, in der Veringstraße, haben wohl mehr Katholiken gewohnt?
Wa.: Ja, Familie Grytka, der Schuster. Veringstraße 92 - siehst'e das weiß der noch!- ! (Herr Walczak meint sich selbst!) Vor dem Wasserturm, da war ein Haus, da haben nur Katholiken gewohnt!

Kt.: Fangen wir ruhig noch einmal bei der ganz frühen Zeit an! Sie haben die Wilhelmsburger Katholische Schule besucht? Noch im alten Schulgebäude?
W.: Schon im neuen Gebäude! Wann habe ich denn angefangen? 1916! Da war ich schon im neuen Gebäude, bei Wedig! Rektor Wedig!
Kt.: Rektor Wedig war der Lehrer? War das eine reine Jungenklasse?
W.: Da gab es eine Jungen- und eine Mädchenklasse. Bei Wedig ...und dann Frl. Engelke...
Kt.: Die hatte die Mädchenklasse?
W.: Beide Klassen. Sie hatte die Mädchen und auch die Jungs!
Kt.: Wann sind Sie aus der Schule gekommen?
W.: 1924! Danach hab' ich meine Lehre gemacht.
Kt.: Herr Walczak, Sie haben sicher auch einen Einblick bekommen, welche Vereine es in der Gemeinde gab.
W.: Ja, Stanislausverein, Josefverein ... O, die hatten Fahnen! Ganz groß, so bestickt und so! Marianische Jungfrauenkongregation, Frauenverein!
Kt.: Gab es auch einen Sportverein?
W.: Ja, Kolping! Ne, Kolping nicht! ... Jünglingsverein! Bei der Realschule haben wir Sport gemacht, Leichtathletik.

Kt.: Gab es nicht die DJK ?
W.: Das kam später!
Kt.: Herr Walczak, haben Sie in Wilhelmsburg geheiratet?
Wa.: Ja, und jetzt geht´s los, bei Krieter haben wir geheiratet! Meine Frau war aus Wilhelmsburg und die war evangelisch! Das musste ich erst `mal zu Hause sagen! Da musste ich dann zu Krieter und erzählen, was los war: „Ich möchte heiraten, aber meine Frau ist evangelisch." Da sagte der: „Das geht schlecht, eine evangelische Dame! Da muss ich an den Bischof schreiben." Das hat er dann getan. (Er hat geschrieben), dass ich Messdiener war, die Eltern katholisch. Und er hat dann die Genehmigung gekriegt, dass wir katholisch heiraten konnten.
Kt.: Meinen Sie, dass der Pfarrer Krieter sich besonders für Sie eingesetzt hat?
W.: Ja, auch, dass meine Frau Unterricht bekam, bevor wir heirateten. Sie musste ja Unterricht bekommen, wie das ist, wenn man einen Katholiken heiratet. Als wir dann geheiratet haben, war das (die Trauung) natürlich katholisch! Und die Kinder natürlich auch: katholisch! Meine Frau ist aber nicht katholisch geworden! Sie ist evangelisch geblieben.
Und nun will ich von einer Ausfahrt des Frauenvereins erzählen. Die haben damals ja auch schon Ausfahrten gemacht, so wie wir heute manchmal, mit dem Bus. Gut, zu so einem Ausflug hab` ich meine Frau angemeldet. Da ist sie auch mitgefahren. Als es losging, da haben die anderen Frauen gesagt: „Wie kann die mitfahren, die ist doch gar nicht katholisch!" Da ist Krieter aufgestanden und hat gesagt: „Die hat den Peter geheiratet, der ist katholisch, und nun seid ruhig!" Siehst du, das war auch wieder Krieter! So hat er sich dann eingesetzt für mich! Das war damals etwas Besonderes. Und die Eltern waren da ja auch noch dagegen! Dass Katholiken und Evangelische heirateten, das fanden meine Eltern nicht gut, auch die Eltern meiner Frau fanden das nicht gut!

W.: Was ich noch erzählen wollte, als meine Frau und ich geheiratet haben, da haben wir eine Doppelhochzeit gefeiert. Meine Schwägerin hat mit uns gleichzeitig geheiratet. Da haben wir an der Mengestraße eine Doppelhochzeit gefeiert. Da wohnten die Bräute.
Kt.: War die Doppelhochzeit auch kirchlich?
W.: Meine Frau und ich, ja. Wir sind zu Fuß zur Kirche gegangen, nachmittags um halb vier! Alle Hochzeitsgäste! (Die Straße) Groß-Sand hoch, zur Kirche. Und was kam uns entgegen? Nazis! Hitlerjugend, mit braunen Hemden, mit Trommeln. Die zogen zum Rathaus hin, und wir zur Kirche!
Kt.: Dann war an Ihrem Hochzeitstag sicher gutes Wetter.
W.: O, da war gutes Wetter! Alle sind wir zu Fuß gegangen. Opa und Oma zu Fuß von der Mengestraße zur katholischen Kirche! Es waren ja viele Protestanten unter unseren Gästen. Die Verwandten aus Elmshorn und so, oben aus Schleswig-Holstein. Die waren ja alle evangelisch, aber die sind mit zur Kirche gegangen. Die Trauung hat ihnen gut gefallen, besser als eine evangelische Trauung. (Herr Walczak lacht.)
Kt.: Herr Walczak , haben Sie in dem Zusammenhang mit den Nationalsozialisten etwas Besonderes erlebt?
W.: Ich war ja kein Soldat. Sieh mal! (Herr Walczak zeigt seine rechte Hand, die er sich im Alter von 13 Jahren beim Schlittschuhfahren verletzt hatte.) Sieben Mal haben sie mich gemustert, in Harburg, aber immer haben sie gesagt: „ Der kann ja nicht `mal schießen".
Kt.: Dann brauchten Sie also nicht in den Krieg, das war ja ein Vorteil.
W.: Für die Firma auch! Die hatten mich dann als Laboranten! Ich konnte dableiben, musste nicht weg!
Kt.: Dann haben Sie viel mitbekommen, was in der Gemeinde damals passiert ist?

W.: Ne, das kann man nicht sagen. Ich habe ja weit weg von der Kirche gewohnt und am Grasbrook gearbeitet. Das war nicht viel, was ich mitgekriegt habe.
Kt.: Ist ihr Wohnhaus in Wilhelmsburg während der letzten Kriegsjahre durch Bomben beschädigt worden?
W.: Das ist erhalten geblieben! Natürlich waren die Scheiben kaputt, die Türen sind rausgeflogen ..., aber sonst ist es erhalten geblieben. Die ganze Gegend an der Schulstraße ist einigermaßen stehen geblieben.
Kt.: Haben Sie mitbekommen, was mit der Kirche bei den Angriffen passiert ist?
W.: Nein, ich war ja zur Arbeit. Zur Kirche sind wir damals gar nicht gekommen. Aber als das alles da gelegen hat, beim Aufbauen, beim „Steine klopfen", dabei habe ich geholfen. Der Altar, der war ja kaputt. Da hab´ ich geholfen, wenn ich Zeit hatte. Das Gemeindehaus war auch kaputt. Da hat unten im Keller, im kaputten Gemeindehaus, der Herr Czys mit seiner Familie gewohnt. Er hatte zwei Söhne und die kleine Tochter. Der hat bei mir, auf der Firma, gearbeitet. Als das kleine Kolpinghaus gebaut wurde, da haben wir auch die Steine vom kaputten Gemeindehaus genommen. (1948)
Kt.: Haben Sie da mitgemacht?
W.: Ja natürlich, wenn ich Zeit hatte.
Kt.: Herr Walczak, ich danke Ihnen herzlich für dieses informative Gespräch.

Wantoch, Waldemar von

geboren im Juli 1938
wohnhaft zur Zeit des Gespräches in Bullenhausen

Gespräch am 4. 8. 2006

W. = Waldemar von Wantoch   Kt. = Ulrich Krieter

Die in Klammern geschriebenen Wörter / Texte sind zum besseren Verständnis des Lesers eingefügt. Das Gespräch wurde mittels Diktiergerät aufgezeichnet.

Kt.: Waldemar, zu Beginn frage ich immer nach dem Geburtsjahr.
W.: Ich bin im Juli 1938 geboren.
Kt: Was hast du beruflich gemacht, bevor du in den Ruhestand gegangen bist?
W.: Ich war kaufmännischer Prokurist einer Firma in Hamburg.
Kt.: Du bist in Wilhelmsburg aufgewachsen?
W.: Ja, meine Eltern, mein jüngerer Bruder Hubert und ich haben zuerst in der Eichenallee und dann in der Georg-Wilhelm-Straße, Nr. 172, gewohnt. Das war in der Nähe des Kinos `Insel-Lichtspiele´.
Kt.: Wo bist du zur Schule gegangen?
W.: Meine erste Klasse habe ich in der Schule `Licht, Liebe, Leben´ am Kurdamm absolviert. Danach bin ich in die Katholische Schule gekommen.
Kt.: Dann bist du 1945 eingeschult worden und bist zur Katholischen Schule gewechselt, nachdem diese im Jahre 1946 wieder eröffnet worden war.
W.: Richtig. Ich erinnere mich, dass Herr Dormeier mein Klassenlehrer war. Herr Adamczyk hat Sport unterrichtet. Dann erinnere ich mich noch an den Lehrer Rohde und an die Lehrerinnen Ewen und Rhein, die uns aushilfsweise unterrichtet haben.
Kt.: Der Lehrer Rohde wurde 1948 pensioniert.
W.: Später war dann Herr Proksch mein Klassenlehrer.
Kt.: Wie lange warst du an der Katholischen Schule?
W.: Bis zur sechsten Klasse. Dann musste man eine Prüfung machen, und dadurch entschied sich, ob man an der `Praktischen Oberschule` (heute Hauptschule), an der `Technischen Oberschule` (heute Mittelschule bzw. Realschule) oder an der `Wissenschaftlichen Oberschule` (heute Gymnasium) weiter unterrichtet wurde. Ich habe dann die `Wissenschaftliche Oberschule` in Wilhelmsburg besucht, in der Rotenhäuser Straße, das so genannte `blaue Gymnasium´. (Das Schulgebäude war blau angestrichen.) An dieser Schule waren einige Klassenkameraden, die ebenfalls zur katholischen Gemeinde gehörten. Zum Beispiel war Ludwig Elssner in meiner Klasse. Der ist ja heute Professor.
Kt.: Der Wechsel zum katholischen Gymnasium in Hamburg, zur `Ansgarschule´, war kein Thema?
W.: Nein, für mich nicht. Mein Bruder Hubert hat eine Zeit lang die `Ansgarschule´ besucht, aber er ist dann später auch nach Wilhelmsburg gewechselt.
Kt.: Du bist in Wilhelmsburg getauft worden, zur Ersten Beichte und zur Erstkommunion gegangen?
W.: Ja, alles zu der Zeit von Pfarrer Krieter.
Kt.: Welche Erinnerungen hast du an Pfarrer Krieter?
W.: Ich habe drei besondere Erinnerungen an ihn.
Kt.: Bitte, erzähle doch davon!
W.: Die erste Erinnerung ist das Thema „Beichten bei Dechant Krieter". (Pfarrer Krieter wurde 1944 zum Dechant ernannt.) Die Vorbereitung auf die Erste Beichte hat er ganz väterlich gemacht. Man hat als kleines Kind ja doch gebibbert vor der „Ersten Beichte", aber diese Angst hat der Dechant einem genommen. Man hat da seine paar Sünden gebeichtet, und danach sagte er dann (im Beichtstuhl): „Na, nun sag` mal, wie es zu Hause geht.

Wie geht es deiner Mutter? Was machen die anderen?" Das wollte er alles wissen. Damit hat er einem die Befangenheit, die Unsicherheit genommen. In diesem Zusammenhang noch etwas anderes: Als ich ungefähr 18 Jahre alt war, hatte ich eine Freundin. Bei der Beichte hat mich der Dechant zu dieser Zeit 'mal gefragt: „Sag 'mal, ich habe gehört, dass du eine Freundin hast. Irgendwie seid ihr doch miteinander verwandt!" „Ja", habe ich gesagt, „meine Mutter und die Mutter meiner Freundin sind Cousinen." „Ach so", hat der Dechant dann gemeint, „dann könnt ihr heiraten".

Die Buße, die er einem nach dem Beichten aufgab, war übrigens immer sehr milde. „Bete 'mal zur Buße dies, bete mal das", hieß es dann. Ich glaube, es waren immer drei 'Vaterunser' und drei 'Gegrüßet seist du, Maria'.

Die zweite Sache war für mich ein richtiges Schlüsselerlebnis. Das war, nachdem ich Senior bzw. weltlicher Präses der Kolpingsfamilie geworden war. Ich hatte bis dahin den Eindruck, dass die Kolpingsfamilie den Dechanten gar nicht so sehr interessierte. Aber, nachdem ich Senior geworden war, da hat er es wohl so abgepasst, dass er mit mir alleine sprechen konnte. Ich ging gerade aus dem Gemeindehaus, da war der Dechant plötzlich an meiner Seite. Wir gingen weiter in Richtung Kirche und Pfarrhaus, und da sprach er auf einmal mit mir: „Pass 'mal auf, Waldemar, du bist ja nun Senior, herzlichen Glückwunsch! Übrigens, ich würde dir raten, dich vor dem und dem in Acht zu nehmen. Das und dieses da, lass dich darauf 'mal nicht ein!" Also, der Dechant hat mir wichtige Tipps und Ratschläge gegeben. Bei dieser Gelegenheit habe ich zum ersten Mal festgestellt, dass der Dechant jeden - auch vom Charakter her - ganz genau kannte. Er hat mir gesagt: „Also, über den ärgere dich nicht, der ist so, er ist nun 'mal so aufbrausend, ein Choleriker. Nimm das nicht so ernst! Dann hat er mir noch einmal gesagt, was ich schlauerweise befolgen sollte, und so weiter. Ich weiß das alles nicht mehr im Einzelnen, aber ich war in diesem Moment über Dechant Krieter sehr erstaunt! Plötzlich war er für mich ein ganz anderer Mann! Er hat mit mir ganz anders gesprochen, als ich plötzlich diese Funktion hatte.

Kt.: Vorher hättest du ihm nicht zugetraut, dass er so gut über die Menschen in seiner Gemeinde informiert war?
W.: Nee, er hatte auf mich immer so den Eindruck gemacht, als wenn er alles laufen ließe, als wenn er Genaues gar nicht wissen wollte, als ob er sich mit Details, mit Interna, gar nicht abgeben wollte. Damals habe ich zum ersten Mal erkannt, dass er jeden einzelnen vom Charakter her kannte. Zu mir hat er gesagt: „Pass mal auf, achte darauf und das lass 'mal lieber! Versuche, das zu machen", und so weiter. Da habe ich wirklich gestaunt! Ich weiß das noch ganz genau, als wenn es heute sei. Als er da so neben mir herging und mich so anguckte, da war er für mich ein ganz anderer Mann!
Kt.: Und fandest du seine Ratschläge denn richtig, haben sie dir geholfen?
W.: Ja, ganz sicher.
Kt.: Und seine Urteile über die von ihm genannten Personen, waren die richtig?
W.: Zunächst konnte ich das ja gar nicht beurteilen. Ich habe das erst einmal so von ihm angenommen und habe seine Ratschläge auch befolgt. Und, ich muss es zugeben, es war zutreffend, was er gesagt hatte. Er kannte wirklich alle aus dem Eff, Eff! Wahrscheinlich hat er sich da nie hineingesteigert oder sich auf Diskussionen eingelassen, aber er wusste, wie die Leute bei Kolping waren!

Abb. 74: Verleihung des Titels „Ehrenpräses der Kolpingfamilie St. Bonifatius, Wilhelmsburg" an Dechant Krieter im Jahre 1951 durch den Präses Kaplan / Pfarrer Goedde. Hinter Dechant Krieter ist Andreas Nolte zu sehen. Rechts von Dechant Krieter (aus der Sicht des Betrachters) sitzt Kaplan Theodor Rademacher. Rechts neben dem stehenden Kaplan / Pfarrer Goedde sitzt „Jonny" Swoboda.

Kt.: Das ist schon erstaunlich, denn eigentlich hatte Dechant Krieter mit der Kolpingsfamilie persönlich ja nicht viel zu tun. Er war zwar Ehrenpräses der Kolpingsfamilie (seit 1951), aber amtierender Präses war immer ein Kaplan, zu deiner Senior-Zeit war es der Kaplan Alfons Strzedulla.
W.: Ja, richtig, Strzedulla war mein Präses. Kaplan Strzedulla war ein Mensch, der alles ganz genau machen wollte. Der rief mich auch schon ´mal nachts um drei Uhr an, wenn er meinte, dass etwas ganz wichtig sei. „Also", sagte er dann zum Beispiel, „wir müssen dem eine Karte schreiben. Der hat Silberhochzeit". Kaplan Strzedulla war dann auch noch unter dem Nachfolger von Pfarrer Krieter unser Präses, unter dem Pfarrer Großstück.

Kt.: Waldemar, du hast gesagt, dass du noch eine dritte Erinnerung an Pfarrer Krieter hast, die dich beeindruckt hat.
W.: Ja, das waren die Beerdigungen, bei denen ich als Messdiener dabei war. Drei Messdiener wurden immer bei einer Beerdigung benötigt, einer trug das Kreuz, einer hatte das Weihrauchfass zu schwenken und einer trug den Weihwasserwedel.
Kt.: Wer suchte eigentlich die Messdiener aus?
W.: Also, der Dechant kam in der Schule in den Unterricht und sagte, dass er Messdiener brauche: „Es ist eine Beerdigung, wer möchte dienen?" Dann haben wir uns gemeldet, oder der Lehrer hat bestimmt, wer gehen durfte.

Jedenfalls war es immer so: Wenn die Beerdigung zu Ende war, gingen wir mit dem Dechant den Weg vom Friedhof zu Fuß zurück. Und dann war da auf der Ecke (an der Mengestraße) diese Imbissbude! Da fragte der Dechant - jedes Mal! - : „Habt ihr (für eure Dienste) von den Leuten denn etwas Geld gekriegt?" Wenn wir dann sagten, „Nein, heute nicht!", dann holte er seine Geldbörse heraus und gab uns zwei Mark. Dann konnten wir uns in der Imbissbude ein Eis kaufen. Jedes Mal! Allerdings, wenn wir von den Beerdigungsgästen Geld bekommen hatten, dann gab es vom Dechanten nichts.

Übrigens fällt mir noch eine andere Messdienergeschichte ein. Es war in der Kirche beim Beten einer Litanei. Du kennst das ja (wie eine Litanei gebetet wird.) Eintönig, immer dasselbe! Der Priester betet vor: „Heiliger so und so" und die Gemeinde antwortet: „Erbarme dich unser". „Heilige so und so" - „Erbarme dich unser". Immer dasselbe! Da habe ich damals gedacht. Jetzt zählst du 'mal mit: Eins - Erbarme dich unser. Zwei - Erbarme dich unser! Und so ging das ja weiter. Ich wollte zählen, wie viele Heilige in einer Litanei angerufen würden und wie oft von der Gemeinde „Erbarme dich unser" geantwortet würde. Und bei der Nummer 17 ist es dann passiert. Als das „Erbarme dich unser" der Gemeinde dran war, ist es mir rausgerutscht: „17", habe ich ganz laut gesagt. Ich kniete ja auf den Stufen neben dem Dechant. „17", habe ich also ganz laut gesagt, und der Dechant hat mich ganz erstaunt angeguckt. Aber er hat mich später nicht gefragt, was mein Ruf „17" bedeuten sollte. Das werde ich auch nicht vergessen.

Kt.: Waldemar, ich bedanke mich für dieses Gespräch.

Weichler, Manfred

geboren im November 1941
wohnhaft zur Zeit des Gespräches in Hamburg

Gespräch am 12. 12. 2005

W. = Herr Weichler   Kt. = Ulrich Krieter

Die in Klammern geschriebenen Wörter / Texte sind zum besseren Verständnis des Lesers eingefügt. Das Gespräch wurde mittels Diktiergerät aufgezeichnet.

Kt.: Wann sind Sie geboren?
W.: Im November 1941 in Hamburg.
Kt. : Sie sind katholisch ?
W.: Nein, ich bin evangelisch. Man hat mich trotzdem im Krankenhaus angestellt. Ich bin also nicht wegen des Gesangbuches Kaufmännischer Direktor im Krankenhaus Groß-Sand geworden. (von 1986 bis November 2003)
Kt.: Schildern Sie mir bitte Ihren beruflichen Werdegang?
W.: Nach der Mittleren Reife habe ich beim Senat der Freien und Hansestadt Hamburg die Beamtenlaufbahn eingeschlagen und bin in der Finanzbehörde am Gänsemarkt groß geworden. Da haben auch die Herren Ulitzka und einige andere bekannte Herren gearbeitet. Nach elf Jahren bin ich dann zum Krankenhaus Groß-Sand in Wilhelmsburg gewechselt, weil meine Chancen in der Finanzbehörde zu gering waren. In dieser Zeit - die 70er Jahre - waren alle Posten im mittleren Management der Finanzbehörde mit Personen im Alter meines Vaters besetzt. Das waren Leute, die aus dem Krieg gekomen waren, sogenannte „Hunderteinunddreißiger". Die hatten damals die Amtmann- und Amtsratstellen inne. Als mein Chef, Günther Eckhard, den Posten des Verwaltungsdirektors im Krankenhaus Groß- Sand übernommen hatte, fragte er mich, ob es nicht auch etwas für mich sei, an dieses Krankenhaus zu kommen. Da sei eine Menge aufzubauen. Tatsächlich gab es dann im Krankenhaus Groß-Sand eine ständige Entwicklung, die auch ich ein wenig beeinflusst habe.
Kt.: Sagen Sie mir bitte, wer Günther Eckhard war?
W.: Günther Eckhard war ab dem 1. Januar 1970 der Kaufmännische Direktor des Krankenhauses Groß-Sand. Ich selbst bin am 1.3.1970 zum Wilhelmsburger Krankenhaus gekommen. 16 Jahre lang war ich dann hinter Eckhard zweiter Mann, als Leiter der Allgemeinen Verwaltung. Als Eckhard ausschied, bekam ich ein halbes Jahr später den Posten des Kaufmännischen Direktors übertragen. Den Posten hatte ich bis Ende November 2003 inne. Da bin ich in „Altersteilzeit" gegangen.
Kt.: Von dem Herrn Eckhard höre ich erst heute etwas. Hat der so im Verborgenen gearbeitet?
W.: Inzwischen ist er verstorben. Man kann sagen, dass er im Wesentlichen seit 1970 die Aufbauarbeit im Krankenhaus Groß-Sand geleistet hat.
Kt.: Wer war vorher Verwaltungsdirektor?
W.: Das war Paul Ulitzka, der ja davor über viele Jahre hin unser gemeinsamer Chef in der Finanzbehörde gewesen war. Der war in der Finanzbehörde der Leiter der Allgemeinen Verwaltung. Nach seiner Pensionierung hat Paul Ulitzka die Verwaltung des Krankenhauses Groß-Sand übernommen. Vor der Pensionierung hat er diese Arbeit nebenamtlich durchgeführt. Bis etwa 1963 gab es keinen hauptamtlichen Verwaltungsdirektor des Krankenhauses. Die wesentlichen Posten waren damals von Ordensschwestern besetzt. In der Allgemeinen Verwaltung waren das die Bereiche Buchhaltung, Rechnungswesen, Personalabteilung. Da waren überall Ordensschwestern tätig. Herr Ulitzka hat dann die Krankenhausverwaltung mit den Kenntnissen, die er aus der Allgemeinen Verwaltung der Hamburger Finzbehörde hatte, nach seinem Geschmack organisiert, und Eckhardt hat diese Organisation dann von ihm übernommen. Günther Eckardt war katholisch und dadurch auf diesem Posten auch Kirchenbeamter. Ich selbst war Angestellter.

Kt.: Von wem sind Sie angestellt worden?
W.: Angestellt wurde ich vom Krankenhaus Groß-Sand, als Rechtsträger fungierte die Katholische Kirchengemeinde St. Bonifatius. Das Krankenhaus selbst ist eine unselbständige Einheit. Die Kirche ist eine Körperschaft des Öffentlichen Rechts, und - wenn Sie so wollen - das Krankenhaus in Wilhelmsburg ist ein Sondervermögen der Kirchengemeinde St. Bonifatius. Es ist also nicht so wie beim katholischen Marienkrankenhaus in Hamburg. Das Marienkrankenhaus in Hamburg gehört dem „Verband" von 32 katholischen Kirchengemeinden in Hamburg.
Die Trägerschaften im katholischen Krankenwesen Hamburgs sind überhaupt recht verschieden. Da gibt es einmal den „Verband", zu dem das Marienkrankenhaus gehört. Dann gibt es das Kinderkrankenhaus „Wilhelmsstift" in Rahlstedt. Der Träger war bis zur Gründung des Erzbistums Hamburg (1995) der Bischöfliche Stuhl zu Osnabrück. Das Krankenhaus „Mariahilf" in Neugraben wird von der Kongregation der Barmherzigen Schwestern vom Hl. Vinzenz von Paul getragen. Die haben ihr Mutterhaus in Hildesheim. Aber, dass ein Krankenhaus - eben Groß-Sand in Wilhelmsburg - von einer katholischen Kirchengemeinde allein getragen wird, das ist wohl eine Einmaligkeit in der ganzen Bundesrepublik. Das ist schon eine Seltenheit!
Kt.: Und das ist heute immer noch so?
W.: Ja, und das Krankenhaus hat sich auch immer finanziell selbst getragen. Die Kirchengemeinde hat bei der Gründung das Grundstück gegeben. Und der Staat, das Land Hamburg, hat ein Krankenhaus darauf gesetzt. Das Krankenhaus hat, als es in Betrieb war, nie staatliche Zuschüsse benötigt. Es hat sich immer selbst getragen! Das heißt, es war immer voll ausgelastet und ist immer gut bewirtschaftet worden. Später ist natürlich die öffentliche Krankenhausfinanzierung dazugekommen, mit der diejenigen Häuser, die im Krankenhausplan eines Landes sind, hinsichtlich der Investitionen gefördert werden.

Kt.: Das Krankenhaus wird in Wilhelmsburg einfach „Krankenhaus Groß-Sand" genannt, obwohl es ein Gemeindekrankenhaus ist. Ist es eigentlich im Bewusstsein der Gemeindemitglieder von St. Bonifatius, dass das Krankenhaus der Gemeinde gehört?
W.: Doch! In der Gemeinde ist das bekannt. Der Kirchenvorstand befasst sich ja immer wieder einmal mit dem Krankenhaus. Wenn z. B. Chefärzte angestellt werden oder wenn andere „große Entscheidungen" zu treffen sind, dann wird der Kirchenvorstand gefragt. Der Kirchenvorstand ist mit 4 von 10 Personen im Kuratorium des Krankenhauses vertreten. Das Kuratorium ist das Aufsichtsorgan des Krankenhauses. Auch das ist eine Eigenart des Krankenhauses „Groß-Sand". Der Hamburger Senat hat damals, bei der Gründung, eine volle Finanzierung des Krankenhauses mit allen Einrichtungen übernommen. Das waren - im Jahre 1950 - sage und schreibe nur 525 000 Mark für ein ganzes Krankenhaus mit 67 Betten, mit Operationssaal, mit vollständig eingerichteten Krankenstationen! Weil der Staat freiwillig Geld gegeben hatte, hat er natürlich auch verlangt, an der Satzung mitwirken zu können. Diese Satzung ist höheren Stellen in der Kirche später immer ein Dorn im Auge gewesen, weil die Kirche im Kuratorium nicht die Majorität hat. Es sind 10 Kuratoriumsmitglieder, 4 gehören dem Kirchenvorstand an. Geborener Vorsitzender ist der jeweilige Pfarrer der Bonifatiusgemeinde. Weiter gehören zum Kuratorium 1 Vertreter des Wirtschaftsbundes Harburg-Wilhelmsburg, 1 Vertreter der Gewerkschaften, das war 1950 bestimmt etwas Seltenes, 1 Vertreter des Bezirkes - der Bezirks- oder der Ortsamtsleiter - ferner 1 Vertreter der Finanzbehörde, 1 Vertreter der Gesundheitsbehörde und 1 Abgeordneter der Hamburger Bürgerschaft.

Man muss aber sagen, dass es im Kuratorium nie Kampfabstimmungen gegeben hat. Es waren bis heute immer einstimmige Entscheidungen, das heißt, in diesem Gremium waren sich Staat und Kirche immer einig. Es hat immer funktioniert. Darüber muss man froh sein.
Kt.: Von welcher Partei kommt der Bürgerschaftsabgeordnete?
W.: Der wird von der Bürgerschaftskanzlei ernannt und es ist meistens jemand von der Partei, die gerade regiert. Jahrelang war es der Willi Witte von der SPD und heute ist es der Herr Krüger von der CDU. Ich glaube, der ist beim DRK in Harburg Geschäftsführer. Jahrelang war es früher der Abgeordnete der CDU, Bernhard Kryskowiak, den Sie ja sicher kennen. Der gehörte ja zur Bonifatiusgemeinde. Während meiner ganzen Zeit als Verwaltungsdirektor war Kryskowiak im Kuratorium, bis er dann - leider viel zu früh - verstorben ist.
Kt.: Wer hat denn wohl diese Satzung des Krankenhauses ausgeklügelt?
W.: Ich vermute einmal - genau weiß ich das nicht - waren das Paul Ulitzka und Dechant Krieter. Die werden die Entwürfe gemacht haben. Letzten Endes haben natürlich auch die staatlichen Behörden, die es anging, - Gesundheits- und Finanzbehörde - mitgewirkt. Und letztlich hat das Rechtsamt des Senats das Sagen gehabt, es hat die Satzung genehmigt. Die Satzung ist später nur in Kleinigkeiten geändert worden, vorwiegend bezogen auf Namen und Begriffe. Wenn es z. B. keine „Gesundheitsbehörde" mehr gibt, dann heißt das heute eben „Behörde für Umwelt und Gesundheit". Das Grundsätzliche ist aber ganz klar: Träger des Krankenhauses ist die Gemeinde St. Bonifatius, und die regelmäßige Geschäftsführung des Krankenhauses liegt in den Händen des Krankenhausdirektoriums. Grundsatzentscheidungen - wie Grunderwerb oder Grundstücksverkauf - sind immer Entscheidungen, die kirchenoberlich genehmigt werden müssen. Sie bedürfen also der Zustimmung des jeweiligen Bischofs.
Kt.: Jetzt also der Zustimmung des Erzbischofs von Hamburg, früher des Bischofs von Hildesheim?
W.: Richtig.

Kt.: Von Angehörigen der Gemeinde habe ich einmal gehört, dass der Bau des Krankenhauses zunächst ohne Wissen des Generalvikariats in Hildesheim begonnen worden ist. Bei der Einweihung des Krankenhauses soll der Generalvikar Dr. Offenstein zu Dechant Krieter gesagt haben: „Wenn du `mal wieder etwas baust, Karl-Andreas, dann sagst du mir aber vorher Bescheid!" Was sagen Sie dazu?
W.: Diese Geschichte habe ich schon einmal gehört. Denkbar ist es, was da erzählt wird. Das, was ich so von Dechant Krieter gehört habe, passt dazu. Er war ja wohl „sehr geradeaus". Er hat wohl gesagt, was er dachte, und hat wohl auch getan, was er wollte.
Zu meiner Zeit hat der Pfarrer Min auch etwas gemacht, ohne die ausdrückliche Genehmigung des Bischöflichen Stuhles zu haben. Es ging damals um die Erweiterung des Krankenhauses, um das Reha- Projekt, eine große Geschichte! Es ging um rund 20 Millionen Mark. Da musste die Gemeinde 10% Eigenanteil aufbringen. Der damalige Pfarrer Min hat einen Förderverein gegründet. Die Gemeinde hatte ja keine 2 Millionen. Es gab da ein Telefongespräch zwischen meinem Vorgänger Eckhardt und dem bischöflichen Finanzdirektor. Wir mussten eine Verpflichtungserklärung geben, dass wir die 2 Millionen aufbringen würden, sonst würde das ganze Projekt nicht finanziert. Damals sagte der Generalvikar: „Ach, so wie ich den Pfarrer Min kenne, hat der längst unterschrieben."
Das ist eine Parallele. Leute mit Rückgrat sind erforderlich, die einfach sagen: „Wir machen das!" Wenn man erst die Schwierigkeiten aufzählt, die einmal kommen könnten, dann wird so eine große Sache nie etwas. Es muss einer sagen: „Mok wi!" So einer war, glaube ich, der Dechant Krieter.

Kt.: Kennen Sie Dr. Gebauer?
W.: Als ich anfing, war Dr. Gebauer noch tätig. Er war ja der 1. Chefarzt des Krankenhauses gewesen, Chirurg und Gynäkologe. Zu meiner Zeit war Dr. Gebauer schon im Rentenalter. Er hatte aber noch eine gynäkologische Praxis in der Bonifatiusstraße 3 und war noch Belegarzt für Gynäkologie im Krankenhaus. Er hielt auch noch Unterricht an der Schwesternschule des Krankenhauses und nahm die Prüfungen der Schwesternschülerinnen ab.
Kt.: Dr. Gebauer war ursprünglich am Krankenhaus der Wollkämmerei tätig, nicht wahr?
W.: Ja, er war Chefarzt des Betriebskrankenhauses der Wollkämmerei gewesen, das durch englische Fliegerbomben gegen Kriegsende (1944) zerstört worden ist.

Die Ausgangslage für die Gründung des Krankenhauses Groß-Sand war ja die Tatsache, dass die Industrie wieder zu arbeiten begann, dass die Wohnbebauung neu erfolgte, dass man sagte: „Unsere Insel muss ein Krankenhaus haben!" Die Gründer waren in erster Linie Dechant Krieter, der ja auch ein Grundstück zu bieten hatte, Dr. Gebauer, Paul Ulitzka und der Architekt Karl Sterra. Der hat das Krankenhaus dann auch gebaut. Das waren - nach meinem Wissen - die vier Gründer!

Kt.: Die Verdienste des Dr. Dudek dürfen keinesfalls vergessen werden. Ohne das Wirken des ehemaligen Oberbürgermeisters von Harburg-Wilhelmsburg und Finanzsenators der Freien und Hansestadt Hamburg unter Bürgermeister Brauer wäre der Krankenhausbau in Wilhelmsburg niemals zustande gekommen.
W.: Der damalige Gesundheitssenator, Walter Schmedemann, soll - nach den Erzählungen von Paul Ulitzka - gesagt haben: „De Katholen kriggt von mi gor nix!" Aber im Senat - wer das Geld hat, hat die Macht! - war Dr. Dudek der Finanzsenator. Der wird die Finanzierung des Krankenhauses durch den Senat durchgesetzt haben. Dr. Dudek und Paul Ultzka kannten sich ja schon aus der Zeit vor 1933. Herr Ulitzka hat Dr. Dudek immer begleitet.

Abb. 75: Plakette des Dr. Walter Dudek auf dem Gedenkstein, der vor der Walter-Dudek-Brücke am Harburger Bahnhof steht. Der Gedenkstein wurde am 11. 3. 1988 errichtet.

Die Plakette wurde von der Künstlerin Gerda Sautter geschaffen.

Kt.: Richtig, als Dr. Dudek Oberbürgermeister von Harburg –Wilhelmsburg war, hat Paul Ulitzka schon für Dr. Dudek gearbeitet. Paul Ulitzka hat übrigens Dr. Dudek gelegentlich auch in Frankfurt bei den Sitzungen der Länderkommission vertreten, als die Währungsreform des Jahres 1948 vorzubereiten war, die Einführung der DM.

Die beiden Herren kannten sich sehr gut. Übrigens waren auch beide katholisch! Dr. Dudek ist vom evangelischen zum katholischen Glauben konvertiert. Ich besitze eine Liste der Mitglieder des Kirchenvorstandes der katholischen Gemeinde St. Maria in Harburg aus dem Jahre 1948. Darin ist Dr. Dudek zu finden. Ein katholischer SPD-Politiker war in der damaligen Zeit eine Seltenheit. Es ist auch unter Historikern, die sich mit Dr. Dudek beschäftigen, nicht allgemein bekannt, dass Dr. Dudek katholisch war.

Abb. 76: Im Jahre 1957 wurde der erste Erweiterungsbau des Krankenhauses „Groß-Sand" fertiggestellt.

Kt.: Können Sie mir über Paul Ulitzka noch etwas erzählen? Sie haben ihn ja selbst erlebt.
W.: Ja, ich war in der Finanzbehörde Verwaltungslehrling. Herr Ulitzka war damals der Leiter der Allgemeinen Verwaltung. Er war mir immer ein väterlicher Freund. Er war niemals eingebildet oder hochnäsig. Wenn er zum Essen in die Kantine kam, hat er sich zu den „Kleinsten" gesetzt und sich mit denen unterhalten. Ich habe noch ein Bild von meinem ersten Betriebsausflug als Lehrling. Weil ich während des Ausfluges den Mantel des Herrn Ulitzka eine Zeit lang getragen hatte, hat er mir die Biere ausgegeben. So etwas vergisst man ja nicht!
Ja, er hat große Verdienste! Deswegen hat er auch vom Bischof von Hildesheim einen Orden verliehen bekommen. Das ist etwas ganz Besonderes, weil hanseatische Beamte im Normalfall keine Orden annehmen. Aber dies war ja ein kirchlicher Orden. Den hat er angenommen.
Kt.: Wissen Sie etwas bezüglich der Freundschaft der Herren Ulitzka und Krieter?
W.: Nein, da weiß ich nichts.
Ich kenne nur eine Anekdote über Krieter: In den ersten Jahren des Krankenhauses befand sich im Kuratorium die sagenumwobene Bürgerschaftsabgeordnete Berta Kröger von der SPD. Das Krankenhaus durfte nach den damals geltenden Bestimmungen keine Kinder behandeln. Dafür gab es das Kinderkrankenhaus Rothenburgsort. Während einer Kuratoriumssitzung im Krankenhaus hatte Berta Kröger etwas gehört. Sie fragte: „Da weint doch nicht etwa ein Kind?"

Da soll der Dechant Krieter gesagt haben: „Berta, halt den Mund, das gehört nicht hierher!"
Diese Geschichte hat mir Paul Ulitzka immer wieder erzählt. Ich glaube, dass diese Geschichte wahr ist. Ich kannte ja den Krieter persönlich nicht, aber wenn Ulitzka das erzählte, dann stimmte das schon! Stellen Sie sich das vor! Da sagt der Pfarrer Krieter zur Bürgerschaftsabgeordneten Kröger von der SPD: „ Berta, halt den Mund, das gehört nicht hierher!"
Kt.: Das ist ja kein besonders freundliches Wort! Im Allgemeinen soll Krieter aber mit den SPD-Leuten in Wilhelmsburg gut ausgekommen sein.
W.: Dazu kann ich nichts sagen. Als ich in Wilhelmsburg anfing, da war der Pastor Bette in der Bonifatiusgemeinde.

Kt.: Vielleicht kehren wir noch einmal zum Wirken Paul Ulitzkas in der Gemeinde zurück?
W.: So viel weiß ich da auch nicht. Er wohnte ja zu meiner Zeit in Harburg. In meinem ersten Jahr in Wilhelmsburg habe ich ihn morgens mit meinem Auto oft ins Krankenhaus geholt. Dann hat er uns jungen Leuten - so sage ich einmal - ein bisschen gezeigt, was es heißt, das Gesundheitswesen. Später war er dann zusammen mit seiner Frau im Maximilian-Kolbe-Altersheim in Wilhelmsburg untergebracht.
Er hat ja nie einen Führerschein gehabt, obwohl er bei der Finanzbehörde auch Leiter der Kraftfahrzeugkommission gewesen war. Er war für die Beschaffung aller Dienstfahrzeuge in Hamburg zuständig, hatte aber selbst keinen Führerschein! Deswegen habe ich ihn häufiger 'mal gefahren.

Kt.: Lassen Sie uns ein wenig über die Ordensschwestern im Krankenhaus Groß-Sand sprechen!
W.: Wie überall, wo hier im Norden Ordensschwestern sind, ist die Anzahl der Nonnen auch im Krankenhaus Groß-Sand in den letzten Jahren immer kleiner geworden. Als ich im Krankenhaus anfing, waren 22 Ordensschwestern im Krankenhaus tätig. Sie besetzten alle Schlüsselpositionen, ob es die Stationsschwestern waren, ob es das Labor war, das Röntgen, die Ausbildung der Schwesternschülerinnen, ob es im Personalbüro war oder in der Buchhaltung, überall waren Ordensschwestern tätig. Über allen Ordensschwestern stand natürlich die Oberin.
Kt.: Haben Sie noch die Oberin Chlothilde kennen gelernt?
W.: Nein, die kenne ich nur dem Namen nach. Zu meiner Zeit gab es auch bald keine Oberin mehr.
Kt.: Welche der ganz alteingesessenen Ordensschwestern haben Sie noch kennen gelernt?
W.: Dem Namen nach Schwester Epiphania, unsere leitende Schwester im OP und in der Ambulanz. Von ihr ist auch eine Anekdote zu erzählen. Die habe ich vom damaligen Oberarzt Müller gehört. Also, da wurde ein Betrunkener auf der Trage in die Ambulanz geschoben. Das Erste, was er mit seinem verklärten Blick sah, war das Gesicht von Schwester Epiphania. Damals trugen die Nonnen noch Hauben, sodass nur ihr Gesicht zu sehen war. Da hat er in seinem „Duntje" dann das gefragt, was viele Männer bewegt hat, die ins Wilhelmsburger Krankenhaus eingeliefert wurden: „Sagen Sie 'mal Schwester, haben Sie eigentlich Haare?"
Darauf hat Epiphania geantwortet: „Ja, Jungche, meenste, wir habe` Federn?"
Viele der früher im Krankenhaus tätigen Ordensschwestern sind schon zu meiner Zeit verstorben gewesen, entweder im Mutterhaus in Münster oder in Xanten am Niederrhein, wo das Altersheim für die Katharinenschwestern war und auch heute noch ist. Das Provinz-Mutterhaus ist in Münster, die oberste Schwester, die Generaloberin, sitzt in Rom.

Kt.: Wissen Sie eigentlich, warum Dechant Krieter die Katharinenschwestern ins Krankenhaus geholt hat, nicht aber die Vinzentinerinnen?
W.: Wie der Bestellungsvertrag mit den Katharinenschwestern zustande gekommen ist, weiß ich nicht. Ich weiß nur, dass es in Berlin-Wilmersdorf - im Gertraudenkrankenhaus - die Katharinenschwestern bereits um 1950 gegeben hat. Der Orden war aus dem Osten Deutschlands vertrieben worden und hatte jetzt wohl nicht genügend Betätigungsfelder. Im Krankenhausarchiv gibt es dazu aber keine Unterlagen. Ich könnte mir denken, dass in Kirchenvorstandsprotokollen aus der damaligen Zeit - 1949 und 1950 - etwas diesbezüglich zu finden ist. Der Dechant musste über die Einstellung der Katharinenschwestern sicher dem Kirchenvorstand berichten.
Ich weiß auch nicht, ob in der Gemeinde für den Bau des Krankenhauses gesammelt worden ist. (Es wurde in der Gemeinde gesammelt! Vgl. die Gespräche mit Erna Nowacki und Franz Lota!) Ich weiß nur, dass Dechant Krieter an Spenden der Industrie in Wilhelmsburg etwa 5000 Mark zusammengebracht hat. Die größte Spende kam von der Firma Merkel, die damals Dichtungen baute. Das Krankenhaus war ja als Unfallkrankenhaus gedacht. Mit seinen 159 Betten, die das Krankenhaus hatte, als ich da anfing, hatte es immer noch als Arbeitsschwerpunkt die Unfallchirurgie.

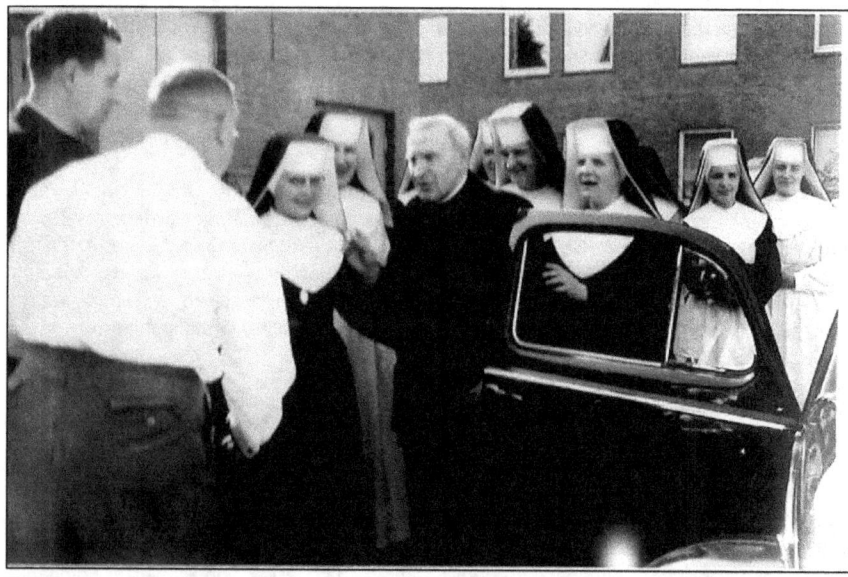

Abb. 77: Im August 1961 trat Dechant Krieter in den Ruhestand. Das Foto zeigt ihn beim Abschied von „seinen" Kartharinenschwestern. Der Küster, Valentin Greschek, (im weißen Hemd) fuhr ihn anschließend mit dem VW-Käfer der Gemeinde nach Hilkerode. Der Geistliche links neben dem Küster ist Kaplan Albert Stechmann. Er war von 1959 bis 1962 in der Gemeinde St. Bonifatius tätig.

1975 wurden in das Krankenhaus pro Jahr etwa 3000 Betriebsunfälle und Notfälle eingeliefert. Heute sind es 12 000, wobei in der Zahl nicht mehr so viele Betriebsunfälle enthalten sind.

Die heutigen Sicherheitsbestimmungen machen die Zahl der Unfälle in den Betrieben rückgängig. Wenn es heute Betriebsunfälle gibt, dann sind sie sehr schwer! Heute sind die Masse der Unfälle Haus- und Straßenunfälle. Hinzu kommen Erkrankungen am Wochenende und nachts.

Kt.: Eine Frage zur Anstellung des weltlichen Personals. Zu Beginn des Krankenhauses hat wohl die Oberin die unbedeutenderen Angestellten - Stationshilfen, Reinigungskräfte usw. - ausgesucht und eingestellt?
W.: Richtig. Da wurde zu Anfang noch viel „mit Handschlag" gemacht. Arztanstellungen liefen sicher auch damals schon über die Gemeinde. Vorbereitende Arbeiten dazu hat aber bestimmt die Schwester Ancilla gemacht, die ja fast 40 Jahre lang im Krankenhaus tätig war.
Kt.: Die Schwester Ancilla lebt noch, oder?
W.: Die lebt noch. Die war noch zu unserer Zeit Oberin. Für eine kurze Zeit war sie von ihrem Orden aus Wilhelmsburg abgezogen worden. Dann ist sie aber mit 66 Jahren noch einmal zurückgekehrt, und war dann vier Jahre lang Oberin. Die lebt heute in Xanten. Ich schreibe ihr gelegentlich noch immer.

Kt.: Vielleicht erzählen Sie zum Schluss doch noch ein paar Dinge, die das Krankenhaus charakterisieren?
W.: Obwohl das Krankenhaus mittlerweile ja so groß geworden ist, muss man sagen, dass das Personal immer noch wie eine große Familie ist. Das ist alles sehr persönlich. Jeder kennt jeden. Jeder grüßt jeden und spricht mit jedem. Die Hierarchie wirkt sich nicht so aus wie man das von anderen Krankenhäusern kennt. Das ist natürlich eine Tradition, die gepflegt wird. Es finden z. B. noch immer Betriebsausflüge statt. Es wird eine Weihnachtsfeier gemacht, zu der garantiert - an einem Freitagabend in der Vorweihnachtszeit - über 200 Personen kommen. Da gehen wir in die Kirche und nachher gibt es ein gutes Essen. Das verbindet natürlich. Aber wegen des Essens kommt heutzutage niemand mehr zu einer Weihnachtsfeier. Das muss einen anderen Grund haben!
Kt.: Gibt es heutzutage ebenfalls noch Weihnachtsfeiern auf den Krankenstationen, so wie es sie früher gab?
W.: Ja, das ist eine alte Tradition, die auch heute noch beibehalten wird. Als ich im Krankenhaus anfing, war Schwester Epiphania für die Durchführung zuständig. Später hat es dann eine Schwester Lamberta gemacht, die auch nicht mehr da ist. Und noch später hat es die weltliche Schwester Lore gemacht, die heute im Altersheim „Maximilian Kolbe" tätig ist, die aber auch bei uns die Ausbildung zur Krankenschwester durchlaufen hat. Bei diesen Weihnachtsfeiern auf den Stationen haben häufig die Kinder von Mitarbeitern - auch von Ärzten - als „Engelchen" mitgewirkt. Wenn „diese Truppe" über die Stationen zieht, dann kullern manchmal sogar bei den kranken Hafenarbeitern oder bei alten Seebären die Tränen.
Kt.: Ich habe diese Tradition in den ganz weit zurück liegenden Zeiten einmal selbst miterlebt. Ich weiß, dass auch die Tochter des Chefarztes Dr. Gebauer als „Engel" bei der Weihnachtsfeier auf den Krankenstationen mitgewirkt hat.
W.: Natürlich werden auch Reporter von den Zeitungen eingeladen, die dann einen Bericht schreiben.

Kt.: Ich möchte noch etwas zur Kapelle des Krankenhauses fragen. Die war doch von Anfang an im Krankenhaus?
W.: Ja, die war schon da, als ich zum Krankenhaus kam.

Kt.: Zuerst war die Kapelle im Altbau des Krankenhauses, oben unter dem Dach. Da oben wohnten auch die Ordensschwestern. Die hatten da oben ihre Klausur.

W.: Richtig! Da oben, im Spitzdach des Hauptgebäudes, gab es Zimmer, die nur 6 Quadratmeter groß waren.

Kt.: Ja, wenn man im Jahre 1952 die Treppe zum Dachgeschoss hinaufstieg, dann war da oben zur linken Hand das „Gefängnis der Nonnen", die Klausur. Rechts war die Kapelle. Ich selbst habe ab dem Jahre 1952 in dieser Kapelle - mindestens zweimal pro Woche, vielleicht auch täglich - die Messe gedient, morgens um 6 Uhr. In der Sakristei der Kapelle war dann Schwester Epiphania als Küsterin tätig. Das Harmonium wurde während des Gottesdienstes von der Oberin, Schwester Chlothilde, gespielt.

W.: Zu meiner Zeit war der Zugang zur Kapelle von der Station „A 1" aus, also von dem Bettenhaus, das 1957 / 1958 gebaut worden ist. Die Kapelle ist also verlegt worden, als das Krankenhaus größer wurde. Eine Pflicht, den Gottesdienst zu besuchen, gibt es heute für die Angestellten nicht mehr. Allerdings gibt es für die Schwesternschülerinnen noch einen Gottesdienst am Examenstag, aber das geschieht alles ohne Zwang. Es gibt auch gelegentlich ökumenische Gottesdienste für die Mitarbeiter, und für die Patienten auch. Also, man merkt schon auch heute noch, dass in diesem Krankenhaus ein christlicher Geist herrscht.

Abb. 78: Die neue Kapelle im Erweiterungsbau des Krankenhauses

Allerdings ist der Einfluss auf die Patienten nicht mehr so groß wie früher. Die Verweildauer der Patienten wird ja immer kürzer. Die sind heutzutage nach ein paar Tagen schon wieder draußen. Als ich anfing, war eine Gallenoperation eine große Operation. Danach blieb man 24 Tage im Krankenhaus. Heute sind solche Patienten nach 4 Tagen wieder zu Hause. Ja, das ist alles anders geworden. Der erste Pflegesatz - im Jahre 1950 - betrug 9 Mark pro Rechnungstag.

Als ich 1970 im Krankenhaus anfing, betrug der Pflegesatz 38,50 DM. In zwanzig Jahren hatte er sich vervierfacht. In der Zeit von 1970 bis 1990 hat sich der Pflegesatz verzehnfacht. Das liegt an der Tarifentwicklung. Wir alle haben ja immer mehr Geld verdient. Heute machen in einem Krankenhaus die Personalkosten etwa 70% der Gesamtkosten aus. In den Anfangsjahren lag der höchste Kostenbetrag bei der Beschaffung der Lebensmittel. Heute ist die Reihenfolge: Erstens Personalkosten und medizinischer Bedarf, zweitens Wasser, Energieversorgung, Instandhaltung und erst an dritter Stelle stehen die Kosten für Lebensmittel. Das ist schon eine interessante Entwicklung. In den ersten Jahren haben die Nonnen sogar noch selbst Schweine gehalten. Die wurden mit den Küchenabfällen gemästet. Später, als die Schweinehaltung abgeschafft war, hat ein Schweinemäster die Küchenabfälle abgeholt. Der zahlte dafür 400 Mark im Jahr. Heutzutage muss das Krankenhaus dazuzahlen, damit die Küchenabfälle abgeholt werden. Die dürfen heute nicht mehr einfach verfüttert werden. Man muss sie aufkochen, sterilisieren und so weiter.

Kt.: Haben Sie noch den Fahrer des Krankenhauses, Paul Ulbricht, gekannt?

W.: Paul Ulbricht? Ja, der ist leider bei einem Autounfall ums Leben gekommen, als er eine Ordensschwester zum Krankenhaus Mariahilf in Harburg bringen sollte. Paul Ulbricht war Oberschlesier. Bei den Weihnachtsfeiern hat Paul Ulbricht immer Gedichte aus Schlesien aufgesagt. Oder bei Betriebsausflügen kommentierte er die Tombolagewinne. Für jeden hatte er einen passenden, lustigen Spruch. Der Pfarrer Bette hatte einmal bei der Tombola ein Paar Damenstrümpfe gewonnen. Paul Ulbricht kommentierte: „Herr Pfarrer, wenn Ihnen die Strümpfe nicht passen, dann passen sie vielleicht Ihrer Frau?" Oder der Chefarzt bekam ein Etui für eine Zahnbürste. Der Chefarzt machte das Etui auf und beschwerte sich bei Ulbricht: „Da ist ja gar keine Zahnbürste drin!" „Och", sagte Ulbricht, „Herr Chefarzt, bei Ihnen unterm Messer da sterben doch so viele Leute, da wird doch wohl einer von denen eine Zahnbürste zurückgelassen haben!"

Kt.: Das ist ja ein lustiger Abschluss unseres Gespräches.

Abb. 79: Pfarrer Krieter und Paul Ulbricht während eines Betriebsausfluges

Wellner, Karl-Heinz

geboren im August 1923
wohnhaft zur Zeit des Gespräches in Hbg.-Wilhelmsburg

Gespräch am 22. 11. 2004

W. = Herr Wellner   Kt. = Ulrich Krieter

Die in Klammern geschriebenen Wörter / Texte sind zum besseren Verständnis des Lesers eingefügt. Das Gespräch wurde mittels Diktiergerät aufgezeichnet.

Kt.: Herr Wellner, wann und wo sind Sie geboren?
W.: Im August 1923 in Wilhelmsburg, in der Fährstraße. Meine Eltern sind 1910 aus dem Westfälischen nach Wilhelmsburg gekommen. Sie wollten „dahin, wo das Geld auf der Straße liegt". Das hat dann aber nicht so geklappt. Zuerst kam der Krieg 1914 bis 1918. Dann kam 1923 die Inflation. In dem Jahr bin ich als letztes Kind meiner Eltern geboren worden. Meine Schwester Cilly ist 1921 geboren, davor ist ein Bruder 1913 (Willi) und ein anderer Bruder 1910 geboren (Hans). Und Eli (Elisabeth), die während der meisten Zeit ihres Lebens in Amerika war, ist 1906 geboren. Da ist also ein großer Abstand zwischen den Geburten gewesen.
Kt.: Sie selbst sind aber in Wilhelmsburg geboren? Und Ihre Eltern sind 1910 nach Wilhelmsburg gekommen und haben von Anfang an in der Fährstraße gewohnt?
W.: Ja, das war ein Wohnblock der Hamburg-Amerika-Linie, die HAPAG-Häuser. Diese Häuser standen von der Georg-Wilhelm-Straße - früher Harburger Chaussee - bis zum Veringplatz. Die hatten auch einen einheitlichen Baustil. Sie waren ja schon 1910 gebaut worden. Die Häuser sind heute noch da. Die sind erhalten. Die evangelische Kirche (die Kirche der Emmausgemeinde im Reiherstieg) war auf halber Höhe, da konnten wir hinübergucken. Die Fährstraße ist die Querstraße zur Veringstraße. Die Veringstraße führt - auch heute noch - von der Katholischen Kirche bis zum Ernst-August-Kanal und die Fährstraße führt vom Assmann-Kanal zum Reiherstiegdeich bis Cunow, bis zum Ponton früher. Da fuhren die Fährschiffe nach Hamburg ab.
Kt.: Ihre Geschwister haben dann also auch in Wilhelmsburg gelebt?
W.: Das ist eine lange Geschichte. Unser Vater hat in Hamburg keinen Fuß gefasst. Da ist er 1925 nach Amerika ausgewandert. Eigentlich „offiziell ausgewandert" ist er nicht! Er war im Hamburger Hafen Gelegenheitsarbeiter gewesen, er hat Säcke geschleppt und so weiter. Da hat er einmal einen Kapitän angesprochen, dass er eine Seefahrt mitmachen möchte, wenn einmal jemand gesucht würde. Zwei Tage später hat ihn der Kapitän genommen. Ja, da ist er mitgefahren und aus Amerika nicht wieder nach Hamburg zurück gekommen. Und nun wollte er, dass die ganze Familie nachkommen sollte. 1928 hat er die beiden ältesten Kinder geholt, die 1906 und 1910 geborenen Kinder, Eli und Hans. Die hat er nach Amerika geholt, und die hatten dann in Amerika Arbeit und hatten es ganz gut. 1933 waren wir anderen dran. Nun sollten wir kommen, meine Mutter und wir anderen drei Kinder: Willi, Cilli und ich. Alles war eigentlich so weit vorbereitet. Da sollten wir noch einmal zum Konsulat kommen. Die fragten natürlich, wer denn drüben unser Ernährer bzw. wer denn für uns da drüben Bürge sei. Es mussten ja Bürgen gestellt werden. Da hat meine Mutter gesagt: „Mein Mann." Da haben die sich gewundert: „Ihr Mann ist doch noch nie in Amerika gewesen. Der ist ja gar nicht als Auswanderer registriert." Dann haben die unsere Auswanderung gestoppt und den Vater erst einmal drüben ausfindig machen lassen. Dann musste er dort ein Vierteljahr nach Long Island. Das war die Insel für die Auswanderer, die keine gültigen Einreisepapiere hatten.
Damit war unsere Auswanderung gestoppt. Und meine Schwester, das muss ich ja anerkennend sagen, die hat nicht geheiratet, damit sie uns von Amerika aus unterstützen konnte. Unser Vater hat uns nicht unterstützt!

Der hat uns zwar 'mal einen Sack Mehl geschickt und auch 'mal eine Seite Speck. Die kam hier an, da war sie weiß. Also, was der uns geschickt hat, das war alles nur Blödsinn. Aber unsere Schwester hat uns unterstützt. Die hat den Kontakt zu uns aufgebaut über die Schiffslinie Hamburg -New York. Die Schiffe fuhren jede Woche! 4 Schiffe waren das! Über einen Seemann, der auf diesen Schiffen fuhr, hat Eli die Verbindung zu uns gehalten. So haben wir vor allem Kleidung bekommen. Und im Abstand von vier Jahren hat sie uns besucht und auch Geld bei uns gelassen. Die Reisen waren ja für Eli auch teuer. Für uns hat unsere Schwester auf das Heiraten, auf Heim und Familie verzichtet. Sie hat in Amerika bei hohen Herrschaften mit Rang und Namen gearbeitet, hat das „Mädchen des Hauses" gemacht und mit der Chefin zusammen an Gobelin-Stickereien gesessen. So hat sie ihr Geld verdient. Das war unsere Schwester Elisabeth. 1956, als sie krebskrank war und nur noch kurze Zeit zu leben hatte, hat sie mich nach Amerika eingeladen. Ich habe sie am 27. Juli 1956 in Amerika beerdigt. Ihre Bekannten haben mir dann Amerika gezeigt.

Kt.: Gut, gehen wir bitte zu Ihnen persönlich zurück! Sie haben in der Fährstraße gewohnt. Der Weg zur katholischen Kirche war also relativ weit.
W.: Also wir gingen erst einmal in Richtung der evangelischen Kirche. Dahinter war die Spülfläche; da, wo später die Bunker gebaut wurden. Das Gelände war früher 'mal aufgespült worden, vom Reiherstieg aus, mit großen Rohren über die Veringstraße weg.[6] Die Spülfläche ist dann mit den beiden Bunkern und erst später - nach dem Krieg - mit Häusern bebaut worden.
Kt.: Wissen Sie, wann die Bunker gebaut worden sind?
W.: Das muss 1942 / 43 gewesen sein. Ich bin damals beim SHD (Sicherheits-Hilfsdienst) gewesen. Beim SHD wurden diejenigen eingesetzt, die nicht Soldat wurden. Und ich wurde nicht Soldat geworden, weil ich mit 15 Jahren Gelenkrheuma gehabt habe. Dadurch ist ein Herzklappenfehler geblieben. Als ich zur Musterung kam, hat der Arzt gesagt: „Arbeitsverwendungsfähig!" Somit musste ich dann den Hilfsdienst machen. Wir wurden dazu ausgebildet, mit Feuerpatschen und Wassereimern Brände auf den Hausböden zu bekämpfen. Jeden dritten Tag mussten wir erscheinen. Wir lagen an der Rotenhäuserstraße, Ecke Georg-Wilhelm-Straße. Daneben hatte damals Wilhelmsburg 09 den Sportplatz. Da war auch das Gasthaus Schulte, in dem die Gemeinde früher immer ihre „Vergnügen" abhielt. Im Gasthaus Schulte ist auch Bischof Berning von Osnabrück einmal erschienen und hat da anlässlich eines Wahlkampfes für die Zentrum-Partei zu den Wilhelmsburgern gesprochen. Der hat die Menschen aber zur Räson gebracht! Das war ein ganz großer Redner.
Während des Krieges war in dem Lokal keine Gastronomie mehr. Da waren dann drei Gruppen untergebracht: Sanitäter, die ausgebildet wurden und auf ihren Einsatz warteten, Aufräumdienst mit Schaufeln, die Bombenschäden beseitigen sollten, und wir vom Sicherheitshilfsdienst. Wir hatten einen PKW mit Anhänger - 3 Mann hinten auf dem Anhänger - ein Polizist fuhr. Wir fuhren so zum Löschen.
Kt.: Und beim Bunkerbau wurden Sie auch eingesetzt?
W.: Nein, dass ich das mit dem Bunkerbau so genau weiß, hat einen anderen Grund. Wissen Sie, wir haben bei „Schulte" auf Strohsäcken gelegen. Das waren Säcke mit einem Schlitz in der Mitte und die wurden mit Langstroh gefüllt.

---

[6] Nach der Gründung des Hamburger Freihafens (1888) wurde von der Firma Vering das Hansa-Hafenbecken gebaut, Um die ausgehobenen Erdmassen ablagern zu können, hatte die Firma große Grundstücksflächen aufgekauft, die anschließend bis zur Deichhöhe mit dem Aushub aufgefüllt bzw. „aufgespült" wurden.

Das Stroh in unseren Säcken war schon so hin, dass wir auf dem Holzboden lagen. Ich hatte in meiner Gruppe als Kameraden den Jochen Ernst, der später Priester geworden ist. Sein Vater war der Lehrer Ernst.
Kt.: Der spätere Priester Jochen Ernst war mit Ihnen im Hilfsdienst?
W.: Ja, Jochen Ernst! Seine Schwester Adelheid war die Älteste von den vier Geschwistern Ernst. Ein Bruder von Jochen ging bei mir in die Klasse, der war also auch 1923 geboren. Dann kam Jochen, und dann der Alois. Also, als das Stroh in unseren Säcken so schlecht war, habe ich meine Kameraden mit zum Bunker genommen. Da lag ein sehr, sehr hoher Berg von Strohbündeln. Sie kennen doch die Strohbündel, die man früher auf den Feldern aufgestellt hat, diese Strohpuppen. Solche Bündel lagen da zu einem riesigen Berg aufgetürmt. Die wurden wahrscheinlich, wenn der Beton geschüttet war, als Schutz gegen eventuelle Frostschäden genutzt. Wir hatten aber nun einen Zaun zu überwinden und mussten dann die Strohbündel, die wir geklaut haben, über den Zaun werfen. Das haben wir nachts gemacht. Dann konnten wir unsere Strohsäcke wieder füllen.
Deswegen weiß ich genau, dass zu dieser Zeit der Bunker gebaut worden ist. Die Bauzeit hat mindestens ein Jahr lang gedauert, wahrscheinlich länger. Der Bunker wurde ja nie ganz fertiggestellt, auch bei den Bombenangriffen war er noch nicht fertig.
Kt.: Es gab doch zwei Bunker, einen kleinen und einen großen Bunker.
W.: Ja, der kleine Bunker war der Befehlsbunker, der große Bunker war der Schutzbunker. Auf dem „Dach" des großen Bunkers arbeiteten vier Flugzeug-Abwehrkanonen. Die Flak erhielt die Anweisungen, wann und wohin geschossen werden sollte, aus der Kommandostelle im Befehlsbunker. Der kleine Bunker diente aber auch als Schutzraum für die Normalbevölkerung.
Kt.: Sind beide Bunker zur selben Zeit gebaut worden?
W.: Ja, beide zur selben Zeit.
Kt.: Sind die Bunker von Baufirmen gebaut worden?
W.: Das weiß ich nicht. Ich weiß nur, dass wir damals das Stroh geklaut haben. Das muss etwa 1942 gewesen sein. 1945 war der Schutzbunker innen immer noch nicht ganz fertig! Da sind wir natürlich trotzdem reingelaufen und haben Schutz gesucht.
Kt.: Waren sie während der ganzen Kriegszeit beim SHD ?
W.: Ja, aber unser Dienst begann erst nach Feierabend. Gearbeitet habe ich damals bei „Blohm & Voss". Die Firma hat U-Boote gebaut. Ich hatte erst bei der HAPAG meine Lehre gemacht. Weil der Schiffsverkehr nach Amerika aber eingestellt wurde, bin ich zwar nicht entlassen worden, aber in der Firma war nichts mehr los. Da bin ich durch Vermittlung meiner Schwester Cilly zu „Blohm & Voss" gekommen. Ich habe da zuerst im Archiv gearbeitet. Später habe ich im Zeichenbüro mitgearbeitet. Aber nach Feierabend musste ich zum SHD, und mit der Zeit wurden unsere Aufgaben dort immer mehr. Zum Schluss fielen ja zusätzlich zu den Brandbomben noch die Sprengbomben.
Kt.: Sind Ihnen in dieser Zeit in Wilhelmsburg Kriegsgefangene oder KZ-Insassen begegnet?
W.: Ja, als unsere SHD-Gruppe mehr Leute bekommen hatte, da hatten wir einen „Löschzug". Da waren nicht nur erwachsene Männer, sondern auch schon Jugendliche zwischen 14 und 16 Jahren dabei. Geführt wurden wir von einem Mann, der ausgebildeter Feuerwehrmann war. Wir waren also einmal vor dem „Befehlsbunker" (dem kleinen Bunker). Da kamen kurz vor Beginn eines Bombenangriffs Menschenmassen in gestreiften Anzügen in den Bunker. Die wurden alle in den Gängen des Vorbunkers untergebracht. Die durften nicht nach oben, in die eigentlichen Schutzräume.
Kt.: Zu welchen Arbeiten wurden diese Leute in den gestreiften Anzügen eingesetzt?

W.: Das weiß ich nicht. Ich weiß nur, dass sie in Neuhof gearbeitet haben. Die müssen die ganze Neuhofer Straße heruntermarschiert sein. In Neuhof, an der Hubbrücke, da waren drei sehr große Kartoffellager. Da, wo heute die Silos sind.
Dort in der Nähe waren drei, vier Baracken, in denen Gefangene mit gestreifter Kleidung untergebracht waren. Die wurden auch ausgebombt. Viele sind umgekommen, und anderen - Verletzten - hat man nicht geholfen. Nach dem Krieg wurden verschiedene Leute wegen unterlassener Hilfeleistung angeklagt.
Kt.: Haben Sie eigentlich die Zerstörung des Gemeindehauses und die Beschädigung der Kirche miterlebt?
W.: Ja, das habe ich miterlebt. Welcher Tag das genau war (Karsamstag, 31.3. 1945), weiß ich nicht. Vom Gemeindehaus war der ganze rechte Flügel weg - von vorn gesehen. Es gab noch einen Aufgang bis zur ersten Etage. In den Trümmern des Hauses haben wir später den „kleinen Saal" wieder nutzbar gemacht. Aber die Barmherzigen Schwestern konnten im Gemeindehaus nicht mehr wohnen. Die sind wohl zum Mutterhaus nach Hildesheim zurückgegangen. (Zwei Schwestern des Ordens sind bis 1948 in Wilhelmsburg geblieben. Sie wohnten zuerst bei Mitgliedern der Gemeinde, später im notdürftig restaurierten Gebäude „Alte Schule".)

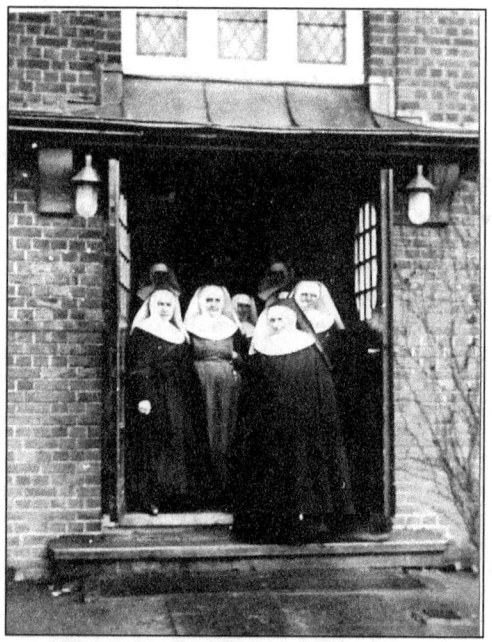

Abb. 80: Die sieben Barmherzigen Schwestern des Hl. Vinzenz von Paul, die 1933 im Gemeindehaus der St. Bonifatiusgemeinde - im St. Willehad-Stift - wohnten.

Von der Kirche war die ganze Sakristei weg, die Wand des linken Seitenflügels mit dem Marienaltar ebenfalls und das ganze Dach war abgedeckt und schwer beschädigt. In den ersten Jahren nach dem Krieg war der linke Seitenflügel der Kirche nicht vorhanden. Das große Loch, das die Bombe gerissen hatte, hat man einfach zugemauert und die Kirche so geschlossen. Zu mehr war das Geld nicht da. Die neue Sakristei war auch nur ein provisorischer Bau.

Abb. 81: Die Bonifatiuskirche im Jahre 1951. Vor dem linken Turm - aus Sicht des Betrachters - sieht man die zugemauerte Seitenwand und die provisorische Sakristei.

Kt.: Bitte noch einmal zu der Zeit zurück, in der sie noch Kind waren! Der Weg von Ihrer Wohnung zur katholischen Kirche war also richtig weit?
W.: Ja. Zur Kirche und zur Bonifatius-Schule mussten wir auf der Veringstraße gehen. Wenn wir den kürzeren Weg übers Spülfeld genommen hätten, hätten wir dreckige Schuhe gehabt. In die Schule wären wir dann gar nicht reingekommen. Da war der Hausmeister Liesewicz! Der hätte schon vorne an der Tür gesagt: „Kommt, macht euch erst 'mal die Schuhe sauber!"

Aber auf dem Rückweg, da haben wir mit allen, die da unten wohnten, auf der Spülfläche im Sand gespielt und „Baggermatsch" gemacht. Es gab fast täglich Schläge, weil ich so schmutzig und zu spät nach Hause gekommen bin.
Kt.: Wieviel Jahre haben Sie die Bonifatius-Schule besucht?
W.: Ja, acht Jahre lang. Mit fünf Jahren bin ich zur Schule gekommen, also 1928. Zu Ostern wurde ich eingeschult und im August wurde ich erst sechs Jahre alt. Dadurch war ich einer der Jüngsten in der Klasse. In der Klasse waren so etwa 40 Kinder, nur Jungen. Es gab zwei Klassen. Der Lehrer Rhein hatte eine Klasse, die Mädchen, und der Lehrer Beirowski unsere Jungenklasse. Dann gab es noch - in einem Jahr `mal - eine gemischte Klasse, weil die Schule Zuwachs hatte. In dieser Klasse war ich ein Jahr lang, aber dann war ich wieder bei Herrn Beirowski. Das war ein ganz treuer Katholik.
Kt.: Herr Beirowski hat auch katholische Jugendgruppen geführt, nicht wahr?
W.: Wir waren in der „Jungschar". Aber ich meine, dass Lehrer Beirowski den „Kindheit-Jesu-Verein" geführt hat. Der Verein hatte auch ein kleines Banner. Mit dem sind wir etwa fünf Mal im Jahr in der Kirche umhergezogen, haben gesungen und dann wurde auch gesammelt für die Kinder in Afrika. Ich bin eigentlich in allen kirchlichen Jugendgruppen, von A bis Z, gewesen. Mit zwölf Jahren, also 1935, habe ich in der „Jungschar" mit Albert Nowacki und Werner Mohrmann und mit zehn anderen eine Reise nach Husum gemacht. Auf Nordstrand haben wir ein Zeltlager gehabt. Werner Mohrmann, Albert Nowacki und ich sind mit der Eisenbahn bis Husum gefahren, weil wir die Tragekolonne waren. Wir hatten das Zelt und die anderen Sachen. Die anderen sind mit dem Fahrrad gefahren. Den Namen unseres Führers weiß ich nicht mehr.
Kt.: Nach der „Jungschar" kam man in die „Sturmschar"?
W.: Ich glaube, für mich kam danach schon „Kolping". Ich bin 1940 Mitglied bei Kolping geworden, also mit 17 Jahren. In die „Sturmschar" konnte ich gar nicht gehen, denn Hitler hat ja schon 1934 alle kirchlichen Vereine, die nicht rein religiöse Ziele hatten, abgeschafft. Die „Sturmschar" gab es in der Gemeinde also nur bis 1933. Und nach dem Verbot sind einige „Sturmschar"-Mitglieder auch zu Kolping gekommen. Als Pfarrer Krieter 1934 nach Wilhelmsburg kam, hatte die Auflösung der einzelnen katholischen Vereine wohl schon begonnen.
Als wir Kleinen in der „Jungschar" waren - vor 1933 - und mit unseren Wimpeln in den Harburger Wald marschierten, da waren auch die Großen der „Sturmschar" unterwegs. Die haben aber schon am Freitagabend angefangen und ihren „Affen gebaut" („Affen" hießen die Wander-Rucksäcke, die auf der Außenseite ein Fell hatten und oben und an beiden Seiten Ledergurte für die Befestigung einer Decke). Die sind dann ein paar Tage lang draußen gewesen. Übrigens hatten auch die SPD und die KPD ihre Jugendgruppen. Zwischen denen gab es oft Schlägereien. Wir Katholiken wurden immer dazu angehalten, uns aus den Streitereien herauszuhalten.
Kt.: Sie sind mit der „Jungschar" wahrscheinlich meistens zum „Höpen" gegangen?
W.: Nachdem wir auf dem „Höpen", eine „feste Bude" mit Übernachtungsmöglichkeit hatten, haben wir natürlich nicht mehr die Wanderungen in den Harburger Bergen gemacht, sondern sind zum „Höpen" gegangen. Das war ja viel bequemer. Wir sind an Samstagen abends hingegangen, haben uns vom Bauern Stroh geholt, haben die ganze Bude ausgelegt und haben da geschlafen. Kochen konnte man da auch. Wasser war am Ende des Grundstückes, da war eine Pumpe. Das Grundstück hatte ein leichtes Gefälle. Das Grundstück der Gemeinde - unser „Höpen" - grenzte an das Grundstück des Hausmeisters der Bonifatius-Schule, Liesewicz.

Diese Familie hatte da auch eine Holzbude fürs Wochenende. Nach dem Krieg hat Familie Liesewicz dort ein Haus gebaut. Die Familie wohnt da heute noch.

Kt.: Waren die Mädchen der Gemeinde auch im „Höpen"?
W.: Die waren auch da! Wenn die an einem Wochenende kommen und übernachten wollten, dann konnten wir Jungen nicht kommen! Wir konnten aber am Sonntag kommen. Da wurde draußen ein Tisch aufgebaut, und wir haben unsere Esspakete herausgenommen und gegessen. Es wurde auch gegrillt. Manchmal waren ganz viele Gemeindemitglieder da und es fanden Feiern statt.

Kt.: Ist Pfarrer Krieter selbst auch im „Höpen" aufgetaucht?
W.: Eine besondere Erinnerung habe ich daran nicht! In der Gemeinde waren ja auch die Kapläne. Die waren da! Seine Kapläne hat Pfarrer Krieter gut im Griff gehabt, denen hat er allen eine Aufgabe gegeben. Darin war er ein ganz großer Fachmann. Die haben dann ihre Sache auch gut gemacht. An die Namen aller Kapläne kann ich mich natürlich nicht erinnern. Das waren doch zu viele. Die haben ja alle zwei Jahre gewechselt. Ich erinnere mich besonders an Kaplan Holling und Kaplan Bank. Pfarrer Krieter hat sich besonders um die Frauen im Elisabethverein gekümmert. Die haben z. B. nachmittags im Gemeindehaus genäht, wobei die Nonnen, die im Gemindehaus ja wohnten, wohl führend waren. Das waren Expertinnen! Die hatten eine Nähschule im Gemeindehaus. Da konnten Mädchen das Nähen und Sticken lernen. Zweimal in der Woche war abends ein Nähkursus. Einige Nonnen haben auch Altartücher und Messgewänder hergestellt. Einige waren auch Lehrerinnen. Die Schwestern führten auch einen Kindergarten. Und in der Kirche habe ich oft gesehen, wie die Nonnen die Blumen für die Altäre steckten oder die Kirche sauber machten.

Kt.: Und die Schwestern wohnten im Gemeindehaus, hatten oben einen eigenen Trakt für sich?
W.: Ja, die Schwestern bewohnten den obersten Trakt des Gemeindehauses, das Dachgeschoss. Darunter waren ein großer Saal mit einer Bühne und rechts und links kleinere Räume. Rechts war die Nähstube. Die diente auch als Umziehraum, wenn Theater gespielt wurde, zum Beispiel Krippenspiele zu Weihnachten. Von der Nähstube konnte man von hinten auf die Bühne kommen. Es wurde damals ja viel Theater gespielt. Unser Lehrer Beirowski hat uns viele Theaterstücke eingeübt. Die wurden drei- viermal aufgeführt. Der Saal war jedes Mal voller Zuschauer!

Kt.: Die Ordensschwestern waren also sehr wichtig für die Gemeinde?
W.: Ja, die haben in der schlechten Zeit im Gemeindehaus an großen Tischen auch Milch ausgeschenkt und Brot verteilt. In den ersten dreißiger Jahren ging es den Menschen doch ganz schlecht. In der Arbeitslosenzeit waren doch fast alle Menschen abgemagert.
Die Jahre 1930 bis 1932 waren eine große Hungerszeit. Da haben die Schwestern Brötchen und Meterbrote gebacken. Die Milch wurde mit einer großen Kelle ausgeteilt, in die Blechnäpfe. Da gab es auch manchmal Streit. Dann hieß es von den Schwestern: „Stell dich man da hinten an! Wenn du wieder ruhig bist, dann kannst du auch etwas haben!" Die Nonnen haben auch Kranke besucht. So hatten die Schwestern ihre unterschiedlichen Aufgaben. Und Pfarrer Krieter muss mit den Schwestern ja wohl gut zusammengearbeitet haben.

Kt.: Wurde das „Grundstück „Höpen" nach dem Krieg von der Gemeinde weiter genutzt?
W.: Das Grundstück „Höpen" hat Dechant Krieter nach dem Krieg verkauft, um das Krankenhaus Groß-Sand bauen zu können.

Damals befand sich auf dem heutigen Krankenhausgelände die Gärtnerei „Adler", das war die Friedhofsgärtnerei für den Friedhof Mengestraße. Das Grundstück der Gärtnerei hat Pfarrer Krieter gekauft und mit dem Geld bezahlt, das die Gemeinde für den „Höpen" bekommen hatte.
Natürlich reichte das Geld nicht aus, um damit das Krankenhaus zu bauen. Da ist Dechant Krieter in der ganzen Wilhelmsburger Industrie herumgegangen und hat die Besitzer der Firmen - zum Beispiel Herrn Carstens, Herrn Plange, Herrn Haltermann - angefleht, dass sie Geld gäben. Er hat ihnen versprochen: „Wir bauen ein Unfall-Krankenhaus, und eure Leute können da behandelt werden. Wir brauchen in Wilhelmsburg ein Unfall-Krankenhaus, damit Verletzte nach Arbeitsunfällen kurze Transportwege zum Krankenhaus haben." Vor dem Krieg gab es in Wilhelmsburg nur ein kleines Krankenhaus in der Wollkämmerei. Dr. Gebauer war da Chefarzt. Dieses Krankenhaus war aber zu klein, und außerdem ist es im Krieg (1944) zerbombt worden.

Abb. 82: Das im Krieg (1944) zerbombte Betriebskrankenhaus der Wollkämmerei vor seiner Zerstörung. Es hatte 60 Betten und konnte auch von Wilhelmsburgern genutzt werden, die nicht in der Wollkämmerei arbeiteten.

Kt.: Jetzt bitte noch einmal zu Ihrer Schulzeit gefragt! Hatten Sie da mit Pfarrer Krieter zu tun?
W.: Wir hatten ja im Fach Religion Bibel- und Katechismusunterricht. Den Bibelunterricht gab der Lehrer Beirowski, den Katechismusunterricht machten der Pfarrer oder die Kapläne. Da muss ich sagen, der Pfarrer Krieter war eine ruhige Gestalt. Da gab es keine Aufregung, keinen Lärm. Er hatte die Jungen in Zug. Er hat viel erzählt. Er hatte meistens auch interessante Geschichten. Manchmal hat er allerdings auch Sachen erzählt, die für uns „zu hoch" waren, aber in den zwei Religionsstunden pro Woche, die wir bei ihm hatten, gab es keine Aufregung, keinen Lärm!

Da habe ich Pfarrer Krieter kennengelernt und auch als Messdiener. Schon kurze Zeit nachdem ich zur Kommunion gegangen war, war ich auch Messdiener. Wochentags waren ja zwei Messen, um sieben Uhr und um 8. Wenn wir in der Gemeinde Besuch von einem Priester hatten, gab es auch schon mal drei Messen. Es waren ja oft Patres da, die hier in der Gemeinde Vorträge oder Exerzitien hielten. Da waren dann an den Seitenaltären auch noch Messen, und es wurden viele Messdiener benötigt. Ich war dann als Messdiener unterwegs, früh morgens um 7 Uhr, auch im Winter.

Beim Messedienen habe ich Pfarrer Krieter auch als ganz ruhigen, verständnisvollen Menschen erlebt. Das Messedienen war ja früher ganz anders. Unter anderem musste man als Messdiener ein sehr schweres Buch, das auf einem Lesepult lag, von der einen Altarseite zur anderen tragen, dabei eine Kniebeuge machen und so weiter. Wenn das nicht gut klappte, ist Pfarrer Krieter nie ungeduldig geworden. Wenn wirklich `mal etwas schief gegangen war, hat Pfarrer Krieter nach der Messe nie mit einem gemeckert. Er hat einem schon `mal beruhigend die Hand auf die Schulter gelegt und gesagt: „Das hast du gut gemacht!". Er hatte so etwas Warmes, Herzliches in seiner Ausstrahlung. Und ich muss sagen, dieses Lob brauchte ich. Ich habe damals beim Messedienen aus Angst vor einer Blamage eine schwache Blase gehabt. Es war für mich eine schreckliche Vorstellung, dass ich da am Altar, vor allen Leuten der Gemeinde, irgendetwas verkehrt machen könnte. Ich hatte Angst, ich könnte zum Beispiel stolpern oder meine Kniebeuge oder meinen Diener an der verkehrten Stelle machen. Das ganze Messedienen war ja zwar eingeübt, aber ich habe trotzdem immer Angst gehabt, dass ich etwas falsch machen könnte. Die Ausbildung der Messdiener haben übrigens die Kapläne gemacht, einmal oder zweimal pro Woche und besonders intensiv vor den großen Festtagen, Ostern, Pfingsten, Weihnachten oder wenn Prozessionen vorzubereiten waren. Ich erinnere gut die Ausbildung beim Kaplan Dorenkamp. Also noch einmal, Pfarrer Krieter hat sich über Pannen beim Messedienen nie aufgeregt.

Bei den Kaplänen war das anders. Ich erinnere mich, dass ich bei der Messdienerausbildung, donnerstags in der Kirche, einmal nicht aufgepasst habe. Wir saßen da in drei Reihen in den Bänken vor dem Kaplan. Er hat uns erklärt, wie das Messedienen ablaufen sollte. Danach hat er nachgefragt, ob wir es verstanden hatten, und als ich keine Antwort wusste, hieß es: „Aha, wieder nicht aufgepasst! Dann hau ab, ich brauche dich nicht." Es gab sogar eine Ohrfeige. Und dann bin ich rausgegangen, habe geheult und bin nicht mehr zu den Messdienern hingegangen.

Ach, was ich noch erzählen wollte, als ich noch Messdiener war, habe ich auch oft den Blasebalg der Orgel getreten.

Kt.: Ich dachte, das hätte der Heizer der Kirche, der Herr Tomolek gemacht !

W.: Auch, aber hauptsächlich war der Tomolek für die Kirchenheizung zuständig. Der wurde von den Kindern oft geärgert. Dann hat er immer den kranken Mann gespielt, der am Stock gehen musste. Anschließend nahm er den Krückstock am unteren Ende und warf den wie einen Bumerang nach den Kindern. Der Tomolek hat ja die meiste Zeit im Kohlenkeller unter der Sakristei verbracht. Der Tomolek sah dann auch danach aus. So dreckig ist er dann zur Therese, (der Schwester und Haushälterin von Pfarrer Krieter) gegangen und wollte seinen Kaffee und sein Frühstück haben. Die Therese hat den Tomolek dann oft erst einmal zum Waschen geschickt, bevor er sein Frühstück in dem Raum neben der Eingangstür zum Pfarrhaus bekam. In dem Zimmer war ein kleiner Tisch. Und jeder, der Hunger hatte und zum Pfarrhaus kam - ein wandernder Geselle oder ein Bettler - bekam da eine Tasse Kaffee und ein Stück Brot. Das muss ich zum Lobe von Pfarrer Krieter sagen.

Also das erinnere ich gut. Wenn ich als Messdiener dieses oder jenes aus dem Pfarrhaus holen musste, dann waren da oft Bettler, die etwas zu essen bekamen.
Übrigens hat die Therese nicht nur den Tomolek „erzogen". Mich hat sie auch einmal am Wickel gehabt. Der Lehrer Beirowski hatte mich ins Pfarrhaus geschickt. Ich sollte etwas holen. Ich stand also vor der Pfarrhaustür und hatte geklingelt, und da kam Therese an die Tür. Ich war ganz schüchtern und habe kaum herausgekriegt: „Ich soll hier etwas abholen." Die Therese sagte darauf: „So, jetzt gehst du erst 'mal wieder raus. Dann klopfst du an, nimmst deine Mütze ab, und dann sagst du: Gelobt sei Jesus Christus. Danach sagst du, was du auf dem Herzen hast, aber fein, ordentlich und anständig und du guckst mich dabei an!" Ja, so hat die mich erzogen! Vor Therese habe ich immer sehr viel Achtung gehabt.

Kt.: Beim Thema Therese können wir gleich bleiben. Wie haben Sie das Verhältnis von Pfarrer Krieter zu seiner Schwester Therese erlebt?
W:. Man sagt ja, dass Pfarrer Krieter ihr ziemlich gehorcht hat. Er war ja auch ein ganz friedlicher Mann. Der hat sich mit seiner Schwester bestimmt nicht gestritten. Und einer muss in so einem großen Haushalt ja auch das Sagen haben. Aber die Therese hatte ein ganz, ganz weiches Herz. Da will ich Ihnen ein Beispiel erzählen. Ich habe ja am 9. Februar 1947 geheiratet. Da war es sehr kalt, 16 Grad unter Null. Damals war die Kirche noch teilweise zerstört. Auf der einen Seite fehlte fast die ganze Wand. Das Dach war noch notdürftig gedeckt. Der Altar, der in der ersten Zeit nach dem Bombenangriff unter der Orgelempore aufgebaut gewesen war, stand schon wieder an alter Stelle. Vor dem Altar stand eine Betbank für das Brautpaar. Obwohl ich stundenlang vorher unterwegs gewesen war, um sechs Heizöfen zu besorgen und die aufzustellen, war es am Altar eiskalt. Meine Frau stand vorne im weißen Kleid und hat schrecklich gefroren. Da ist Therese während der Brautmesse aus der Kirche heraus- und ins Pfarrhaus gegangen. Sie hat ihren Pelzmantel geholt und ihn meiner Frau übergehängt. Also, die Therese war eine ganz nette, großartige Frau.
Kt.: Haben Sie als Kind bei anderer Gelegenheit noch mit Pfarrer Krieter Kontakt gehabt?
W.: Nein, direkten Kontakt nicht. Ich habe ihn im Sommer, bei gutem Wetter, oft gesehen, wie er im Pfarrhausgarten seine Runde machte und sein Brevier las. Dabei hat er sich nicht stören lassen.
Aber zu Pfarrer Krieter fällt mir noch etwas Wichtiges ein! Da gab es in der Gemeinde doch die Familien Ernst und Pachowiak. Die Frauen dieser Familien waren alle im Elisabethverein hundertprozentig aktiv. Die haben genäht, alte Leute besucht, Zeug für die Kommunionkinder besorgt und so weiter. Und Pfarrer Krieter war der „Chef" des Elisabethvereins. Er wusste und schlug vor, wer in der Gemeinde am dringendsten Hilfe benötigte.
W.: Ach, da fällt mir ein, wie Pfarrer Krieter vielen Kommunionkindern geholfen hat. (Gemeint sind die Kinder, die zur Feier ihrer Ersten heiligen Kommunion zugelassen wurden, normalerweise die Kinder des 4. Schuljahres.)Wenn er er4fahren hat, dass Eltern ihrem Jungen keinen Kommunionanzug kaufen konnten, dann hat er gesagt: „Was? Der Junge hat keinen Kommunionanzug? Der soll zu Brenninkmeyer gehen. (in Hamburg; heute C&A) Ich bringe das in Ordnung!" Dann hat der Junge einen Zettel gekriegt von Krieter an Brenninkmeyer, und dann ging das klar. Brenninkmeyer hat viel Gutes getan! Der Firmenbesitzer war katholisch, das ist die Familie heute noch! Also, wenn die Kinder einen Kommunionanzug oder ein Kommunionkleid brauchten, dann bekamen sie es auf diese Weise.

Abb. 83: Kaplan Wosnitza und die Kommunionkinder des Jahres 1940 vor dem Eingang des alten Gemeindehauses St. Willehad-Stift

Kt.: Ich möchte gern noch einmal auf das Thema Katholische Schule in der Nazizeit zurückkommen. Rektor war seit 1930 der Herr Hupe. Trat der nach 1933 als Nazi auf?
W.: Ja, der Hupe trug Uniform und eine Nazi-Armbinde.
Kt.: Wie liefen Nazi-Feiertage ab?
W.: Wir haben uns auf den Gängen, vor den Klassen, versammelt oder auf der Treppe. Es war immer ein Führer von der Hitlerjugend dabei, der nicht zur Schule gehörte. Der redete dann anlässlich des Tages ein paar Worte, ein Lehrer sagte noch etwas, es wurden Lieder gesungen, und dann konnten wir wieder nach Hause gehen oder wir hatten Unterricht.
Kt.: Wurde auf dem Schulhof auch die Hakenkreuzfahne gehisst, gab es einen Fahnen-Appell?
W.: An Fahnenhissen auf dem Schulhof kann ich mich nicht erinnern. Das habe ich bei einem Zeltlager der Hitlerjugend erlebt.
Kt.: Wie war es, wenn in Wilhelmsburg Hitler-Reden übertragen wurden?
W.: Die wurden mit Lautsprechern übertragen. Da sind wir meistens zur Spülfläche, die ja jahrelang eine Grünfläche war, gegangen. Da fanden die großen Feiern statt, und da haben wir auch die Reden von Hitler angehört. Das waren Veranstaltungen für die ganze Bevölkerung von Wilhelmsburg, nicht nur für Schulklassen.
Kt: Wie standen denn die Lehrer zu den Nazis, z.B. der Lehrer Beirowski, der war doch treu katholisch?
W.: Nach außen hat der nicht gezeigt, dass er die Nazis ablehnte. Aber ich wusste, dass er das tat. Natürlich gab es auch welche, die für die Nazis waren, z.B. den Lehrer Kaufhold. Der ist in Uniform in der Schule gewesen. Weitere Namen will ich 'mal nicht nennen.
Kt.: Sie selbst waren in der Hitlerjugend?
W.: Ja, das musste man ja sein.

Kt.: Das bedeutete dann ja gleichzeitig, dass man aus den kirchlichen Vereinen austreten musste.
W.: Nein, ich bin 1940 in Kolping eingetreten, mit 17 Jahren. Damals war der Kaplan Surkemper in der Gemeinde. (Kaplan Surkemper war von 1940 bis 1941 in der Bonifatiusgemeinde.) Die älteren Kolpingbrüder waren damals alle Soldaten. Und die Kolpingbrüder, die über 60 Jahre alt waren, die taten nicht mehr viel. Bei Kolping waren wir in den Kriegsjahren etwa zehn junge Leute. Nachdem Gemeindehaus und Kolpingheim zerstört waren, tagten wir in der „Alten Schule". Der Kaplan Kruse, ein Jesuiten-Pater, war von 1942 bis 1945 der Präses. Er hat sich viel um uns junge Kolpingbrüder gekümmert.
Kt.: Sie konnten also HJ und Kolping miteinander vereinbaren?

W.: Ja, ich muss noch von einem Erlebnis aus der Zeit erzählen, bevor ich in der HJ war. Wir Kinder waren auf dem Weg zur Kirche. Da kam eine HJ-Gruppe anmarschiert, mit Fahne und Trommler vorweg. Die marschierten vom Veringplatz in Richtung „Alte Schleuse". Weil wir „Kirchgänger" die Fahne nicht gegrüßt haben, kam der Anführer dieser HJ-Gruppe heraus und schlug uns links und rechts um die Ohren, uns Kinder!
Später war ich dann auch Mitglied in der HJ. Hinter dem Rialto-Kino, zwischen Fährstraße und Vogelhüttendeich, in der Rudolfstraße, war die Polizeiwache. In dem Polizeigebäude in der Rudolfstraße hatte die Hitlerjugend oben einen Raum, wo wir unsere Heimabende hatten. An diesen Abenden habe ich nicht oft teilgenommen. Ich weiß gar nicht, wie ich mich vor diesem „Dienst" drücken konnte. Ab und zu waren wir in der Kirchenallee. Da kam der ganze „Stamm" zusammen. Der „Stamm" bestand aus drei „Fähnlein". Wir nahmen da Aufstellung, marschierten in der Kirchenallee, sangen Lieder.
Einen Ferienaufenthalt der HJ habe ich zu der Zeit mitgemacht, als ich meine Lehre bei der Hamburg-Amerika-Linie gemacht habe, also 1937 oder 1938. Bei dieser Firma saßen auch Nazis in der Führungsetage. Die haben einen Jungarbeiter-Aufenthalt auf Amrum organisiert, der von der HJ getragen wurde, für 14 Tage oder auch vier Wochen. In der Jugendherberge waren wir so etwa 50 bis 60 Jungen. Da fand morgens das Flaggenhissen statt. Morgens vor dem Frühstück mussten wir zum Schwimmen ins Meer. Davor haben sich viele gern gedrückt. Das wurden immer mehr! Ich habe einmal an einem Sonntagmorgen gesagt: „Ich möchte heute morgen frei haben, ich möchte zur Kirche gehen." In einer kleinen Kapelle hielt ein Geistlicher, der vom Festland herüber kam, manchmal eine Messe. Dem habe ich Messe gedient. Während der SHD-Zeit hatte ich übrigens eine Armbinde von der HJ zu tragen, wir alle hatten die Armbinde.
Kt.: Erinnern Sie von der Nazizeit und der Kriegszeit in Wilhelmsburg sonst noch irgendeine Besonderheit?
W.: Ich könnte höchstens erzählen, wie wir in der Zeit vor 1933 die Kämpfe zwischen Nazis und Kommunisten bzw. SPD-Leuten miterlebt haben. Da haben wir oft gesehen, wie die Polizei mit dem Überfallwagen kam und die Streitenden trennen musste. So etwa zehn Polizisten schlugen dann mit Gummiknüppeln dazwischen und machten kurzen Prozess. Die Parteien bekriegten sich ja regelrecht mit Waffen! Vor Wahlen war das besonders schlimm. Vor Wahlen hat der damalige Pfarrer von Bonifatius, Friedrich Schmidts, zu den Gemeindemitgliedern immer gesagt. „Ihr wisst, wie Ihr zu wählen habt." Er hat nie genau die Partei gesagt, die man wählen sollte. Er hatte aber Plakate vom Zentrum. (Das Zentrum war die Partei der Katholiken zur Zeit der Weimarer Republik). Die hat er verteilt und die Leute gebeten, dass sie die Plakate an ihren Fenstern aufhängten. Da gab es manchmal auch zwischen den Kindern Keilereien, denn die einen hatten Plakate von den Kommunisten am Fenster, wir anderen Plakate vom Zentrum.

Kt.: Ich möchte mich jetzt gern über die Zeit nach dem Kriege mit Ihnen unterhalten. Im Bereich Kirche, Pfarrhaus, „Alte Schule" und Gemeindehaus war im Mai 1945 ja fast alles zerstört. Wie begann der Wiederaufbau?

W.: Mit der Karla Pachowiak haben wir wieder Theater gespielt und zwar in der „Alten Schule" in dem Raum, der zu dieser Zeit Kapelle war. Andreas Nolte, der damals noch Lehrer war, hat dabei geholfen. Der wohnte ja damals in der „Alten Schule". Die Arbeitsgruppen in der Gemeinde fingen schon wieder an. Wir hatten wieder Kapläne, Rademacher, danach Goedde und Hölsken. Ich selbst habe mich viel daran beteiligt, für Feste im Gemeindehaus die Dekorationen zu liefern - und zusammen mit den anderen Leuten von Kolping - die Dekorationen zu bauen. Und Andreas Nolte war immer dabei.

Kt.: Sie waren doch in der CDU, nicht wahr?

W.: Ich bin heute noch in der CDU. 1967 bin ich Mitglied geworden. Hier, der Ausweis belegt es: Eintrittsdatum 7. 4. 1967

Kt.: Ach, dann erübrigt sich die Frage in diesem Fall eigentlich, weil Dechant Krieter 1961 in Pension gegangen ist. Ich dachte, Sie wären schon zu Beginn der CDU dabeigewesen, ein Mitstreiter Konrad Adenauers. Und zu Rektor Noltes Zeiten waren Sie auch noch nicht dabei?

W.: Zu Adenauers Zeiten waren die „ganz Großen" in der Wilhelmsburger CDU der Pastor der evangelischen Paul-Gerhard-Gemeinde, Kunert, dann Rektor Nolte, ein Herr Stein von den Studentenverbindungen und ein Rechtsanwalt, dessen Namen ich nicht mehr weiß. Die saßen im Wilhelmsburger Rathaus, im Ortsausschuss. Mich hat später Bernhard Krystkowiak, der viel jünger als ich selbst war, in die Partei geholt. Ich war dann auch ganz schnell im Ortsausschuss und achteinhalb Jahre lang in der Bezirksversammlung für den Bezirk Harburg, zwei Legislaturperioden lang. Bei dem Nachfolger des Rektors Nolte, Carl Damm, bin ich in Bonn zu Besuch im Bundestag gewesen. Carl Damm war ja Bundestagsabgeordneter.

Kt.: Sie wollten mir noch etwas über Andreas Nolte erzählen.

W.: Für mich war Nolte mein bester Freund während meiner aktiven Zeit in der Gemeinde, im Kirchenvorstand, im Kolpingvorstand und in der Katholischen Schule. Ich war im Kreiselternrat. Nolte war freundlich und herzlich, der hat einen wie einen Kollegen behandelt. Ich hatte doch an der Kirche meinen Schnapsladen. Andreas hat bei mir auch gern `mal einen Kognak getrunken.

Mir ging es nicht nur um die Kundschaft, sondern auch um den Kontakt zu den Leuten. So hatte Andreas Nolte ein persönliches Verhältnis zu mir und auch zu meiner Frau. Frau Nolte und die Kinder von Noltes waren auch mit uns vertraut. Die älteren Töchter, Regina und Maria, haben oft auf unsere Kinder aufgepasst. An Andreas Nolte hat mir seine Ausgeglichenheit so gut gefallen. Er kam ja auch aus dem Eichsfeld. Und ich muss sagen, dass ich mit allen Leuten aus dem Eichsfeld wunderbar zurechtgekommen bin, ob das nun die Familie Ernst war, oder Plass oder Steinhoff, Nolte oder Krieter. Nie habe ich mit Eichsfeldern Ärger gehabt! Ich habe nicht nur Kontakt zu Nolte gehabt, sondern auch viel Kontakt zu den anderen Lehrkräften der Schule, zur Familie Adamczyk, zu Herrn Gross, zu Erich Matussek. Bei uns war immer „Haus der offenen Tür".

KT.: Können Sie mir zum Abschluss unseres Gespräches vielleicht noch einmal den Pfarrer Krieter charakterisieren?

W.: Der hatte alle positiven Eigenschaften.

Ich kann nichts Besonderes hervorheben, außer zu sagen, dass er ein ganz großes, weites Herz hatte. Er trat immer ganz ruhig auf. Er war friedlich. Er war herzlich und hat den Leuten viel geholfen. Man erzählt sich auch, dass er Juden gerettet hat.

Er hat ja vom Bischof auch einen Titel bekommen. (Geistlicher Rat). Und vom Staat hat er das Bundesverdienstkreuz bekommen. Aber das hat er nie an die große Glocke gehängt. Er war sehr bescheiden und in der Gemeinde sehr beliebt. Er hat großen Schwung in die Gemeinde gebracht, ohne diktatorisch zu sein.

Abb. 84 (oben): Heinrich-Maria Janssen, Bischof von Hildesheim, verleiht den Titel „Geistlicher Rat" an Pfarrer Krieter

Abb. 85 (links): Gesundheitssenator Walter Schmedemann gratuliert Dechant Krieter am 9. 12. 1959 zur Verleihung des Bundesverdienstkreuzes 1. Klasse.

Er hat sich auch sehr um die religiöse Erziehung der Kinder bemüht. Wir hatten ja Religionsunterricht bei ihm. Es wurde darauf geachtet, dass wir wenigstens einmal im Monat zur Kommunion gingen. Dann mussten wir am Sonnabend hinüber zur Beichte, in die Kirche. Und dann saßen da in den Beichtstühlen drei Geistliche. Ich bin immer zum Dechanten gegangen. Der hat sich im Beichtstuhl kaum bewegt, hat sich alles angehört, hat dann gesagt, was man besser machen oder nicht wieder tun sollte, und nach der Lossprechung hat er gesagt: „Bestell schöne Grüße an deine Mutter!" Der wusste genau, wen er im Beichtstuhl hatte!

Kt.: Hat er strenge Bußen aufgegeben?

W.: Nein! Er hat nie übertrieben. Als Beispiel will ich vom Brautunterricht erzählen, den ich mit meiner Frau bei Pfarrer Krieter bekommen habe. Wir wurden also von Ihm im Pfarrhaus empfangen und gingen dann in sein Arbeitszimmer. Der Raum war schummerig - es war wohl das Rolló heruntergelassen. Zwei Kerzen wurden angesteckt. Der ganze Unterricht fand bei Kerzenlicht statt. Dann hat er uns etwas über den Wert und Nutzen der Ehe erzählt, über die Verpflichtung der beiden, die sich verehelichen wollen, und so weiter. Das hat er zweimal gemacht und dann hat er gesagt: „Na, ihr wisst ja jetzt Bescheid, wie das gehen soll, und nun könnt ihr euch die Heirat zutrauen."

Kt.: Wir wollten uns als Letztes noch über die Geschäfte unterhalten, die in Wilhelmsburg Juden gehörten und 1938 - in der so genannten „Reichskristallnacht" - in Mitleidenschaft gezogen wurden.

W.: Ich kann mich nur an drei Geschäfte von Juden erinnern. In der Veringstraße, auf Höhe der damaligen Kirchenallee, war ein Geschäft von „Gutmann". Gutmann war ein Zeug- und Ramschladen. Da konnte man billig einkaufen, Billigware. Das Geschäft hatte zwei Schaufenster. Dieser Gutmann-Laden wurde demoliert bzw. beschmiert. Was aus dem Besitzer Gutmann geworden ist, weiß ich nicht.

Etwas weiter zum Veringplatz hin war ein Geschäft der Familie Michels. Das Haus steht heute noch und gehört der Familie Michels oder deren Erben noch immer. Dieses Geschäft hatte feine Ware, Tischdecken, teures Bettzeug, aber auch Anzüge und andere Oberbekleidung. Auch denen haben sie die Scheiben kaputt gemacht bzw. beschmiert.

Am bekanntesten ist, was mit dem Buchladen an der Ecke Kirchenallee, heute Mannesallee, passiert ist. Die Buchhandlung wurde gestürmt, Bücher wurden bergeweise herausgetragen und vor dem Laden verbrannt. Das war für uns eine Sehenswürdigkeit; Feuer, da mussten wir hin. Der Ascheberg hat da noch ein paar Tage lang dort gelegen. Ob der Buchladen schon damals der Familie Romanowski gehörte - wie heute - oder wer damals der Besitzer war, das weiß ich nicht. Nach diesen Gemeinheiten ist der Buchladen jedenfalls nicht wieder eröffnet worden. Erst nach dem Krieg hat Frau Romanowski am Veringplatz, neben dem Haus von Michels, wieder einen Buchladen eröffnet.

Wesolowski, Gerhard

geboren im Jahre 1936
wohnhaft zur Zeit der Abfassung seines Briefes in Hbg.-Neugraben

Brief an Ulrich Krieter vom 27. 11. 2003

(Wörter bzw. Texte in Klammern sind von Ulrich Krieter zum besseren Verständnis des Lesers eingefügt.)

Lieber Ulrich,
Du planst, eine Biografie über Deinen Onkel zu verfassen, den ich als junger Mensch sehr geachtet und geliebt habe. Er war ein bescheidener Mann, voller Herzensgüte. Dazu besaß er beträchtliches Geschick darin, wichtige Menschen zu finden, um seine großen äußeren Werke wie Wiederaufbau der Schule - dazu die Verpflichtung von Rektor Nolte -, Wiederaufbau der Kirche und die Neubauten Krankenhaus und Gemeindezentrum zu realisieren. Ich habe darüber nachgedacht, welche nennenswerten Beiträge meine Familie für dein Vorhaben leisten kann. Bei meiner 93jährigen Mutter und meinen beiden Schwestern fand ich nichts.

Gottesdienst in den Kriegsjahren

Wegen der ständigen Gefahr, dass die Messe durch Fliegeralarm unterbrochen werden könnte, hatte Pastor Krieter es eingerichtet, die Kommunion vor der Messe auszuteilen. Pastor und Messdiener traten aus der Sakristei in Stille an die Altarstufen. Hier wurde das „Stufengebet" gesprochen. Mit sechs Jahren war ich wohl der jüngste Messdiener. Bei einem morgendlichen Gottesdienst fehlten meine älteren Kameraden. Der Pastor drängte, wir beiden sollten jetzt in die Kirche einziehen. Mein Einwand: „Ich kann doch das „Confiteor" (=lateinisches Anfangswort des lateinisch zu betenden Stufengebetes) noch nicht!" Dein Onkel darauf: „Ach, das geht schon! Sprich ganz laut `Confiteor´, bete dann ein `Vaterunser` und sag` danach wieder laut `nostrum´. (letztes Wort des lateinischen Stufengebetes) Das ist schon in Ordnung."

Wahlkampfzeit in den 50er Jahren

Wir waren eine engagierte Jugendgruppe. Für uns gab es nur die CDU. Als wir von einem Gruppenabend an der Kirche vorbeikamen, beobachteten wir, wie Plakate der KPD geklebt wurden. Das rief unser Entsetzen hervor. Das war nicht erlaubt und konnte nicht geduldet werden. Wir liefen zum Pfarrhaus, klingelten stürmisch den Pastor heraus. Die Polizei sollte er telefonisch herbeirufen. Er hat uns jedoch besänftigt und gemeint, das müssten wir friedlich ertragen können.

Kirchliche Trauung - konfessionsverschieden - nachgeholt

In unserem Bekanntenkreis hatten wir eine sehr hilfsbereite, gütige Frau. Sie litt sehr darunter, als Katholikin seit 30 Jahren ohne kirchlichen Segen mit einem evangelischen Mann verheiratet zu sein. Ihre Zurückhaltung und Bescheidenheit / Scham hielten sie davon ab, direkt zum Pastor zu gehen. Aus unserer Familie wurde dann der Kontakt hergestellt. Das Ehepaar wollte die gewünschte nachträgliche Trauung auch nicht bei den eigenen Angehörigen bekannt werden lassen. So kam Pastor Krieter zu dem Ehepaar in die Wohnung und hat die Ehe kirchlich gesegnet.

Weihnachtsgeschenke für Messdiener

Pastor Krieter hat uns - auch in der schlechtesten Zeit und wenn es auch die kleinsten Dinge waren - immer große Freude bereitet. Ich erinnere, dass ich für treues Dienen einmal einen lackierten Bleistift bekommen habe. In einem anderen Jahr bekam ich ein Stück blaugestreiften, dickeren Schürzenstoff. Daraus nähte meine Mutter mir eine Hose.

Da die Stoffmenge nicht für die ganze Hose reichte, wurde das Oberteil aus anderen Resten zusammengesetzt. Trug man einen Pullover oder eine Jacke, dann sah man in den hübschen „Beinkleidern" richtig gut aus.

Meine Organistentätigkeit

Mit Unterstützung von Herrn Nolte und Duldung / Förderung von Pastor Krieter habe ich in St. Bonifatius autodidaktisch - etwa im Jahre 1954 - das Orgelspielen begonnen. So manche Messe, Trauung und Maiandacht habe ich in Vertretung der etablierten Organisten gespielt. Seit meinem Umzug nach Neugraben habe ich bis zum heutigen Tag viel Freude an dieser Tätigkeit in der Kirche.

Zigarrenraucher / Kontakt zu unserer Familie

Deinem Onkel schmeckte eine gute Zigarre. Seit vielen Jahren war er ein großzügiger Abnehmer bei meinem Vater, der mit Zigarren ambulant handelte. So kannte Pastor Krieter unsere Familie auch von daher. Übrigens war ich durch das Drängen deines Onkels der erste Schüler (aus Wilhelmsburg) des katholischen Gymnasiums St. Ansgar. Als Einziger von der Elbinsel hatte ich den lästigen (weiten) Weg nach Hamburg - zu einer hervorragenden Schule (zu machen).

Meine persönliche Prägung

Mit 17 Jahren habe ich bereits meinen Vater verloren. Dank Pastor Krieter und dank der vielen guten Kapläne, die ich in Wilhelmsburg kennenlernte, habe ich - als damals unsicherer, junger Mensch - Selbstbewusstsein entwickelt. Die vielen Jahre der Tätigkeit in der Pfarrjugend bleiben mir unvergesslich.

Abb. 86: Der Neupriester Johannes Rataij im Kreise der Jugend vor dem Eingang zum neuen Gemeindehaus im Jahre 1958. Am Bildrand ganz rechts (aus der Sicht des Betrachters) steht Gerd Wesolowski.

Wollersen, Hedwig, geborene Krieter

geboren im Juli 1924
wohnhaft zur Zeit des Gespräches in Hilkerode bei Duderstadt

Gespräch am 31. 3. 2004

H. W.: = Hedwig Wollersen, Tochter von Otto Krieter und Cousine von Ulrich Krieter
Kt. = Ulrich Krieter

Die in Klammern geschriebenen Wörter / Texte sind zum besseren Verständnis des Lesers eingefügt. Das Gespräch wurde mittels Diktiergerät aufgezeichnet.

Kt.: Hedwig, ich habe hier eine Zusammenstellung über die Lebensdaten der Verwandten unseres Onkels, K.-A. Krieter. Wollen wir an Hand dieser Zusammenstellung in unserem Gespräch vorgehen? Wir könnten mit seinen Eltern beginnen. Das sind deine und meine Großeltern.

H.W.: Gut. Der Großvater ist 1864 geboren und meine Großmutter 1866. Sie haben am 10. Januar 1889 in Hilkerode geheiratet und 9 Kinder bekommen.

Abb. 87: Die Eltern des Pfarrers Krieter, Andreas und Anna Krieter, bald nach ihrer Trauung

Der Großvater ist 1914, im August, gestorben. Da war er erst 50 Jahre alt. Hat im August 1914 nicht der Erste Weltkrieg angefangen?
Kt.: Richtig, am 1. August hat Deutschland an Russland und am 3. August an Frankreich den Krieg erklärt.
H.W.: Stell dir das vor! Da musste mein Vater in den Krieg, und der Großvater ist im selben Jahr gestorben.
Kt.: In der nächsten Spalte meiner Zusammenstellung sind die Geschwister von K.-A. Krieter aufgeführt.
H.W.: Ja, er war das erste und mein Vater war das zweite Kind. Mein Vater, Otto Krieter, war nur ein Jahr jünger als Onkel Karl. Und dann kam dein Vater, Johannes Krieter. Danach kamen Anna - später Schwester Ludmilla -, dann Therese, dann Maria - später Schwester Dionysia -, dann Andreas Krieter. Der ist 1902 geboren und sehr früh gestorben.

Ich weiß, dass meine Großmutter immer gesagt hat, dass dieser Onkel Andreas schon mit 14 Jahren gestorben ist. Dann kamen noch die beiden jüngsten Geschwister Hedwig und Agnes dazu.

Kt.: Bleiben wir noch einmal bei der Großmutter! Sie ist nach dem Tode ihres Mannes hier im Haus, bei ihrem Sohn Otto, geblieben, nicht wahr?

H.W.: Ja, sie ist hier im Haus geblieben und hier auch gestorben, im Februar 1935. Sie ist in einem Korbsessel sitzend gestorben. Sie konnte zum Schluss nicht mehr im Bett liegen. Als sie so krank war, in der letzten Zeit, ist Tante Agnes immer mit der Gitarre gekommen und hat für sie gesungen. Die konnte gut spielen und singen. Auch Tante Hedwig hat unsere Großmutter besucht, und dein Vater auch. Die Oma hat ein ganzes Jahr lang krank im Bett gelegen. Ich weiß noch, dass unser Vater uns in der Nacht, in der sie im Sterben lag, geweckt hat: „De Mama stürbet." Wir waren ja so acht, neun Jahre alt und hatten als Kinder die schreckliche Vorstellung: „Jetzt kommt der Gevatter Tod." O, was hatten wir Angst! Sie hatte wohl große Schmerzen und hat deswegen so eine furchtbare Miene gemacht, als sie gestorben ist. Sie ist oben im Eckzimmer gestorben. Mein Bruder (= Karl-Otto Krieter) war damals wohl 14 Jahre alt. Nachdem sie gestorben war, als sie noch warm war, hat mein Vater gesagt: „ So, nu packe Oma mal an!" Wir mussten sie ja nach unten tragen. Da haben wir gezögert. Eine Tote anzufassen, davor hat es uns gegraust. Ich weiß noch, wie mein Vater da gesagt hat: „Na, is doch dine Oma! Wutt du woll anpacken!" Ja, dann haben wir sie runtergebracht, in die neue Stube. Da hatten wir ein Eisenbett, in das noch richtig ein Strohsack reinkam, da wurde sie reingelegt und dann zurechtgemacht. Bis zu ihrer Beerdigung war sie in der guten Stube aufgebettet.

Abb. 88: Die Mutter von Pfarrer Krieter, etwa 60 Jahre alt

Ja, und meine Großmutter war in Hilkerode die Leiterin im „Dritten Orden". Die Mitglieder trugen immer einen kurzen Rosenkranz. Weil Oma die Leiterin war, kamen die alten Witwen und andere alte Frauen oft zu uns ins Haus. Die haben dann ihr Leid geklagt, wenn sie mit ihren Männern nicht auskamen und so. Dann gingen sie immer in die Stube und haben getuschelt. Das weiß ich noch! Wir als Kinder haben natürlich spitze Ohren gemacht. Und unsere Großmutter hat den alten Frauen dann immer Ratschläge gegeben. Ja, und für die Herrichtung als Tote hielten diese Frauen vom „Dritten Orden" schon zu ihren Lebzeiten eine eigene Kleidung bereit. Vor dieser Kleidung hatte ich solch eine Angst! Unsere Oma hatte die Kleidung immer in einer Kommode liegen, in der untersten Schublade. Die Schublade haben wir als Kinder manchmal aufgezogen. Die Kleidung war aus schwarzem Satin und eigentlich nur ein Kittel, der hinten zugebunden wurde. Die Tote wurde dann mit einem weißen Laken zugedeckt.

Wir hatten damals hier in Hilkerode eine Ordensschwester, Schwester Placida. Die pflegte die Kranken und kleidete die Toten. Von dieser Schwester ist meine Großmutter angezogen worden. Anschließend wurde drei Tage lang im Haus der Verstorbenen der Rosenkranz gebetet. Das wird heute ja in der Kirche gemacht, und auch nur noch einen Tag lang. Wir Kinder mussten uns bei diesem Rosenkranzbeten vor dem Totenlager hinknien. Die Oma lag dann da, und wir haben geweint und gezittert.

Ach, und in der Nacht, als sie gestorben war, sind wir mit einer Stalllaterne in der Hand zur Familie Schaaf marschiert. Die wohnten damals noch oben an der Kirche. Frau Schaaf war doch die Schwester von meiner Oma. Sie war deutlich jünger. Das war nachts um 4 Uhr. Das weiß ich noch. Wir sind also dahin marschiert. Und dann haben wir geklopft und gerufen: „Tante Therese, Tante Therese, die Oma ist gestorben!"

Ach, wie waren wir traurig, denn unsere Oma war für uns wie eine Mutter. Unsere wirkliche Mutter hatte ja immer so viel Arbeit, auch auf dem Feld, in unserer Landwirtschaft. Und Oma ist immer im Haus gewesen und hat uns versorgt. Das war ja eine so fromme - aber auch strenge - Frau! Als Kinder mussten wir mit ihr jeden Morgen um halb sieben Uhr in die Kirche, vor der Schule! Der Lehrer musste das übrigens auch! Lehrer Rittmeyer spielte ja die Orgel! Manchmal war die Kirche noch abgeschlossen, wenn wir ankamen. In der Kirche waren für die Kinder vorne so alte Bänke ohne Sitz und Lehne, einfach nur Kniebänke. Da mussten wir während der Messe knien. Wehe, wenn wir uns in der Kirche gemuckst hatten. Dann bekamen wir zu Hause etwas hinter die Ohren, weil wir nicht artig gewesen waren. Für uns Kinder war es ja manchmal in der Kirche richtig langweilig!

Ach, noch etwas! Mein Vater und meine Mutter, die schliefen am Sonntagmorgen gern länger. In der Woche mussten sie ja auch immer früh aufstehen. Manchmal waren die Eltern noch so müde! Aber Großmutter hatte dann schon Feuer im Herd angemacht und dafür gesorgt, dass alles warm war, und dann klopfte sie mit einem „Splitter" (= mit einem Holzscheit) auf die Treppe und sagte jedes Mal: „Der heilige Josef kam zur rechten Zeit!"

Kt.: Hat die Großmutter eigentlich viel über Onkel Karl (K-.A. Krieter) gesprochen?
H.W.: Ach du, ja! Ja, auf den war sie ganz stolz, und jedes Jahr ist sie so vier bis sechs Wochen bei ihm in Hamburg gewesen. Das war immer so. Wir haben sie ja aus Hamburg abgeholt, als sie sterbenskrank geworden war. Dass Onkel Karl bei der Beerdigung hier in Hilkerode, erinnere ich nicht. Ich weiß natürlich noch genau, wo sie ihr Grab auf unserem Friedhof bekommen hat und dass auf ihrem Grab ein kleiner Erinnerungsstein war. Als sie noch lebte, ist sie - mit mir an der Hand - jeden Sonntagnachmittag auf den Friedhof zum Grab ihres Mannes und zum Grab von Onkel Andreas und zu den Gräbern anderer Verwandten gegangen. Aus der Kirche wurde in einer Flasche Weihwasser mitgenommen. Damit haben wir die Gräber besprengt. Anschließend haben wir dann immer Besuche bei Tante Michelbrink gemacht - das war eine Cousine von Großmutter - und bei Hartmanns. Hartmanns wohnten neben dem Pfarrhaus. Der Herr Hartmann war hier in Hilkerode Bürgermeister. Seine Frau war auch eine Cousine meiner Großmutter.

Kt.: Hat die Großmutter viel Briefkontakt zu ihrem Sohn Karl-Andreas gehabt?
H.W.: Ja, sie hat ihm viel geschrieben und hat auch immer Antworten bekommen. Anfang der dreißiger Jahre hatten wir schon Telefon. Wir hatten das erste Telefon hier in Hilkerode. Da kamen immer alle Leute zu uns und wollten telefonieren. Ich weiß auch, dass mein Vater und meine Großmutter schon mit Hamburg telefoniert haben.

Wenn Onkel Karl zu uns nach Hilkerode zu Besuch kam, dann wurde vorne im Eckzimmer aufgedeckt. Da hat er dann Kaffee getrunken und sich aufgehalten.

Bei uns war es ja immer ein wenig ungemütlich, weil wir das Geschäft(Lebensmittel und Kolonialwaren) hatten. Die Leute, die einkaufen wollten, kamen nicht nur zu den festen Öffnungszeiten. Sie kamen zum Einkaufen auch oft von hinten über unseren Hof, wie das auf dem Dorfe so ist. Und wir mussten immer bereit sein. Es war doch viel Unruhe. Onkel Karl hat dann aber auch viel die Leute im Dorf besucht. Zu Hartmanns ging er sowieso immer. Die Leute in der Nachbarschaft hat er auch besucht. Hier, unsere Dorfecke, hat man das „Millionenviertel" genannt, weil alle Familien so acht, neun Kinder hatten. Hier war immer etwas los! Und Oma war sehr stolz auf ihn. „Use Pastur ...", hat sie immer gesagt. Das war ja eine so große Ehre für eine Familie, wenn einer aus der Familie Pastor geworden war! Sein Primiz-Kranz aus Myrthen, auf ein schönes weißes Spitzenkissen gelegt, hatte bei uns im Eckzimmer einen Ehrenplatz. Der Kranz hing wie ein Bild mit goldenem Rahmen hinter Glas an der Wand. Als Onkel Karl in Wilhelmsburg sein 25-jähriges Priesterjubiläum gefeiert hat - das war 1939 - hat meine Schwester Marianne diesen Myrthenkranz während des Gottesdienstes auf einem Kissen getragen. Der Kranz ist dann wohl in Wilhelmsburg geblieben, denn bei uns war er danach nicht mehr.

Abb. 89: Am 15. Oktober 1939 feierte Pfarrer Karl-Andreas Krieter in Wilhelmsburg sein 25jähriges Priesterjubiläum. Das Foto zeigt den Jubilar im Kreise seiner Verwandten vor dem Eingang des Gemeindehauses. Abgebildet sind auf dem Foto auch die Kapläne Bank und Wosnitza und die Patres vom Raphaelsverein, vorn links Pater Nathem und rechts Dr. Max Groesser. Der junge Mann in Uniform ist der Neffe des Jubilars, Karl-Otto Krieter, der 1942/ 43 in Stalingrad gestorben ist. In der obersten Reihe ist als Zweite von links Hedwig Spiegel, die Pfarrsekretärin, zu sehen.

Kt.: Hatte Onkel Karl seine Mutter besonders gern?
H.W.: Ja, ja, unbedingt! Er hat Großes von ihr gehalten. Es war ja auch enorm, was sie geleistet hat. Auch dein Vater und mein Vater haben ihre Mutter hoch verehrt. Auf die ließen sie nichts kommen.
Denk doch auch 'mal daran: Den Großeltern ist doch ihr erstes Haus hier abgebrannt. Das war doch ein ganz harter Schlag, und dann war Oma schon mit 48 Jahren Witwe. Trotzdem sind alle Kinder etwas Ordentliches geworden! Dein Vater - mein Onkel Johannes - musste mit 14 Jahren schon gleich nach Münster in eine kaufmännische Lehre (= im Jahre 1910).

Kt.: Ja, lass uns jetzt einmal über die einzelnen Geschwister sprechen. Fangen wir mit Onkel Karl an. Er ist ja in Duderstadt zur höheren Schule gegangen. Den Weg von Hilkerode nach Duderstadt kann er nicht täglich zu Fuß gemacht haben, denn hin und zurück waren es mindestens 16 Kilometer.
H.W.: Bestimmt nicht, und der Postbus fuhr damals ja auch noch nicht! Er muss in Duderstadt gewohnt haben. Die Antje hier im Dorf, die dem Pfarrer Böning den Haushalt geführt hat, die will wissen, wo Onkel Karl in Duderstadt gewohnt hat. Ihr Onkel, der Tierarzt geworden ist, ist wohl zusammen mit Onkel Karl in Duderstadt gewesen. Ob die beiden zusammen gewohnt haben, das weiß ich jetzt nicht.
Kt.: Das Wohnen in Duderstadt hat ja Geld gekostet.
H.W.: Meine Schwester Marianne meint, dass der Pfarrer Ring dafür Geld gegeben hat.
Kt.: Der Vater unserer Eltern, unser Großvater, war Bäckermeister. Bis wann hat der seine Bäckerei gehabt?
H.W.: So genau weiß ich es nicht. Guck 'mal, mein Vater hat ja noch beim Großvater den Beruf Bäcker erlernt. Das war vor dem 1. Weltkrieg. Ich habe immer gehört, dass das Haus der Großeltern im Jahre 1909 abgebrannt ist. Da war mein Vater 18 Jahre alt. Tante Agnes soll in der Wiege gelegen haben, als der Brand war. Anschließend haben die Großeltern keine neue Bäckerei mehr aufgemacht, sondern einen Lebensmittelladen.

Kt.: Weißt du Genaueres über den Brand?
H.W.: Ja, die Erwachsenen waren an diesem Tag auf dem Feld am Ochsenberg, da, wo jetzt der Studienrat Diedrich wohnt. Da waren sie bei der Kartoffelernte. (Es muss also im Herbst gewesen sein, und Agnes Krieter muss etwa fünf bis acht Monate alt gewesen sein; sie ist geboren am 5. 4. 1908) Da haben sie den Qualm gesehen, aber nicht gedacht, dass ihr Haus brennen würde. Nur meine Oma und Tante Agnes sollen im Haus gewesen sein. Das Feuer soll in einer Scheune begonnen haben, in der das Mehl gelagert wurde. Weißt du, die Leute bezahlten dem Bäcker früher ja nur den „Backelohn". Ihr Getreide, das sie von ihren eigenen Feldern hatten, ließen sie beim Müller mahlen. Der Müller brachte das Mehl zum Bäcker. Von einem Zentner Mehl bekamen die Leute dann so und so viele Brote. Der „Backelohn" für ein Brot betrug 15 Pfennige. Gut, und der Müller damals hatte wohl einen Knecht, der Mehl in unsere Scheune gebracht hat. Und dabei hat der Knecht geraucht. In der Scheune war es ja trocken, und da lag ja auch Stroh herum, und da soll das Feuer entstanden sein.
Als unsere Leute auf dem Feld endlich merkten, dass da ja Krieters Bäckerei brannte, war es schon zu spät für die Löscharbeiten. Es ist nur noch einer zum Fenster hoch geklettert und hat Tante Agnes aus der Wiege herausgeholt. Das Haus war nicht mehr bewohnbar. Anschließend haben sie - auf verschiedene Familien verteilt - bei den Leuten in der Nachbarschaft gewohnt. Dann haben sie angefangen, das jetzige Haus zu bauen. Früher gehörte den Krieters - neben dem jetzigen Haus - eine viel größere Grundstücksfläche.

Um das Haus bauen zu können, haben sie das Teilstück, auf dem jetzt die Gastwirtschaft nebenan - der „Wiener Hof" - steht, an den Gastwirt verkauft. Der Großvater ist dann schon bald gestorben, hier in diesem Haus. Er hatte ein schweres Asthmaleiden und hatte immer Atemschwierigkeiten, bekam keine Luft. Mein Vater hatte zwar den Bäckerberuf erlernt und konnte auch ganz toll Kuchen backen, aber er hatte eine Mehlstauballergie. Deswegen haben sie die Bäckerei wohl nicht wieder aufgemacht. Als mein Vater aus dem Ersten Weltkrieg nach Hause gekommen ist, haben wir jedenfalls schon einen Lebensmittelladen gehabt.

Kt.: Als das Haus fertig geworden war, hatte Onkel Karl (K.A. Krieter) gerade das Abitur bestanden. Er ist dann zum Theologiestudium nach Münster gegangen. Zwischenzeitlich, das heißt nach dem Abitur und in den Semesterferien hat er bei seinem Onkel, Pfarrer Dr. Henkel in Machtsum, gelebt. Der Pfarrer Henkel hat ihm auch geholfen, die Schreiben an den Bischof von Hildesheim aufzusetzen, mit denen er sich für ein Stipendium als Theologiestudent beworben hat.

H.W.: Die Henkels hatten in der Familie auch einen Jesuitenpater. O, den mochte ich nicht! Der war immer so arrogant! Der wollte immer etwas Besseres sein. Er war auch ein Cousin von meinem Vater, aber das ist sicher nicht dieser Pfarrer in Machtsum gewesen.

Kt.: Nein, der Pfarrer Henkel saß in Machtsum und später in Bokenem.

H.W.: Ja, ja, an den kann ich mich noch schwach erinnern.

Kt.: Es gab aber auch einen Pfarrer Sommer. Bei dem war wohl Tante Therese eine Zeit lang im Haus.

H.W. : Ja, richtig! Davon hat sie manchmal erzählt. Da im Haus musste sie ganz schön „spuren"! Da hat sie „Haushalt gelernt". Das war ja damals so. Es war etwas Besonderes, wenn man bei einem Pfarrer im Haushalt helfen durfte. Darüber muss meine Schwester Marianne aber noch besser Bescheid wissen.

Kt.: Therese wurde also aus dem Haus geschickt, um sich selbst zu versorgen. Wie war das mit den anderen Schwestern - Anna, Maria und Agnes -, die später Nonnen geworden sind?

H.W.: Ja, die waren eine ganze Zeit lang noch hier im Haus. Als Vater meine Mutter geheiratet hat - das war 1917 - da waren die noch hier im Haus. Tante Agnes auf alle Fälle! (Sie war im Jahre 1917 erst neun Jahre alt.)

Abb. 90: Pfarrer Krieter und seine drei leiblichen Schwestern Anna, Maria und Agnes im Garten des Wilhelmsburger Pfarrhauses. Ein Foto aus dem Oktober des Jahres 1939.

Bei Tante Marie (später Schwester Dionysia) bin ich mir auch ganz sicher. Die hatte hier in Hilkerode doch auch ihren Freund, den Jacobi. Sie selbst war immer ziemlich kränklich. Nachher ist sie dann auch ins Kloster gegangen. Ich glaube, das war 1924. Wann Tante Anna ins Kloster gegangen ist weiß ich jetzt nicht genau. Bevor die Schwestern ins Kloster gegangen sind, haben die hier in Hilkerode in der Zigarrenfabrik gearbeitet, auch Tante Agnes. Dein Vater hat seine Schwester Hedwig - unsere Tante Hedwig - nach Münster geholt. Sie hat bei eurer Mutter eine Lehre als Putzmacherin gemacht. Deswegen ist sie nach Münster gekommen.

Kt.: Mein Vater hatte aber nicht selbst das Putzmacher-Geschäft, oder ?

H.W.: Dein Vater hat in Münster in einem Zigarren-Geschäft die kaufmännische Lehre gemacht. Es gab in Münster eine Familie Rust. Bei denen war er wohl. Später war er Generalvertreter einer großen Textilwarenfabrik, die ihren Sitz - glaube ich - in Bielefeld hatte.

Kt.: Wie ist aber mein Vater an das Putzmacher-Geschäft gekommen?

H.W. : Durch deine Mutter. Die war ja eine geborene Horstmann. Deine Mutter hat den Beruf Putzmacherin erlernt. Sie hatte einen solchen Laden. Und Tante Hedwig, später verheiratete Stadelmann, hat bei deiner Mutter diesen Beruf gelernt. Tante Hedwig hat in Münster zuerst bei eurer Familie gewohnt und hat da auch ihren Mann, Georg Stadelmann, kennengelernt.

Kt.: Agnes Krieter war die jüngste Schwester (von K.- A. Krieter).

H. W. : Ja, die ist Krankenschwester geworden. Die war immer in Hannover, im Vinzenzstift. Als meine Großmutter gestorben ist (1935), war Tante Agnes noch weltliche Schwester. Meine Großmutter hatte immer den Wunsch, dass Tante Agnes doch auch ins Kloster gehen sollte. Dann wäre sie versorgt. Tante Agnes war in Hannover als Krankenschwester sehr angesehen. Wir haben sie ja oft im Vinzenzstift besucht. Da gab es den Dr. Reckmann. Der war ihr Chef. Dessen Sohn hat später deine Schwester Anneliese geheiratet.

Kt.: Tante Agnes hat also nicht als Nonne bei dem Dr. Reckmann gearbeitet?

H. W.: Zuerst war sie als weltliche Schwester bei ihm auf der Kinderstation. Der Dr. Reckmann war auf dieser Station Frauenarzt. Und später ist sie auch als Nonne wieder zum Vinzenzstift gekommen. Ich weiß noch, wie sie als Nonne eingekleidet worden ist und das Gelübde abgelegt hat. Als Nonne hieß sie dann „Schwester Mira". Wir sind von Hilkerode zur Einkleidung nach Hildesheim mit einem „Viehauto" gefahren. Hinten auf der Ladefläche waren rundum Bänke aufgestellt. Ich kann mich noch gut erinnern, wie Tante Anna Gröber da saß und wie meine Mutter sich übergeben hat. Die konnte doch das Autofahren nicht vertragen.

Und nach der Einkleidung hat Tante Agnes dann auch als Nonne wieder mit Dr. Reckmann zusammen gearbeitet. Der Dr. Reckmann hat sie sehr geschätzt. Er wollte immer nur mit ihr arbeiten. Bei Operationen wollte er nur Schwester Mira dabei haben. Zu Anfang war Tante Agnes bei den Nonnen sehr zufrieden. Aber später waren unter den Nonnen wohl so viele Zwistigkeiten. Und dann haben die anderen Nonnen der Tante Agnes angedichtet, dass sie ein Verhältnis mit Dr. Reckmann habe. Dessen Frau war ja auch so früh gestorben. Aber das mit dem Verhältnis stimmt nicht! Ich kenne den Dr. Reckmann ja auch noch. Er war ja auch 'mal in Hilkerode. Im Krieg haben wir sein Silberbesteck in der Dreschmaschine versteckt. Dann wurde also Tante Agnes (von der Oberin der Nonnen) strafversetzt, nach Braunschweig. Da habe ich sie auch einmal besucht. Da musste sie Schweine füttern und ähnliche „niedere Arbeiten" machen. Das war so eine Herabsetzung! Da war sie unzufrieden und hat sich entschlossen, aus dem Orden auszutreten. Sie ist zum Zahnarzt gegangen und einfach nicht zu den Nonnen zurückgegangen.

Schwester Minchen, ihre Freundin, und andere haben ihr dann „weltliche Kleidung" gegeben. Nun stell dir das 'mal vor, was das für Onkel Karl (=K.-A. Krieter) bedeutet hat! Der war doch als Dechant dem Bischof gut bekannt, und nun war seine Schwester aus dem Orden ausgetreten!

Aber ihren christlichen Glauben hat Tante Agnes ja bewahrt. Im Gegenteil, im weltlichen Bereich konnte sie ja noch viel besser wirken. Sie hat auch ihre Freundin Christa (Kränkel) zum katholischen Glauben gebracht. Aber es war schon so, unter den Nonnen gab es viele Intrigen. Das weiß ich auch von Schwester Ludmilla (=Anna Krieter, älteste Schwester von K.-A. Krieter).

Die eine Nonne wollte mehr gelten als die andere und die nächste war klüger und so weiter. Tante Anna bzw. Schwester Ludmilla hat im Kloster sehr gelitten. Sie war ja eine Frau, die sich von anderen so leicht unterdrücken ließ. Sie war mit allem zufrieden, hat immer Ja und Amen gesagt. Eigentlich hatte sie immer ein bisschen Heimweh. Ich kann das ehrlich und mit Sicherheit sagen! Ich habe sie ja oft besucht, auch als sie später (im Altersheim der Nonnen) in Kassel war. Mein Mann war mit zu Besuch. Tante Ludmilla hat sich über unseren Besuch immer so gefreut! Erst in Kassel hat man sie besser behandelt. Da war sie sehr geachtet. Wenn Tante Ludmilla Urlaub hatte, ist sie nach Hamburg zu Onkel Karl gereist. Einmal im Jahr durften die Nonnen ja nach Hause.

Kt.: Insgesamt kann man also sagen, dass unter den Geschwistern Krieter eine enge Verbindung war, oder ?

H.W.: Eine sehr enge Verbindung! Also ich wüsste nicht, dass es unter den Geschwistern irgendwann einmal Zwistigkeiten gegeben hätte. Alle sind gern nach Hause gekommen, hier nach Hilkerode! Und sie wurden hier von Vater und Mutter und von uns gern aufgenommen. Wir waren wirklich mit allen ganz eng verbunden! Weihnachten bekamen sie alle von uns ein Päckchen. Und umgekehrt auch! Was meinst du, was für Pakete deine Eltern uns zu Weihnachten geschickt haben! Wir sind vor Freude fast irre geworden. Deine Mutter hat uns Kindern ganz wunderbare Dinge geschickt. Ich habe einmal einen hellblauen Mantel mit Pelzbesatz bekommen und die passende Kappe dazu. O du, so etwas gab es bei uns ja gar nicht! Und meine Schwester hat auch so schöne Sachen bekommen! Einmal haben wir auch eine Puppe bekommen. Ach, die ist mir hingefallen und war kaputt! Und meine Mutter hat einmal einen so tollen Hut gekriegt. Du musst dir vorstellen, wie das gewirkt hat, wir lebten doch auf dem Dorf! Das muss ich wirklich sagen, was deine Mutter alles hierher geschickt hat, das war kaum zu glauben. Aber mein Vater hat auch das, was er konnte, seinen Geschwistern wieder gut gemacht!

Kt.: Es bestand also zwischen den Geschwistern auch dauernder Kontakt.

H.W. : Ja, sogar zu den Nonnen. Ich weiß das, weil ich immer die Briefe für die Familie schreiben musste. Die Nonnen bekamen zu Weihnachten immer ihr Päckchen mit Schmandkuchen. Als ich Hochzeit hatte (1947), haben wir extra für die Schwestern drei Kuchen gebacken und die noch am selben Tag zu ihnen hingeschickt.

Kt.: Es ist also ganz selbstverständlich, dass Onkel Karl (= Karl-Andreas Krieter) sich später für seine Geschwister immer eingesetzt hat.

H.W. : Ja, wenn irgend etwas war, dann war er zur Stelle.

Kt.: Wie ist er eigentlich damit umgegangen, dass dein Bruder Karl-Otto nach der Schlacht in Stalingrad vermisst war?

H.W.: Ach, der hat darunter auch so gelitten! Ich habe hier ja das große Bild (von meinem Bruder) stehen. Onkel Karl hat immer gesagt: „Ich bete für ihn!" Ach, mein Bruder, das war wirklich ein guter Junge.

Meine Eltern haben schrecklich darunter gelitten, dass Karl-Otto vermisst war. Deswegen glaube ich, dass sie deswegen mit Onkel Karl viel Zwiesprache hatten. Auch Tante Therese (die Haushälterin von K.A. Krieter) hat meinen Bruder sehr gern gemocht.
Kt.: Die Schlacht in Stalingrad war Ende des Jahres 1942. Im Januar 1943 haben die Deutschen in Stalingrad kapituliert.
H.W.: Ja, ab Januar / Februar 1943 galt Karl-Otto als vermisst.

Kt.: Ich möchte jetzt noch einmal einige Fragen zu Onkel Karl stellen. Der Pfarrer Ring aus Hilkerode soll ihm während seiner Schulzeit ein Stipendium gegeben haben?
H.W. : Ja, da erkundige ich mich noch einmal genau. Auch zu der Frage, wo er in Duderstadt als Schüler gewohnt hat.

Kt.: Weißt du etwas, wie die Familie die Zeit des 1. Weltkriegs und die erste Nachkriegszeit erlebt hat? Da soll auch in Hilkerode die Versorgungslage nicht rosig gewesen sein. Tante Agnes hat mir immer erzählt, wie sie damals hungern musste.
H.W.: Ja, mit der Esserei und allem war es damals sehr schlecht. Davon hat mir meine Großmutter immer erzählt, auch von der Inflation. Sogar hier auf dem Dorf haben sie Brot aus Kartoffeln gebacken! Aber immerhin hatte man ja ein Schwein im Stall. Und man hatte auch einen Garten! Der Garten war der ganze Stolz meiner Großmutter. Da standen so viele Johannisbeersträucher, und wir Kinder mussten immer Johannisbeeren pflücken. O, das haben wir nicht gern getan!

Kt.: Ist Tante Therese denn manchmal gekommen, um Nahrungsmittel zu holen.
H.W. : Tante Therese ist in der Zeit nach dem 2. Weltkrieg sehr häufig gekommen, um etwas für den Haushalt in Wilhelmsburg zu holen.
Kt.: Sie ist gezielt nach Hilkerode gereist, um Nahrungsmittel für das Pfarrhaus zu beschaffen?
H.W.: Ja, sie hatten ja auch Kapläne im Pfarrhaus, und sie musste dafür sorgen, dass genug Essen da war. Ja, sie hat von uns etwas bekommen, von Schaafs, von Muslewskis. Wir hatten ja damals Schmalztöpfe. Die hat sie gern mitgenommen, und Speck und die Eichsfelder Dauerwurst. Ach, und während des Krieges war es auch so. Wir haben dann ja manchmal „schwarz geschlachtet". Dann haben wir Pakete verschickt, oder Tante Therese kam selbst. Das war allerdings nicht einfach, mit der Bahn hierher zu kommen. Manchmal ist sie mit dem Güterzug mitgekommen.
Kt.: Tante Therese ist aber nicht nur wegen der Nahrungsbeschaffung nach Hilkerode gekommen?
H.W.: Nein, die hing ja auch so an Hilkerode! Die ist viel hier gewesen, einfach weil sie so an der Heimat hing! Onkel Karl war selten hier, immer nur zu einem Kurzurlaub. Der konnte ja nicht längere Zeit kommen. Urlaub gab es ja früher für die Pfarrer nicht! Einmal war er hier in Hilkerode mit der Familie Ulitzka. Wir hatten damals eine Pferdekutsche. Man fuhr damit zum Beispiel nach Duderstadt. Postbusse fuhren ja noch nicht! Als Onkel Karl mit Herrn Ulitzka und dessen Frau hier war, sind wir mit der Pferdekutsche zum „Rhumesprung" (= Quelle des Flusses Rhume) gefahren. Außerdem weiß ich noch, dass bei uns in der Stube der Tisch ganz feierlich gedeckt wurde. Tante Therese hatte ja auch so eine Vorliebe dafür. Bei ihr musste es bei Tisch immer möglichst vornehm zugehen.
Kt.: Hedwig, du und deine Schwester Marianne, ihr wart doch auch häufiger in Hamburg zu Besuch. Kannst du davon noch ein bisschen erzählen?

H.W.: Ja, Tante Therese hat immer gesagt: „Kommt zu uns, solange wir leben. Ihr seid immer willkommen! Kommt doch in den Ferien!" Sie hat sich sehr um alle Kinder ihrer Geschwister gekümmert. Marianne und ich waren bei ihr in Hamburg, deine Schwester Margret und dein Bruder Karl-Gerhard, die Kinder von Tante Hedwig auch! Meine Schwester Marianne war besonders oft bei Tante Therese. Sie war ja auch Mariannes Taufpatin. Und im Übrigen war Marianne sowieso ihr Augenstern. Als mein Bruder noch Student war und so eine Studentenmütze trug, war er auch oft in Hamburg.

Kt.: Hat sich Onkel Karl bei diesen Besuchen selbst auch um die Kinder seiner Geschwister gekümmert oder war das mehr eine Aufgabe für Tante Therese?

H.W.: Ach, er war immer sehr beschäftigt. Er kam wohl schon 'mal ins Zimmer und wollte dann auch etwas über Hilkerode hören, zum Beispiel über meinen Schwiegervater, Herrmann Wollersen. Mein Schwiegervater wohnte doch hier gegenüber und er war allgemein bekannt als sehr hilfsbereiter, guter Mensch. „Na, ja, dann muss ja auch der Sohn in Ordnung sein", hat Onkel Karl über meinen Mann gesagt. (Ulrich Wollersen; Mann von Hedwig Wollersen) Und die Familie Fischer in Hamburg, zu denen Onkel Karl und Tante Therese Kontakt hatten, war ja auch mit Wollersens verwandt. So ergab sich dann immer Gesprächsstoff. Mein Mann war ja selbst auch ein paar Mal - mit mir zusammen - in Hamburg zu Besuch, einmal schon als mein Verlobter. Der war damals in Schleswig stationiert und hatte Urlaub bekommen. Onkel Karl war von meinem Bräutigam ganz begeistert. Mein Mann musste ihm viel erzählen, wie es im Krieg war. Ja, und Onkel Karl hat uns beide ja auch getraut, hier in Hilkerode! Da ist er extra gekommen und hat uns auch „Brautunterricht" gegeben. Die Hochzeit war 1947, am 22. Oktober! Ich habe das Hochzeitskleid von deiner Schwägerin Doris als mein Hochzeitskleid getragen. (Doris Krieter, geborene Weiermann; Frau von Hans-Helmut Krieter = ältester Bruder von Ulrich Krieter) Dein Bruder Hans-Helmut und Doris haben 6 Wochen vor uns geheiratet. Onkel Karl ist schon ein paar Tage vor unserer Hochzeit hier in Hilkerode gewesen. Da stand schon das Haus im Holztal, und er hat während dieses Besuches da im Holztal mit Tante Therese gewohnt. Und auch deine Mutter, die auch zur Hochzeit gekommen war, hat im Holztal geschlafen.

Kt.: Wie, das Haus im Holztal war schon 1947 bewohnbar?

H. W. : Ja, das Haus muss gleich nach dem Krieg gebaut worden sein. Ich weiß noch, da war unser „Knecht"bei uns, der Erich. Erich war als Flüchtling nach Hilkerode gekommen und hatte sich Arbeit gesucht. Er hatte sich von der Wehrmacht abgesetzt.

Er kam aus dem Gebiet, das später die Ostzone geworden ist. Wir haben immer gesagt. „Er kam „von drüben". Da wollte er nicht wieder hin. Ja, also dieser Erich hat das ganze Baumaterial für das Haus in Hilkerode mit einem Einspänner hochgefahren (zum Bauplatz). Als das Haus fertig war, hat Tante Therese ein paar Möbel aus Hamburg hergeschafft. Die hatte ja überall Beziehungen. Also, ich bin mir ganz sicher, zu meiner Hochzeit war das Haus im Holztal schon fertig.

Kt.: Wem gehörte eigentlich das Grundstück, auf dem das Haus gebaut worden ist?

H.W.: Das gehörte ursprünglich Tante Anna, als Nonne hieß sie „Schwester Ludmilla". Die hatte das geerbt. Als sie ins Kloster ging, hat mein Vater ihr das Grundstück abgekauft. Das Geld war dann ihre „Mitgift" für das Kloster. Das Grundstück gehörte also meinem Vater. Der hat erlaubt, dass Tante Therese auf dem Grundstück das Haus bauen konnte. Mein Vater hat auch das ganze Baumaterial besorgt. Die Baupläne hat ein Bauingenieur Schulze gezeichnet. Mein Vater hatte sich mit dem Hausbau gedacht, er könne sich zusammen mit seinen Geschwistern im Holztal so eine Art Alterssitz einrichten.

Er hat zu Tante Therese gesagt: „Wenn ihr dann hier seid, und ich hier unten alles aufgebe, dann machen wir uns da oben im Holztal noch ein paar schöne Tage." Leider sind ja beide Brüder - Onkel Karl und mein Vater - im selben Jahr gestorben.

Abb. 91: Das „Haus im Holztal" in Hilkerode im Jahre 1961

Als Onkel Karl beerdigt wurde, sind wir alle nach Hamburg gefahren, mit dem Auto von Kalle Brämer (Sohn von Marianne Krieter; später verheiratete Brämer/Müller). Da ging es meinem Vater schon sehr schlecht. Seit seiner Kriegsverletzung im 1. Weltkrieg hatte er ja immer Schmerzen in seinem Bein. Als wir zur Beerdigung fuhren, war sein Bein eigentlich nur noch ein Knochen ohne Fleisch. Als wir in Hamburg ankamen, hat Tante Agnes meinen Vater gleich ins Krankenhaus (Groß- Sand in Wilhelmsburg) geschickt. Vater konnte gar nicht mit zur Beerdigung von Onkel Karl. Die Ärzte in Groß-Sand haben gleich zu Vater gesagt. „Wenn Sie nach Hause kommen, müssen Sie sofort ins Krankenhaus." Also ist Vater schon Ende Februar 1963 ins Krankenhaus Duderstadt gegangen. Die haben ihn gleich da behalten und am Gründonnerstag 1963 hat der Doktor Hoffmann bei uns angerufen - meine Mutter war gerade im Garten - und hat zu mir gesagt: „Frau Wollersen, das Bein ihres Vaters ist nicht mehr zu retten. Wir müssen es abnehmen." Das ist dann Gründonnerstag geschehen. Im selben Jahr, am 22. Juli 1963, ist dann mein Vater gestorben. So hatten beide Brüder eigentlich nur ein Jahr lang etwas von dem Haus im Holztal. Als Onkel Karl (im August 1961) in den Ruhestand getreten war und mit Tante Therese im Holztal wohnte, ist mein Vater oft ins Holztal gegangen.
Zuerst ging es ja Onkel Karl noch ganz gut. Da hat er noch jeden Morgen in der Hilkeröder Kirche die Messe gehalten. Nach der Messe ist er dann oft zu uns ins Haus gekommen. Aber dann wurde er ja so krank. Er war ja herzkrank und fing auch an, so stark zu zittern. (Alters-Parkinsonkrankheit) Dann haben sie ihn mit dem Auto ins Krankenhaus nach Wilhelmsburg gebracht. Tante Therese hatte damals ja noch den Führerschein gemacht!
Kt.: Tante Therese hat ihn aber nicht im Auto nach Wilhelmsburg gefahren. Ich weiß, dass ein Arzt aus dem Wilhelmsburger Krankenhaus ihn im Holztal besucht hatte. Dieser Arzt hat

Onkel Karl dann gleich mitgenommen und ihn - wegen seines schlechten Gesundheitszustandes - in das Wilhelmsburger Krankenhaus eingewiesen.

Kt.: Noch einmal zu dem Haus im Holztal zurück! Auf wessen Initiative ging der Hausbau hauptsächlich zurück, auf Thereses oder Onkel Karls Initiative, oder auf die Initiative deines Vaters? Im Jahre 1946 konnte Onkel Karl ja noch nicht an seinen Ruhestand denken.

H.W. : Ich glaube, dass mein Vater den Einfall hatte. Er hätte gern gesehen, dass Onkel Karl uns häufiger besucht hätte.

Aber bei uns im Geschäftshaushalt war es ja immer ein bisschen unruhig. Tante Therese war ja dann gleich von dieser Idee begeistert, das Haus im Holztal zu bauen! Das Haus stand dann später (im Grundbuch) auf den Namen von Tante Agnes. Das hatten sie wohl wegen der Steuern so gemacht. Den Hauptteil der Baukosten hat Onkel Karl übernommen. Mein Vater hat mir 'mal gesagt, dass er selbst nur die Kosten des Daches bezahlt habe.

Kt.: Also ist die Finanzierung der Baukosten vorwiegend durch Onkel Karl erfolgt?

H.W.: Ja, das Grundstück hat mein Vater gestellt. Die Grundbucheintragung erfolgte dann auf den Namen von Tante Agnes, weil Tante Therese ja schon das Haus in Harburg, Reeseberg 16, im Namen hatte. Wir jüngeren Leute sind auch gern ins Holztal zu Tante Therese gegangen. Sie hat ja oft mehrere Monate lang ganz allein im Holztal gewohnt. Unsere eigenen Kinder waren damals noch klein. Tante Therese hatte vor dem Haus einen kleinen Springbrunnen und einen kleinen Sandberg. Das hat auch die Kinder gelockt. Sonntags war das immer schön, ins Holztal zu gehen. Manchmal war ja auch Tante Agnes zu Besuch. Auch später noch, als Onkel Karl dann im Ruhestand dort lebte, sind wir viel ins Holztal gegangen. Aber damals war Onkel Karl körperlich doch schon sehr schwach, und wir konnten nicht so lange bleiben.

Abb. 92: Pfarrer Krieter im Ruhestand in Hilkerode. Ein Foto vom Sommer 1962

Kt.: Wie schätzt du denn das Verhältnis ein, das Onkel Karl zu seiner Schwester Therese hatte?

H.W.: Also Tante Therese hatte bei den Beiden wohl das Hauptsagen. Onkel Karl war ein sehr, sehr gutmütiger Mensch, der ihr leicht nachgegeben hat. „Wenn sie es denn unbedingt will, dann soll sie es haben!", hat er immer gesagt. Richtig gestritten haben die Beiden sich nie! Im Grunde haben sie immer fest zusammengehalten. Was den Haushalt anging und alles Privat-Finanzielle da war Tante Therese dominierend. Es war ja für sie nicht einfach. Alle Leute im Pfarrhaus - auch die Kapläne - wollten ja bewirtet sein. Dann gab es die Feste. Der Bischof kam zu Firmungen. Das sollte ja immer gut aussehen. Darauf legte sie Wert. Sie hatte doch dieses tolle Tassenservice. Alles war so feierlich und vornehm gedeckt. Das hat sie gut gekonnt. Das muss ich wirklich sagen! Gut kochen konnte sie auch! Sie hatte allerdings auch immer viele Hilfen. Alle Leute kamen und haben ihr geholfen. Manche haben auch etwas gebracht, geschenkt. Und Onkel Karl, der guckte öfter 'mal rein, wenn wir zu Besuch waren und fragte: „Na, gefällt es euch denn bei uns?" Für das Essen - wir mussten ja immer mit am Tisch der „Herren" sitzen - hatten wir vorher von Tante Therese Anweisungen bekommen, wie wir uns beim Essen zu benehmen hätten. Es war immer sehr schön! Sie ist auch gerne mit uns Kindern nach Hamburg gefahren und hat uns dort viel gezeigt. Wir sind sogar einmal nach Helgoland gefahren. Das war früher ja eine Besonderheit! Um das Kirchliche hat sich Tante Therese nicht so sehr gekümmert. Dafür war Onkel Karl zuständig, und natürlich die Kapläne.

Ach, was mir noch einfällt! Immer, jeden Mittag, kamen Bettler. Die saßen dann im Vorraum hinter der Eingangstür zum Pfarrhaus und bekamen etwas zu essen. Die Bettler wussten das schon, dass es im Pfarrhaus etwas zu essen gab. Wenn wir da waren, mussten wir den Bettlern das Essen bringen. Und dann kam auch Onkel Karl zu denen heraus. Er hat mit ihnen gesprochen und hat ihnen ein paar Mark zugesteckt. Manchmal hat er auch seine Kleidung verschenkt. Tante Therese hatte immer Angst. Sie hat immer gesagt: „Wenn ich nicht aufpasse, dann gibt er alles weg. Das geht doch auch nicht! Wir müssen doch auch weiterkommen." Also, er war wirklich sehr, sehr mildtätig. Und ich glaube auch, dass die Kapläne ihn immer sehr geachtet haben. Ich meine, dass er mit allen Kaplänen immer gut ausgekommen ist.

Kt.: Erinnerst du dich an irgendwelche Kapläne besonders?

H.W.: Ja, an den Kaplan Holling erinnere ich mich besonders. Das war ein so fröhlicher Mensch. Der hat sich gleich ans Klavier gesetzt und gespielt. Der brachte so ein bisschen Leben in das Pfarrhaus. Ich erinnere mich auch gut an einen polnischen Kaplan. Wie der hieß, weiß ich nicht mehr. Der hat immer polnisch gepredigt. Der wohnte unten, neben dem Sprechzimmer. Allerdings wurde der mir nachher so ein bisschen unheimlich. Der fand mich wohl zu nett. Ich musste ihm immer das Waschwasser ins Zimmer bringen. Dann hat er mich zu streicheln versucht. Also, der war mir schon recht unheimlich! Ansonsten war der aber sehr nett! Der war auch immer so viel (in der Gemeinde) unterwegs. Er hielt viel Kontakt zu den polnischen Familien. Wann das genau war, weiß ich nicht, so kurz nach dem Krieg muss das gewesen sein. (Es kann nur der Kaplan Wozniczak gewesen sein. Andere polnische Kapläne gab es in der Bonifatiusgemeinde nicht!) Ich sehe ihn immer noch vor mir, wie er polnisch gepredigt hat.

Kt.: Du hast mir geschrieben, dass du auch einen Fliegeralarm miterlebt hast.

H.W.: Ja, aber das war nicht in Wilhelmsburg selbst, sondern Tante Therese und ich waren im Zug auf dem Weg nach Wilhelmsburg. Sie war in Hilkerode gewesen und hatte mich mitgenommen. Da ist der Zug bei Lüneburg stehen geblieben, als Hamburg angegriffen wurde. Da wurden Leuchtkugeln gesetzt, und der ganze Himmel war hell.

Das konnte man sogar aus dieser großen Entfernung sehen. Und Tante Therese war so angsterfüllt! Sie wusste ja nicht, was wohl passiert sein würde, wenn sie nach Hause käme. Als wir dann angekommen sind, war die Kirche noch nicht beschädigt.
Kt.: Das müsst ihr dann vor dem 31.3.1945 erlebt haben. An diesem Tag wurde die Kirche schwer beschädigt. Dein Besuch in Hamburg hat dann wohl nicht lange gedauert?
H.W. : Ja, das war nur ein kurzer Besuch. Einmal war nach meinem Arbeitsdienst in Wilhelmsburg. Da war mein Bruder schon vermisst, das muss also nach 1942 /43 gewesen sein. Da hatte ich durch den Arbeitsdienst so erfrorene Beine. Da hat mir Tante Therese Tischlerleim auf die Beine geschmiert. Sie hatte ja immer so eigene Rezepte.
Kt.: Du hast auch miterlebt, dass die Gestapo einmal im Pfarrhaus war?
H.W.: Ich selbst habe das nicht erlebt, aber meine Schwester Marianne hat erzählt, dass die Gestapo einmal da war.
Kt.: Vielleicht kannst du zum Abschluss noch einmal die Charakterzüge von Onkel Karl nennen, die nach deiner Meinung ganz typisch für ihn sind.
H.W. : Er stammte ja aus einer sehr religiösen Familie. Wir alle waren von der Großmutter sehr geprägt, auch er! Unsere Großmutter war auch ganz glücklich, dass von ihren Kindern ein Sohn Pfarrer war und drei Töchter Nonnen. Auch wir Großkinder und Vater und Mutter waren dem Glauben sehr zugewandt. Trotzdem war Onkel Karl als Pfarrer kein überreligiöser Mann. Also, wenn wir zu Besuch waren, hat er uns nicht religiöse Ermahnungen oder Belehrungen gegeben. Er hat es uns auch gegönnt, wenn wir ein bisschen von Hamburg sehen wollten. Sogar, wenn wir zum Tanztee gegangen sind, als wir etwas älter geworden waren, hat er nur gesagt: „Ach, ihr Weltkinder, wo wollt ihr denn schon wieder hin?" Aber er hat es uns nicht verboten oder gesagt: „So etwas macht man doch nicht! Das kommt nicht in Frage!" Er hatte aber wohl auch den Eindruck, dass er sich auf uns verlassen konnte.

Ich finde an Onkel Karl auch ganz toll, dass er dich in Wilhelmsburg aufgenommen hat, als du Vollwaise geworden warst. Deine Eltern waren doch so früh verstorben. Und auch um deine Schwestern Margret und Anneliese hat er sich doch gekümmert. Dabei haben ihm allerdings seine Schwestern, Tante Agnes und Tante Therese, natürlich die Hauptarbeit abgenommen. Aber trotzdem, es geschah ja alles in seinem Pfarrhaus.
Auch, dass er Tante Agnes Nichts nachgetragen hat, nachdem sie aus dem Kloster ausgetreten war, finde ich gut. Er hat sie in seinem Pfarrhaus aufgenommen und ihr im Krankenhaus eine Stelle als weltliche Krankenschwester beschafft. Das muss man doch hoch anerkennen!

Verzeichnis der Abbildungen

Nr.	Seite	Titel	Eigentumsrecht
1 bis 5	Titelseite	Messdienergruppe 1934 Pastor Krieter im Höpen 1935 Neugestaltung der Wand hinter dem Hauptaltar Bonifatiuskirche 1941 Fronleichnamprozession 1954	alle Privatbesitz Krieter
6	3	Karl-Andreas Krieter, 71 Jahre alt	Privatbesitz Krieter
7	7	Lehrerkollegium der Katholischen Schule 1951	Privatbesitz Krieter
8	8	Lehrerkollegium der Katholischen Schule 1958	Privatbesitz Krieter
9	9	Die „Alte Schule" 1933	Privatbesitz Czys / Krieter
10	10	Rektor Wilhelm Rohde	Privatbesitz Krieter
11	13	Krankenhaus Groß-Sand im Jahre 1950	Privatbesitz Krieter
12	15	die Wollkämmerei Reiherstieg AG	aus: Reinstorf, Ernst, Geschichte der Elbinsel Wilhelmsburg, Georg Romanowski, Hamburg, 1955, S. 348
13	16	Die Weizenmühle Plange	Peter Pforr, www.alt-wilhelmsburg.de
14	19	5 Priester aus der St. Bonifatiusgemeinde	Privatbesitz Krieter
15	25	Pfarrjugendführer Deinert / Wesolowski	Privatbesitz Krieter
16	34	der große Bunker im Jahre 1945	Privatbesitz Liesiewicz / Krieter
17	35	Luftaufnahme; Kriegsschäden am Wasserturm und an der Bonifatiuskirche vom Angriff am 31.3.1945	Privatbesitz Liesiewicz / Krieter
18	41	Betreuungskarte für Fliegergeschädigte	Privatbesitz Czys / Krieter
19	42	Wohnungszuweisung	Privatbesitz Czys / Krieter
20	42	Wohnungszuweisung Bonifatiusstraße 6	Privatbesitz Czys / Krieter
21	44	Ruine des Gemeindehauses, Stift St. Willehad, 1	Privatbesitz Czys / Krieter
22	44	Ruine des Gemeindehauses, ‚Stift St. Willehad, 2	Privatbesitz Czys / Krieter
23	44	Indianerspiele im Gemeindehausgarten	Privatbesitz Czys / Krieter
24	46	Vorderseite des Erinnerungsbildchens zur Einkehrwoche 1927	Privatbesitz Czys / Krieter
25	47	Rückseite des Erinnerungsbildchens zur Einkehrwoche 1927	Privatbesitz Czys / Krieter
26	48	Ehrenbrief der Kolpingfamilie für Th. Czys	Privatbesitz Czys / Krieter
27	54	Familien-Gedenkblatt	Privatbesitz Krieter
28	56	Die Bonifatiuskirche nach der Neugestaltung der Wand hinter dem Hauptaltar 1938 / 1939	Privatbesitz Krieter
29	63	Kaplan Wosnitza	Privatbesitz Krieter

30	65	Kaplan Bernard Bank	Privatbesitz Krieter
31	69	Primiz J. Ernst	Privatbesitz Krieter
32	72	Zeugnisse für Paul Fittkau	Privatbesitz Fittkau / Krieter
33	73	Fronleichnamprozession 1936	Privatbesitz Krieter
34	79	Küster Valentin Greschek und Pfarrer Krieter	Privatbesitz Krieter
35	82	Das neue Gemeindehaus,1956	Privatbesitz Krieter
36	84	Gerhard Gross auf Klassenreise vor Brunsbüttel	Privatbesitz Krieter
37	87	Primiz Schulz / Goedde und Hölsken	Privatbesitz Krieter
38	97	Primiz Trojok / Hölsken und Schmidt	Privatbesitz Krieter
39	98	Hölsken mit Zigarre	Privatbesitz Krieter
40	99	Kommunionfeier 1948 / „Hungerapostel"	Privatbesitz Krieter
41	100	Paul Ulitzka	Privatbesitz Krieter
42	101	Rektor Andreas Nolte im neuen gemeindehaus	Privatbesitz Schwalfenberg/Krieter
43	108	Das alte Gemeindehaus, genannt St. Willehad-Stift	Privatbesitz Krieter
44	109	Pater Jussen	Privatbesitz Krieter
45	110	Kaplan Kruse und seine Messdiener	Privatbesitz Krieter
46	110	Kaplan Rademacher	Privatbesitz Krieter
47	118	das Ehepaar Kinne	Privatbesitz Kinne / Krieter
48	121	das „Pfarrhauskind"	Privatbesitz Krieter
49	124	Christa Kränkel und Agnes Krieter	Privatbesitz Krieter
50	131	Dr. Gebauer am Krankenbett von Dechant Krieter	Privatbesitz Krieter
51	135	Hausmeister Siegfried Lisiewicz	Privatbesitz Krieter
52	147	Aufenthaltsgenehmigung für den „falschen Kaplan" Golla	Archiv der Kirchengemeinde St. Bonifatius
53	148	Pfarrer Krieter und seine Kapläne im Jahre 1938	Privatbesitz Krieter
54	149	Pfarrer Krieter mit der Marianischen Kongregation,1935	Privatbesitz Krieter
55	150	Jugendliche im Höpen	Privatbesitz Liesiewicz / Krieter
56	154	Fronleichnamaltar vor dem Pfarrhaus,1936	Privatbesitz Krieter
57	157	Das Grab des Pfarrers Krieter	Privatbesitz Krieter
58	162	Karte an G Grytka/ Matzat	Privatbesitz Matzat / Krieter
59	164	Die Bonifatiuskirche vor 1938,Glasfenster	Privatbesitz Krieter
60	167	Frauen des Elisabethvereins	Privatbesitz Krieter
61	182	Laienspiel-Aufführung im alten Gemeindehaus	Privatbesitz Czys / Krieter
62	189	Pfarrer Krieter, Kapläne und Pfarrsekretärin Spiegel	Privatbesitz Krieter
63	192	Das Haus im Holztal,1	Privatbesitz Krieter
64	193	Blick auf Hilkerode	Privatbesitz Krieter
65	197	Reigentanz von „Lioba" im Höpen	Privatbesitz Krieter
66	207	Kaplan Dorenkamp, Karla und Paula Pachowiak	Privatbesitz Krieter
67	214	Primiz Heinrich Pachowiak	Privatbesitz Krieter
68	218	Andreas Nolte und die DJK-Harburg	Privatbesitz Klimes / Krieter
69	220	Lehrerkollegium 1950, mit Kaplan Rademacher	Privatbesitz Lübke / Krieter
70	228	Weihbischof Pachowiak	Privatbesitz Krieter

71	231	der Findling aus dem Höpen	Privatbesitz Krieter
72	243	das 1948 gebaute Kolpingheim	Privatbesitz Krieter
73	244	die Kolpingfamilie 1948	Privatbesitz Krieter
74	255	Pfarrer Krieter wird Ehrenpräses der Kolpingfamilie	Privatbesitz Krieter
75	261	Dr. Dudek,	aus: Harburger Jahrbuch 18,1993, S. 167
76	262	Erweiterungsbau des Krankenhauses „Groß-Sand"	Privatbesitz Krieter
77	264	Dechant Krieter verabschiedet sich von den Katharinenschwestern	Privatbesitz Krieter
78	266	Die Kapelle im Erweiterungsbau des Krankenhauses „Groß-Sand"	Privatbesitz Krieter
79	267	Betriebsausflug des Krankenhauses; Paul Ulbricht	Privatbesitz Krieter
80	272	Die „Barmherzigen Schwestern vom Hl. Vinzenz von Paul" vor der Eingangstür zum alten Gemeindehaus	Privatbesitz Krieter
81	273	Die Bonifatiuskirche 1951,ohne Seitenflügel links	Privatbesitz Krieter
82	276	Das Krankenhaus der Wollkämmerei Wilhelmsburg	Privatbesitz Krieter
83	279	Kaplan Wosnitza mit Kommunionkindern, 1940	Privatbesitz Krieter
84	282	Ernennung zum Geistlichen Rat	Privatbesitz Krieter
85	282	Verleihung des Bundesverdienstkreuzes	Privatbesitz Krieter
86	286	Der Primiziant J. Rataij im Kreise der Jugend	Privatbesitz Krieter
87	288	Die Eltern des Pfarrers Krieter	Privatbesitz Krieter
88	289	Die Mutter von Dechant Krieter	Privatbesitz Krieter
89	291	25 jahriges Priesterjubiläum von Pfarrer Krieter	Privatbesitz Krieter
90	293	Pfarrer Krieter und seine leiblichen Schwestern, die Nonnen wurden	Privatbesitz Krieter
91	298	das Haus im Holztal,2	Privatbesitz Krieter
92	299	Pfarrer Krieter im Ruhestand	Privatbesitz Krieter

www.ingramcontent.com/pod-product-compliance
Lightning Source LLC
Chambersburg PA
CBHW072123290426
44111CB00012B/1758